Die Sicherung des Massenwohlstands

Erich Loitlsberger

Die Sicherung des Massenwohlstands

Eine betrieblich-kapitalmarktmäßige Lösung

PETER LANG
Frankfurt am Main · Berlin · Bern · Bruxelles · New York · Oxford · Wien

Bibliografische Information Der Deutschen Bibliothek
Die Deutsche Bibliothek verzeichnet diese Publikation in der Deutschen Nationalbibliografie; detaillierte bibliografische Daten sind im Internet über <http://dnb.ddb.de> abrufbar.

Gedruckt mit Unterstützung des Bundesministeriums für Bildung, Wissenschaft und Kultur in Wien.

ISBN 3-631-50481-0

www.peterlang.de

Vorwort

Heute haben nicht nur einige wenige Personen, sondern hat auch die breite Bevölkerung der industrialisierten Länder einen in der Geschichte bisher nicht gekannten Wohlstand erreicht. Dieser Massenwohlstand fußt im wesentlichen auf Arbeitseinkommen, die in Betrieben – seien dies Unternehmungen, seien dies Behörden oder sonstige Institutionen, die Mitarbeiter beschäftigen – durch Mitarbeit verdient werden. Es gibt in den industrialisierten Ländern heute nicht nur mehr sogenannte „Unselbständig Erwerbstätige" als je zuvor, es werden auch höhere Löhne und Gehälter verdient und an mehr Personen höhere Pensionen gezahlt als früher.

Doch dieser Wohlstand ist gefährdet. Es sind – wenn keine Gegenmaßnahmen ergriffen werden – vor allem vier Entwicklungen, die in ihrem Zusammenwirken sein Ende herbeiführen könnten: erstens die wegen der zunehmenden Zahl und der steigenden Lebenserwartung der Pensionisten und der sinkenden Zahl der Erwerbstätigen drohende Nichtmehrfinanzierbarkeit der Pensionen, zweitens die Globalisierung, die immer mehr Betriebe in Niedriglohnländer ausweichen läßt, drittens der technische Fortschritt, der die Roboterwirtschaft – und damit den (fast) menschenleeren Betrieb – am Horizont heraufsteigen läßt und viertens die Umweltschädigung, die vor allem durch den Verbrauch an nicht erneuerbaren Rohstoffen verursacht wird.

Damit diese Gefährdung überwunden werden kann, müssen geeignete Maßnahmen ergriffen werden. Wenn diese Maßnahmen Erfolg haben sollen, müssen sie auf die Bedingungen ausgerichtet sein, von denen der Massenwohlstand abhängt. Diese Bedingungen nicht gekannt und/oder nicht berücksichtigt zu haben, war die Ursache des Fehlschlags der bisherigen Lösungsversuche. Die Untersuchung und Herausarbeitung dieser Bedingungen erfolgt im ersten Teil der vorliegenden Studie. Der harte Kern dieser Bedingungen ist eine Veränderung der Einkommensstruktur. Da die Betriebe immer arbeitsextensiver und immer kapitalintensiver und damit die Arbeitskosten immer kleiner und die Kapitalkosten immer höher werden, müssen, da diese Kosten die Einkommen der Mitarbeiter und der Kapitalbeisteller sind, an die Stelle der Arbeitseinkommen Kapitaleinkommen treten. Da auch diese Kapitaleinkommen keine Geschenke oder (arbeitslose) Transfereinkommen sein können, ist ein entsprechender Beteiligungserwerb – und zuvor ein entsprechendes Beteiligungssparen – der breiten Bevölkerung Voraussetzung. Aus einem Volk von Arbeitnehmern muß ein Volk von Kapitalbeistellern gemacht werden. Es ist eine „volkskapitalistische Lösung" zu verwirklichen, in der die Vorteile der kapitalistischen Produktionsweise ohne ihre Nachteile für die breite Bevölkerung nutzbar gemacht werden können. Ob auch eine „laboristische Lösung" der Massenwohlstandssicherung möglich ist, soll in einer weiteren Studie untersucht werden. Sie scheint jedoch weitaus schwieriger zu sein als die in dieser Studie vorgeschlagene „volkskapitalistische" Lösung. Sie könnte sogar unmöglich sein.

Die konkreten Maßnahmen, die notwendig sind, die für die Sicherung des Massenwohlstandes notwendigen Bedingungen zu realisieren, werden im zweiten Teil dieser Studie untersucht. Dieser zweite Teil geht relativ stark in betriebswirtschaftliche Details. Er setzt auch ein gewisses – allerdings nicht sehr großes – juristisches und mathematisches Verständnis voraus. Leser, die an diesen Durchführungsdetails nicht interessiert sind, brauchen daher vom zweiten Teil der Studie nur den dritten Abschnitt zu lesen. Den ersten und zweiten sowie den vierten Abschnitt des zweiten Teiles können sie überspringen. Nur diejenigen, die die für die Sicherung des Massenwohlstandes erforderlichen Maßnahmen zu realisieren haben, werden auch am ersten und zweiten Abschnitt des zweiten Teiles nicht vorübergehen können.

Die vorliegende Studie ist eine (Nach-)Frucht eines Forschungsvorhabens über die Bedeutung Heinrich Nicklischs in Japan, das vom Fonds für wissenschaftliche Forschung gefördert wurde. Die Arbeiten an diesem Forschungsvorhaben haben den Verfasser in der nicht nur von Heinrich Nicklisch, sondern auch von Eugen Schmalenbach vertretenen Ansicht bestärkt, daß Betriebe für die Sicherung des Massenwohlstandes unverzichtbar und daher mehr sind als Profiterzielungsinstitutionen für Unternehmer. Es ist daher hier dem Fonds für die seinerzeitige Förderung nochmals zu danken.

Zu danken hat der Verfasser auch allen denjenigen, die ihn bei der Abfassung des Manuskriptes unterstützt haben. Besonderer Dank gebührt hier Herrn Mag. Christoph Dachauer, der für die Beschaffung der Literatur, die Anfertigung der Zeichnungen und die Korrektur des Manuskriptes sowie die Herstellung der fertigen Druckvorlage zuständig war. Wissenschaftliche Mangelhaftigkeiten gehen allerdings ausschließlich zu Lasten des Verfassers.

Wien, im November 2002

Erich Loitlsberger

Inhaltsverzeichnis

1. Teil

Die Dringlichkeit der Wohlstandssicherung und die dafür notwendigen Bedingungen

1. Zum Begriff

1.1 Die Notwendigkeit eindeutiger Definitionen

Wenn bei den folgenden Untersuchungen Meinungsunterschiede und insbesondere Differenzen in den Schlußfolgerungen vermieden werden sollen, ist es zweckmäßig, festzulegen, was in dieser Studie unter den Termini „*Wohlstand*" bzw „*Wohlfahrt*" und insbesondere unter dem Terminus „**Massenwohlstand**" verstanden werden soll. Denn eine Analyse der Realität als auch eine kurze Durchsicht der Literatur zeigen, daß der Terminus „*Wohlstand*" bzw. der in der Literatur verwendete inhaltsgleiche Terminus „*Wohlfahrt*" mit sehr *verschiedenem Inhalt* verwendet wird[1].

Da der „*Massenwohlstand*" begrifflich eine Subkategorie des Wohlstandes ist, ist zunächst der übergeordnete Begriff „*Wohlstand*" und dann die Einschränkung auf den „*Massenwohlstand*" zu definieren. Dabei ist für diese Studie zumindest eine *dreifache Präzisierung* notwendig.

1.2. Die notwendigen Präzisierungen

1.2.1. Zum Begriffsinhalt

1.2.1.1. Die vorfindbaren Begriffsinhalte

Wenn der Wohlstandsbegriff präzisiert werden soll, dann ist – vor allem – darzulegen, was *inhaltlich* unter „Wohlstand" verstanden werden soll. Denn eine Analyse der Realität zeigt, daß beim Inhalt des Wohlstandsbegriffs sowohl in der Realität wie in der Literatur zunächst ein eher „*materieller*" und ein eher „*ideeller*" (= *spiritueller*) *Wohlstandsbegriff* unterschieden werden.

---

[1] sd. KÜLP B.: Wohlfahrtsökonomik I,: Grundlagen, in: HdWW, Bd 9, Stuttgart et al 1982, S 469 – 486; JOCHIMSEN R.: Ansatzpunkte der Wohlstandsökonomik, Basel 1961, S. 15 ff;

1.2.1.1.1. Der materielle Begriffsinhalt

Bei dem eher *„materiellen" Begriffsinhalt* sind in der Realität nochmals zwei verschiedene Begriffsinhalte anzutreffen: ein einfach strukturierter *eindimensionaler* und ein etwas komplexer strukturierter *mehrdimensionaler* materieller Begriffsinhalt.

1.2.1.1.1.1. Der ein- und zweidimensionale materielle Begriffsinhalt

Beim *eindimensionalen* materiellen Begriffsinhalt versteht man unter „Wohlstand", daß eine Person oder eine bestimmte, genau definierte Personengruppe über eine *möglichst große Menge an Konsumgütern* verfügen kann. Für den gesellschaftlichen Wohlstandsbegriff muß auch die Personenzahl, die über eine möglichst große Konsumgütermenge verfügen kann, maximiert werden, was einen zweidimensionalen Begriffsinhalt ergibt (Maximierung der Personenzahl und Maximierung der Konsumgütermenge). Dieser Begriffsinhalt ist rein *konsumorientiert*. Die Welt hat nach diesem Begriffsinhalt ein *„wohlgefülltes Warenhaus"* zu sein, in dem sich jeder möglichst nach seinen Bedürfnissen bedienen kann.

Dieser Begriffsinhalt wurde besonders klar von *Karl Marx* formuliert[2] und von den *Bolschewiki* unmittelbar nach der Oktoberrevolution in Rußland dahingehend präzisiert, daß die Güterzuteilung nicht nach dem in der Marktwirtschaft üblichen *Kaufkraftbesitz-Prinzip*, sondern nach den *Bedürfnissen* des Einzelnen erfolgen soll: *„Jedem nach seinen Bedürfnissen"* war die Losung, die die Oktoberrevolutionäre zunächst verwirklichen wollten, in der Folge aber nicht verwirklichen konnten.[3]

Eine positive Wohlstandsentwicklung – dh eine *„Wohlstandssteigerung"* – ist demnach bei diesem Begriffsinhalt für eine einzelne Person dadurch charakterisiert, daß sich der *Abstand* zwischen dem Güterangebot (= A) und der Güternachfrage (= N) im Zeitablauf (auf der Abs- zisse durch t symbolisiert) immer mehr *verringert*, weil die Produktion (= das Angebot, A) stärker als die Nachfrage (= N) steigt.

---

2 sd MARX K.: Das Kapital. 3 Bände, in: MARX K./ENGELS F.: Werke, Bd 23, 18 Aufl., unveränderter Nachdruck der Ausgabe 1962, Berlin 1993;

3 sd BUCHARIN N.: Ökonomik der Transformationsperiode. Übersetzung aus dem Russischen, Texte des Sozialismus und Anarchismus, hrsg v G. Hillmann, Reinbeck bei Hamburg 1970; HILDERMEIER M.: Geschichte der Sowjet-Union 1917 – 1991. Entstehung und Niedergang des ersten sozialistischen Staates, München 1998, S 147 f;

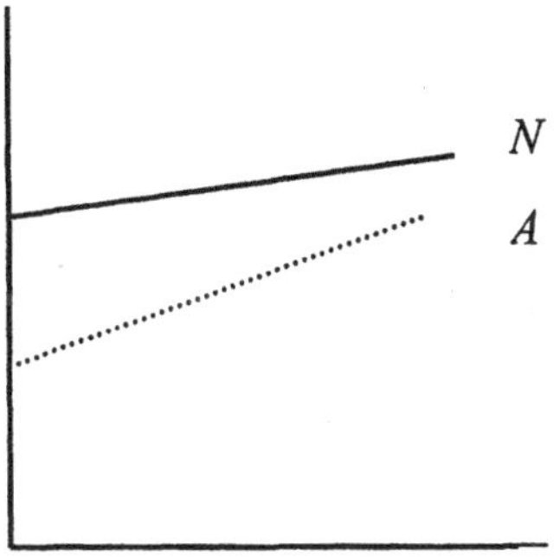

Abbildung 1

1. Exkurs: Die beobachtbare Entwicklung der Wohlstandssituation und die Bedeutung der Grenznutzenarten

Wenn man die Massenwohlstandssituation, die zur Zeit der noch darzulegenden Formulierung des „Ehernen Lohngesetzes" – also vor rund 150 Jahren – auch in den heutigen hochindustrialisierten Ländern gegeben war, mit der heutigen Massenwohlstandssituation dieser Länder vergleicht, so zeigt sich eine Entwicklung, die von einer *Armutsgesellschaft,* die fast eine Elendsgesellschaft war, zu einer *Wohlstandsgesellschaft* geführt hat.

Diese in der Realität beobachtbaren und von der Elendsgesellschaft bis zur Überflußgesellschaft reichenden verschiedenen Wohlstandssituationen lassen sich am anschaulichsten darstellen, wenn man als Beispiel die unterschiedlichen Situationen heranzieht, die bei Gütermärkten beobachtbar sind.

Bei jedem dieser Märkte kann davon ausgegangen werden, daß von einem *rational handelnden Wirtschaftssubjekt* die für die Befriedigung eines Bedürfnisses heranzuziehende – präziser: zu erwerbende – Menge des Gutes i (i = 1,2,...,I) durch den Nutzen bestimmt wird, den die letzte noch zu erwerbende Einheit stiftet (= *Grenznutzen*)[4]. Es wird also bei jeder einzelnen jeweils zusätzlichen Gütereinheit innerhalb der von einer Person erwerbbaren Menge dieses Gutes keine gleichmäßige, sondern eine *abnehmende Nutzenstiftung* unterstellt[5]. Da für den Erwerb der Güter die *individuelle Nutzenschätzung* maßgeblich ist, kann der bei einer bestimmten Person für die zu erwerbende Gütermenge maß-

[4] sd MENGER K.: Grundsätze der Volkswirtschaftslehre, Wien 1871;

[5] Man bezeichnet diese Annahme auch als das „Erste gossensche Gesetz". Sd MENGER K.: Grundsätze der Vokswirtschaftslehre, aaO; STREISSLER E./STREISSLER M.: Grundzüge der Volkswirtschaftslehre für Juristen, 3. Auflage, Wien 1994, S 141 f;

gebliche Grenznutzen als *„individueller"* oder *„subjektiver Grenznutzen"* bezeichnet werden.

Für die gesamtwirtschaftliche Wohlstandsentwicklung spielt auch ein als *„objektiver Grenznutzen"* zu bezeichnender Grenznutzen eine Rolle. Denn es kann sein, daß die letzte von einem Verbraucher konsumierte Einheit einer bestimmten Güterart zwar noch einen *subjektiven Grenznutzen* stiftet, aber *objektiv* schon *schädlich* ist, wie die Beispiele eines Alkoholikers oder eines Drogenabhängigen zeigen. Subjektive Nützlichkeit und objektive Schädlichkeit (oder anders formuliert: *subjektiv positiver* und *objektiv negativer Grenznutzen*) ziehen für die Allgemeinheit sehr häufig *Kosten der Schadensbeseitigung* (wie die Notwendigkeit von Entwöhnungskuren, Lungenkrebsbehandlungen usw) nach sich und stellen daher eigentlich Wohlstandsminderungen dar, wenn sie auch bei der Errechnung des Bruttosozialproduktes vielfach als positive Größen berücksichtigt werden[6]. Für die folgenden Darstellungen soll jedoch diese Problematik außer acht gelassen werden und die Darstellung auf die *subjektive Nutzensphäre* beschränkt bleiben.

Für unsere Untersuchung ist jedoch auch der Terminus „individueller bzw subjektiver Grenznutzen" noch zu *ungenau.* Es müssen nämlich auch beim subjektiven Grenznutzen nochmals *zwei verschiedene Grenznutzenarten* unterschieden werden, weil es erst eine solche Unterscheidung ermöglicht, die verschiedenen Wohlstandssituationen genauer zu definieren und insbesondere auch graphisch anschaulich darzustellen. Dabei ist davon auszugehen, daß bei dem einzelnen Gut i (i = 1,2,...,I) die Menge j (j = 1,2,...,J), die von einem *rational handelnden* Wirtschaftssubjekt s (s = 1,2,...,S) bei *ausreichendem Kaufkraftbesitz* erworben werden wird, durch den *psychologischen Grenznutzen* (= u'_{ijs1}) bestimmt wird[7]. Denn *kein* rational handelnder Mensch wird von einem Gut mehr kaufen als er benötigt und sich mit einer nicht benötigten und damit überflüssigen Menge belasten. Unter *„voller Bedürfnisbefriedigung"* wird daher im folgenden immer die Befriedigung eines Bedürfnisses bis zum *psychologischen Grenznutzen* – dh eine Bedürfnisbefriedigung, die nicht durch zu geringen Kaufkraftbesitz eingeschränkt wird – verstanden.

Diejenige Menge, die bei einem Gut i (i = 1,2,...,I) von den einzelnen Personen bei *nicht ausreichendem Kaufkraftbesitz* hingegen tatsächlich erworben werden kann, wird durch den *kaufkraftbedingten Grenznutzen* (= u'_{ijs2}) bestimmt[8].

---

[6] sd STREISSLER E./STREISSLER M.: Grundzüge der Volkswirtschaftslehre für Juristen, aaO, S 197 ff;

[7] sd LOITLSBERGER E.: Grundriß der Betriebswirtschaftslehre, 2. Aufl., Wien 1996, S 278;

[8] sd LOITLSBERGER E.: Grundriß der Betriebswirtschaftslehre, aaO, S 278;

2. Exkurs: Darstellung der verschiedenen Wohlstandssituationen

Wenn der mit u'_{ijs3} zu symbolisierende „objektive Grenznutzen"[9] *außer Betracht* bleibt (wie das in dieser Studie geschieht), kann die sich in der *„Elends-"*, der *„Armuts-"* sowie der *„Wohlstandsgesellschaft"* äußernde unterschiedliche Wohlstandssituation verschiedener Märkte am Beispiel des Gutes i (i = 1,2,...,I) graphisch dargestellt werden. Für die Darstellung des gesellschaftlichen (= kollektiven) Wohlstandes wären dann die folgenden Graphiken auf die Märkte aller anderen Güter auszudehnen. Das würde ein mindestens dreidimensionales Graphikon ergeben, das aber in dieser Studie aus Raumgründen nicht dargestellt werden soll.

Bei der im folgenden gebrachten Darstellung soll auf der Abszisse die *Zahl* der diesen Markt bildenden *Nachfrager* und auf der Ordinate die durch den *psychologischen* und den *kaufkraftbedingten Grenznutzen* begrenzten *nachgefragten Mengen* des Gutes i (i = 1,2,...,I) der einzelnen Wirtschaftssubjekte wiedergegeben werden[10]. Dabei wird die den psychologischen Grenznutzen wiedergebende Kurve (= u'_{ijs1}) als Parallele zur Abszisse dargestellt, weil der psychologische Grenznutzen bei jedem dieser Güter (und daher auch beim i-ten Gut) als 100%ige Bedürfnisbefriedigung angesehen werden kann.

Würde man diese Vereinfachung nicht annehmen, müßten die Nachfrager nach der Intensität, mit der sie das betreffende Bedürfnis empfinden, gereiht werden, was eine von links oben nach rechts unten geneigte psychologische Grenznutzenkurve ergeben würde. Da es in der Realität aber nicht nur möglich, sondern sogar sehr wahrscheinlich ist, daß Bedürfnisintensität und Kaufkraftbesitz nicht korrelieren, sondern einzelne Nachfrager mit intensivem Bedürfnis über wenig Kaufkraft verfügen und umgekehrt Nachfrager mit geringer Bedürfnisintensität für den Erwerb des betreffenden Gutes viel Kaufkraft einsetzen können, läßt sich in diesem Falle die kaufkraftbedingte Grenznutzenkurve nicht mehr so einfach darstellen, wie das bei der Gleichsetzung des psychologischen Grenznutzens mit 100 %iger Bedürfnisbefriedigung möglich ist. Bei dieser zuletzt genannten Verfahrensweise ergibt die psychologische Grenznutzenkuve eine Parallele zur Abszisse und die Nachfrager können allein nach dem Kaufkraftbesitz gereiht werden, den sie für den Erwerb des betreffenden Gutes aufwenden können.

Aufgrund des Verhältnisses von psychologischem und kaufkraftbedingtem Grenznutzen lassen sich verschiedene Wohlstandszustände (= *Wohlstandssituationen*) unterscheiden. So ist eine *Elendsgesellschaft* dadurch charakterisiert, daß in ihr *niemand* bei den für wichtig gehaltenen Gütern diejenige Menge erwerben kann, die für eine volle Befriedigung dieser Bedürfnisse notwendig ist. Bei der *Armutsgesellschaft* kann hingegen *der kleinere Teil* (also eine *Minderzahl*) der Mitglieder dieser Gesellschaft bei den für wichtig gehaltenen Gütern diejenige Menge erwerben, die für die volle Bedürfnisbefriedigung benötigt wird. In einer

---

[9] sd LOITLSBERGER E.: Grundriß der Betriebswirtschaftslehre, aaO, S 278;

[10] sd LOITLSBERGER E.: Grundriß der Betriebswirtschaftslehre, aaO, S 278;

Wohlstandsgesellschaft ist es hingegen für die *Mehrzahl* der Mitglieder dieser Gesellschaft – aber noch nicht für alle – möglich, bei den für wichtig gehaltenen Gütern diejenige Menge zu erwerben, die für die volle Befriedigung der betreffenden Bedürfnisse benötigt wird. Erst bei der *Überflußgesellschaft* können *alle Personen* ihre Bedürfnisse voll (dh bis zum psychologischen Grenznutzen) befriedigen[11].

Bei Gleichsetzung des psychologischen Grenznutzens mit voller (= 100 %iger) Bedürfnisbefriedigung zeigt schon eine kurze Überlegung, daß die Kurve des *kaufkraftbedingten Grenznutzens* (= u'_{ijs2}) bei der Elendsgesellschaft *nie*, bei der Armutsgesellschaft nur beim *kleineren* und bei der Wohlstandsgesellschaft beim *größeren Teil* der Personen mit der psychologischen Grenznutzenkurve zusammenfällt. Die kaufkraftbedingte Grenznutzenkurve (= u'_{ijs2}) verläuft bei der Elendsgesellschaft *immer*, bei der Armutsgesellschaft beim *größeren* und bei der Wohlstandsgesellschaft beim *kleineren Teil* der Personen *unter* der psychologischen Grenznutzenkurve (= u'_{ijs1}), weil sich wegen Kaufkraftmangels in der Elendsgesellschaft *niemand* und in der Armutsgesellschaft nur der *kleinere Teil* der Personen eine volle Befriedigung der Bedürfnisse (= Befriedigung bis zum psychologischen Grenznutzen) leisten kann. In der Wohlstandsgesellschaft sind diese Zahlenverhältnisse gerade umgekehrt. Hier deckt sich beim *größeren Teil* der Personen die kaufkraftbedingte Grenznutzenkurve (= u'_{ijs2}) mit der psychologischen Grenznutzenkurve (= u'_{ijs1}), weil in der Wohlstandsgesellschaft der größere Teil der Personen die für wichtig gehaltenen Bedürfnisse voll befriedigen kann. In der Überflußgesellschaft könnten schließlich alle ihre Bedürfnisse bis zum psychologischen Grenznutzen befriedigen.

Die folgenden Graphiken zeigen diese Verhältnisse. Die ausgezogenen Linien geben den psychologischen und die strichlierten Linien den kaufkraftbedingten Grenznutzen wieder:

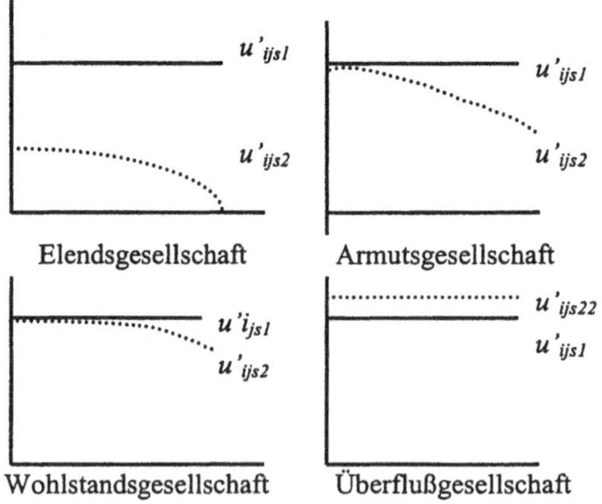

Abbildung 2

---

[11] sd LOITLSBERGER E.: Grundriß der Betriebswirtschaftslehre, aaO, S 278 ff;

Verkürzt kann daher gesagt werden, daß in Wohlstandsgesellschaften *die größere Zahl* der Wirtschaftssubjekte (= die Mehrheit) die Befriedigung der für wichtig gehaltenen Bedürfnisse jeweils bis zum *psychologischen Grenznutzen* (dh zu 100 %) durchführen kann und nur die *kleinere Zahl* der Wirtschaftssubjekte (= die Minderheit) die Bedürfnisbefriedigung wegen nicht ausreichenden Kaufkraftbesitzes jeweils bereits unter dem psychologischen Grenznutzen und damit unter 100 % abbrechen muß.

Wenn man bei einem Gut die *Menge*, die von einer Person *zur vollen Befriedigung* des betreffenden Bedürfnisses benötigt würde, der *Menge* gegenüberstellt, die von der betreffenden Person *wegen zu geringen Kaufkraftbesitzes tatsächlich erworben* werden kann und diese Differenz als *Mangel* bezeichnet, dann ist die *Elendsgesellschaft* dadurch gekennzeichnet, daß in ihr *alle Menschen* bei den für wichtig gehaltenen Gütern *nicht* die Menge erwerben können, die sie für die volle Befriedigung des betreffenden Bedürfnisses benötigen und daher *alle* Menschen *Mangel* empfinden. In der *Armutsgesellschaft* leidet eine allerdings kleine Zahl (= Minderheit) von Menschen unter diesem Mangel *nicht* mehr. In der *Wohlstandsgesellschaft* gibt es hingegen einen solchen Mangel für die *Mehrzahl* der Menschen *nicht mehr*, weil in der Wohlstandsgesellschaft die *Mehrzahl* der Menschen von den für wichtig gehaltenen Gütern soviel erwerben kann, wie für die Befriedigung der betreffenden Bedürfnisse bis zum psychologischen Grenznutzen erforderlich ist. Erst in der *Überflußgesellschaft* gibt es *keinen* Mangel mehr, weil in dieser *alle Personen* ihre Bedürfnisse bis zum psychologischen Grenznutzen befriedigen können.

1.2.1.1.1.2. Der dreidimensionale materielle Wohlstandsbegriff

Der eindimensionale materielle Wohlstandsbegriff berücksichtigt aber die in der Realität feststellbare und auch von Maslow in seiner Bedürfnispyramide zum Ausdruck gebrachte Tatsache nicht, daß viele Menschen auf ein „Mehr an Konsumgütern“ zugunsten einer *größeren Sicherheit* verzichten und sich mit weniger „Konsumgütern“ begnügen, wenn sie dafür eine *größere Sicherheit* haben, diese (geringere) Konsumgütermenge auch in Zukunft zur Verfügung zu haben und nicht befürchten müssen, eines Tages keine oder doch nur sehr wenige Konsumgüter erwerben zu können und damit à la longue schlechter gestellt zu sein als mit einer jetzt kleineren Konsumgütermenge mit größerer Sicherheit. Dieses Verhalten eines großen Teiles der Menschen zeigt, daß offensichtlich *Konsumgütermenge* und *Sicherheit* in gewissen Grenzen gegeneinander *substituierbar* sind.

Bei diesem dreidimensionalen Wohlstandsbegriff wäre der maximale Massenwohlstand dann gegeben, wenn alle Personen (oder Personengruppen) bei allen Gütern die Bedürfnisbefriedigung bis zum psychologischen Grenznutzen ausdehnen könnten und gleichzeitig die *Sicherheit* hätten, dieses hohe Konsumniveau auch in Zukunft immer aufrecht halten zu können. Für die Darstellung dieses kollektiven Wohlstandsmaximums müßte das Graphikon noch für die Einbeziehung der Sicherheit um eine zusätzliche Dimension erweitert werden. Es würde sich eine Wohlstandsfläche ergeben, deren Kamm den maximalen kollektiven Wohlstand darstellt. Dieser könnte schlagwortartig folgendermaßen formuliert werden: *maximale Konsumgütermenge bei maximaler Sicherheit für die maximale Personenzahl.* Darauf wird noch zurückzukommen sein.

1.2.1.1.1.3. Der vierdimensionale materielle Wohlstandsbegriff

Die Erfahrung zeigt, daß viele Menschen das Ausmaß ihres Konsums nicht nur mit der Sicherheit, sondern auch mit der *Freiheit* verbinden. Sie sind bereit, sich mit weniger Gütern zufrieden zu geben, wenn sie diese in *Freiheit* genießen können. Die vielen Flüchtlinge, die ihre Heimat und damit auch relativ gesicherte Konsummöglichkeiten zurücklassen und eine ungewisse Zukunft in Kauf nehmen, sind Beispiele dafür, daß auch die *Freiheit* eine den Wohlstand beeinflußende Größe ist. Es lebt sich ohne Zweifel besser, wenn man sein Leben im allgemeinen und seinen Konsum im besonderen nach eigenem Gutdünken einrichten und ohne allzuviele Einschränkungen von übergeordneten Stellen gestalten kann. Die Realität ergibt daher einen (*mindestens*) *vieridimensionalen Wohlstandsbegriff*: Die erste Dimension ist die *Personenzahl*, die zweite Dimension das *Güterangebot*, die dritte Dimension die *Sicherheit* und die vierte Dimension die *Freiheit.*

3. Exkurs: Die Notwendigkeit der Maximierung dieser vier Kriterien

Schon eine kurze Überlegung zeigt, daß für das *individuelle* Wohlstandsmaximum *drei Komponenten maximiert* werden müssen (Konsumgütermenge, Sicherheit und Freiheit). Für das gesellschaftliche (= kollektive) Wohlstandsmaximum muß aber auch noch die Personenzahl, die in den Genuß dieser drei Kriterien kommt, maximiert werden. Dieses Maximum wurde bisher allerdings von keiner Wirtschaftsform erreicht. Die (*reine*) *Marktwirtschaft* mit ihrer Gewinnmaximierungsthese bietet zwar ein Maximum an Gütern und an Freiheit, aber ein Minimum an Sicherheit[12]. Man kann als Unternehmer schon morgen durch die Konkurrenz „ins Out" gedrängt oder als Arbeitnehmer schon morgen arbeitslos werden und ohne Einkommen dastehen. Die *soziale Marktwirtschaft*, in der es neben reinen Leistungseinkommen zur Absicherung auch Transfereinkommen gibt, schwächt zwar diese Unsicherheit etwas ab, ohne sie indessen

---

12 sd HAYEK F. A. v.: Der Weg zur Knechtschaft, 2. Aufl., München 1971;

vollständig beiseitigen zu können (oder zu wollen)[13]. Eine *Planwirtschaft* bietet zwar nur ein kleineres (und qualitativ meist schlechteres) Güterangebot und (meist) auch nur eine eingeschränkte Freiheit, aber ein Maximum an Sicherheit. Wie die Erfahrung zeigt, bewerten sehr viele Menschen die Sicherheit höher als das maximale Güterangebot und sind bereit, für eine größere Sicherheit mit einem kleineren und schlechteren Güterangebot und etwas weniger Freiheit vorlieb zu nehmen, wie Wahlergebnisse in postkommunistischen Ländern beweisen[14].

1.2.1.1.2. Der spirituelle Wohlstandsbegriff

Das Gegenteil dieses materiellen – „konsumorientierten" – Wohlstandsbegriffes ist ein eher „**spiritueller**" Wohlstandsbegriff. Dieser besteht darin, sein Glück in *meditativer Versenkung* zu finden und sich immer mehr von der (diesseitigen) Welt zu lösen. Dieser Wohlstandsbegriff liegt besonders dem *Buddhismus* zugrunde. Denn nach buddhistischer Ansicht wird nur derjenige vom Rad der Wiedergeburten und damit vom Leiden erlöst, der *nichts* begehrt und möglichst *selbstgenügsam* lebt[15]. Aber auch manche Gruppierungen des Westens – insbesondere viele Orden der katholischen Kirche (wie zB die Kartäuser) und auch Eremiten – glauben, auf diese Weise am ehesten der himmlischen Freuden teilhaftig zu werden[16]. Es ist unmittelbar einsichtig, daß dann, wenn die Bedürfnisse immer mehr *eingeschränkt* werden, auch immer *weniger* Konsumgüter und damit auch immer weniger Betriebe benötigt werden[17].

Graphisch läßt sich diese eher *spirituelle Wohlstandsentwicklung* bei Verwendung der gleichen Symbole wie im vorigen Graphikon für das i-te Gut (i = 1,2,...I) dadurch darstellen, daß die Nachfrage immer mehr zurückgeht und die Produktion an diese sinkende Nachfrage angepaßt wird. Das folgende Graphikon zeigt diesen Sachverhalt:

---

13 sd MÜLLER-ARMACK A.: Genealogie der sozialen Marktwirtschaft, 2. Aufl., Bern 1971;

14 sd Die Presse, 24. 2. 2001: „Kommunisten kehren zurück, weil Demokraten Bankrott machten";

15 sd HERKER H.: Das buddhistische Nirvana, Hamburg 1971;

16 sd BAUMANN E./DEMMIG CH.: Die Kartäuser, Münster i. W., o.J.; BLÜM H. M.: Einführung in die Spiritualität der Kartäuser, in: ZADNIKAR M./WIENAND A. (Hrsg): Die Kartäuser. Orden der schweigenden Mönche, Köln 1983, S 15 f;

17 sd LOITLSBERGER E.: Grundriß der Betriebswirtschaftslehre, aaO, S 263;

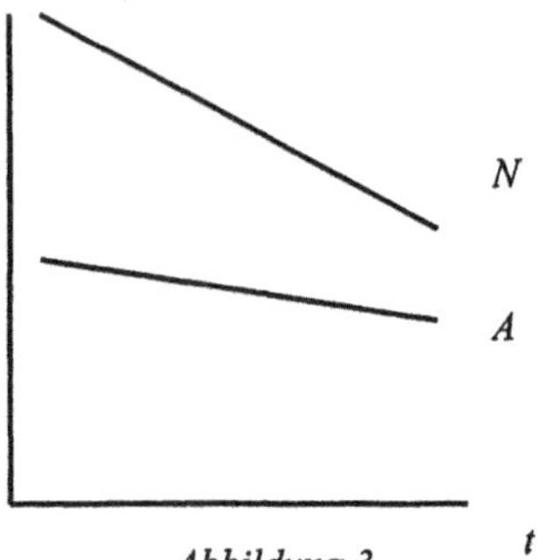

Abbildung 3

1.2.1.2. Die Abstützung auf den vierdimensionalen materiellen Wohlstandsbegriff

Da in dieser Studie aus nicht näher zu untersuchenden Gründen – *ohne Wertung* und nur als *Tatsachenfestellung* – davon auszugehen ist, daß in den hochindustrialisierten Ländern heute die überwiegende Mehrzahl der Menschen ihr Glück *nicht* in einer immer größer werdenden Selbstgenügsamkeit findet, sondern im Gegenteil über eine immer *größere Menge an Konsumgütern* bei immer *größerer Sicherheit* und *größerer Freiheit* verfügen will[18], werden dieser Studie subjektiv der *materielle dreidimensionale Wohlstandsbegriff* und eine *dreidimensionale materielle Wohlstandsentwicklung* und gesellschaftlich der *vierdimensinale Wohlstandsbegriff* (maximale Personenzahl, maximale Konsumgütermenge, maximale Sicherheit und maximale Freiheit) zugrunde gelegt.

Diese Abstützung der vorliegenden Studie auf den drei- bzw vierdimensionalen materiellen Wohlstandsbegriff bringt es mit sich, daß „*Wohlstand*" und „*Zufriedenheit*" *nicht identisch* sind. Denn es kann durchaus der Fall sein, daß in den hochindustrialisierten Ländern eine immer größer werdende Personenzahl bei immer größerer Sicherheit und immer größerer Freiheit bereits über eine sehr große Konsumgütermenge verfügt, aber trotzdem *unzufrieden* ist, weil die Menschen glauben, noch zu wenig zu haben und noch mehr haben möchten. Dieser für die hochindustrialisierten Länder *nicht unübliche* Zustand kann – vereinfacht – graphisch wie folgt dargestellt werden, wenn in der Abszisse das Symbol t für die Zeit und für Angebot und Nachfrage die gleichen Symbole wie in den vorangegangenen einschlägigen Graphiken verwendet werden und (mit einem anderen Maßstab) das Ausmaß der Zufriedenheit durch Z symbolisiert wird:

---

[18] sd FORRESTRER V.: Der Terror der Ökonomie, Wien 1997;

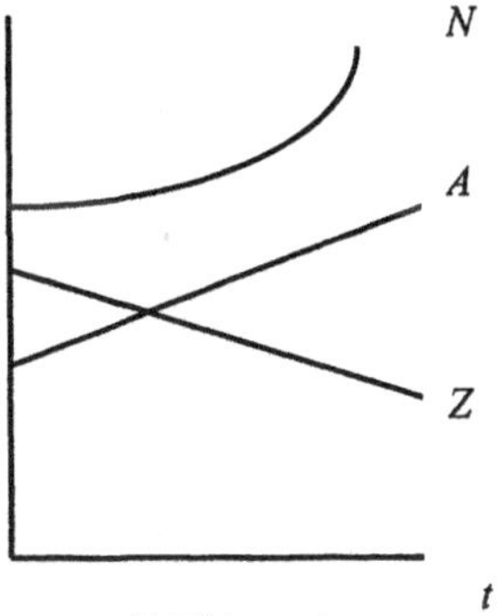

Abbildung 4

1.2.2. Zum einzubeziehenden Personenkreis

1.2.2.1. Individueller und kollektiver Wohlstand

Für eine Untersuchung der Wohlstandssicherung macht es – wie aus den bisherigen Ausführungen schon deutlich wurde – einen Unterschied, ob der Wohlstand einer *einzelnen Person* (= *subjektiver* oder *individueller Wohlstand*) oder der der Allgemeinheit untersucht wird (= *allgemeiner* oder *gesellschaftlicher Wohlstand*). Da der Begriffsteil „gesellschaftlich" jedoch leicht zu Verwechslungen mit bestimmten Unternehmungsformen (wie Aktiengesellschaft, Gesellschaft m.b.H. usw) führen kann, wird in der Literatur statt der Termini „allgemeiner" oder „gesellschaftlicher Wohlstand" vor allem der Terminus „*kollektiver Wohlstand*"[19] verwendet. Dabei wird der kollektive Wohlstand meist als die *Summe der subjektiven Wohlstände* aufgefaßt[20].

Die Addition der individuellen Wohlstände zum kollektiven Wohlstand wirft – die Meßbarkeit des Wohlstandes vorausgesetzt – so lange keine Probleme auf, so lange sich *alle* individuellen Wohlstände *gleichmäßig* entwickeln. Eine Sonderform einer nicht gleichmäßig verlaufenden kollektiven Wohlstandsentwicklung ist die „*paretosche Wohlstandsentwicklung*"[21], bei der der kollektive

---

[19] sd KÜLP B.: Wohlfahftsökonomik I, aaO, S 471 f;

[20] sd KÜLP B.: Wohlfahrtsökonomik I, aaO, S 469;

[21] sd PARETO V.: Manuale di economia politica, Mailand 1906;

Wohlstand dadurch steigt, daß sich bei *einem Teil* der Individuen der Wohlstand *erhöht*, während er beim *anderen Teil* nur *gleichbleibt*, aber *nicht sinkt*. Die kollektive Wohlstandsentwicklung wird jedoch zum *Problem*, wenn sich der Wohlstand des *größeren Teils* einer Bevölkerung *vermindert*, der des *kleineren Teils* der betreffenden Bevölkerung sich aber *so stark erhöht*, daß er die beim größeren Teil der Bevölkerung eingetretene Wohlstandsminderung *überkompensiert* und sich dadurch der kollektive Wohlstand insgesamt *vergrößert*. Diese „*asymetrische Wohlstandsentwicklung*" kommt in der Realität sehr häufig vor. Sie liegt auch dieser Studie als Ausgangssituation zugrunde.

Für diese Studie ist aber auch der Begriff des „*kollektiven Wohlstands*" bzw der „*kollektiven Wohlstandsentwicklung*" noch zu ungenau, weil nicht die Sicherung des Wohlstandes der Gesellschaft in toto, sondern nur die Sicherung des Wohlstandes eines *Teiles der Gesellschaft* – und zwar des *größeren Teiles* und damit der *Mehrheit* der Mitglieder der Gesellschaft – untersucht werden soll. Der Sachverhalt, daß in dieser Studie nicht die Sicherung des Wohlstandes der ganzen Gesellschaft, sondern nur die Sicherung des Wohlstandes eines *Teiles* der Gesellschaft und zwar der *Mehrheit* der Mitglieder der Gesellschaft untersucht werden soll, soll durch die Termini „*Massenwohlstand*" bzw „*Wohlstand der breiten Bevölkerung*" zum Ausdruck gebracht werden.

1.2.2.2. Präzisierung des Personenkreises

Da es in der Realität aber je nach der zugrunde gelegten Grundgesamtheit verschiedene Mehrheiten gibt, ist für diese Studie der Ausdruck „*überwiegende Mehrheit von Personen*" noch genauer zu präzisieren, wozu *vier Merkmale* herangezogen werden sollen.

Es wird erstens darunter die überwiegende Mehrheit der Bewohner eines *bestimmten Staates* verstanden (zB Österreichs, Deutschlands, der Europäischen Union, der USA usw). Die Abstellung auf den *Staat* wird deshalb vorgenommen, weil nicht nur der subjektive, sondern auch der Massenwohlstand neben der Entwicklung der Betriebe – worauf noch einzugehen sein wird – auch von *staatlichen Maßnahmen* abhängt.

Die in der Literatur vorgenommene Abstellung auf das „*Volk*"[22] erscheint unzweckmäßig, weil in manchen Staaten mehrere „Völker" leben, die von den staatlichen Maßnahmen vielfach nicht in gleicher Weise betroffen werden. Ebenso unzweckmäßig ist auch eine Abstellung auf die ganze *Menschheit*, weil hier die Auffassungen zu unterschiedlich sind, was als nützlich und damit als wohlstandserhöhend angesehen wird.

---

22 sd KÜLP B.: Wohlfahrtsökonomik I, aaO, S 469;

Darüber hinaus wird zweitens in dieser Studie – soweit sich aus dem Kontext nichts anderes ergibt – auf die Wohlstandsentwicklung derjenigen Bewohner eines Staates abgestellt, die ihr Einkommen als *„Arbeitnehmer“* in den Betrieben beziehen und die in vielen Staaten steuerlich als *„unselbständig Erwerbstätige“* bezeichnet werden. Dabei wird idR weder ein Unterschied zwischen Beamten, Angestellten und Arbeitern [weil auch „Behörden“ und ähnliche öffentliche Einrichtungen (wie Schulen, Krankenhäuser usw) als Betriebe anzusehen sind[23]], noch ein solcher zwischen ehemaligen, gegenwärtigen und zukünftigen „Arbeitnehmern“ gemacht.

Als Drittes ist zu beachten, daß die „Arbeitnehmer“ in aller Regel – die Ausnahmen können vernachlässigt werden, weil sie selten sind und außerdem nur eine Problemvereinfachung darstellen – noch *„Angehörige“* (zB Ehefrauen, Kinder usw) haben und es vielfach auch noch *andere Personen* gibt, deren Lebensunterhalt ebenfalls aus dem Einkommen der Arbeitnehmer bestritten werden muß, weil diese Personen kein eigenes Einkommen haben. Alle diese vom Einkommen der Arbeitnehmer lebenden Personen gehören daher ebenfalls zu dem Personenkreis, dessen Wohlstandssicherung in dieser Studie untersucht werden soll. Da die Arbeitnehmer mit den von ihrem Einkommen lebenden Personen die Mehrzahl der Einwohner der modernen Industriestaaten bilden und sehr häufig als *„breite Bevölkerung“* bezeichnet werden, soll auch dieser Terminus in der vorliegenden Studie verwendet werden, weil er sehr deutlich zum Ausdruck bringt, daß es nicht nur um den Wohlstand der Arbeitnehmer selbst, sondern auch um den Wohlstand derjenigen Personen geht, die selbst keine Arbeitnehmer im engeren Sinne sind, aber unmittelbar und direkt vom Einkommen von Arbeitnehmern leben.

Die Betriebseigentümer und die „leitenden Angestellten“ bilden zusammen mit den sogenannten „Freiberuflern“ für diese Studie den anderen Teil der Gesellschaft. Sie werden in dieser Studie unter dem Terminus *Unternehmer* zusammengefaßt. Da dieser Personenkreis in den entwickelten Industriestaaten den *kleineren Teil* der Bevölkerung bildet, fällt – viertens – die „unternehmerische Wohlstandsentwicklung“ *nicht* unter den Untersuchungsgegenstand dieser Studie, obwohl auch der Wohlstand – wenn schon nicht aller, so doch sehr vieler – Unternehmer ebenso gefährdet ist wie der der Arbeitnehmer und daher Maßnahmen, die den Wohlstand der Arbeitnehmer sichern, auch den Wohlstand des (wahrscheinlich weitaus größeren) Teiles der Unternehmer mit absichern.

Mit dem Terminus „leitende Angestellte“ sollen alle diejenigen in einem Unternehmen tätigen Personen erfaßt werden, die einzeln oder als Gruppe (Vorstand, Geschäftsführung usw) berechtigt und in der Lage sind, Dienstverträge (=

---

[23] sd REICHARD CH.: Betriebswirtschaftslehre der öffentlichen Verwaltung, 2. Auflage, Berlin 1987, S 15 ff; ferner die Betriebsdefinition in LOITLSBERGER E.: Grundkonzepte der Betriebswirtschaftslehre, München/Wien 2000, S 5 f;

Arbeitsverträge) mit Arbeitnehmern abzuschließen und durch Kündigung oder fristlose Entlassung zu beenden. Zu den „Freiberuflern" rechnen alle Personen, die – erlaubt oder unerlaubt – einen sogenannten „freien Beruf" ausüben und deshalb nicht nur weisungsfrei sind, sondern auch ein Unternehmerrisiko tragen[24].

Da zwischen dem Wohlstand der Unternehmer und dem Wohlstand der Arbeitnehmer (= Massenwohlstand) unter Umständen erhebliche Unterschiede bestehen (auf die in dieser Studie noch mehrfach einzugehen sein wird), ist der Terminus „*Massenwohlstand*" in dieser Studie ausschließlich auf den *Wohlstand der Arbeitnehmer* und der von deren Einkommen lebenden Personen abgestellt.

1.2.3 Zum Zeitbezug und zur Maßgröße

1.2.3.1. Die Notwendigkeit einer dynamischen Betrachtung

Für die in dieser Studie anzustellenden Untersuchungen ist es auch von Bedeutung, ob der „Wohlstand" – was immer er inhaltlich auch sein mag – *statisch* oder *dynamisch* definiert wird.

Wird der in einem *bestimmten Zeitpunkt* bestehende Wohlstand betrachtet, liegt eine statische Wohlstandsdefinition vor. Der Wohlstand kann aber auch *dynamisch* als Veränderung der Wohlstandssituation (= *Wohlstandsentwicklung*) gesehen werden. Da es in dieser Studie um eine Analyse der Entwicklung des Massenwohlstandes geht, ist für diese Studie von der Problemstellung her die *dynamische Interpretation* notwendig.

1.2.3.2. Die zu verwendende Maßgröße

Da jede Entwicklung eine Veränderung ist, ist, wenn eine Entwicklung untersucht werden soll, eine *Maßgröße* notwendig, an der diese Veränderung ersehen werden kann. Schon eine kurze Untersuchung zeigt, daß für die Messung der Wohlstandsentwicklung sehr viele solcher Maßgrößen möglich sind.

Da in dieser Studie auf den materiellen Wohlstandsbegriff abgestellt wird, liegt eine positive Wohlstandsentwicklung dann vor, wenn die Menge der verfügbaren Konsumgüter bei gleichbleibender Personenzahl, Sicherheit und Freiheit vergrößert wird. Daher wäre für diese Studie die zweckmäßigste Maßgröße für die Messung der Wohlstandsentwicklung die *in zwei verschiedenen Zeitpunkten bei gleicher Personenzahl und gleicher Sicherheit und Freiheit für den*

---

24 sd LOITLSBERGER E.: Grundkonzepte der Betriebswirtschaftslehre, aaO, S 53;

Konsum zur Verfügung stehende Konsumgütermenge (also die Zahl der Autos, der Fernsehapparate, der Külschränke usw).

Da sich aber nicht nur die Zahl der für den Konsum zur Verfügung stehenden Konsumgüter, sondern auch deren Art ändert – weil immer wieder neue, bisher nicht vorhandene Konsumgüter entwickelt werden und für den Konsum zur Verfügung stehen –, die einzelnen Personen auch sehr unterschiedliche Bedürfnisse haben und daher sehr verschiedene Güter nachfragen, und die Güter vor allem wegen ihrer *Nutzenstiftung* gekauft werden, wurden in der Literatur zunächst verschiedene auf der „*Nutzenbasis*" beruhende Maßstäbe diskutiert. Diese hingen ihrerseits wieder davon ab, ob eine *kardinale*[25] oder eine *ordinale*[26] *Nutzenmessung* für möglich gehalten wurde. Da sich die Nutzenmessung jedoch als praktisch nicht durchfühbar erwiesen hat, ging man in Literatur und Praxis dazu über, das *Einkommen* als Maßgröße für die Wohlstandsentwicklung heranzuziehen. Dabei wurde teils auf das *individuelle Einkommen*, teils auf die die individuellen Einkommen bestimmende *gesamtwirtschaftliche Einkommensverteilung*[27] und teils auf das *Gesamteinkommen*, das dem in die Untersuchung einbezogenen Personenkreis zufließt, abgestellt.

1.2.3.3. Die Abstützung auf das „Masseneinkommen" als Wohlstandsmaßgröße

Wie die kommenden Untersuchungen noch zeigen werden, eignet sich für diese Studie das *Einkommen,* das dem in diese Studie einbezogenen Personenkreis insgesamt zufließt und das als „*Masseneinkommen*" bezeichnet werden soll, als Maßgröße für die Entwickung des Massenwohlstandes dann am besten, wenn Sicherheit und Freiheit keine Veränderung erfahren. Es wird daher in dieser Studie vor allem auf diese Maßgröße abgestellt. Wenn daher im folgenden von *Masseneinkommen* gesprochen wird, ist, wenn sich aus dem Kontext nichts anderes ergibt, die *Summe der individuellen Einkommen ehemaliger und/oder gegenwärtiger und zukünftiger Arbeitnehmer sowie der von deren Einkommen lebenden Personen* bei unveränderter Sicherheit und Freiheit gemeint.

Dabei wird davon ausgegangen, daß sich – erstens – das Masseneinkommen *nicht* sehr unterschiedlich auf die einzelnen Individuen der breiten Bevölkerung

[25] sd BENTHAM J.: An Introduction to the Principles of Morals and Legislation, London 1789; CUHEL F.: Zur Lehre von den Bedürfnissen, Innsbruck 1907;

[26] sd PARETO V.: Manuale di economia politica, aaO; HOUTHAKKER H.S.: Revealed Preference and the Utility Function, in: Econometrica 1950, S 159 – 174; DEBREU G.: Theory of Value, New York et al, 1959;

[27] sd TINBERGEN J.: Income Distribution. Analysis and Policies, Amsterdam/Oxford 1975;

verteilt und – zweitens – die einzelnen Individuen *selbst bestimmen* können, welche Güter sie in welchen Mengen mit ihrem Anteil am Gesamteinkommen der Personengruppe erwerben wollen und welchen Nutzen sie diesen Gütern bzw Gütermengen beimessen. Es werden daher nicht sehr unterschiedliche *Durchschnittseinkommen* der einzelnen Arbeitnehmer und *der Grundsatz der Selbstbestimmung der Einkommensverwendung zur individuellen Nutzenmaximierung*[28] unterstellt. Die Unterstellung eines nicht sehr unterschiedlichen Durchschnittseinkommens ist ohne Zweifel *problematisch*, weil sie eine sehr grobe und mit der Realität nicht voll übereinstimmende Vereinfachung ist. Die zweite Unterstellung ist hingegen berechtigt, weil ihre Gültigkeit in den entwickelten Staaten ein beobachtbarer Sachverhalt ist. Aufgrund des Untersuchungsobjektes kann jedoch, wie die nachfolgenden Untersuchungen noch zeigen werden, die Problematik der Zugrundelegung nicht sehr unterschiedlicher Durchschnittseinkommen in Kauf genommen werden.

1.3. Das Untersuchungsobjekt dieser Studie

Da in dieser Studie die *Sicherung des Massenwohlstandes* untersucht werden soll, liegt dieser Studie eine bestimmte – im folgenden noch näher zu präzisierende – Annahme über eine negative Entwicklung des Massenwohlstandes zugrunde. Da unter *Massenwohlstand*, soweit sich aus dem Kontext nichts anderes ergibt, die *materielle Wohlstandsentwicklung der Arbeitnehmer und der von deren Einkommen lebenden anderen Personen* verstanden wird, ist damit das Untersuchungsobjekt dieser Studie eindeutig definiert.

Es wird durch diese Definition nicht nur deutlich zwischen der individuellen und der kollektiven Wohlstandsentwicklung unterschieden, sondern auch die Tatsache klar zum Ausdruck gebracht, daß es in dieser Studie *nicht* um die Wohlstandsentwicklung der ganzen Gesellschaft, sondern nur um die *Wohlstandsentwicklung der Arbeitnehmer* (= der unselbständig Erwerbstätigen) *und der von deren Einkommen lebenden Personen* geht.

---

28 sd KÜLP B.: Wohlfahrftsökonomik I, aaO, S 471;

2. Der Massenwohlstand der hochindustrialisierten Länder und seine Ursachen

2.1. Der Massenwohlstand als beobachtbare Situation

Es bedarf keiner langen Beweisführung, daß in den hochindustrialisierten Ländern – präziser in den Ländern der sogenannten „Ersten Welt" – die *überwiegende Mehrheit* der Bevölkerung einen so *hohen Lebensstandard* aufweist, daß es berechtigt ist, von einem „*Massenwohlstand*" zu sprechen. Denn heute besitzt der größte Teil der Bevölkerung dieser Länder nicht nur Automobile[29] und TV-Geräte[30], er hat auch Kühlschränke und andere Haushaltsmaschinen. Er hat auch genügend zu essen und kann sich außerdem in einem mehrwöchigen Urlaub ausgedehnte Fernreisen erlauben[31]. Nicht zuletzt hat sich auch die Lebenserwartung bei verbesserter Gesundheit erheblich gesteigert. Krankheiten, die früher tödlich verliefen, werden heute geheilt. Starben früher die Menschen mit 40 – 50 Jahren, sind heute 80jährige keine Seltenheit[32]. Diese Verbesserung des Lebensstandards war vor rund 150 Jahren und damit zu den Zeiten, in denen das „*Eherne Lohngesetz*"[33] und die „*Verelendungstheorie*"[34] formuliert wurden, noch für *undenkbar* gehalten worden.

Das „*Eherne Lohngesetz*" besagte, daß sich die Arbeitsentgelte *nie* über das physische Existenzminimum erheben könnten, weil dann mehr Menschen geboren und groß gezogen werden würden, als Arbeitsplätze vorhanden sind. Dieses Überangebot an Arbeitskräften würde den Preis der Arbeit unter das Existenzminimum drücken, was dazu führen würde, daß nur mehr weniger Menschen groß gezogen werden könnten und sich so das Gleichgewicht zwischen Arbeitsangebot und Arbeitsnachfrage wieder herstellen würde[35].

---

[29] So gab es in Österreich 1999 bei einer Einwohnerzahl von 8.092.000 Personen 4.009.604 PKW und 622.927 Motorräder.

[30] 1998 verfügten 96,7 % der österreichischen Haushalte über ein Fernsehgerät.

[31] Im Jahr 2000 gaben die Österreicher für Fernreisen 84,4 Mrd S aus.

[32] In Österreich ist die Zahl der über 80jährigen von 84.811 (1951) auf 282.730 (1991) gestiegen.

[33] sd LASALLE F. Reden und Schriften, hrsg v. E. Bernstein, 12 Bände, Berlin 1919 – 1920;

[34] sd MARX K.: Das Kapital, aaO; LUXEMBURG R.: Die Akkumulation des Kapitals. Ein Beitrag zur ökonomischen Erklärung des Imperialismus, Berlin 1913;

[35] sd LASALLE F.: Reden und Schriften, aaO;

Die „*Verelendungstheorie*" meinte, daß sich in der kapitalistischen Wirtschaft das Kapital (und damit der Reichtum) in immer weniger Händen kumuliere und die breite Masse der Bevölkerung immer mehr verarme, sodaß schließlich niemand mehr die erzeugten Waren kaufen könne und der Kapitalismus wegen dieser „Überproduktion" aus sich heraus und von selbst zugrunde gehen werde[36].

Die beobachtbare Wohlstandsentwicklung zeigt sich am Beispiel Österreichs und der BRD wie folgt, wenn die Zahl der Unselbständig Erwerbstätigen zum Bruttosozialprodukt in Beziehung gesetzt und das durchschnittliche Einkommen errechnet wird. Diese Größen haben sich in Österreich ab 1950 wie folgt entwickelt:

Jahr	Einwohnerzahl in 1000 Personen	unselbständig Erwerbstätige in 1000 Personen	Bruttoinlandsprodukt in Mill. ATS	Durchschnittseinkommen pro Einw./Jahr	Steigerungsindex Durchschnittseinkommen	Steigerungsindex Preise (Inflation)
1950	6.935,1	1.946,9	75.000,0	5.580,2	100	---
1960	7.047,5	2.281,9	162.893,0	10.427,2	186,9	100
1970	7.467,1	2.389,2	375.885,0	23.545,8	422,0	146,5
1980	7.549,4	2.788,7	994.704,0	72.274,8	1.295,2	285,3
1990	7.729,2	2.928,7	1.801.309,0	122.443,8	2.194,3	350,3
2000	8.110,0	3.133,2	2.818.701,1	175.636,0	3.147,5	386,3

Quelle: WIFO, Statistik Austria

In der BRD (2000 inkl. östliche Bundesländer) ergibt sich eine ähnliche Entwicklung, wie die nachfolgende Tabelle zeigt:

Jahr	Einwohnerzahl in 1000 Personen	unselbständig Erwerbstätige in 1000 Personen	Bruttoinlandsprodukt in Mill. ATS	Durchschnittseinkommen pro Einw./Jahr	Steigerungsindex Durchschnittseinkommen	Steigerungsindex Preise (Inflation)
1950	49.989,0	14.568,5	504.000,0	7.253,6	100	100
1960	55.433,0	20.072,8	1.884.228,0	16.075,3	221,6	118,6
1970	60.651,0	22.138,0	4.787.777,5	41.999,5	579,0	153,4
1980	61.538,0	23.818,0	10.479.501,0	99.591,0	1.373,0	238,6
1990	63.254,0	25.453,0	17.070.678,0	146.342,0	2.017,5	325,0
2000	82.259,5	32.638,0	27.087.425,8	187.979,0	2.591,5	404,9

Quelle: WIFO, Statistisches Bundesamt Deutschland

[36] sd MARX K.: Das Kapital, aaO; LUXEMBURG R.: Die Akkumulation des Kapitals, aaO;

Ähnliche Situationen zeigen sich aber auch in den anderen hochentwickelten Ländern. Da dies als bekannt vorausgesetzt werden kann, braucht nicht näher darauf eingegangen zu werden.

2.2. Die Ursachen des beobachtbaren Massenwohlstands

2.2.1. Die Ursachen im allgemeinen

Fragt man nach den Ursachen der in den hochindustrialisierten Ländern feststellbaren Entwicklung, die von der Armutsgesellschaft zur Wohlstandsgesellschaft (und damit zum Massenwohlstand) geführt hat, dann zeigt sich, daß diese Entwicklung *unmittelbar* darauf zurückzuführen ist, daß sich in diesen Ländern, wenn schon nicht alle Betriebe, so doch eine *ausreichende Anzahl* nicht nur positiv, sondern *„gut“* entwickelt hat und daher nicht nur entsprechende Gewinne erzielt, sondern auch über dem Existenzminimum liegende Löhne und Gehälter zahlen konnte (und kann). Da die Fähigkeit, hohe Löhne und Gehälter zahlen zu können, auf die gute Entwicklung eines Betriebes zurückzuführen ist, ist im folgenden zunächst darzulegen, was unter einer *„guten Entwicklung eines Betriebes“* zu verstehen ist, ehe auf die Frage der ausreichenden Anzahl sich „gut“ entwickelnder Betriebe eingegangen wird.

Da aber auch der *Ausbau der Transferleistungen* zum Massenwohlstand beigetragen hat, sind auch noch die Bedingungen zu untersuchen, die den Ausbau dieser Einkommensart ermöglicht haben.

Eine *„gute“ Entwicklung* einer *ausreichenden Zahl* von Betrieben und der *Ausbau der Transferleistungen* durch den Staat sind die *notwendigen Bedingungen* für die Entwicklung des Massenwohlstandes. Da diese Bedingungen aber auch noch eine *asymetrische Wohlstandsentwicklung* zulassen, ist auch noch auf die *hinreichenden Bedingungen* einzugehen, die bewirken, daß es zu keiner asymetrischen Wohlstandsentwicklung kommt.

2.2.2. Die notwendigen Bedingungen der Massenwohlstandsentwicklung

2.2.2.1. Eine „gute“ Entwicklung der einzelnen Betriebe als erste notwendige Bedingung

2.2.2.1.1. Die Wirtschaft der entwickelten Staaten als „Gegenleistungswirtschaft“

Bei einer Untersuchung der Bedeutung der Betriebe für die Entwicklung des Massenwohlstandes ist davon auszugehen, daß sich in den hochindustrialisierten Ländern eine Wirtschaftsordnung herausgebildet hat, in der die Güter, die von den einzelnen Personen für die Bedürfnisbefriedigung benötigt werden, *nicht* ohne Gegenleistung zur Verfügung gestellt werden. In den Ländern, die dieser Studie zugrunde liegen, gibt es weder eine Zuteilungs- noch eine „kollektive Versorgungswirtschaft“, wie sie etwa Popper-Lynkeus[37] und die Autoren vorschlagen, die ein sogenanntes – ohne Gegenleistung zustehendes – „Grundeinkommen“ anstreben[38]. In den hochindustrialisierten Ländern muß der Einzelne für die Zurverfügungstellung der für die Bedürfnisbefriedigung benötigten Güter eine *Gegenleistung* erbringen. Es liegt in den hochindustrialisierten Ländern daher ein „*Do, ut des-System*“ vor. Man könnte eine solche auf dem „do, ut des-System“ aufgebaute Wirtschaftsform, in der jeder für die Erhaltung seiner Existenz *selbst* aufkommen muß, zum Unterschied von einer „*Zuteilungswirtschaft*“ daher als „*Gegenleistungswirtschaft*“ bezeichnen, weil der noch präzisere Terminus „Selbstversorgungswirtschaft“ bereits mit einem anderen Inhalt belegt ist.

In praktisch allen hochindustrialisierten Ländern wird in den Fällen, in denen jemand *unverschuldet* für seine Existenzerhaltung nicht aufkommen kann, vom Erfordernis der Gegenleistung abgewichen und ihm ein Einkommen ohne Gegenleistung (= *Transfereinkommen*) gewährt. Man nennt diese auf einer „Einschränkung“ des „Do, ut-des-Systems“ beruhende Wirtschaftsform zum Unter-

---

37 sd TALOS E. (Hrsg): Materielle Grundsicherung. Popper-Lynkeus' Programm „Die allgemeine Nährpflicht als Lösung der sozialen Frage“, Wien 1989;

38 sd WOHLGENANNT L./BÜCHELE H.: Den ökosozialen Umbau beginnen: Grundeinkommen. Wien 1990; OPIELKA M., VOTRUBA G. (Hrsg): Das garantierte Grundeinkommen. Entwicklung und Perspektiven einer Forderung, Frankfurt/M. 1986; BÜCHELE H./WOHLGENANNT L.: Grundeinkommen ohne Arbeit. Auf dem Weg zu einer kommunikativen Gesellschaft, Wien 1985; u.a.

schied von der *„Reinen Marktwirtschaft“* (in der es nur Leistungseinkommen, aber keine Transfereinkommen gibt) *„Soziale Marktwirtschaft“*[39].

Die Betriebe haben in solchen *“Gegenleistungswirtschaften“* für den Massenwohlstand eine *zweifache* – und zwar eine *direkte* und eine *indirekte* – Bedeutung.

Die *direkte Bedeutung* ergibt sich daraus, daß in den Betrieben sowohl die *Güter* hergestellt werden, die die Menschen für die Befriedigung ihrer Bedürfnisse benötigen als auch die *Einkommen* gebildet werden, die notwendig sind, damit die benötigten Güter gekauft werden können und zur Bedürfnisbefriedigung zur Verfügung stehen.

Die immer „bessere“ Erfüllung der *Produktionsaufgabe* durch die Betriebe war – und ist – für die Entwicklung des Massenwohlstandes deshalb von grundlegender Bedeutung, weil ein zu kleines und/oder zu teures Güterangebot die Bedürfnisbefriedigungsmöglichkeiten ex definitione auf einen kleinen Personenkreis einschränkt, der Massenwohlstand aber dadurch definiert ist, daß die Mehrzahl der Personen den Großteil ihrer Bedürfnisse bis zum psychologischen Grenznutzen befriedigen kann.

Die Bedeutung der *Einkommensbildung* durch die Betriebe ergibt sich daraus, daß der *größte Teil* der Bevölkerung der hochindustrialisierten Länder von einem Einkommen lebt, das durch *Mitarbeit in Betrieben* verdient wird und daher ein *„Arbeitseinkommen“* ist. Die folgende Tabelle zeigt die für einige ausgewählte Industrieländer Ende 1999 gegebene Situation:

Land	Einwohner in 1000 Personen	Unselbständig Beschäftigte je 1000 Personen	Unselbst.Beschäftigte in % der Einwohner	Bruttoentgelte je unselbständig Beschäftigtem in $
AUT	8.078	3.019	37,4	34.415
BRD	82.022	30.283	36,9	36.357
CH	7.118	3.363	47,2	47.368
USA	268.660	121.917	45,4	38.695
GB	59.215	23.027	38,9	30.334

Quelle: OECD, Statistik Austria, WIFO

Von diesen beiden Aufgaben der Betriebe hat die Betriebswirtschaftslehre die *Güterherstellungsaufgabe (= Produktionsaufgabe)* bisher sehr ausführlich untersucht. Es wurden insbesondere die Gesetzmäßigkeiten erforscht, die es den Betrieben ermöglichen, immer mehr Güter mit immer niedrigeren Kosten zu erzeugen. Hingegen hat die *Einkommensbildungsaufgabe* der Betriebe in der Betriebswirtschaftslehre bisher nur eine geringe Beachtung gefunden, obwohl in

39 sd MÜLLER-ARMACK A.: Genealogie der sozialen Marktwirtschaft, aaO;

den modernen Industriestaaten die Betriebe die *wichtigsten Institutionen* der Einkommensbildung sind.

Die *indirekte Bedeutung* der Betriebe für den Massenwohlstand ergibt sich – wie schon oben ausgeführt wurde – daraus, daß die Transfereinkommen, die viele Staaten zur Verhinderung von Not an diejenigen zahlen, die für ihre Existenzsicherung unverschuldet nicht selbst aufkommen können, vor allem mittels solcher Steuern und Abgaben finanziert werden, die von den Betrieben aufgebracht oder von Einkommen, die in Betrieben verdient werden, gezahlt werden. Da diese *Transfereinkommen* bei der Wohlstandssicherung in den modernen Industriestaaten eine wichtige Rolle spielen, wird noch näher auf sie einzugehen sein. An dieser Stelle ist nur darauf hinzuweisen, daß die Abgaben, mit denen diese Transfereinkommen finanziert werden, zum überwiegenden Teil von den Betrieben aufgebracht bzw in ihnen verdient werden, so daß ohne florierende Betriebe diese Transfereinkommen nicht finanziert werden können.

Die im vorigen Abschnitt dargelegte zweifache Bedeutung macht die Betriebe für den Massenwohlstand nicht nur zu *entscheidenden*, sondern auch zu *unverzichtbaren* Institutionen. Es ist ihnen daher für die Sicherung des Massenwohlstandes besonderes Augenmerk zu widmen. Die folgenden Untersuchungen werden dies noch genauer zeigen.

2.2.2.1.2. Definition der „guten“ Betriebsentwicklung

Die überragende Bedeutung, die eine „gute“ Entwicklung der Betriebe für die Entwicklung des Massenwohlstandes hat, macht es nötig zu untersuchen, durch welche Sachverhalte eine „gute“ Entwicklung eines Betriebes definiert ist und was die notwendigen Bedingungen für eine solche „gute“ Entwicklung der Betriebe sind. Denn nur die „gute“ Entwicklung der Betriebe hat zum heutigen Massenwohlstand geführt. Sie ist, wie noch gezeigt werden wird, die wichtigste Ursache dafür, daß eine immer größer werdende Zahl von Menschen heute weitaus besser lebt als früher. Daher müssen die Sachverhalte, die zu der „guten“ Entwicklung der Betriebe geführt haben, dann, wenn der Massenwohlstand gesichert werden soll, gefördert und die die Entwicklung der Betriebe hemmenden Sachverhalte nach Möglichkeit beseitigt werden.

Beobachtungen zeigen, daß in der Realität zunächst zwischen einer *positiven* und einer *negativen Entwicklung* eines Betriebes zu unterscheiden ist. In der vorliegenden Untersuchung ist problemgemäß nur auf die „positive“ Entwicklung eines Betriebes einzugehen. Denn negative Betriebsentwicklungen, die dadurch charakterisiert sind, daß Betriebe ihre Kosten nicht decken können und mit *Verlust* arbeiten, sind auf Dauer nicht wohlstandsfördernd, weil solche Betriebe nicht überleben können und damit auf Dauer keine ausreichenden Einkommen bilden können.

Bei den sich *„positiv" entwickelnden Betrieben* zeigen Beobachtungen, daß viele Betriebe eine Entwicklung aufweisen, die durch folgende Sachverhalte charakterisiert ist:

1) Es gelingt diesen Betrieben, ihre Erlöse im Zeitablauf gleich hoch zu halten;
2) Die Kosten werden durch die Erlöse voll abgedeckt und das Kostenniveau kann im Verhältnis zu den Erlösen mindestens unverändert gehalten werden;
3) Die Betriebe können ihre relative Stellung innerhalb der Gesamtwirtschaft unverändert halten[40].

Eine solche Entwicklung ermöglicht zwar das *Überleben* dieser Betriebe und kann daher nicht nur als *„positive"*, sondern genauer als *„ausreichende Betriebsentwicklung"* bezeichnet werden. Sie genügt aber für eine Massenwohlstandssteigerung *nicht*. Für eine solche muß es bei der großen Mehrzahl der Betriebe nicht nur eine ausreichende, sondern eine *„gute Entwicklung"* geben. Eine solche „gute Betriebsentwicklung" liegt dann vor, wenn

1) ein Betrieb den Erlös steigern kann,
2) die Kosten durch die Erlöse nicht nur voll abgedeckt, sondern überdeckt werden und das Kostenniveau im Verhältnis zu den Erlösen gesenkt werden kann und
3) der Betrieb seine relative Stellung in der Gesamtwirtschaft unverändert aufrecht halten oder sogar verbessern kann.

Graphisch läßt sich daher eine „gute Betriebsentwicklung" wie folgt darstellen, wenn die Zeit mit t, der Erlös mit E, die Gesamtkosten mit K und (mit einem anderen Maßstab) das gesamtwirtschaftliche Wachstum mit V symbolisiert werden:

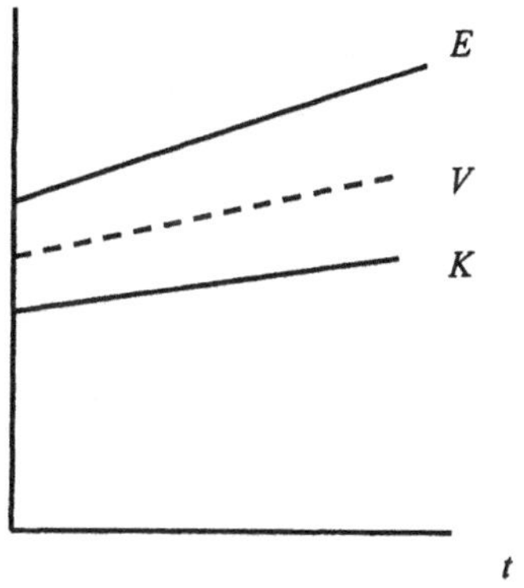

Abbildung 5

---

[40] sd SOMMERFELD H.: Bilanz (eudynamische), in: HWB 2. Aufl., Stuttgart 1938, Sp 1064 ff;

2.2.2.1.3. Die Erlössteigerung als Bedingung im besonderen

Wegen der Tatsache, daß die *beiden Hauptursachen* der „guten" Betriebsentwicklung – und damit der Massenwohlstandssteigerung – *Erlösausweitung* und *(relative) Kostensenkung* sind, ist zunächst auf die „Erlössteigerung" genauer einzugehen.

Eine Analyse zeigt, daß den Betrieben für die Steigerung der Erlöse vor allem *vier* Möglichkeiten gegeben sind:

(1) *Preiserhöhungen* bei den angebotenen Produkten bei gleichbleibender Absatzmenge,

(2) *Erhöhung der Ausbringungsmenge* bei unveränderten Preisen und unverändertem Produktionsprogramm,

(3) *Preissenkungen* bei prozentuell stärkerer Vergrößerung der Absatzmenge und

(4) *Ausweitung* des Güterangebots durch *neue, bisher nicht angebotene Produkte.*

Es ist unmittelbar einsichtig, daß für eine Steigerung des Massenwohlstandes *Preiserhöhungen nicht* geeignet sind. Denn es kann dann für das gleiche Einkommen nur eine kleinere Gütermenge erworben werden und es kommt statt zu einer Konsumausweitung zu einer *Konsumeinschränkung* entweder beim teurer gewordenen Produkt oder bei einem anderen Produkt mit größerer Kreuzpreiselastizität[41]. Es sollte für eine Massenwohlstandssteigerung im Gegenteil sogar eine *Preissenkung bei gleichzeitiger Ausweitung der Absatzmenge* durchgeführt werden, weil dann für den Konsum nicht nur billigere, sondern auch mehr Produkte zur Verfügung stehen.

Die in der Vergangenheit zu beobachtende Massenwohlstandssteigerung war neben der mengenmäßigen Absatzausweitung bei den schon bisher angebotenen Produkten auch dadurch bedingt, daß viele *neue Güterarten* entwickelt wurden, die sich unsere Vorfahren nicht einmal vorstellen konnten. Wir haben heute Autos, Flugzeuge, Telephon, Radio und Fernsehen und noch viele andere Dinge, die unser Leben gegenüber dem Leben unserer Vorfahren angenehmer, bequemer und auch schöner machen. Es stehen heute einem Durchschnittsverdiener in einem hochindustrialisierten Land *mehr Güterarten* für seine Lebensgestaltung zur Verfügung als einst einem – als Gott verehrten – ägyptischen Pharao. Auch Perikles und der römische Kaiser Augustus würden ebenso wie Karl der Große und Maximilian, der Letzte Ritter, sowie Karl V., in dessen Reich die Sonne

---

[41] Zu den verschiedenen „Elastizitäten" im allgemeinen s. PACK L.: Elastizität, in: HWB, 4. Aufl., Stuttgart 1974, Sp 1251 ff; LOITLSBERGER E.: Grundriß der Betriebswirtschaftslehre, aaO, S 273 ff, und zur Kreuzpreiselastizität im besonderen s. PACK L.: Elastizität, in: HWB, 4. Aufl., aaO, Sp 1256;

nicht unterging, aus dem Staunen nicht herauskommen, wenn sie mit dem heutigen Güterangebot konfrontiert würden.

Wir erzeugen aber nicht nur immer mehr *neue Güterarten*, sondern stellen diese Güter auch in immer *größeren Mengen* und immer *billiger* her, so daß sie zu immer *niedrigeren Preisen* verkauft werden können. Dadurch werden für einen Durchschnittsverdiener nicht nur immer mehr Güterarten, sondern von diesen einzelnen Güterarten auch immer mehr Gütereinheiten verfügbar. Der Massenwohlstand ist ja dadurch gekennzeichnet, daß sich der Einzelne *„immer mehr leisten kann“*, wobei das „Mehr“ sowohl die Zahl der Güterarten wie die Zahl der Gütereinheiten je Güterart betrifft.

Eine Untersuchung, welche Bedingungen eine Erlössteigerung der Betriebe bewirken, ergibt letztendlich *zwei* notwendige Subbedingungen.

Die erste dieser notwendigen Subbedingungen war (und ist) ohne Zweifel der *technische Fortschritt.* Ohne den technischen Fortschritt, der den Menschen die Naturgesetze und die Naturkräfte immer umfangreicher und effizienter dienstbar gemacht hat, wäre eine Verbilligung und Ausweitung des Güterangebotes nicht möglich gewesen. Der technische Fortschritt hat nicht nur die den Menschen zur Verfügung stehende *Energie*, sondern auch deren *Anwendungsmöglichkeiten* vervielfacht. War früher die Energiegewinnung noch auf die menschliche und tierische Muskelkraft sowie auf Wind und Wasser beschränkt, so haben die Erfindung der Dampfmaschine, des Verbrennungsmotors und des Generators sowie neuerdings der Atomenergie die den Menschen zur Verfügung stehende Energie ebenso wie die *Energieverwendungsmöglichkeiten* im Verkehr, in der Nachrichtenübermittlung, in der Produktion und ebenso in der Freizeit- und sonstigen Lebensgestaltung in früher unvorstellbarer Weise vermehrt. Mit Recht spricht man daher bei dieser Variante des technischen Fortschritts von „Produktinnovation“. Weil hier der technische Fortschritt zu neuen Produkten führt, kann man auch von einem *„Diversifikationsfortschritt“* sprechen.

Die zweite notwendige Bedingung für die Erlössteigerung war die Vermehrung und immer bessere Ausnützung des *betriebswirtschaftlichen Wissens.* Betriebswirtschaftliches Wissen ist im wesentlichen ein Wissen über die *Kosten-Ertrags-Zusammenhänge.* Die Betriebswirtschaftslehre erzieht vor allem zu einer *Erlös-Kosten-Betrachtung.* Es konnte daher nicht ausbleiben, daß eine derartige Ausbildung dazu führt, alle Bereiche des Lebens und insbesondere alle neuen Entwicklungen auf die Möglichkeit hin zu überprüfen, ob sie für die Erzielung eines über die Kosten hinausgehenden Erlöses geeignet sind und wenn dies der Fall ist, daß solche Erlöserzielungsmöglichkeiten auch ausgenützt werden. Dies gilt insbesondere für den technischen Fortschritt. Dieser wird sehr schnell zur Herstellung neuer Produkte ausgenützt. So wird heute schon überlegt, ob man nicht Produktionen, die unter Vakuumbedingungen vor sich gehen müssen, auf dem Mond durchführen könnte. Auch über die touristische Erschließungen des Mondes wird bereits nachgedacht[42].

2.2.2.1.4. Die Niedrighaltung der Kosten im besonderen

Wenn die Betriebe nicht nur aus Wettbewerbsgründen, sondern auch (und vor allem) wegen der Massenwohlstandssteigerung nicht mit überdurchschnittlich hohen Gewinnspannen kalkulieren können, ist eine den Massenwohlstand steigernde Preisgestaltung bei den von den Betrieben erzeugten Produkten nur möglich, wenn die Kosten möglichst niedrig gehalten (= minimiert) werden. Denn nur niedrige Kosten ermöglichen bei den erzeugten Produkten langfristig auch niedrige Preise. Daher ist im folgenden kurz auf die Subbedingungen einzugehen, die es ermöglichen, die Kosten eines Betriebs niedrig zu halten bzw hohe Kosten zu senken.

Die Vermehrung betriebswirtschaftlichen Wissens als erste (Sub-)Bedingung

Die erste notwendige Bedingung der Kostenniedrighaltung bzw Kostensenkung war (und ist) auch in diesem Bereich die *Vermehrung und Verbesserung des betriebswirtschaftlichen Wissens.* Dieses Wissen umfaßt – wie schon ausgeführt wurde – im wesentlichen nicht nur das *Wissen,* daß der Betriebsprozeß aus einzelnen Subprozessen besteht, sondern auch, welche Erträge und Kosten diese einzelnen Subprozesse verursachen und wie diese Erträge und Kosten zu ermitteln sind. Es muß daher erstens bekannt sein, daß die Produkte mit verschiedenen Verfahren erzeugt und abgesetzt werden können und unter welchen Bedingungen jeder dieser Prozesse den höchsten Ertrag bringt bzw die niedrigsten Kosten verursacht. Dabei gehört zum Wissen um die Kosten der „Produktion" nicht nur das Wissen um die Kosten des Produktionsverfahrens im engeren Sinne (was vor allen ein technisches Wissen ist), sondern auch das Wissen um die „optimale" Führung eines Betriebes (= *Führungswissen*), um die „optimale" Organisation eines Betriebes (= *Organisationswissen*), um die „optimale" Finanzierung eines Betriebes (=*Finanzierungswissen*), um die für einen Betrieb „optimalen" Investionen (= *Investitionswissen*) und die „optimale" Beschaffung (= *Beschaffungswissen*). Weiters wird ein *Absatzwissen* benötigt. Zu diesem gehört nicht nur das Wissen um die „optimale" Produktgestaltung und die „optimale" Preisbildung, sondern auch das Wissen um die „optimale" Vertriebsform (= früher als „Absatzweg" und heute vielfach als „Logistik" bezeichnet) und die „optimale" Kundeninformationspolitik (insbesondere über die „optimale" Wer-

---

[42] sd Der Standard, 20. 6. 2001: Ein Hotel auf dem Mond. Inklusivurlaub mit Indoor-Bergsteigen und Fledermaus-Fliegen; Die Presse, 5. 7. 2001: „Dot-Lunar" – oder: Eine Web-Adresse für den Mond;

bung). Um die jeweils „optimalen“ Subprozesse auswählen zu können, ist ein *entsprechendes entscheidungs-theoretisches Wissen* – insbesondere ein solches über die Informationsbeschaffung und über die Entscheidungskalküle – notwendig[43].

Bei der *Kostenminimierung* geht es aber nicht nur darum, die jeweils kostengünstigen Verfahren auszuwählen, sondern auch darum, bei der an die Auswahl anschließenden Durchführung der Subprozesse auch tatsächlich die niedrigstmöglichen Kosten zu realisieren. Es müssen alle vermeidbaren Kosten vermieden werden. Dazu ist auch ein Wissen darüber nötig, wie vermeidbare Kosten vermieden werden können. Dieses Wissen und seine Anwendung faßt man neuerdings unter der Bezeichnung „*Controlling*“ zusammen[44]. Seine wichtigsten Werkzeuge sind Plankostenrechnung[45] und Kostenbudgetierung[46]. Darauf soll aber hier nicht näher eingegangen, sondern auf später und darüber hinaus auf die Literatur verwiesen werden.

Die Identifikation der Mitarbeiter als zweite (Sub-)Bedingung

Um alle vermeidbaren Kosten auch tatsächlich zu vermeiden, genügen das *Organisations-*, das *Führungs-*, das *Marketing-* und das *Kostenbeeinflußungswissen* allein nicht. Denn erfahrungsgemäß hängt eine kostengünstige Produktion vor allem davon ab, wie weit sich die in einem Betrieb tätigen Menschen mit diesem Betrieb *identifizieren*[47]. Denn nur Personen, denen der Betrieb und die in diesem Betrieb zu leistende Arbeit nicht gleichgültig sind und die die Bedeutung der Betriebe im allgemeinen und die Bedeutung ihrer betrieblichen Tätigkeit im besonderen für den Massenwohlstand erkennen und daher den Betrieb und die in diesem zu leistenden Arbeit bejahen, denken auch darüber nach, wie die Produk-

---

[43] sd LOITLSBERGER E.: Grundriß der Betriebswirtschaftslehre, aaO, S 69 ff; LOITLSBERGER E.: Grundkonzepte der Betriebswirtschaftslehre, aaO, S 569 ff;

[44] sd KÜPPER H.-U.: Controlling, in : HWB 5. Aufl., Stuttgart 1993, Sp 647 – 661; HORVATH P.: Controlling, 3. Aufl., München 1990; MAYER E. (Hrsg): Handbuch Controlling, Stuttgart 1990; u.a.

[45] sd KILGER W.: Flexible Plankostenrechnung und Deckungsbeittragsrechnunng, 9. Aufl., Wiesbaden 1988; KLOOCK J./SIEBEN G./SCHILDBACH T.: Kosten- und Leistungsrechnung, 7. Aufl., Düsseldorf 1993;

[46] sd GÖPFERT I.: Budgetierung, in: HWB 5.Aufl., aaO., Sp 589 – 602; HORVATH P.: Controlling, 3. Aufl., aaO; POSSELT S. G.: Budgetkontrolle als Instrument zur Unternehmenssteuerung, Darmstadt 1986; GRIMMER H.: Budgets als Führungsinstrument in der Unternehmung, Frankfurt/M. 1980;

[47] sd WUNDERER R., MITTMANN J.: Identifikation, in: HWFÜ, Stuttgart 1987, Sp 1085 – 1097; MÜLLER W.: Führung und Identität, Bern 1981;

tion verbessert und vermeidbare Kosten vermieden werden können. Nur solche Mitarbeiter werden sich auch bemühen, die vermeidbaren Kosten auch tatsächlich zu vermeiden. Wie wichtig diese „*Identifikation*" für die Produktivität einer Wirtschaft ist, kann positiv an der japanischen[48] und negativ an der Wirtschaft der ehemaligen Sowjetunion[49] ersehen werden.

Die Realisierung des (technischen) Verfahrensfortschritts als dritte (Sub-)Bedingung

Die dritte notwendige Bedingung für die Kostensenkung war – und ist – die Realisierung des technischen Fortschritts in der Form des *Verfahrensfortschrittes* (oder wie diese Variante des technischen Fortschrittes auch genannt wird: der *Prozeßinnovation*). Dadurch, daß für die in den Betrieben ablaufenden Prozesse immer kostengünstiger arbeitende Maschinen konstruiert und hergestellt wurden (und werden) und die Betriebe diese Maschinen anschafften und in Betrieb nahmen, konnten (und können) immer mehr betriebliche Abläufe auf solche Maschinen verlagert und dadurch die Kosten der Betriebe gesenkt werden. Wegen der großen Bedeutung des Verfahrensfortschritts wird auf ihn noch mehrfach einzugehen sein.

2.2.2.1.5. Exkurs: Die Notwendigkeit der Unterscheidung zwischen „Arbeitskosten" und „Nichtarbeitskosten"

Wie schon mehrfach erwähnt wurde, muß im Hinblick auf die Massenwohlstandsentwicklung beachtet werden, daß die *Kosten* der Betriebe die *Einkommen* derer sind, die den Betrieben die für die Gütererzeugung eingesetzten Leistungen zur Verfügung gestellt haben. Diesen wichtigen Sachverhalt hat Fritz Schmidt in der sogenannten *Verkehrsgleichung* besonders herausgearbeitet[50].

Aus diesem Grunde muß bei den Kosten der Betriebe im Hinblick auf die Massenwohlstandsentwicklung zwischen den Kosten, die durch den Einsatz der *menschlichen Arbeit (= Arbeitskosten)* entstehen und den Kosten, die *kein Entgelt* für menschliche Arbeit sind (= *Nichtarbeitskosten*), unterschieden werden.

Da für die Wohlstandsentwicklung bei den *Nichtarbeitskosten* diejenigen Kosten, die der Kapitaleinsatz in den Betrieben verursacht (= *Kapitalkosten*) einen wichtige Rolle spielen (auf die in dieser Studie noch mehrfach zurückzukommen sein wird), müssen bei den Nichtarbeitskosten nochmals *Kapitalkosten*

---

48 sd HAX K.: Japan. Wirtschaftsmacht des fernen Ostens, Köln et al 1961, S. 584 f; MORITA A.: Made in Japan. Eine Weltkarriere, Bayreuth 1986, S 320 ff;

49 sd HILDERMEIER M.: Geschichte der Sowjetunion 1917 – 1991, aaO, S 91 ff u.a.;

50 sd SCHMIDT F.: Die organische Bilanz im Rahmen der Wirtschaft, Leipzig 1921;

und „*andere Nichtarbeitskosten*" unterschieden werden. Zu diesen „anderen Nichtarbeitskosten" gehören insbesondere die Kosten, die dadurch entstehen, daß die Betriebe von anderen Betrieben Leistungen beziehen, die Güter und/oder Dienste sein können. In der Betriebswirtschaftslehre werden diese von anderen Betrieben bezogenen Leistungen als „*Vorleistungen*" bezeichnet. Auf sie wird noch zurückzukommen sein.

2.2.2.2. Die notwendigen Bedingungen für eine ausreichende Anzahl sich gut entwickelnder Betriebe

2.2.2.2.1. Notwendigkeit und Definition der „ausreichenden Anzahl"

Da – wie schon dargelegt wurde – auch die „*gute*" *Entwicklung* einer **ausreichenden Zahl** von Betrieben eine notwendige Bedingung für den Massenwohlstand ist, ist im folgenden diese Bedingung ebenfalls näher zu untersuchen. Denn schon eine kurze Überlegung zeigt, daß auch bei der Massenwohlstandsentwicklung eine Schwalbe noch keinen Sommer macht und es daher nicht ausreicht, wenn sich nur ein Betrieb oder einige wenige Betriebe gut entwickeln. Es muß sich eine *so große Zahl* von Betrieben „*gut*" entwickeln, daß *alle*, die ein Einkommen von einem Betrieb benötigen, ein solches auch erlangen können. Es muß daher so viele sich „gut" entwickelnder Betriebe geben, daß die Nachfrage nach Arbeitskräften so groß ist, daß *alle Arbeitswilligen* auch einen *Arbeitsplatz* finden. Wenn aus im Verlauf dieser Studie noch darzulegenden Gründen nicht so viele Arbeitsplätze angeboten werden können, daß alle Arbeitswilligen auch einen Arbeitsplatz finden, müssen die Betriebe für die breite Bevölkerung *andere Einkommensarten*, die keine Arbeitseinkommen sind, anbieten, wie noch zu zeigen sein wird.

2.2.2.2.2. Das Gesetz vom Nichtselbstentstehen der Betriebe und das daraus entstehende Problem

Betriebe entstehen – leider – *nicht* von selbst. Sie müssen *gegründet* werden, so daß das Gesetz vom Nichtselbstentstehen der Betriebe auch als „*Gesetz von der Gründungbedürftigkeit der Betriebe*" formuliert werden kann[51]. Da sich Betriebe auch nicht von selbst gut entwickeln, sind Menschen nötig, die Betriebe gründen und gut führen können. Da man eine so große Zahl von gut geführten Betrieben braucht, daß alle, die ein betriebliches Einkommen benötigen, auch ein solches erlangen können, spitzt sich das Problem dahingehend zu, wie man

---

[51] sd LOITLSBERGER E., Grundriß der Betriebswirtschaftslehre, aaO, S 9 ff;

zu einer *ausreichenden Zahl von Personen* kommt, die Betriebe gründen und/oder gut führen können.

2.2.2.2.2.1. Unmittelbare und mittelbare Bedingungen der Betriebsgründung

Wenn man untersucht, warum Betriebe gegründet werden, stößt man auf zwei verschiedene Arten von notwendigen Bedingungen: auf *unmnittelbare* und *mittelbare*. Die *unmittelbaren Bedingungen* sind bestimmte *persönliche Einstellungen und Eigenschaften*. Die *mittelbaren Bedingungen* sind hingegen *objektive und von Personen unabhängige Sachverhalte*, die von einzelnen Personen mittels der unmittelbaren Bedingungen ausgenützt werden können.

2.2.2.2.2.1.1. Die für Betriebsgründungen notwendigen unmittelbaren Bedingungen

Die erste unmnittelbare Bedingung, die Ursache einer Betriebsgründung ist, ist das Vorhandensein eines „*Motivs*", das Menschen bewegt, Betriebe zu gründen. Von diesen Motiven sind insbesondere das *Einkommensmotiv* und das *Wohlfahrtsmotiv* zu erwähnen, weil sie die wichtigsten sind, die zur Gründung von Betrieben führen. Es sind zwar in der Realität auch noch andere Betriebsgründungsmotive beobachtbar. So hat der Verfasser einen Betrieb angetroffen, der aufgrund einer Wette gegründet wurde. Ein anderer Betrieb wurde in der Absicht gegründet, durch Wettbewerb einen bereits bestehenden Betrieb zu „schädigen", in dem er ihm Umsatz wegnehmen sollte. Aber diese „anderen Motive" haben in der Realität nicht die Bedeutung, die das *Einkommens-* und das *Wohlfahrtsmotiv* haben. Im folgenden soll daher auf diese anderen Motive nicht weiter eingegangen werden.

Die zweite unmnittelbare Bedingung, die für Betriebsgründungen gegeben sein muß, ist das Vorhandensein von *Personen mit bestimmten Eigenschaften*. Da beim *Einkommensmotiv* Betriebe gegründet werden, weil sich die Gründer davon einen Vorteil und zwar einen „*Gewinn*" und damit ein *Einkommen* erhoffen, setzt das Einkommensmotiv Personen voraus, die *unabhängig* sein wollen und ihr Geld auf *eigene Verantwortung* und auf *eigenes Risiko* zu verdienen beabsichtigen. Dagegen wollen Personen, die diese Eigenschaften nicht haben, ihr Geld auf weniger riskante Weise als „unselbständig Erwerbstätige" verdienen.

Das *Wohltätigkeitsmotiv* setzt hingegen *altruistisch* eingestellte Menschen voraus, die ohne eigene Vorteile ihren Mitmenschen helfen wollen. Denn beim *Wohlfahrtsmotiv* soll der Allgemeinheit dadurch Nutzen verschafft werden, daß Betriebe gegründet werden, die kostendeckend und ohne Gewinnabsicht Leistungen für die Allgemeinheit erbringen, die ohne diese Betriebe nicht oder nicht in der Menge erbracht worden wären, die die Allgemeinheit benötigt.

In der Realität hat das *Einkommensmotiv* die größere Bedeutung, so daß es dann, wenn man eine ausreichende Zahl von Betriebsgründungen will, darum geht, Einkommen, das mittels betrieblicher Tätigkeit erzielt wird, nicht nur zu ermöglichen (was Freizügigkeit der Betriebsgründung bedeutet) sondern auch, diese risikobehafteten Einkommen gegenüber nicht risikobehafteten Einkommensarten nicht zu diskriminieren, wobei diese Diskriminierung insbesondere in einer der unterschiedlichen Risikosituation *nicht* Rechnung tragenden Besteuerung besteht. Da darauf noch einzugehen sein wird, darf hier der Hinweis genügen.

2.2.2.2.2.1.2. Die für Betriebsgründungen notwendigen mittelbaren Bedingungen

Die Arten der mittelbar notwendigen Bedingungen

Eine Untersuchung der Bedingungen, die für Betriebsgründungen *mittelbar* notwendig sind, ergibt zwei Arten solcher Bedingungen. Die erste Art, die als *„mittelbare für Betriebsgründungen notwendige Bedingungen erster Ordnung“* bezeichnet werden kann, stellt diejenigen Bedingungen dar, die *objektiv* für Betriebsgründungen gegeben sein müssen. Die zweite Art, die als *„für Betriebsgründungen notwendige mittelbare Bedingungen zweiter Ordnung“* bezeichnet werden kann, umfaßt diejenigen Bedinungen, die bewirken sollen, daß immer eine *ausreichende Zahl von Menschen* vorhanden ist, die die persönlichen Eigenschaften haben, die für Betriebsgründungen notwendig sind.

Die für Betriebsgründungen notwendigen mittelbaren Bedingungen erster Ordnung

Die für eine Betriebsgründung *mittelbaren Ursachen erster Ordnung* vor allem das *Lerngesetz* und die Möglichkeit der *Verwendung von Spezialwerkzeugen.* Das *„Lerngesetz“* zeigt die Tatsache auf, daß man durch Wiederholung einer Tätigkeit Durchführungszeit und Ressourcen einsparen kann. Man benötigt gegenüber der vorhergehenden Durchführung einer Tätigkeit bei nochmaliger Tätigkeit weniger Zeit und Ressourcen, wobei aber mit fortschreitender Zahl der Wiederholungen die Einsparungen immer kleiner und schließlich Null werden, was das Ende der Lernzeit bedeutet[52]. Bei weiteren Wiederholungen kann sich dann das Lerngesetz in sein Gegenteil verkehren. Es kann wegen der immer gleichbleibenden Tätigkeit zu Sorglosigkeit und Frustration und damit auch zu Mehrverbräuchen kommen. An die Stelle des „Lerngesetzes“ tritt dann das *„Frustrationsgesetz“*.

---

52 sd GRÜN O.: Lerntheorien und Betriebswirtschaftslehre, in: HWB, 5. Aufl., Stuttgart 1995, Sp 2594 – 2608;

Wenn eine Tätigkeit (bzw ein Ablauf) sehr oft wiederholt wird, dann lohnt es sich auch, für die Durchführung dieser Tätigkeit (bzw des Ablaufes) „*Spezialwerkzeuge*“ (insbesondere geeignete Maschinen) anzuschaffen. So kann etwa beim Aushub einer Künnette bei Verwendung eines fahrbaren Löffelbaggers eine wesentlich größere Tagesleistung erzielt werden, als wenn der Aushub nur mit Krampen und Schaufel oder gar nur mit bloßen Händen erfolgen müßte.

Diese beiden objektiven Sachverhalte (Lerngesetz und Verwendung von Spezialwerkzeugen) können von Personen, die sich auf eine bestimmte Tätigkeit spezialisieren und diese Tätigkeiten (bzw Abläufe) immer wieder durchführen, dazu ausgenutzt werden, diese Tätigkeiten kostengünstiger zu erstellen als sie jemand erstellen kann, der wegen der Seltenheit dieser Tätigkeiten diese beiden Sachverhalte nicht ausnützen kann. Diese Einsparung kann dann zwischen dem Produzenten dieser Tätigkeit und dem Konsumenten aufgeteilt werden, was für den Produzenten einen „*Gewinn*“ und für den Konsumenten ebenfalls einen *Vorteil* ergibt, wie das nachfolgende Graphikon zeigt, bei dem das Rechteck 1 die Kosten bei nichtarbeitsteiliger Produktion (= Eigenerzeugung durch den Konsumenten) und das Rechteck 2 die Kosten bei arbeitsteiliger Produktion sowie die Aufteilung der Kostenersparnis zwischen Kunden und Produzenten zeigt:

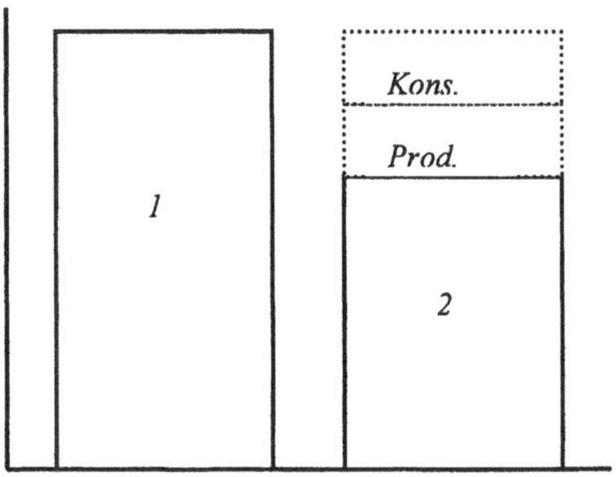

Abbildung 6

Die Möglichkeit des notwendigen Wissenserwerbs

Eine genaue Untersuchung zeigt, daß die persönlichen Motive allein *nicht* ausreichen, Betriebe tatsächlich entstehen zu lassen. Denn wenn man nicht weiß, wie man einen Betrieb gründet und führt, nützt das ganze „Wollen“ nichts. Ohne Wissen über die Kosten- und Ertragszusammenhänge (= betriebswirtschaftliches Wissen) entsteht kein Betrieb. Denn die unmittelbaren Ursachen können nur dann mit Erfolg realisiert werden, wenn man weiß, daß die mittelbaren Ursachen der Betriebsentstehung (Lerngesetz und Verwendung von Spezialwerkzeugen), eine rationellere Produktion erlauben als dies ohne diese beiden Sachverhalte der Fall ist. Für die Sicherung des Massenwohlstandes ist es daher notwendig, daß die beiden mittelbaren Ursachen der Betriebsentstehung (Lerngesetz und Spezialisierung) auf breiter Basis bekannt sind.

Wenn Betriebe nicht von selbst entstehen und sich von selbst aus auch nicht „gut" entwickeln, sondern dazu ein bestimmtes Wissen notwendig ist, entsteht die Frage, wie man zu einer ausreichenden Anzahl von Personen kommt, die über dieses Wissen verfügen. Man hat diese Frage zunächst mit der noch mehrfach zu erwähnenden Strategie zu lösen versucht, auf Menschen zu warten, die dank angeborener Begabung über dieses Wissen verfügen. Dieses *„Warten auf wirtschaftliche Genies"* ist für die Massenwohlstandsentwicklung aber zu riskant. Denn man weiß nicht, ob und wann solche wirtschaftlichen Genies geboren werden. Wenn man den Wohlstand eines ganzen Landes nicht vom Zufall abhängig machen will, ob solche Menschen geboren werden, kann man diese Strategie nicht anwenden. Es könnte zu zu langen Wohlstandsstagnationsperioden oder gar zu Wohlstandsminderungen kommen.

Auch die zweite noch zu erwähnende Strategie, das *„learning by doing"*, befriedigt nicht, weil bei dieser Strategie nur das gelernt werden kann, was *tatsächlich angefallen* ist. Das ist, wie schon ausgeführt wurde, dann ein Nachteil, wenn viele Neuerungen rasch aufeinander folgen und die Erfahrung aus diesem Grunde immer *weniger wert* wird. Denn im Falle rascher Neuerungen kommt es darauf an, sich anbahnende Entwicklungen schon in Zeiten *„schwacher Signale"*[53] zu erkennen und auf ihre Auswirkungen untersuchen zu können. Es müssen dann den Gesetzmäßigkeiten, die diejenigen Entwicklungen bewirken, die sich im Beobachtungszeitpunkt erst in schwachen Signalen ankündigen, solche Gesetzmäßigkeiten entgegengesetzt werden, die nicht nur eine negative Entwicklung der Betriebe verhindern, sondern unter den sich ändernden Verhältnissen eine *positive Entwicklung* der Betriebe bewirken.

Die Notwendigkeit, neue Entwicklungen und deren Auswirkungen *frühzeitig* zu erkennen, verlangt eine Ausbildung zur *Forscherpersönlichkeit*. Denn es ist *Forschung*, auf sich selbst gestellt eine sich anbahnende Entwicklung schon aus schwachen Signalen zu erkennen, die Ursachen dieser sich anbahnenden Entwicklung zu analysieren und dann geistig diejenigen Maßnahmen zu antizipieren, die geeignet sind, die sich mit den schwachen Signalen ankündigende Entwicklung in eine bestimmte, für den Betrieb günstige Richtung zu lenken oder, wenn das nicht möglich ist, den Betrieb rechtzeitig an diese Entwicklung anzupassen. Das geht über die Erfahrung hinaus. Es ist daher eine *Ausbildung* notwendig, wie sie von jeher von den *Universitäten* betrieben wird. Denn die Universitäten trachten nicht nur, durch die Verbindung von Forschung und Lehre

---

53 zu den schwachen Signalen siehe ANSOFF H. I.: Managing Surprise and Discontinuity. Strategic Disponse to weak Signals, in: ZfbF 1976;

die Wissensvermittlung jeweils auf dem letzten Stand zu halten, sondern sie bilden die Studierenden durch Seminare und Diplomarbeit und eventuell durch die Dissertation auch zu Forscherpersönlichkeiten aus. Diejenige akademische Disziplin, die diejenigen Gesetzmäßigkeiten *erforscht*, die die Existenz und die Entwicklung der Betriebe bestimmen und die diese Gesetzmäßigkeiten *erlernbar* macht, ist, wie schon ausgeführt wurde, die *Betriebswirtschaftslehre*[54].

Durch den Wissenserwerbs mittels akademischer Ausbildung kann erreicht werden, daß *normalbegabte* Menschen nicht nur die Gesetzmäßigkeiten, die die Gründung und erfolgreiche Führung eines Betriebes bewirken, erlernen, sondern auch sich anbahnende und sich erst in schwachen Signalen abzeichnende Entwicklungen frühzeitig erkennen und Ursachen und Wirkungen dieser Entwicklungen analysieren können. Es muß nicht mehr auf wirtschaftliche Genies gewartet werden, um florierende Betriebe zu erhalten. Der Nachteil dieser Art des Wissenserwerbs sind seine relativ *hohen Kosten.*

Die Heranbildung selbständiger und eigenverantwortlicher Persönlichkeiten

Für eine gute Entwicklung der Betriebe sind aber nicht nur Forscherpersönlichkeiten erforderlich, die schon frühzeitig sich anbahnende und sich erst in schwachen Signalen zeigende Entwicklungen erkennen und analysieren können, sondern auch Persönlichkeiten, die, ohne daß sie jemand antreibt, aus *eigener Einsicht* das Notwendige tun. Es werden zur Gründung und Führung von Betrieben Personen benötigt, die *selbständig* und *eigenverantwortlich* handeln und die nicht einen Antreiber und/oder Aufpasser hinter sich haben müssen, um das zu tun, was notwendig ist. Auch hier ergibt sich das Problem, ob eine Gesellschaft darauf warten soll, bis Persönlichkeiten mit diesen Eigenschaften geboren werden oder ob man trachten soll, möglichst viele Personen zur *Selbständigkeit* und zur *Eigenverantwortlichkeit* zu erziehen.

Da auch hier die Wartestrategie zu riskant ist – es könnten zu lange keine solchen Persönlichkeiten geboren werden – hat man sich schon frühzeitig dazu entschlossen, solche Personen *heranzubilden.* Da die Ausbildung solcher Persönlichkeiten von jeher das Ziel der Universtäten war, konnte man (und hat man) diese Aufgabe den *Universitäten* übertragen. Diese haben schon seit jeher zur Erreichung dieses Ausbildungsziels die „*Akademische Freiheit*" als Instrument angewandt. Denn die Universitäten wenden zunächst alle diejenigen Disziplinierungsmittel nicht mehr an, die bei den voruniversitären Schultypen den Schüler zum Lernen anhalten sollen (wie Eintragung in ein Klassenbuch, Ermahnung, Elternsprechtag usw). Sie zwingen dadurch, daß sie den Studierenden selbst die Verantwortung für ihren Studienablauf aufbürden, diese zur Selbständigkeit und Eigenverantwortung. Sie geben den Studierenden durch ausreichen-

---

[54] sd LOITLSBERGER E.: Grundriß der Betriebswirtschaftslehre, aaO, S 2 f;

de lehrveranstaltungsfreie Zeiten (die von vielen Studierenden irrtümlich als „Ferien" angesehen werden) nicht nur Gelegenheit zu dem notwendigen „*vertiefenden Selbststudium*", sondern sie überlassen es auch dem Studierenden, ob er Lehrveranstaltungen besucht oder nicht und *ob und wann* er sich den vorgeschriebenen Prüfungen unterzieht[55]. Diese Akademische Freiheit führt zwar zu einer *hohen Drop-out-Rate,* weil es viele Studierende nicht lernen, sich selbst genügend zu disziplinieren und – ohne Zwang und Aufpasser im Rücken – das akademische Studium mit dem notwendigen Einsatz zu betreiben. Die Akademische Freiheit ist aber *unverzichtbar*, wenn man selbständige und eigenverantwortliche Personen heranbilden will. Man muß die hohe Drop-out-Rate in Kauf nehmen, weil für die Betriebe – wie im Verlauf dieser Studie noch genauer ausgeführt werden wird und damit auch für den Massenwohlstand – an den *Führungspositionen* Menschen notwendig sind, die – ohne Aufpasser im Rücken – aus *eigener Einsicht* das *Notwendige* tun. Daher ist die Akademische Freiheit nicht nur ein *unverzichtbares* Ausbildungsinstrument, sie muß sogar noch *vergrößert* werden (in dem alle noch heute bestehenden „Verpflichtungen" der Studierenden zum Besuch von Lehrveranstaltungen und alle nicht frei wählbaren Termine für Prüfungen aufgehoben werden), wenn der Massenwohlstand erhalten bzw gesteigert werden soll.

Die Möglichkeit der Risikobeschränkung

Die Erfahrung zeigt, daß Betriebe Institutionen sind, die dem *Risiko des Mißlingens* unterworfen sind. Daher werden Betriebe auch nur von Personen gegründet, die entweder risikofreudig sind und die auf ihr Glück vertrauen oder die das Risiko relativ genau einschätzen können und die wissen, wie es tragbar gemacht werden kann. Neben der betriebswirtschaftlichen Ausbildung, die es erlaubt, das Risiko genauer einzuschätzen, ist daher auch von Bedeutung, ob Unternehmungsformen und Finanzierungsarten zur Verfügung stehen, die eine Verminderung des aus der betrieblichen Tätigkeit stammenden Risikos erlauben oder die dieses Risiko durch Aufteilung auf mehrere Personen für den einzelnen tragbar machen, ohne diejengen Personen, die Betriebe gründen und/oder führen wollen, in ihrer Handlungsfähigkeit allzusehr einzuschränken.

Für das noch immer verbleibende *Restrisiko* muß, wenn die Einkommen aus betrieblicher Tätigkeit nicht gegenüber Einkommen aus risikoloseren Tätigkeiten benachteiligt werden sollen, zur *Selbstversicherung* eine Risikoprämie einbehalten werden können. Erst das nach Abzug dieser Risikoprämie verbleibende Einkommen stellt das konsumierbare Einkommen aus betrieblicher Tätigkeit dar. Darauf wurde bei der Darstellung des Einkommensmotivs schon hingewie-

55 sd LOITLSBERGER E.: Diplomprüfungs- oder Credit-point-System als betriebswirtschaftliche Ausbildungsvarianten, in: JfB 2001, S 85 – 97;

sen. Da auf diese Sachverhalte in dieser Studie auch im folgenden noch mehrfach einzugehen sein wird, darf hier der Hinweis genügen.

2.2.3. Die hinreichenden Bedingungen

2.2.3.1. Die Notwendigkeit

Die im vorigen Abschnitt dargelegte positive Betriebsentwicklung ist zwar eine *notwendige,* aber noch keine hinreichende Bedingung für die Schaffung von Massenwohlstand. Denn ohne positive Betriebsentwicklung kann es zwar keinen Massenwohlstand geben, sie kann aber auch Anlaß dafür sein, daß die Betriebseigentümer immer reicher, die große Masse der Bevölkerung aber immer ärmer wird und damit der Zustand der schon erwähnten *„asymetrischen Wohlstandsentwicklung“* herbeigeführt wird, der heute in vielen Ländern beobachtbar ist und den Massenwohlstand bedroht[56]. Daher müssen die notwendigen Bedingungen einer positiven Betriebsentwicklung noch um die *hinreichenden Bedingungen* für die Entwicklung (und Sicherung) des Massenwohlstandes ergänzt werden.

2.2.3.2. Die Notwendigkeit einer „Betriebsethik“ und die daraus folgenden Verhaltensweisen

2.2.3.2.1. Die Betriebe als „mehrseitige Nutzenstiftungsinstitutionen“

Es ist unmittelbar einleuchtend, daß dann, wenn eine asymetrische Wohlstandsentwicklung vermieden werden soll, die Betriebe nicht als einseitige, nur dem Nutzen der Betriebseigentümer dienende, sondern nur als *mehrseitige* Nutzenstiftungsinstitutionen betrieben werden dürfen.

Die Betriebswirtschaftslehre ist in ihrem Selbstverständnis seit jeher von einer solchen mehrseitigen Nutzenstifung ausgegangen (und geht auch noch immer davon aus). Allerdings wird in vielen betriebswirtschaftlichen Publikationen diese Grundeinstellung nicht genügend klar herausgearbeitet. Das ist vor allem dann der Fall, wenn – um elegante mathematische Modelle ableiten zu können – ohne weitere Nebenbedingungen unterstellt wird, die Zielvorstellung unternehmerischen Handelns sei „Gewinnmaximierung“, obwohl aus dem *Selbstverständnis* der Betriebswirtschaftslehre heraus klar sein müßte, daß es sich bei der betrieblichen Tätigkeit nicht um eine einfache (= einseitige) Gewinnmaximie-

---

[56] sd FORRESTER V.: Der Terror der Ökonomie, aaO;

rung handeln kann, weil Raub und Diebstahl nicht Gegenstand der betriebswirtschaftlichen Forschung sind, obwohl sie der Definition einer „Gewinnmaximierung ohne Nebenbedingungen" besser genügen würden als der Zielvorstellung, die viele Autoren der Betriebswirtschaftslehre bei ihren Forschungen unterstellen. Da Raub und Diebstahl nur *einseitige Nutzenstiftungen* sind, weil sie nur dem Dieb Nutzen bringen, dem Bestohlenen aber schaden, sind sie nicht Gegenstand der betriebswirtschaftlichen Forschung. Die Betriebswirtschaftlehre ist im Gegenteil immer davon ausgegangen, daß auch der *Kunde* von der betrieblichen Tätigkeit einen Nutzen haben muß, weil er sonst die vom Betrieb erzeugten Produkte nicht kaufen würde. Daher hat die Betriebswirtschaftslehre in Wirklichkeit immer *„Gewinnmaximierung unter der Nebenbedingung einer ausreichenden Nutzenstiftung beim Kunden"* unterstellt. Sie ist auch immer – allerdings stillschweigend – davon ausgegangen, daß die Mitarbeiter als *Persönlichkeiten* und nicht einfach als sachliche Produktionsfaktoren (wie Maschinen) angesehen werden, weil sie *„freie"* Mitarbeiter, die ebenfalls ihren Nutzen maximieren können und wollen, und keine Sklaven als Mitarbeiter unterstellt.

Die vom größten Teil der Unternehmerschaft geteilte Ansicht, daß die Betriebe nicht nur Profitmaximierungsinstitutionen für die Betriebseigentümer, sondern *Institutionen gemeinschaftlichen Erwerbs*[57] sind, führte dazu, in der Realität den *Arbeitsvertrag* nicht als einen *Kaufvertrag* anzusehen, in dem der Unternehmer zu einem vereinbarten Preis die Ware „Arbeitskraft" kauft, sondern die Mitarbeiter als „Mitproduzenten" anzusehen und die Höhe des Arbeitsent geltes auch vom *Produktivitätsfortschritt* abhängen zu lassen. Die in den hoch industrialisierten Ländern beobachtbare *„Mitbestimmungsentwicklung"* und vor allem die von den Betrieben betriebene *„produktivitätsabhängige Lohnpolitik"* widerlegte nicht nur das in der Theorie formulierte (und schon erwähnte) *„Eherne Lohngesetz"*, und auch die (ebenfalls schon erwähnte) *„Verelendungstheorie"*, sondern auch die Ansicht, die „Arbeit" sei ein vom Arbeitnehmer zu trennender, einer Maschine gleichzuhaltender Produktionsfaktor, der nach den gleichen Regeln „kombiniert" werden könne wie die sachlichen Produktionsfaktoren Betriebsmittel und Werkstoffe.

In der Betriebswirtschaftslehre führte die Tatsache, daß die Betriebe als Institutionen gemeinschaftlichen Erwerbs angesehen wurden, die nicht nur für den Profit des Unternehmers, sondern auch zum *Wohle der Mitarbeiter* und des *ganzen Landes* betrieben werden[58] und in denen darüber hinaus auch sowohl zwischen den einzelnen Betriebsangehörigen wie zwischen den Betriebsangehöri-

---

[57] sd LOITLSBERGER E.: Grundkonzepte der Betriebswirtschaftslehre, aaO, S 3 und S 33;

[58] sd MORITA A.: Made in Japan, aaO, S 321;

gen und dem Betrieb nicht nur rationale, sondern auch *emotionale* Beziehungen entstehen, zur Formulierung des Terminus *„Betriebsgemeinschaft"*[59].

Da der Terminus „Betriebsgemeinschaft" durch den Nationalsozialismus politisch mißbraucht wurde und seither im deutschsprachigen Schrifttum negativ besetzt ist, wird in dieser Studie in der Folge statt von „Entgemeinschaftung" von *„Entsolidarisierung"* gesprochen, obwohl dieser Begriff etwas weniger präzise ist als der Begriff „Entgemeinschaftung".

Die Einstellung, daß die Betriebe nicht nur für die Profitmaximierung des Unternehmers betrieben werden, war sogar in der Zeit des *aufkommenden „Kapitalismus"* bei vielen führenden Unternehmern der damaligen Zeit anzutreffen. Krupp[60], Catburry[61], Zeiss[62] aber auch Henry Ford[63] und viele andere[64] sind Beweis dafür, daß auch in Zeiten der ersten Industrialisierung die Ansicht, die Betriebe seien Institutionen *gemeinschaftlicher Arbeit* und *nicht* ausschließlich *„Profitmaximierungsinstitutionen für den Unternehmer"* (oder für die Kapitalbeisteller) weit verbreitet war und daß von vielen führenden Unternehmern der Arbeitsvertrag *nicht* als *Kaufvertrag*, sondern als ein *Vertrag sui generis* angesehen wurde, der auch eine gewisse *„Fürsorgepflicht"* des Unternehmers für seine Mitarbeiter einschließt. Krupp und viele andere Unternehmer dieses Zeitraums errichteten Werkswohnungen und gründeten Unterstützungsvereine für die Unterstützung in Not geratener Mitarbeiter[65], Henry Ford zahlte die höchsten Löhne, obwohl er seine Fließbänder auch mit niedriger entlohnten Arbeitskräften hätte betreiben können[66]. Die Bezahlung *über* dem physischen Existenzminimum liegender Löhne und Gehälter und alle diejenigen Aktivitäten, die man im Jahresabschluß unter dem Terminus *„Freiwilliger Sozialaufwand"* zusammenfaßt, zeigen, daß man sich der Tatsache bewußt war, daß der Arbeitsvertrag *mehr* ist als ein Kaufvertrag, mit dem der Unternehmer die Ware „Arbeitskraft" kauft und der ihn zu nichts weiter verpflichtet als zur Bereitstellung des Arbeitsplatzes und zur Zahlung des vereinbarten Entgelts[67].

---

[59] sd NICKLISCH H.: Betriebsgemeinschaft, in: HWB, 2. Aufl., aaO, Sp 774 – 778;

[60] sd BERDROW W.: Alfred Krupp und sein Geschlecht. 150 Jahre Kruppgeschichte 1787 – 1937, Berlin 1937; SCHRÖDER E.: Krupp. Geschichte einer Unternehmerfamilie, 3. Aufl., Göttingen 1984;

[61] sd BERGHOFF H.: Englische Unternehmer 1870 – 1914, Göttingen 1991, S 91 f;

[62] sd WILLAM H. A.: Carl Zeiss (1816 – 1888), München 1967;

[63] sd FORD H.: Mein Leben und Werk, Leipzig 1923;

[64] sd MORITA A.: Made in Japan, aaO, S 232 f und S 240 ff;

[65] sd FORD H.: Mein Leben und Werk, aaO, S 242 ff;

[66] sd FORD H.: Mein Leben und Werk, aaO, S 145 ff;

[67] sd MORITA A.: Made in Japan, aaO, S 240 ff;

2.2.3.2.2. Pareto-Optimalität als harter Kern der Betriebsethik

Neuerdings begnügt sich die Betriebswirtschaftslehre nicht mehr damit, bei ihren Analysen nur die „Zufriedenheit" der Betriebseigentümer, der Kunden und der Mitarbeiter zugrundezulegen, sondern sie geht auch davon aus, daß auch der *Umwelt* durch den Betriebsprozeß kein Schaden zugefügt werden dürfe. Damit ist sehr deutlich erkennbar, daß die Betriebswirtschaftslehre eine Gestaltung des Betriebsprozesses anstrebt, die *allen* – wenn auch in unterschiedlichem Ausmaß – nützt, aber niemandem schadet. Da man eine Wohlstandsentwicklung, die einzelnen Personen Wohlstandszuwächse bringt, aber niemandes Wohlstand vermindert, eine *„pareto-optimale" Wohlstandsentwicklung*[68] nennt, kann man die von der Betriebswirtschaftslehre angestrebte Betriebs- und Wohlstandsentwicklung *mindestens* als eine „pareto-optimale Entwicklung" bezeichnen.

Diese „Pareto-Optimalität" ist der harte Kern der der Entwicklung der Betriebswirtschaftslehre zugrundeliegenden *„Betriebsethik"*. Diese erfährt neuerdings in der betriebswirtschaftlichen Literatur eine Wiederbelebung, weil sich die Unternehmensleitungen gesetzlich verordneter „pareto-optimaler betrieblicher Zielsetzungen" infolge der Globalisierung leicht entziehen können und es daher darauf ankommt, daß die Unternehmensleitungen diese Zielsetzungen wegen ihrer Notwendigkeit aus eigener Einsicht ihren Entscheidungen zugrunde legen[69].

Für die hier vorliegende Untersuchung sind von den Verhaltensweisen, die sich aus dieser „Betriebsethik" ergeben, vor allem *drei* von Bedeutung, die damit auch gleichzeitig hinreichende Bedingungen für die Massenwohlstandssicherung sind und zwar, daß:

1) die *Erlössteigerungen* weniger durch Preiserhöhungen (die allerdings hinter der allgemeinen Teuerungsrate zurückbleiben müssen, wenn sie nicht wohlstandsgefährdend sein sollen) als vielmehr durch *Erhöhung der Ausbringungsmenge* erzielt werden dürfen,
2) das *Niedrighalten* oder gar die *Senkung* des Kostenniveaus entweder das Ergebnis einer *Erhöhung der Arbeitskosten* bei gleichzeitiger *größerer Senkung der Nichtarbeitskosten* sein muß oder, wenn nicht nur die Nichtarbeitskosten, sondern auch die Arbeitskosten gesenkt werden, entsprechende *„Ersatzeinkommen"* ermöglicht werden,
3) die Zahl der Arbeitsplätze im Verhältnis zur Zahl derer, die zur Einkommenserzielung einen Arbeitsplatz benötigen, *unverändert* bleibt (= relative Konstanz der Zahl der Arbeitsplätze) oder für die Arbeits-

---

68 sd VARIAN H.: Intermediate Microeconomics. A modern approach, 4. Aufl., New York/London 1996, S 15 f;

69 sd LOITLSBERGER E.: Grundkonzepte der Betriebswirtschaftslehre, aaO, S 347 f;

einkommen, die wegen Verringerung der Zahl der Arbeitsplätze wegfallen, „*Ersatzeinkommen*" ermöglicht werden.

Wie noch gezeigt werden wird, ist es ebenso *unrealistisch*, eine wesentliche Senkung des Kostenniveaus nur durch eine Senkung der Nichtarbeitskosten erreichen zu wollen, wie von einer relativen Konstanz der Zahl der Arbeitsplätze auszugehen. Daher kommt der *Schaffung von Einkommensarten*, die die ausfallenden Arbeitseinkommen ersetzen sollen (= „*Ersatzeinkommen*") entscheidende Bedeutung zu. Da bei dieser Variante die (neuen) Arbeitseinkommen gegenüber den bisherigen Arbeitseinkommen zurückbleiben, muß, wenn der Massenwohlstand unverändert bleiben soll, der Ausfall an Arbeitseinkommen durch *Ersatzeinkommensarten* ersetzt werden.

2.2.3.2.3. Die Beachtung der Verkehrsgleichung als weitere hinreichende Bedingung

Als dritte hinreichende Bedingung ist die schon erwähnte, von Fritz Schmidt formulierte „*Verkehrsgleichung*"[70] anzuführen. Denn das Wissen um die Verkehrsgleichung führte zur Erkenntnis, daß hohe Löhne und Gehälter von heute dem Absatz der Betriebe von morgen zugute kommen[71]. Dieses Wissen hat unter anderem dazu geführt, daß ein großer Teil der Unternehmer *freiwillig* nicht nur *über* dem Existenzminimum liegende Löhne und Gehälter zahlte (und zahlt), sondern auch *freiwilligen Sozialaufwand* tätigte (und tätigt) und daß der andere Teil der Unternehmer, der das *nicht* freiwillig tat, den Forderungen der organisierten Arbeiterschaft (= den Gewerkschaften) nach höheren Löhnen und Gehältern *geringeren Widerstand* entgegensetzte als er getan hätte, wenn die „Verkehrsgleichung" unbekannt gewesen wäre.

[70] sd SCHMIDT F.: Die organische Bilanz im Rahmen der Wirtschaft, aaO;

[71] sd LOITLSBERGER E.: Grundriß der Betriebswirtschaftslehre, aaO, S 245 ff und S 349 ff; LOITLSBERGER E.: Grundkonzepte der Betriebswirtschaftslehre, aaO, S 151 f; zu den synallagmatischen Auswirkungen des Do, ut des-Grundsatzes s LOITLSBERGER E.: Grundkonzepte der Betriebswirtschaftslehre, aaO, S 307;

2.2.4. Der Ausbau der Transfereinkommen als bisher notwendige ergänzende Ursache der Massenwohlstandsentwicklung

2.2.4.1. Die bisherige Notwendigkeit der Transfereinkommen

Schon ein kurzer Blick in die Realität zeigt, daß der Mensch nur eine *beschränkte Zeit* einer Erwerbsarbeit nachgehen kann. Er benötigt Zeiten, in denen er sich von den Anstrengungen der Erwerbsarbeit regenerieren kann (Mußestunden, Urlaub usw). Auch Krankheit hindert ihn vielfach an der Erwerbsarbeit, und schließlich ist er lebenslaufbedingt nicht immer zur Erwerbsarbeit geeignet. Er kann weder in der Kindheit noch im hohen Alter einer Erwerbsarbeit nachgehen. Schließlich kann es auch vorkommen, daß er trotz Arbeitswilligkeit keinen Arbeitsplatz finden und damit kein Erwerbseinkommen erzielen kann, sondern „arbeitslos" ist. In allen diesen Zeitspannen benötigt er aber in einer „Gegenleistungswirtschaft" ein *Einkommen*, um seinen Lebensunterhalt bestreiten zu können.

Dies war vor noch nicht allzu langer Zeit für einen gesunden Menschen, der Arbeit gefunden hatte, deshalb noch kein Problem, weil die Zeitspanne, in der der Mensch einer Erwerbsarbeit nachgehen konnte, mit der Dauer des menschlichen Lebens weitgehend übereinstimmte. Man mußte schon als Kind arbeiten und verstarb in noch relativ jungen Jahren. Kranke und Arbeitslose waren hingegen auf die Wohltätigkeit anderer Menschen angewiesen. Einen rechtlichen Anspruch auf ein das Überleben sicherndes Einkommen hatten sie nicht.

Dieser Sachverhalt hat sich in den hochindustrialisierten Ländern grundlegend *geändert*[72]. Es gibt erstens in diesen Ländern keine Kinderarbeit mehr. Zweitens leben dank des medizinischen Fortschritts und der geringeren Belastung durch schwere körperliche Arbeit die Menschen in den hochindustrialisierten Ländern heute länger. Sie brauchen daher außer für die Zeit der Kindheit auch für die Zeit, in der sie aus Altersgründen nicht mehr erwerbstätig sein können, ein Einkommen, um ihren Lebensunterhalt auch in der Zeit der Nichterwerbstätigkeit finanzieren zu können[73]. Das war früher in der „Großfamilie" kein allzu großes Problem. Es wurde mittels „Naturaleinkommens" gelöst. Die ältere Generation lebte mit der jüngeren im Famlilienverband und wurde durch die jüngere Generation in natura versorgt. Das änderte sich einerseits mit dem Übergang von der Großfamilie zu der nur mehr Eltern und Kinder umfassenden

---

72 sd HENNING H.: Sozialgeschichte, in: HdWW, Bd 6, Stuttgart et al 1981, S 661 – 689; ZORN W.: Einführung in die Wirtschafts- und Sozialgeschichte des Mittelalters und der Neuzeit, 2. Aufl., München 1974;

73 sd SCHMÄHL W.: Soziale Sicherung im Alter, in: HdWW, Bd 6, aaO, S 645 – 661;

„Kleinfamilie“ und andererseits mit der Steigerung der Lebenserwartung. Beides wirkte dahin, daß die ältere Generation heute meist nicht mehr im Familienverband lebt und sich selbst versorgen muß. Dazu ist ein Einkommen nötig. Das führte zur Entwicklung der *Pensionssysteme*, die einen Rechtsanspruch auf ein Einkommen für die Zeitspanne der Nichtmehrerwerbstätigkeit geben.

Außerdem wurde wegen des zunehmenden Gesundheitsbewußtseins einerseits und der durch die steigende Lebenserwartung zunehmenden Krankheitsanfälligkeit andererseits die *medizinische Versorgung* nicht nur immer wichtiger und wegen der medizinischen Forschung immer effizienter, sondern durch die Technisierung der Medizin („Apparatemedizin“) auch immer teurer, so daß auch sowohl die Kosten für die medizinische Behandlung wie auch der Ausfall des Erwerbseinkommens während der Krankheitszeit nicht mehr allein dem Einzelnen aufgebürdet werden konnten. Um den einzelnen Erwerbstätigen gegen diese Wechselfälle des Lebens abzusichern, wurden *Sozialversicherungssysteme* geschaffen, die diese Kosten auf einen größeren Kreis von Personen aufteilten und demjenigen, der sich durch Beitragszahlungen an diesem System beteiligte (bzw bei den gesetzlichen Sozialversicherungssystemen beteiligen mußte), einen Rechtsanspruch auf Zahlungen gab, die diese Kosten abdeckten[74].

Schließlich konnte man auch die Menschen, die zwar arbeitswillig waren, aber ohne eigenes Verschulden keinen Arbeitsplatz finden und daher kein Erwerbseinkommen erzielen konnten, weil sie „arbeitslos“ waren, nicht einfach ihrem Schicksal überlassen, sondern mußte sie mit einem *Einkommen* ausstatten, das ihr Überleben ermöglichte.

Da alle diese „Einkommen“ nicht mehr direkt und unmittelbar aus Mitarbeit in Betrieben stammen, sondern von *anderen Stellen* ausbezahlt werden, nennt man diese Einkommen „*Transfereinkommen*“. Sie waren relativ leicht im „*Umlageverfahren*“ finanzierbar, so lange sie in Summe nur einen kleinen Bruchteil der Erwerbseinkommen ausmachten. Die Erwerbstätigen mußten einen (urspünglich relativ niedrigen) Prozentsatz ihres Einkommens zur Finanzierung dieser Transferzahlungen abgeben. Die Erwerbstätigen als Zahler dieser „Beiträge“ erwarben damit ebenfalls für den Bedarfsfall ein Anrecht auf solche Transferzahlungen. Da der wichtigste Teil dieser Transferzahlungen die Pensionszahlungen waren und die Pensionisten das Recht auf diese Transferzahlungen aus der Tatsache herleiteten, daß sie die Beitragszahler in ihrer Kindheit erhalten und großgezogen hatten, sprach man von einem „*Generationenvertrag*“.

---

74 sd KÜLP B.: Soziale Sicherung bei Krankheit, in: HdWW, Bd 6, aaO, S 617 – 628;

2.2.4.2. Die Bedeutung der Betriebsentwicklung für die Finanzierbarkeit der Transfereinkommen

In der Zeit, in der insbesondere die Pensionen als wichtigster Teil der Transferzahlungen nur für eine kurze Zeit nach Beendigung der Erwerbstätigkeit gezahlt werden mußten, reichten die von den Erwerbstätigen eingezahlten Beiträge für die Finanzierung der Transferzahlungen (und hier wiederum insbesondere für die Finanzierung der Pensionszahlungen) aus. Nunmehr müssen aber neben den – durch die Zunahme der Lebenserwartung bedingten – steigenden Gesundheitskosten insbesondere die Pensionen für einen immer länger werdenden Zeitraum bezahlt werden. Auch haben sich in der Zwischenzeit die „Ausbildungszeiten“, in denen die jungen Menschen für ihr späteres Leben – und hier wiederum insbesondere für ihren späteren Beruf – ausgebildet werden, erheblich verlängert, so daß nicht nur der Eintritt in das Erwerbsleben zu einem späteren Zeitpunkt als früher erfolgt, sondern auch die „Ausbildungskosten“ selbst gestiegen sind.

Um die Auszahlung dieser verschiedenen Transfereinkommen finanzieren zu können, reichten (und reichen) die von den Erwerbstätigen eingezahlten Beiträge in der Folge *nicht* mehr aus. Es mußte (und muß) nicht nur in steigendem Ausmaß aus *Steuergeldern* zugeschossen werden, sondern es wird auch die Beibehaltung des Umlageverfahrens immer schwieriger, weil die Erwerbstätigen eine immer größere Zahl von Nichtmehrerwerbstätigen „versorgen“ müssen, wie die nachfolgende Tabelle, die für Österreich das Verhältnis zwischen Erwerbstätigen und Pensionisten angibt, zeigt:

Jahr	Unselbständig Beschäftigte	Pensionen	Anteil der Pensionen in %:
1968	2.339.319	1.225.417	52,38
1978	2.757.705	1.442.859	52,32
1988	2.810.478	1.683.193	59,89
1998	3.075.850	1.914.419	62,24

Quelle: AMS, Hauptverband der österreichischen Sozialversicherungsträger, Statistik Austria

Für die Sicherung des Massenwohlstandes ist es von größter Bedeutung, daß auch die Möglichkeit, langfristig die „*Transfereinkommen*“ bezahlen zu können, letztendlich davon abhängt, wie sich die Betriebe entwickeln. Entwickeln sich die Betriebe „gut“ und erzielen sie *ausreichende (Brutto-)Umsatzrenditen*, dann können sie nicht nur hohe, *über* dem physischen Existenzminimum liegende Löhne und Gehälter bezahlen und freiwillige Sozialaufwendungen tätigen, sondern auch *hohe Steuern und Abgaben* leisten, mit denen die staatlichen Transfereinkommen „finanziert" werden können. Dabei ist zu beachten, daß auch die Steuern und sonstigen Abgaben, die die *Mitarbeiter* zahlen müssen (wie zB die Lohnsteuer und die Arbeitnehmeranteile zur Sozialversicherung) davon abhängen, wie gut es den Betrieben geht. Denn nur dann, wenn sich die Betriebe „gut" entwickeln, können sie *über* dem physischen Existenzminimum liegende Löhne und Gehälter zahlen. Und nur dann können auch von den Mitarbeitern Steuern und Abgaben eingezogen werden. Entwickeln sich die Betriebe hingegen schlecht, dann werden die Mitarbeiter wenig und viele Arbeitswillige, die keine Arbeit finden und daher „arbeitslos" sind, überhaupt nichts verdienen. Letzteres ist vor allem dann der Fall, wenn die Betriebe ihre Mitarbeiter nicht mehr beschäftigen können und diese „freisetzen" müssen. Arbeitslos gewordene Mitarbeiter können nicht nur keine Steuern und Abgaben zahlen, sondern sind selbst auf Transfereinkommen (wie Arbeitslosenunterstützung, Notstandsunterstützung usw) angewiesen.

2.3. Schlußfolgerung

Da zur Zeit keine Umstände erkennbar sind, die die Aussage als unrichtig erscheinen lassen könnten, daß die Betriebe die für die Entwicklung des Massenwohlstandes schlechthin *entscheidenden Institutionen* sind (weil nicht nur die Arbeitseinkommen, sondern auch die Transfereinkommen ohne eine gute Entwicklung der Betriebe nicht gezahlt werden können), kann dieser Sachverhalt wie folgt als *„ökonomisches Gesetz"* formuliert werden:

> „Die Entwicklung des Massenwohlstandes hängt entscheidend von der Entwicklung der Betriebe ab. Nur bei guter Entwicklung einer ausreichenden Zahl von Betrieben und bei Führung dieser Betriebe als mehrseitige Nutzenstiftungsinstitutionen kommt es zu einer Steigerung des Massenwohlstandes."

Dieses ökonomische Gesetz ist deshalb von großer Bedeutung, weil, wie noch darzulegen sein wird, in der Literatur immer wieder Lösungen des Wohlstandssicherungsproblems auf Transfereinkommensbasis diskutiert werden, ohne auf die *notwendige Bedingung* der Finanzierbarkeit der Transfereinkommen einzugehen.

Bei diesen Transfereinkommen erlangte der „Staat" – hier als Sammelbegriff für alle „öffentlichen und privaten Hände, die sich mit Transfereinkommen beschäftigen", gebraucht – für den Massenwohlstand eine große – und zwar ebenfalls eine *direkte* und *indirekte* – Bedeutung.

2.4. Exkurs: Die Bedeutung des Staates für die Entwicklung des Massenwohlstandes

Es ist eine Erfahrungstatsache, daß eine „gute" Entwicklung der Betriebe nur möglich ist, wenn bestimmte „*Rahmenbedingungen*" gegeben sind. Diese Rahmenbedingungen werden heute vielfach unter dem Terminus „*Infrastruktur*" zusammengefaßt. So sind zum Beispiel nicht nur *Rechtssicherheit* und eine *leichte Durchsetzbarkeit* erworbener Rechte, sondern auch ein gut ausgebautes *Nachrichten- und Transportwesen* sowie die Möglichkeit, auf *gut ausgebildetes Personal* zurückgreifen zu können, für eine „gute" Betriebsentwicklung notwendig. Die Herstellung dieser „Infrastruktur" ist daher eine wichtige Aufgabe, die der Staat für die Steigerung des Massenwohlstandes durchzuführen hat.

Zwar könnten die Betriebe einige der „öffentlichen Güter", die die Infrastruktur bilden, selbst herstellen. Sie könnten zum Beispiel eigene Ausbildungsinstitutionen schaffen und das Personal, das sie benötigen, selbst ausbilden. Aber eine solche „Eigenproduktion" ist nur bei wenigen öffentlichen Gütern möglich. Sie ist außerdem weitaus teurer, als wenn der Staat die Herstellung der Infrastruktur übernimmt. Die hohen Kosten einer Eigenherstellung der Infrastruktur würden Produktpreise ergeben, die den Erwerb der von den Betrieben erzeugten Produkte auf einige wenige Personen beschränken und der Steigerung des Massenwohlstandes entgegenstehen würden.

So waren zum Beispiel im Mittelalter die für feine Kleidung benötigten Stoffe auch deshalb so teuer, weil die Betriebe die „Rechtssicherheit" auf dem Transport dadurch herstellen mußten, daß sie die Fuhrwerke, die diese Waren auf den schlechten Straßen transportierten, durch Bewaffnete begleiten lassen mußten, um die Waren vor Räubern zu schützen. Auch Straßen und Eisenbahnen können in der Regel schon deshalb nicht ohne Mithilfe des Staates gebaut werden, weil bei der Errichtung dieser Transportwege immer wieder „Enteignungen" notwendig werden, wenn Grundstücke, die für den Bau dieser Transportwege benötigt werden, von den Grundbesitzern nicht freiwillig zur Verfügung gestellt (präziser: verkauft) werden und dadurch die Fertigstellung dieser Transportwege verhindert werden kann.

Von besonderer Bedeutung für die Steigerung des Massenwohlstandes war es – wie schon dargelegt wurde –, daß Institutionen geschaffen und noch immer – wenn auch vielfach unter geändertem Namen – unterhalten werden, die die *Gesetzmäßigkeiten* zu erforschen haben, die eine gute Betriebsentwicklung bewirken. Bei den Naturwissenschaften und der Technik hat der *Staat* diese Notwendigkeit sehr bald erkannt und entsprechende Einrichtungen – insbesondere die technischen Universitäten – geschaffen[75]. Bei den „kaufmännischen Diszip-

---

[75] So wurde etwa die Technische Universität Wien bereits im November 1815 von J. J. R. v. Prechtl gegründet, die K. k. Exportakademie (die spätere Wirtschaftsuniversität Wien) dagegen erst im Oktober 1898.

linen" sahen die Staaten diese Notwendigkeit *nicht* so rasch ein. Sie überließen die Gründung dieser Forschungs- und Ausbildungsinstitutionen in der Regel weitsichtigen Personen, die erkannt hatten, daß die im vorigen Jahrhundert in praktisch allen Ländern herrschende Not nur durch eine *ausreichende Zahl gut florierender Betriebe* überwunden werden konnte und daß, um dieses Ziel zu erreichen, die *Ausbildung* in den einschlägigen Berufen auf eine neue, *höhere Stufe* gehoben werden mußte. Es mußte *Forschung und Lehre vereint* werden, weil nur die Einheit von Forschung und Lehre die Lehre ständig auf dem neuesten Stand halten kann. Auch mußten die Auszubildenden im *Erkennen* von sich neu anbahnenden Veränderungen sowie in der *Analyse der Wirkungen*, die von diesen Veränderung auf die Betriebe ausgehen, geschult und daher zu „*Forscherpersönlichkeiten*" erzogen werden, weil das Früherkennen von Veränderungen und die Analyse der von diesen Veränderungen ausgehenden Wirkungen „*Forschung*" ist. Darüber hinaus mußte in den Auszubildenden die *Fähigkeit* geweckt und gesteigert werden, neue Möglichkeiten für eine bessere Durchführung der „kaufmännischen" Geschäfte zu erkennen und zu realisieren, um auf diese Weise die Entwicklung der Betriebe zu verbessern. Schließlich mußten die Auszubildenden auch zur *Eigenverantwortung* erzogen werden. Denn Betriebe entwickeln sich nur dann gut, wenn die in ihnen Tätigen sich mit ihrer betrieblichen Tätigkeit identifizieren und nicht nur dann korrekt ihre Pflicht erfüllen, wenn ein Aufpasser hinter ihnen steht. Denn das erhöht die Kontrollkosten der Betriebe und erschwert die Senkung der Kosten.

Diese Ausbildungserfordernisse erfüllen – wie schon dargelegt wurde – seit jeher die *Universitäten.* Zum Unterschied von den amerikanischen Universitäten[76] weigerten sich jedoch viele europäische Universitäten – in völliger Verkennung der Bedeutung dieses als „Betriebswirtschaftslehre" bezeichneten Forschungs- und Lehrbereichs für den allgemeinen Wohlstand –, diesen Forschungs- und Lehrbereich in den Kanon der akademischen Disziplinen aufzunehmen[77]. Die Personen, die die Bedeutung dieses Faches für eine gute Betriebsentwicklung und damit für den allgemeinen Wohlstand erkannt hatten, betrieben daher die Gründung von Institutionen, die nicht an den Universitäten angesiedelt waren, um eine Erforschung und Erlernbarmachung der Gesetzmäßigkeiten, die eine gute Betriebsentwicklung bewirken, sicherzustellen.

Dadurch kam es 1852 in Antwerpen zur Gründung des „Institut superieur de commerce pour l'enseigment des sciences commerciales theoretiques et appiques", etwas später in Frankreich zur Gründung der „Ecole des Hautes Commerciales", 1881 in den USA zur Gründung der „Warthon School of Commerce and Finance" und am 5.4.1898 zur Gründung der

[76] sd SCHOENFELD H. M.: Betriebswirtschaftslehre im angelsächsischen Raum, in: HWB, 4. Aufl., Stuttgart 1974, Sp 747 – 759;

[77] sd LEITHERER E.: Dogmengeschichte der Betriebswirtschaftslehre, in: HWB, 4. Aufl., aaO, Sp 694 – 710;

Handelshochschule Leipzig. Am 1.10.1898 nahmen in Wien die im Hochschulrang stehende „K. k. Exportakademie" (die sich in der Folge in „Hochschule für Welthandel" und noch später in „Wirtschaftsuniversität Wien" umbenannte) und an der TU Aachen die „Abteilung für handelswissenschaftliche Forschung" den Lehr- und Forschungsbetrieb auf. 1899 wurden die Handelshochschule St. Gallen, 1900 die Business School der University of New York, 1901 die Handelshochschulen Frankfurt und Köln, 1906 die Handelshochschulen Berlin und Tokio, 1908 die Handelshochschule Mannheim, die Harvard Business School, die Business Schools der University of Chicago, der Northwestern University und der University of Illinois, 1910 die Handelshochschulen München und Kopenhagen, 1911 die Handelshochschule Helsinki, 1912 die Handelshochschule Shanghai sowie 1913 die von Rotterdam, 1914 die der Tulane University, 1915 die von Königsberg, 1919 die von Nürnberg, 1920 die von Athen und 1921 die von Warna gegründet, um nur einige wichtige Gründungen zu nennen[78].

Heute wird die betriebswirtschaftliche Ausbildung an fast allen Universitäten betrieben. Dadurch ist die Möglichkeit gegeben, für eine gute Entwicklung der Betriebe nicht mehr auf Menschen angewiesen zu sein, denen ein gütiges Geschick die Kenntnis der Gesetzmäßigkeiten, die eine gute Entwicklung der Betriebe bewirken, in die Wiege gelegt hat. Denn dank dieser Ausbildungsmöglichkeiten können jetzt auch *normal begabte Persönlichkeiten* diese Gesetzmäßigkeiten erlernen und eine gute Betriebsentwicklung bewirken. Nur dadurch, daß man für eine „gute" Betriebsentwicklung nicht mehr auf „wirtschaftliche Genies" angewiesen ist, konnte die für eine Massenwohlstandssteigerung notwendige große Zahl sich gut entwickelnder Betriebe erreicht werden.

2.5. Exkurs: Die „Philosophie" der Betriebswirtschaftslehre

Wie die meisten Wissenschaften hat auch die Betriebswirtschaftslehre als Wissenschaft eine *„faustische Vorstellung"* dessen, was sie erforschen und durch die Anwendung des Erforschten erreichen möchte. Die Betriebswirtschaftslehre will nach der ihr zugrunde liegenden „Philosophie" mithelfen, nicht nur die Elends- und die Armuts-, sondern auch die Wohlstandsgesellschaft zu *überwinden* und die *Überflußgesellschaft* herbeizuführen.

Diese *Überflußgesellschaft*, an deren Herbeiführung die Betriebswirtschaftslehre aufgrund ihres Selbstverständnisses durch Erforschung der diese Gesellschaft bildenden Gesetzmäßigkeiten mitwirken will, ist als *„mangelfreie Gesellschaft"* dadurch gekennzeichnet, daß in ihr *alle Personen* (und nicht nur die Mehrzahl) *soviel Kaufkraft* besitzen, daß sie die Bedürfnisbefriedigung mit gro-

78 sd PLEISS U.: Wirtschaftshochschulen, Wirtschaftswissenschaftliche Fakultäten und Fachbereiche, in: HWB, 4. Aufl., aaO, Sp 4564 – 4573;

ßer Sicherheit und Freiheit bei *allen Gütern* (und nicht nur bei den „wichtigen") bis zum *psychologischen Grenznutzen* ausdehnen können.

Zwar kann dieser „Philosophie" entgegengehalten werden, daß sie wegen der *Ausweitbarkeit der menschlichen Bedürfnisse* mit an Sicherheit grenzender Wahrscheinlichkeit *nie* voll verwirklicht werden wird. Sie bleibt aber, wenn auch nur als *Utopie*, in der Betriebswirtschaftslehre wirksam und liegt auch indirekt dieser Studie zugrunde, wenn es dieser auch direkt nur darum geht, den Massenwohlstand – dh die *Wohlstandsgesellschaft* – zu *sichern* und vor einem *Abgleiten in die Armutsgesellschaft* zu bewahren.

3. Die Gefährdung des Massenwohlstandes und ihre Ursachen

3.1. Die Gefährdung als beobachtbarer Tatbestand

3.1.1. Die beobachtbare Steigerung der Arbeitslosigkeit älterer Arbeitnehmer

Beobachtungen zeigen, daß heute der in den entwickelten Industrieländern beobachtbare Massenwohlstand *gefährdet* ist. Dabei ist die *kurzfristige* Gefährdung weniger dramatisch als die *langfristige*. Denn kurzfristig steigt zwar in konjunkturschwachen Zeiten die Zahl der Arbeitslosen, was zu einer Minderung des Massenwohlstandes führt, da Arbeitslose in der Regel über weniger Kaufkraft verfügen als Beschäftigte. Diese konjunkturbedingte Arbeitslosigkeit ist aber für die Entwicklung des Massenwohlstandes weniger gefährlich als die sich schon abzeichnende langfristige Entwicklung der Arbeitsmarkt- und insbesondere der Gesellschaftssituation. Denn die konjunkturbedingte Arbeitslosigkeit läßt sich in aller Regel noch mit *Transfereinkommen* (insbesondere mit der Arbeitslosenunterstützung) überbrücken, weil sie beim nächsten Konjunkturaufschwung zum größten Teil wieder abgebaut wird.

Allerdings – darin liegt jedoch die für die Sicherung des Massenwohlstandes gegenüber der gesellschaftlichen Entwicklung geringere Problematik – gelingt auch der Abbau der konjunkturbedingten Arbeitslosigkeit schon jetzt nicht mehr vollständig. Durch Ursachen, auf die noch einzugehen sein wird, wird der Teil der „älteren" Arbeitslosen, der wieder in den Wirtschaftsprozeß eingegliedert wird, immer kleiner[79]. Dadurch verliert eine immer größer werdende Zahl von Menschen zu frühzeitig ihren Arbeitsplatz. Mit großer Wahrscheinlichkeit bekommen aber in naher Zukunft auch viele jüngere Arbeitswillige keinen Arbeitsplatz mehr, weil bisherige Arbeitsplätze „eingespart" und nicht mehr nachbesetzt werden.

Diese Entwicklung führt dazu, daß trotz hoher Beschäftigung die Zahl der *Langzeitarbeitslosen* immer mehr ansteigt, wie die nachfolgende Tabelle für Österreich zeigt:

---

[79] sd Die Presse, 6. 5. 2000: Eine Milliarde für die Beschäftigung Älterer; Die Presse, 7. 6. 2001: Die Zahl der Arbeitslosen steigt wieder;

Jahr	vorgemerkte Arbeitslose	Langzeitarbeitslose über ein Jahr vorgemerkt	in % aller Arbeitslosen
1970	59.313	3.158	5,3
1975	54.451	1.273	2,3
1980	53.161	22.016	5,1
1985	139.447	12.970	9,3
1990	165.795	22.016	13,3
1995	215.716	37.590	17,4
2000	194.314	17.365	8,9

Quelle: Statistik Austria

Darüber hinaus müssen auch viele, die ihre Arbeitsplätze behalten, immer öfter *Realeinkommensverluste* hinnehmen, weil viele Betriebe zur Aufrechterhaltung ihrer Wettbewerbsfähigkeit die Arbeitsentgelte durch mehr oder minder freiwilligen „*Lohnverzicht*" der Mitarbeiter zu verringern suchen[80] und/oder die Einkommenssteigerungen hinter der Geldentwertung zurück bleiben. Diese Realeinkommensverluste haben zur Folge, daß Personen, die bisher keine Erwerbsarbeit angestrebt haben (insbesondere Hausfrauen), auf den Arbeitsmarkt drängen und die Zahl der Arbeitsuchenden vergrößern. Dabei scheint in vielen Ländern diese Gruppe von Arbeitsuchenden in der Regel nicht nur nicht in den Arbeitslosenstatistiken nicht auf, sondern hat auch nur geringe Chancen, einen Arbeitsplatz zu finden, der ein für die Bestreitung des Lebensunterhaltes ausreichendes Einkommen ermöglicht. Viele dieser Arbeitsplätze sind nur „*Teilzeitarbeitsplätze*". Darüber hinaus erhalten viele dieser Arbeitsplatzsuchenden auch keine Arbeitslosenunterstützung, weil sie noch nicht „gearbeitet" haben.

3.1.2. Die beobachtbare Zunahme der Nicht-Mehr-Finanzierbarkeit der Transfereinkommen

Viel gravierender als das Arbeitsplatzproblem wird jedoch – wie noch darzulegen sein wird – in Zukunft das Problem der *Nicht-Mehr-Finanzierbarkeit* der für die Altersversorgung benötigten Transfereinkommen werden. Diese ist schon heute in vielen „Wohlfahrtsstaaten" nur mit steuerlicher Ergänzung auf-

80 sd Die Presse, 22. 1. 2000: Holzmann-Rettung: Sanierungsbeitrag der Beschäftigten fixiert;

recht zu erhalten[81]. Selbst wenn es in etwas fernerer Zukunft wegen der Verringerung der Kinderzahl – und damit aus demoskopischen Gründen („Überalterung der Bevölkerung") – zu einer Umkehrung der Situation auf dem Arbeitsmarkt kommen sollte (statt Arbeitslosigkeit Mangel an Arbeitskräften), ist damit der Massenwohlstand nicht gesichert. Denn dann müssen bei Beibehaltung des Umlageverfahrens immer weniger Personen, die im Arbeitsprozeß stehen, nicht nur für immer mehr Pensionisten, sondern auch für viel längere Zeiträume je Pensionist Transfereinkommen aufbringen. Dadurch kann es zu einer Entwicklung kommen, die in einigen hochindustrialisierten Ländern (darunter auch in Deutschland und Österreich) das bisherige System der Altersversorgung *undurchführbar* zu machen droht und damit diese Wohlstandsgesellschaften wieder zu Armutsgesellschaften zurückbilden könnte.

Diese Bedrohung macht sich, wie Umfragen beweisen, bei vielen Menschen in den entwickelten Industrieländern in individuellen Angstgefühlen bemerkbar[82]. Dieses Angstgefühl ist auch nicht unbegründet. Es hat *reale Ursachen*, auf die im folgenden näher einzugehen ist.

3.2. Die Ursachen der Massenwohlstandsgefährdung

3.2.1. Arten und Hierarchie der Ursachen

Untersucht man, welche Entwicklungen den Massenwohlstand gefährden, so stößt man auf einen *unmittelbaren* und einen *mittelbaren* Ursachenkomplex. Der unmittelbare – direkt beobachtbare – Ursachenkomplex besteht darin, daß sich erstens die *Zahl der Arbeitsplätze verringert* und damit die „Arbeitseinkommen" zurückgehen, daß zweitens *eine immer größer werdende Zahl von Personen* Tranfereinkommen benötigen, daß drittens immer *mehr* und *länger zu zahlende Tranfereinkommen* erforderlich werden, weil die Zeitspanne, in der die einzelnen Personen ein Transfereinkommen benötigen, immer länger wird, und viertens dieser steigende *Transfereinkommensbedarf* beim derzeitigen System der Altersversorgung *nicht mehr finanziert* werden kann.

Eine genauere Analyse ergibt, daß diese vier *direkt und unmittelbar erkennbaren Ursachen* ihrerseits wieder die Wirkung von – vordergründig nicht ohne weiteres erkennbaren – *mittelbaren Ursachen* sind. Da die unmittelbaren Ursachen die Wirkungen dieser mittelbaren Ursachen sind, sind die mittelbaren Ursachen *zuerst* darzulegen.

---

81 sd Die Presse, 29. 3. 2000: „Alte müssen in gewissem Maß ihr Scherflein beitragen";

82 sd Die Presse, 3. 2. 1998: Österreicher rechnen mit weiteren Pensionsreformen;

3.2.2. Die mittelbaren Ursachen der Massenwohlstandsgefährdung

3.2.2.1. Die Änderung der „Wirtschaftsphilosophie"

3.2.2.1.1. Das „Angemessenheitsprinzp" als ältestes Paradigma

Eine der wichtigsten mittelbaren Ursachen der Wohlstandsgefährdung ist ohne Zweifel die Änderung der Ansicht, warum Betriebe „betrieben" werden. Zwar wurden Betriebe immer zur Versorgung der Menschen mit Gütern betrieben[83]. Auch entstanden (und entstehen) sie nie von selbst, sondern mußten (müssen) immer gegründet werden[84], aber die Möglichkeiten einer Betriebsgründung waren zu verschiedenen Zeiten sehr unterschiedlich geregelt.

Für die längste Zeit der menschlichen Geschichte war hier das Prinzip gültig, das in der Wirtschaftsgeschichte nicht sehr glücklich, aber doch zutreffend als „Prinzip der ausreichenden Nahrung" bezeichnet wird[85]. Es sollten (nur) so viele Betriebe gegründet und betrieben werden, daß die Bevölkerung ausreichend mit Gütern versorgt werden konnte und die Betriebe nur eine Größe erreichten, die den Betriebseigentümern ein „angemessenes", aber kein maximales Einkommen ermöglichte. Betriebsgröße und Produktionsverfahren waren ebenso wie die Beschaffenheit der Produkte streng geregelt, wie insbesondere die mittelalterlichen Zunftvorschriften beweisen[86], die ihre Fortsetzung – allerdings schon abgeschwächt – in den „Gewerbeordnungen" vieler Staaten fanden[87]. Wenn ein Betrieb neu gegründet werden sollte, wurde zunächst eine „*Bedarfsprüfung*" durchgeführt[88], bei der überprüft wurde, ob die bereits existierenden Betriebe den Bedarf abdecken können und ob sie durch eine Neugründung nicht in ihrem Bestand gefährdet werden[89]. Es stand *der Versorgungsgedanke für die Bevölkerung* und nicht der Einkommensaspekt der Betriebseigentümer im Vordergrund. Wer einen Betrieb gründen wollte, mußte diejenigen objektiven Kriterien erfüllen, die sich aus diesem Versorgungsgedanken ergaben. Subjektiver Wille und subjektive Fähigkeiten allein genügten nicht. Man kann dieses Para-

---

[83] sd LOITLSBERGER E.: Grundriß der Betriebswirtschaftslehre, aaO, S 10 f;

[84] sd LOITLSBERGER E.: Grundriß der Betriebswirtschaftslehre, aaO, S 9 f;

[85] sd WINKEL H.: Wirtschaftswissenschaft I: Geschichte, in: HdWW, Bd 9, aaO, S 413;

[86] sd ZORN W.: Wirtschaftgeschichte, in: HdWW, Bd 9, aaO, S 71 ff;

[87] sd HENNING H.: Sozialpolitik III: Geschichte, in: HdWW, Bd 7, Stuttgart 1977, S 87 ff;

[88] sd TUCHFELDT E.: Gewerbefreiheit, in: HdWW, Bd 3, Stuttgart 1981, S 615;

[89] sd TUCHFELDT E.: Gewerbefreiheit, in: HdWW, Bd 3, aaO, S 614 f;

digma daher als das Paradigma der „geregelten“ (oder auch der „gebundenen“ oder „geschützten“) Wirtschaft nennen, weil der darwinsche Grundsatz, daß nur die Stärksten überleben (sollen), in ihr nicht galt.

Da sich diese Regelungen als zu statisch erwiesen und die wirtschaftliche Entfaltung hemmten, wurden sie im Laufe der Zeit modifiziert. Sie fanden in der neueren Zeit ihre Fortsetzung in *„planwirtschaftlichen“ Theorien*[90]. Auch bei diesen Theorien sollte die Versorgung der Bevölkerung nicht dem Einkommensaspekt der Unternehmer – anders ausgedrückt: dem „Profitmaximierungsstreben“ der Unternehmer – überlassen werden, sondern *geplant* vor sich gehen. Aber auch diese Lösung hat in der Realität nicht das gehalten, was sich ihre Proponenten von ihr erwartet haben[91].

3.2.2.1.2. Die Profitmaximierung ohne ethische Bindung als Nachfolgeparadigma

3.2.2.1.2.1. Das Paradigma und seine Ursachen

Dem Paradigma, daß die Wirtschaft *allen* einen *angemessenen Lebensstandard* gewähren müsse, setzten vor allem die englischen Klassiker der Nationalökonomie – insbesondere Adam Smith[92] – eine andere Ansicht entgegen, die bald zu einem neuen Paradigma werden sollte: Man müsse nur dem *Profitstreben der Einzelnen freie Hand lassen*, dann werde es durch die Konkurrenz trotz des ungezügelten Profitstrebens der Einzelnen zu allgemeinem Wohlstand kommen. Es dürfen nur dem Güter- und Leistungsverkehr keine Hindernisse in den Weg gelegt werden. In der Betriebswirtschaftslehre wurde diese Ansicht vor allem von der *„Privatwirtschaftslehre“* vertreten[93], die als Betriebszweck die *Einkommenserzielung für den Unternehmer* und nicht mehr die Versorgung der Bevölkerung postulierte. Wilhelm Rieger formulierte dies besonders deutlich, wenn er schrieb, daß es der Unternehmer bei seinem Einkommensstreben leider nicht verhindern könne, daß er den Markt versorgen müsse[94]. Der Arbeitsvertrag wurde als ein Kaufvertrag angesehen, mit dem der Unternehmer die Ware „Ar-

---

90 sd MARX K.: Das Kapital, aaO;

91 sd HILDERMEIER M.: Geschichte der Sowjetunion 1917 – 1991, aaO;

92 sd SMITH A.: Der Wohlstand der Nationen. Eine Untersuchung seiner Natur und seiner Ursachen, London 1789;

93 sd WEYERMANN M. R./SCHÖNITZ H.: Grundlegung und Systematik einer wissenschaftlichen Privatwirtschaftslehre und ihre Pflege an den Universitäten und Fach-Hochschulen, Karlsruhe 1912;

94 sd RIEGER W.: Einführung in die Privatwirtschaftslehre, 3. Aufl., Erlangen 1964, S 46 f;

beitskraft“ kauft und der ihn zu nichts weiter verpflichtet als den Arbeitssplatz zur Verfügung zu stellen und für die geleistete Arbeit das vereinbarte Entgelt zu bezahlen.

In der Folge zeigte sich jedoch, daß die Kombination von ungezügeltem Profitstreben und Freihandel – als „Manchester-Liberalismus“ oder „Paläoliberalismus“ bezeichnet[95] – für einen großen Teil der Bevölkerung keine Wohlstandssteigerung brachte, sondern sie fast am physischen Existenzminimum hätte dahinvegetieren lassen, wenn nicht verschiedene Ursachen eine langfristige Realisierung des Manchester-Liberalismus verhindert hätten.

3.2.2.1.2.2. Die Abschwächung des Paläoliberalismus zum Neoliberalismus

Von den Ursachen, die eine langfristige Realisierung des Manchester-Liberalismus verhindert haben, sind in dieser Studie zwei besonders zu erwähnen. Die erste ist, daß auch in der Zeit des *aufkommenden Kapitalismus* bei vielen führenden Unternehmern der damaligen Zeit die Ansicht anzutreffen war, daß die Betriebe *Institutionen gemeinschaftlicher Arbeit* und *nicht* ausschließlich „Profitmaximierungsinstitutionen für Unternehmer“ (oder für die Kapitalbeisteller) sind. Krupp[96], Siemens[97] Catburry[98], Zeiss[99], aber auch Henry Ford[100] und viele andere Unternehmer sind Beweis dafür, daß auch in der Zeit der ersten Industrialisierung der Arbeitsvertrag von vielen führenden Unternehmern nicht als Kaufvertrag, sondern als ein Vertrag sui generis angesehen wurde, der auch eine gewisse *Fürsorgepflicht* des Unternehmers für seine Mitarbeiter einschließt. Krupp und viele andere Unternehmer dieses Zeitraumes errichteten – wie schon dargelegt wurde – Werkswohnungen und gründeten Unterstützungsvereine für die Unterstützung in Not geratener Mitarbeiter[101], Henry Ford zahlte – was ebenfalls schon erwähnt wurde – die höchsten Löhne, obwohl er seine Fließbänder auch mit niedriger entlohnten Arbeitskräften hätte betreiben können[102]. Die

---

95 sd BOLCKE W. A.: Liberalismus, in: HdWW, Bd 5, Stuttgart 1980, S 41 ff;

96 sd BERDROW W.: Alfred Krupp und sein Geschlecht, aaO;

97 sd SIEMENS W.: Lebenserinnerungen, 16. Aufl., München 1956; FELDKIRCHEN W.: Werner v. Siemens. Erfinder und internationaler Unternehmer. Berlin 1992;

98 sd BERGHOFF H.: Englische Unternehmer 1870 – 1914, aaO, S 91 ff;

99 sd WILLAM H. A.: Carl Zeiss (1816 – 1888), aaO;

100 sd FORD H.: Mein Leben und Werk, aaO;

101 sd BERDROW W.: Alfred Krupp und sein Geschlecht, aaO; FORD H.: Mein Leben und Werk, aaO, S 242 ff;

102 sd FORD H.: Mein Leben und Werk, aaO, S 145 ff;

Bezahlung über dem Existenzminimum liegender Löhne und Gehälter und alle diejenigen Aktivitäten, die man heute im Jahresabschluß unter dem Terminus „*freiwilliger Sozialaufwand*" zusammenfaßt, zeigen, daß sich führende Unternehmer der Tatsache bewußt waren, daß der Betrieb nicht nur eine Profitmaximierungsinstitution für den Unternehmer und der Arbeitsvertrag kein Kaufvertrag, sondern ein Vertrag ist, der den Unternehmer über die Bereitstellung des Arbeitsplatzes und die Zahlung des für die Arbeitsleistung vereinbarten Entgelts[103] hinaus auch zur *Beachtung ethischer Kriterien* verpflichtet. Diese Einstellung führender Unternehmer, die man als „*Profitmaximierung mit ehtischen Bindungen*" oder noch genauer als „*Umsatzmaximierung mit Mindestgewinn und ethischen Bindungen*" bezeichnen kann, brachte es mit sich, daß in vielen Ländern eine „*vermenschlichte Form des Kapitalismus*" zusammen mit der im folgenden zu besprechenden *zweiten Ursache* die Entwicklung des Massenwohlstandes ermöglichte.

Diese zweite Ursache, die eine vollständige Realisierung des paläoliberalen Konzeptes verhinderte, war der *Schutz der Betriebe vor ruinöser Konkurrenz*. Dies geschah einerseits durch die Einschränkung des Freihandels durch *Schutzzölle*[104] und im Inland durch Schutz vor *unlauterem Wettbewerb*[105] und eine gesetzliche und/oder freiwillige „*Bindung*" der Wirtschaft durch die Gewerbeordnungen[106] und wettbewerbsbeschränkende Vereinbarungen[107]. Dieser „Schutz" der Wirtschaft erlaubte nicht nur, solche Konkurrenzbeziehungen, die viele Betriebe ruiniert hätten, nicht wirksam werden zu lassen, sondern auch die Bezahlung über dem Existenzminimum liegender Löhne und Gehälter, was bei einer „ungeschützten Wirtschaft" nicht möglich gewesen wäre, weil dann die Betriebe in den Ländern gegründet oder dorthin verlegt worden wären, wo die Arbeitskraft am billigsten ist.

3.2.2.1.2.3. Die Revitalisierung des paläoliberalen Konzeptes

Seit Ende des zweiten Weltkrieges und vor allem seit der Auflösung der Sowjet-Union ist eine *Revitalisierung des paläoliberalen Konzeptes* feststellbar. Die Ansicht, die Betriebe seien „Profitmaximierungsinstitutionen für eine relativ

---

103 sd sd BERGHOFF H.: Englische Unternehmer 1870 – 1914, aaO, S 91 ff;

104 sd LIST F.: Schriften, Reden, Briefe. Hrsg im Auftrag der Friedrich-List-Gesellschaft, 10 Bde, Berlin 1927 – 1935;

105 sd zB Gesetz gegen den unlauteren Wettbewerb, BGBl 448/1984;

106 sd TUCHFELDT E.: Gewerbefreiheit, in: HdWW, Bd 3, aaO, S 611 – 617;

107 Hier sind besonders die „Zwangskartelle" zu erwähnen, sd WAGENFÜHR H.: Kartelle in Deutschland, Nürnberg 1931;

kleine Zahl von Kapitalbeistellern" gewinnt wieder an Boden. Es wurde dem Prinzip, daß die Betriebe nicht nur der Wohlfahrt der Betriebseigentümer (= der Shareholder), sondern auch der Wohlfahrt anderer Personenkreise (= der Stakeholder) verpflichtet seien, ein „*Shareholder-Value-Prinzip*" entgegengesetzt, bei dem es weder hinsichtlich der Vorteile noch der Zahl der Shareholder einschränkende Bedingungen gibt[108]. Diese Abstellung auf ein „*Shareholder-Value-Konzept ohne Verpflichtung zu einer möglichst großen Zahl von Shareholdern*" führt nicht nur zu Verlagerungen von solchen Betrieben in Niedriglohnländer, die auch in Hochlohnländern noch einen angemessenen Gewinn erwirtschaften, sondern auch zu Einkommensverlusten, die viele Branchen – vor allem die Landwirtschaft – durch den Abbau der Schutzbestimmungen hinnehmen müssen. Es verwundert daher nicht, daß viele Personen in Hochlohnländern unter „Globalisierungsängsten" leiden, zumal sie auch über die Chancen, die die Globaliserung für die breite Bevölkerung bieten kann, nicht nur nicht aufgeklärt werden, sondern auch keine Maßnahmen gesetzt werden, diese Chancen zu nutzen.

Die still vor sich gehende Renaissance der Idee, die Betriebe seien Profitmaximierungsinstitutionen für die Kapitalbeisteller und der *Arbeitsvertrag* sei ein reiner *Kaufvertrag*, geht offensichtlich insbesondere auf zwei Subursachen zurück. Die erste – nicht unwichtigste – ist wohl die Neigung der Wirtschaftswissenschaften, zur Ermöglichung eleganter mathematischer Modelle als Zielfunktion nur „*Gewinnmaximierung ohne ethische Nebenbedingungen*" zu unterstellen und zu behaupten, nur eine solche Grundannahme der Wirtschaftswissenschaften – und hier wiederum insbesondere der Betriebswirtschaftslehre – sei „*wertfrei*", während die Ansicht, der Betrieb sei eine Institution gemeinschaftlichen Erwerbs, „normativ" und daher als nicht wertfrei abzulehnen sei[109]. Dabei zeigt schon eine kurze Analyse des tatsächlichen Wirtschaftsgeschehens, daß in der Realität die Ansicht, die Betriebe seien Institutionen gemeinschaftlichen Erwerbs, bei weitem überwiegt[110] und daher die Unterstellung, Aufgabe der Betriebe sei ausschließlich Gewinnmaximierung für die Betriebseigentümer, die weniger realistische [und damit die „*normativere*" (= wertbezogenere)] Grundeinstellung ist.

Die vom Standpunkt der Realität aus nicht zutreffende Grundlegung der Wirtschaftswissenschaften, die Betriebe seien für die Unternehmer (bzw die Be-

---

108 sd RAPPAPORT A.: Shareholder Value. Wertsteigerung als Maßstab für die Unternehmensführung, Stuttgart 1995;

109 sd SCHAUENBERG B.: Schnittstellen von Ökonomie und Wissenschaftstheorie, Wiesbaden 1991;

110 sd MORITA A.: Made in Japan, aaO, S 321 f; NICKLISCH H.: Betriebsgemeinschaft, in: HWB, 2. Aufl., aaO, Sp 774 – 778;

triebseigentümer) reine *Profitmaximierungsinstitutionen ohne ethische Nebenbedingungen*, hat ihre volle Wirkung durch eine zweite Ursache erreicht: durch die *zurückgehende Zahl der eigentümerunternehmergeführten Betriebe*. Eigentümerunternehmergeführte Betriebe sind solche Betriebe, bei denen die Eigentümer nicht nur das (Haftungs-)Kapital beistellen, sondern auch noch im Betrieb *mitarbeiten* und die Betriebe noch *selbst* führen[111]. Bei diesen eigentümerunternehmergeführten Betrieben gibt es im Gegensatz zu den kapitalorientierten Betrieben wegen der Mitarbeit der Eigentümer im Betrieb noch *persönliche Beziehungen* zwischen Betriebseigentümern und Mitarbeitern, die es bei den kapitalorientierten Betrieben, bei denen die „Eigentümer" nur mehr das Haftungs(= Eigen-)kapital beistellen, im Betrieb aber nicht mehr mitarbeiten, nicht mehr gibt. Da die kapitalorientierten Betriebe vielfach von angestellten Geschäftsführern geführt werden, deren Arbeitsplatz dann gefährdet ist, wenn sie den Betriebseigentümern nicht möglichst hohe Gewinnausschüttungen zukommen lassen bzw für die Betriebseigentümer nicht einen möglichst hohen „shareholder-value"[112] erzielen, haben diese Geschäftsführer vielleicht noch ein Interesse daran, sich selbst mittels betrieblicher Aufwendungen Vorteile zukommen zu lassen – was in der modernen Betriebswirtschaftslehre unter dem *„Principal-agent-Problem"* abgehandelt wird[113] –, sie versuchen aber nicht, neben einer angemessenen Eigenkapitalverzinsung (einschließlich einer Risikoprämie) auch noch höhere Löhne und Gehälter zu zahlen oder freiwillige soziale Aufwendungen größeren Ausmaßes zu tätigen. Sie werden im Gegenteil sogar dazu neigen, auch dann, wenn Betriebe noch mit einem durchaus angemessenen Gewinn arbeiten, die Verlegung solcher Betriebe in Länder anzuregen, wo wegen niedrigerer Löhne und Gehälter noch höhere Gewinne zu erzielen sind.

Auf dieses bei *kapitalorientierten Betrieben* häufig anzutreffende Verhalten[114] wird im Verlauf dieser Studie noch mehrfach zurückzukommen sein.

---

[111] sd LOITLSBERGER E.: Grundkonzepte der Betriebswirtschaftslehre, aaO, S 67;

[112] sd FRIEDMAN M.: The social responsibility of Business is to increase ist profits, in: CHRYSSIDES G.D./KALER J. H.: An Introduction to Business Ethics, London et al 1993, S 249 – 254; RAPPAPORT A.: Shareholder Value, aaO; u.a.;

[113] sd LOITLSBERGER E.: Grundkonzepte der Betriebswirtschaftslehre, aaO, S 143 und 155 ff;

[114] sd LOITLSBERGER E.: Grundkonzepte der Betriebswirtschaftslehre, aaO, S 175 f und S 206 ff;

3.2.2.2. Der technische Fortschritt als Massenwohlstandsgefährdungsursache

3.2.2.2.1. Die Arten des technischen Fortschritts

Wie schon in den vorigen Abschnitten dargelegt wurde, zeigen Beobachtungen, daß für die Aufrechterhaltung der bisherigen – und sogar für eine gesteigerte – Ausbringungsmenge in den Betrieben immer *weniger* menschliche Arbeit benötigt wird. Wenn man untersucht, warum es in den Betrieben zu dieser (relativen) Arbeitseinsparung kommt, dann stößt man neben der Ansicht, der Betrieb sei ausschleßlich eine Profitmaximierungsinstitution für die Betriebseigentümer, noch – und vor allem – auf den *technischen Fortschritt.*

Wenn man die Rolle untersucht, die der technische Fortschritt bei der Arbeitsplatzeinsparung spielt, zeigt sich eine *Ambivalenz*. Denn der technische Fortschritt vernichtet einerseits Arbeitsplätze und *schafft* andererseits Arbeitsplätze. Welche der beiden Wirkungen eintritt, hängt insbesondere von der *Art* des technischen Fortschritts ab. Es sind diesbezüglich – wie schon erwähnt wurde – *zwei Arten* des technischen Fortschritts zu unterscheiden: Einerseits derjenige technische Fortschritt, durch den die *bisherigen Betriebsabläufe* (insbesondere die Produktionsverfahren) *verbessert* werden (=*Verfahrensfortschritt* bzw *Prozeßinnovation*)[115], und andererseits derjenige technische Fortschritt, der dazu führt, daß *neue Güter* erzeugt werden können, die es bisher noch nicht gab. Da bei dieser Art des technischen Fortschrittes auf neue Güter umgestiegen wird und man das Umsteigen auf neue Güter auch als *Diversifikation* bezeichnet[116], soll diese Art des technischen Fortschritts als *Diversifikationsfortschritt* (= *Produktinnovation*) bezeichnet werden.

Da die beschäftigungsmäßigen Wirkungen dieser beiden Arten des technischen Fortschrittes unterschiedlich sind, müssen sie auseinandergehalten und gesondert untersucht werden.

3.2.2.2.2. Die durch den Verfahrensfortschritt verursachte Arbeitsmengeneinsparung

3.2.2.2.2.1. Die Verringerung der pro Produkt benötigten Arbeitsmenge

Schon ein kurzer Blick in die Wirtschaftsgeschichte zeigt, daß der *Verfahrensfortschritt* die älteste und früher auch wichtigste Ursache für den Verlust

---

115 sd LOITLSBERGER E.: Grundriß der Betriebswirtschaftslehre, aaO, S 143 ff;

116 sd LOITLSBERGER E.: Grundriß der Betriebswirtschaftslehre, aaO, S 299 ff;

von Arbeitsplätzen und damit der Bedrohung des Massenwohlstandes war[117]. Er ist auch heute noch eine wichtige – wenn auch bei weitem nicht mehr die wichtigste – Ursache der Massenwohlstandsgefährdung. Denn der Verfahrensfortschritt besteht darin, daß er bei gleichbleibendem oder sogar niedrigerem Kostenniveau die *Produktivität* des Produktionsprozesses erhöht. Dadurch ermöglicht er es, mit *Betrieben*, in denen immer *weniger Menschen* beschäftigt werden, immer *mehr Güter* zu produzieren.

Durch den Verfahrensfortschritt steigt nicht nur die *„menschenleere Fabrik*", sondern der „menschenleere *Betrieb*", in dem nur mehr ganz wenige Menschen tätig sind, am Horizont auf. Denn durch den Verfahrensfortschritt können mittlerweile nicht nur die *Produktions-,* sondern auch die *Verwaltungsvorgänge* und der *Absatz* immer mehr automatisiert werden. Es wird für den *gleichen Umsatz* immer *weniger* menschliche Arbeit benötigt. Durch den Verfahrensfortschritt kann es daher auch dann, wenn sowohl die *Zahl der Arbeitssuchenden* wie die *Zahl der Betriebe gleich* bleibt oder letztere sogar steigt, zu Arbeitslosigkeit und damit zu einem Absinken des Massenwohlstandes kommen.

Die durch den Verfahrensfortschritt verursachte Arbeitseinsparung bei der Produktion der einzelnen Güter läßt sich daher wie folgt zusammenfassen:

> *„Die Realisierung des technischen Verfahrensfortschritts bewirkt, daß für die Herstellung einer Einheit eines Gutes weniger menschliche Arbeit benötigt wird als vor der Realisierung dieses Fortschritts.*"

Da heute keine Umstände erkennbar sind, daß diese Aussage unrichtig sein könnte, muß sie als ein *ökonomisches Gesetz* angesehen werden, dessen Auswirkungen auf den Massenwohlstand beachtet werden müssen. Da damit gerechnet werden muß, daß es auch in Zukunft technischen Fortschritt geben wird, muß diese Aussage *dynamisiert* werden. Sie wird damit zu einem der entscheidenden Probleme für die Entwicklung des Massenwohlstandes. Sie kann wie folgt formuliert werden:

> *„Infolge der Fortdauer des technischen Verfahrensfortschrittes wird für die Erzeugung einer Einheit eines Gutes fortgesetzt immer weniger menschliche Arbeit benötigt werden.*"

Es wird wegen der Wirkung dieses Gesetzes zum *fast menschenleeren Betrieb* kommen, in dem die meisten Arbeitsgänge – insbesondere die *repetitiven* – von sich selbst steuernden Maschinen (= *Robotern*) verrichtet werden und nur mehr eine kleine Zahl von Menschen mit der *Überwachung* dieser Roboter beschäftigt ist.

---

117 sd TREUE W.: Wirtschaftsgeschichte der Neuzeit, Bd 1, 3. Aufl., Stuttgart 1973, S 85 ff, S 403 ff, S 416 ff und S 442 ff;

3.2.2.2.2.2. Die Verringerung der Zahl der Betriebe

Es ist aber auch beobachtbar, daß der *Verfahrensfortschritt* nicht nur zu einer *Verringerung* der in den einzelnen Betrieben für die Erzeugung einer Einheit eines Gutes benötigten *Menge an menschlicher Arbeit*, sondern darüber hinaus auch noch zu einer *Verringerung der Zahl der benötigten Betriebe* führt. Denn der Verfahrensfortschritt ermöglicht es den ihn nutzenden Betrieben in aller Regel, mit *weniger* menschlicher Arbeit *größere Produktmengen* herzustellen als vor der Realisierung des technischen Fortschritts. Diese größeren Produktmengen können im Markt häufig nur untergebracht werden, wenn die technisch weniger fortschrittlichen Betriebe, die bisher für die Erzeugung der benötigten Produktmenge noch benötigt wurden (= *Grenzbetriebe*)[118], aus dem Markt hinausgedrängt werden.

Es gibt heute in der Eisen- und Stahlindustrie nicht nur weit weniger Betriebe als früher, sondern es wird auch für die Erzeugung einer Tonne Stahl heute weniger menschliche Arbeit benötigt als früher. Im Telephonverkehr wurde die arbeitsintensive „händische" Vermittlung automatisiert, im Eisenbahnverkehr wurden durch Elektrifizierung und Verdieselung die „Heizer" eingespart, in der Autoproduktion werden immer mehr Arbeitsgänge, die bisher von Menschen durchgeführt wurden, durch „Roboter" ausgeführt. Die Beispiele, die beweisen, daß der Verfahrensfortschritt dazu führt, daß für die Erzeugung einer Gütereinheit immer weniger menschliche Arbeit benötigt wird, ließen sich fast beliebig fortsetzen. Denn es gibt heute kaum eine Produktion, in der dieser Sachverhalt nicht beobachtbar wäre.

3.2.2.2.2.3. Exkurs: Verifikation durch die Erfahrung in der Landwirtschaft

Der markanteste Beweis für die Verringerung der benötigten Arbeitsmenge durch den Verfahrensfortschritt ist die *Landwirtschaft*. In dieser benötigte man in der ersten Hälfte des vorigen Jahrhunderts für die Erzeugung einer Tonne Getreide noch eine erheblich größere Menge menschlicher Arbeit als heute. Es mußte mit von Pferden gezogenen Pflügen gepflügt und von Hand gesät werden. Die Getreideernte (der „Schnitt") erfolgte ebenfalls mit Sicheln von Hand, gedroschen wurde händisch mit „Dreschflegeln", zur Mühle befördert wurde das Getreide mit Pferdewagen, die Mühlen selbst waren noch klein und wurden entweder mit Wasserkraft oder mit Wind betrieben. Infolge dieser arbeitsintensiven Produktionsweise waren vor etwa 100 Jahren noch weit mehr als 50 % – das ist mehr als die *Hälfte der Bevölkerung* – in der Landwirtschaft beschäftigt[119].

---

[118] sd STREISSLER E./STREISSLER M.: Grundzüge der Volkswirtschaftlsehre für Juristen, aaO, S 166;

[119] sd TREUE W.: Wirtschaftsdgeschichte der Neuzeit, Bd 2, Stuttgart 1973, S 72 ff; u.a.;

Heute ist die Landwirtschaft *hoch technisiert.* Die Pferde sind durch Traktoren ersetzt, gesät wird mit Sämaschinen, die Getreideernte erfolgt mit Mähdreschern, die Beförderung des Getreides zur Mühle mit LKW oder Traktoren und die Mühlen sind mit Dampf oder Elektrizität betrieben und weitgehend automatisiert. Menschliche Arbeit wird nur mehr in *sehr stark reduziertem Ausmaß* gebraucht. Diese Technisierung hat dazu geführt, daß heute in den Industrieländern nur mehr *ca 6 %* der arbeitenden Bevölkerung (oder noch weniger) in der Landwirtschaft beschäftigt sind. Und diese wenigen erzeugen weit mehr, als diese Länder benötigen.

Man hat für diese *Überschußproduktionen* recht drastische Bezeichnungen gefunden: Man spricht von einem Milch- und einem Weinsee, einem Butter- und Getreideberg und noch von vielen anderen solchen „Bergen", von denen wir nicht wissen, was wir mit ihnen anfangen sollen, obwohl der weitaus größere Teil der Weltbevölkerung an Hunger leidet, weil in den unterentwickelten Ländern das betriebswirtschaftliche Wissen, wie der technische Fortschritt effizient in Güterproduktion umgesetzt wird, (noch) nicht vorhanden ist.

3.2.2.3. Die Zunahme der menschlichen Lebenserwartung

3.2.2.3.1. Die Erfolge der medizinischen Forschung

Es ist eine beobachtbare Tatsache, daß es der medizinischen Forschung gelungen ist, die durchschnittliche menschliche Lebenserwartung gegenüber früheren Zeiten sehr erheblich zu verlängern. Es gibt heute viel mehr 80jährige als früher. Die bisher erreichte Verlängerung der durchschnittlichen menschlichen Lebenserwartung (in einem Dezennium etwa 2 Jahre)[120] ist aber *unbedeutend* gegenüber dem, was sich durch die medizinische Forschung auf diesem Gebiet anbahnt. Auf Grund dieser Forschungen liegt es im Bereich des Möglichen, daß die durchschnittliche menschliche Lebenserwartung nicht nur um einige weitere Jahre, sondern um erheblich mehr gesteigert wird. Es sind hier *zwei Schwerpunkte* mit deutlich unterschiedlicher Wirkung zu erkennen. Der erste ist die „Schwangerschaftsforschung" [präziser *„Fötusentwicklungsforschung"*[121] (auch *„Stammzellenforschung"*[122] genannt)] und der zweite die *„Gentechnologie"*[123].

Bei der Stammzellenforschung geht es darum, die einzelnen Prozesse zu erforschen, die beim Fötus zur Ausbildung der einzelnen Organe (Herz, Lunge,

---

120 sd STATISTIK AUSTRIA: Statistisches Jahrbuch 2001, Wien 2001, S 73;

121 sd HUBER J.: Grenzen des Machbaren in der Medizin und der Wissenschaft, in: Conturen. Zeitschrift für Wirtschaft, Gesellschaft und Kultur, hrsg vom Institut für Wirtschaft und Politik, Frankfurt/Wien, Heft 2/2000, S 43 – 47, hier S 45;

122 sd Die Presse, 27. 10. 2001: AKH: Stammzellen injiziert. Patientin geht es gut, wo von der ersten Stammzelleninjektion zur Reparatur eines Herzmuskels berichtet wird;

123 sd FOLLES M.: Das Unsterblichkeitsenzym. München 1996

Leber, Nieren) aber auch Knochen usw führen, und diese Prozesse beim erwachsenen Menschen „nachbaubar" zu machen.[124] Das könnte dazu führen, daß schadhaft gewordene Organe mit Hilfe der „Wiederingangsetzung" dieser Prozesse wenn schon nicht erneuert, so doch „repariert" werden könnten, was zu einer Steigerung der durchschnittlichen menschlichen Lebenserwartung um 30 bis 35 Jahre führen könnte[125].

Eine noch viel radikalere Steigerung der Lebenserwartung – nämlich nicht nur um einige Dezennien, sondern um ein *Vielfaches* der bisherigen durchschnittlichen Lebenserwartung – wird mit Hilfe der Gentechnologie möglich werden. Denn dieser ist es bereits gelungen, bei Würmern das für die Alterung verantwortliche Gen so zu beeinflußen, daß sich die durchschnittliche Lebensdauer dieser Würmer *vervierfacht* hat[126]. Wenn diese Beeinflussung des Alterungsgens auch beim Menschen gelingt – was nicht zweifelhaft ist –, so würde sich die durchschnittliche Lebensdauer der Menschen auf über *200 Jahre* erhöhen. Manche Forscher rechnen sogar damit, daß die durchschnittliche menschliche Lebensdauer auf *600 Jahre* und mehr gesteigert werden könnte[127].

3.2.2.3.2. Die Notwendigkeit steigender Beträge für die Transfereinkommen

Auch wenn diese Visionen nicht voll erreicht werden sollten, ist jedenfalls damit zu rechnen, daß die durchschnittliche Lebenserwartung der Menschen stark zunehmen und daher nicht nur die *Zeit*, für die ein Transfereinkommen benötigt wird, sondern auch die *Zahl der Menschen*, die ein Transfereinkommen brauchen, in einem Ausmaß steigen werden, das weit über die diesbezüglichen Wirkungen des technischen Fortschritts hinausgeht und diesen für die Massenwohlstandsgefährdung als die weniger bedeutsame Ursache erscheinen läßt.

3.2.2.4. Die Globalisierung

Die Erfahrung zeigt, daß manche hochindustrialisierte Länder nicht nur deshalb *Hochlohnländer* sind, weil sie ein hohes Lohn- und Gehaltsniveau aufweisen, sondern auch noch deshalb, weil sie die Arbeit mit *„Lohnnebenkosten"* so stark verteuern, daß diese Lohnnebenkosten beinahe das Ausmaß der Löhne und Gehälter selbst erreichen. Diese *„Verteuerung der Arbeit"* durch die Lohnne-

---

124 sd Die Presse, 11. 8. 2001: Enttäuschung über Bush' Stammzellen-Beschluß;

125 sd HUBER J.: Grenzen des Machbaren in der Medizin und der Wissenschaft, aaO;

126 sd FOLLES M.: Das Unsterblichkeits-Enzym, aaO;

127 sd FOLLES M.: Das Unsterblichkeits-Enzym, aaO;

benkosten bewirkt, daß die Betriebe in Hochlohnländern gegenüber in *Niedriglohnländern* domizilierten Betrieben *weniger wettbewerbsfähig* werden und auch nur niedrigere Gewinne erzielen. Es werden daher in zunehmendem Ausmaß Betriebe aus diesen Hochlohnländern in Niedriglohnländer *verlagert*, weil in der Zwischenzeit die als „*Globalisierung*" bezeichnete Internationalisierung der Wirtschaftsbeziehungen solche Betriebsverlagerungen *sehr erleichtert* und die *alleinige Ausrichtung* der betrieblichen Zielvorstellung an der *Gewinnmaximierung* zunehmend (wieder) an Boden gewinnt, wie schon dargelegt wurde[128]. Wenn diese Zielvorstellung tatsächlich realisiert werden soll, ist eine Betriebsverlagerung aus einem Hochlohnland in ein Niedriglohnland sogar eine logische Notwendigkeit.

Durch die „*Betriebsverlagerungen*", die durch die „Globalisierung" ermöglicht werden, geht in den Hochlohnländern eine erhebliche Anzahl von Arbeitsplätzen *verloren*. Relativ werden die Arbeitsplatzverluste durch die Globalisierung sogar *größer* werden als die, die durch den technischen Fortschritt verursacht werden, weil die Globalisierung in den bisherigen Wohlstandsgesellschaften im Vergleich zum technischen Fortschritt *keine* neuen Arbeitsplätze schafft. Da in den Niedriglohnländern heute fast *drei Viertel aller Menschen* wohnen und daher ein überaus großes Potential für Betriebsverlagerungen zur Verfügung steht, ist schon die Globalisierung allein auch ohne technischen Fortschritt imstande, die Wohlstandsgesellschaften in Armutsgesellschaften zu verwandeln.

Dazu kommt, daß die Globalisierung zu einem *Kreislauf* führt, der nur sehr *schwer* durchbrochen werden kann. Denn wenn sich im Laufe der Zeit in denjenigen Niedriglohnländern, in die die Betriebe aus den bisherigen Hochlohnländern als erstes verlagert wurden, ebenfalls ein höheres Lohnniveau herausbildet und diese Länder zu (neuen) Hochlohnländern werden, dann sind noch immer genügend *andere Niedriglohnländer* vorhanden, in die die Betriebe aus diesen neu entstandenen Hochlohnländern verlagert werden können.

Inzwischen sind aber auch die ehemaligen Hochlohnländer, die durch die Betriebsverlagerungen zu *Armutsgesellschaften* geworden sind, für die Rückverlagerung der Betriebe wieder solange interessant, bis in diesen Ländern die Löhne wieder soweit angestiegen sind, daß sich erneut eine Auslagerung der Betriebe lohnt. Es ergibt sich daher ein „*Kreislauf*", der erst dann zum Erliegen kommt, wenn das Lohn- und Gehaltsniveau *weltweit einheitlich* geworden ist. Bei der heutigen Bevölkerungssituation der Erde ist aber nicht damit zu rechnen, daß dieser „*Globalisierungskreislauf*" in absehbarer Zeit ein Ende findet. Die *Chancen*, die die Globalisierung für die Massenwohlstandssteigerung bietet, werden hingegen in der Literatur *kaum* herausgearbeitet. Auf diese Chancen wird daher in dieser Studie noch ausführlich einzugehen sein.

---

128 sd MARTIN H.-P./SCHUMANN H.: Die Globalisierungsfalle. Der Angriff auf Demokratie und Wohlstand, Reinbek bei Hamburg 1996;

3.2.2.5. Die Arbeitseinsparung abschwächende Sachverhalte

3.2.2.5.1 Die arbeitsplatzschaffende Wirkung des Diversifikationsfortschitts

3.2.2.5.1.1. Darstellung der Wirkung

Eine hinsichtlich der benötigten Menge an menschlicher Arbeit *ganz andere Wirkung* als der Verfahrensfortschritt hat der *Diversifikationsfortschritt* (= Produktinnovation). Da für die Erzeugung dieser *neuen* (= innovativen) *Güter,* die bis jetzt unbekannt waren oder deren Erzeugung bis jetzt aus technischen Gründen nicht möglich war, neue Arbeitsplätze gebraucht werden, hat der Diversifikationsfortschritt dann eine *arbeitsplatzschaffende Wirkung*, wenn für die Erzeugung und den Verkauf der neuen Produkte mehr Arbeit benötigt wird als bei der Erzeugung der von den neuen Produkten verdrängten Güter.

Insbesondere durch die Produktion solcher – für die jeweiligen Zeitpunkte neuer – Güter (zB seinerzeit für den Eisenbahnbau, später für die Autoindustrie und heute für die Informationsindustrie) war es gelungen, die in der Landwirtschaft nicht mehr benötigten Arbeitskräfte in der Industrie unterzubringen und aus „Landarbeitern" „Fabriksarbeiter" zu machen. In der Folge konnten dann die durch die Rationalisierung des Produktionsprozesses in der Industrie verloren gegangenen Arbeitsplätze durch Arbeitsplätze in den *Dienstleistungsbetrieben* (wie zB im Fremdenverkehr, im Gesundheitswesen usw) ersetzt werden. Nunmehr scheint eine solche Substitution der Arbeitsplätze aber *immer weniger möglich* zu werden, weil auch der Dienstleistungssektor stark rationalisiert wird und mit immer weniger Arbeitskräften auskommt. Denn auch im Dienstleistungssektor greift die Automatisierung immer mehr um sich. Das „Tele-Banking" und das „Home-Shopping" sind Formen von Betriebsprozessen, die immer weniger menschliche Arbeit benötigen, weil die Arbeit immer mehr auf Maschinen – insbesondere auf Computer – verlagert wird.

Ein Hochlohnland kann daher bei globalem Wettbewerb Dauerarbeitslosigkeit nur dadurch vermeiden, daß es *ständig neue innovative Produkte*, die es auch *selbst* erzeugt, auf den Markt bringt. Nur so kann die dem Verfahrensfortschritt innewohnende Gefährdung des Massenwohlstandes hintangehalten und der Diversifikationsfortschritt zu einer Stabilisierung der benötigten Arbeitsmenge und damit zu einer *Steigerung* des Massenwohlstandes beitragen. Es kommt daher auf die Art des technischen Fortschrittes und auf die Bedingungen seiner Realisierung an, ob er auf den Massenwohlstand *gefährdend* oder *steigernd* wirkt.

3.2.2.5.1.2. Exkurs: Die Bedingungen für eine wohlstandssteigernde Wirkung des Diversifikationsfortschrittes

Damit der *Diversifikationsfortschritt* eine *massenwohlstandssteigernde Wirkung* aufweisen kann, sind jedoch *zusätzliche Bedingungen nötig*. So ist nicht nur die Produktion der neuen Güter am (möglichst) *gleichen Standort* notwendig, sondern auch noch eine mit der Vergrößerung der Stückzahlen einhergehende *Verbilligung der Produkte*. Denn nur dadurch können auch neue Käuferschichten erschlossen werden, die es ermöglichen, die neuen Güter im Markt unterzubringen. Diese Ausweitung der Produktion und des Absatzes schafft nicht nur im Produktionsbereich, sondern auch vor allem im Absatzbereich *neue Arbeitsmöglichkeiten*.

Da auch bei diesen neuen, „innovativen" Gütern im Laufe der Zeit für die Herstellung eines Gutes immer weniger menschliche Arbeit benötigt wird, gilt das „Arbeitseinsparungsgesetz" auch bei ihnen. Wenn noch dazu die innovativen Güter schon im Zeitpunkt ihrer Markteinführung weniger Arbeit benötigen als die verdrängten Produkte und erst mit der Ausweitung des Marktvolumens der neuen innovativen Güter auch mehr Arbeit benötigt wird, ergibt sich daher selbst dann eine zwischenzeitige Arbeitslosigkeit *(= Friktionsarbeitslosigkeit)*, die mit Ersatzeinkommen überbrückt werden muß, wenn die neuen Güter im gleichen Land und am gleichen Standort erzeugt werden.

Aufgrund der angeführten Bedingungen ist daher eine weitere Präzisierung des Arbeitseinsparungsgesetzes wie folgt nötig:

> *„Der Diversifikationsfortschritt führt nur dann in einem Land zur Aufrechterhaltung des Massenwohlstandes, wenn die neuen Produkte im gleichen Land und am gleichen Standort erzeugt werden und der gleiche Arbeitseinsatz benötigt wird wie bei den verdrängten Produkten. Wenn die neuen Produkte nicht am gleichen Standort erzeugt werden, ist zur Aufrechterhaltung des Massenwohlstandes Mobilität der Arbeitskräfte erforderlich. Wenn diese Bedingungen nicht eingehalten werden können, müssen Ersatzeinkommen ermöglicht werden, um den bisherigen Massenwohlstand aufrecht erhalten zu können."*

Die Wirtschaftsgeschichte beweist jedoch (leider), daß die neuen Güter sehr häufig *nicht* in dem Land erzeugt werden, das die bisherigen – durch das neue innovative Gut verdrängten – Produkte hergestellt hat. Dadurch kommt es in dem Land, das durch die neuen, innovativen Güter seine bisherigen Produktionsmöglichkeiten verliert, dann nicht nur zu einer Friktionsarbeitslosigkeit, sondern zu einer *Dauerarbeitslosigkeit*, wenn in dem betreffenden Land für den

Absatz der neuen Produkte nicht die gleiche Arbeitsmenge benötigt wird wie für die Erzeugung der verdrängten Produkte.

Die Erfahrung beweist ferner, daß die neuen Güter selbst dann, wenn sie im gleichen Land erzeugt werden, in aller Regel *nicht* am gleichen Standort hergestellt werden wie die verdrängten Produkte und die zur Vermeidung von Dauerarbeitslosigkeit erforderliche *Mobilität und Flexibilität* der Arbeitskräfte meist nicht gegeben ist. Denn die Arbeitskräfte müssen dann nicht nur an einem anderen Standort, sondern meist auch einer anderen Art der Beschäftigung nachgehen. Das macht in der Regel nicht nur einen Wohnortwechsel, sondern auch eine *Umschulung* auf einen neuen Beruf notwendig.

Zwar wird es auch in Zukunft so wie heute immer Berufe geben, die wegen ihrer geringen Automatisierbarkeit noch auf menschliche Arbeit angewiesen sind. Zu erwähnen sind hier nicht nur die Krankenhaus- und übrigen Gesundheitsdienste, sondern vor allem auch die „Pflege alter Menschen“. Da die Menschen immer älter und damit immer gebrechlicher werden und daher immer mehr auf fremde Hilfe angewiesen sind, ist wegen der zunehmenden Überalterung der Bevölkerung die „Altenpflege“ ein immer wichtiger werdender Teilmarkt des Arbeitsmarktes[129]. Sie wäre daher gut geeignet, die vom technischen Fortschritt freigesetzten Menschen wieder in den Erwerbsprozeß einzugliedern. Diese Eingliederung scheitert jedoch daran, daß der Mehrzahl der Arbeitssuchenden diese Arbeit nicht gefällt. Sie wird in den entwickelten Industrieländern überwiegend Arbeitskräften überlassen, die aus Enwicklungsländern stammen. Die freigesetzten einheimischen Arbeitskräfte genießen sehr häufig lieber die Arbeitslosenunterstützung, als daß sie mit der „Altenpflege“ verbundene Tätigkeiten annehmen würden.

3.2.2.5.2. Exkurs: Die Wirkung der sinkenden Geburtenrate

Es kann als bekannt vorausgesetzt werden, daß in den hochindustrialisierten Ländern die Geburtenrate in der Vergangenheit stark gesunken ist und auch heute noch immer abnimmt[130]. Da dadurch immer weniger Menschen in das Erwerbsleben eintreten, benötigen auch immer weniger Menschen einen Arbeitsplatz, so daß es auf diese Weise zu einer (allerdings nur annähernden) Übereinstimmung zwischen dem durch den technischen Fortschritt induzierten Rückgang der Arbeitsplätze und der zurückgehenden Zahl der einen Arbeitsplatz be-

---

129 sd SCHULZ-NIESWANDT F.: Zum soziodemographischen und sozioepidemologischen notwendigen „Umbau“ des bundesdeutschen Sozialstaates unter Beachtung internationaler Befunde, in: HAUSER R. (Hrsg): Reform des Sozialstaates II, Berlin 1998, S 53 – 80;

130 sd STATISTIK AUSTRIA: Statistisches Jahrbuch 2001, aaO, S 63 f;

nötigenden Menschen kommt. Vielfach wird sogar die Befürchtung geäußert, daß es zu einem *Mangel* an Arbeitskräften kommen könnte[131].

Diese Verknappung der Arbeitskräfte darf aber nicht darüber hinwegtäuschen, daß der Massenwohlstand trotzdem weiterhin dann *gefährdet* bleibt, wenn für die Finanzierung wichtiger Nichtarbeitseinkommen (= Transfereinkommen wie Pensionen, Krankenversicherung usw) wie bisher das *Umlageverfahren mit ergänzenden steuerlichen Zuschüssen* beibehalten wird. Denn es entfallen dann auf jeden Arbeitenden mindestens *ein*, wenn nicht sogar *mehrere Nichtarbeitende* (und damit Transfereinkommensbezieher). Das wird für die Arbeitenden auf Dauer eine derart hohe Belastung ergeben, daß sie versuchen werden, sich dieser zu entziehen[132]. Es wird zur stillschweigenden Auflösung des sogenannten „Generationenvertrags“ kommen[133], weil die dann noch Arbeitenden selbst für ihre Alters- und Krankensicherung vorsorgen werden und diejenigen auf der Strecke bleiben werden, die im Vertrauen auf das Umlageverfahren noch keine ausreichende Selbstvorsorge durchgeführt haben.

3.2.3. Die unmittelbaren Ursachen der Massenwohlstandsgefährdung

3.2.3.1. Die Arten der unmittelbaren Ursachen

Eine Analyse ergibt, daß die mittelbaren Ursachen zwei Arten von ummittelbaren Ursachen bewirken: *direkte* und *indirekte unmittelbare Ursachen*. Die direkten unmittelbaren Ursachen verändern nur die wirtschaftliche, die indirekten hingegen auch die gesellschaftliche Situation.

---

131 sd Die Presse, 25. 4. 2001: Eine neue Kluft;

132 sd ALTHAMMER J.: Zur optimalen Kombination umlagefinanzierter und kapitalfundierter Alterssicherungssysteme. Eine portfoliotheoretische Analyse, in: ALTHAMMER J./SCHMÄHL W. (Hrsg): Soziale Sicherung zwischen Markt und Staat, Berlin 2000, S 115 – 134 sowie das Koreferat zu dieser Studie von ABHEGGE H.: Gibt es ein optimales Verhältnis zwischen Umlage- und Kapitaldeckungsverfahren? S 135 – 140; ferner EISEN R.: (Teil-)Privatisierung der sozialen Sicherheit, in: ALTHAMMER J./SCHMÄHL W. (Hrsg): Soziale Sicherung zwischen Markt und Staat, aaO;

133 sd LAMPERT H.: Der Generationenvertrag in der Bewährung, Mönchengladbach 1998;

3.2.3.2. Die direkten unmittelbaren Ursachen der Massenwohstandsgefährdung

3.2.3.2.1. Arbeitsplatzverluste als erste direkte unnmittelbare Massenwohlstandsgefährdungsursache

Der Verfahrensfortschritt und die immer besser werdende Organisation des Produktionsprozesses wirken sich – wie schon dargeglegt wurde – selbst bei gleichbleibender Zahl der Betriebe in einer *Verringerung der Zahl der benötigten Arbeitsplätze* aus. In der Regel verringert der Verfahrensfortschritt aber durch das *Hinausdrängen der* Grenzbetriebe aus dem Markt zusätzlich auch noch die *Zahl der Betriebe*. Da auch durch die auf die Revitalsierung des paläoliberalen Paradigmas und die verbesserten Möglichkeiten der Globalisierung zurückgehenden *Betriebsverlagerungen* die Zahl der Betriebe (und damit auch die Zahl der in den Auslagerungsländern zur Verfügung stehenden Arbeitsplätze) noch weiter verringert wird, wird es auf lange Sicht zu relativ hohen Arbeitsplatzverlusten kommen.

Legt man die Erfahrungen der Landwirtschaft zugrunde, in der die Zahl der benötigten Arbeitskräfte innerhalb eines Jahrhunderts von ca. 60 % der Bevölkerung auf rund 6 % – also auf rund *ein Zehntel* – gesunken ist, so kann davon ausgegangen werden, daß selbst dann, wenn keine Betriebsverlagerungen aus den Hochlohnländern in Niedriglohnländer erfolgen, auch in Industrie, Gewerbe, Handel und Dienstleistungen sehr viele Arbeitsplätze verloren gehen werden. Auch in den nichtlandwirtschaftlichen Wirtschaftszweigen werden daher in hundert Jahren voraussichtlich weniger als die Hälfte der heute Beschäftigten einen Arbeitsplatz haben. Wenn in der Literatur von einer *„Zweidrittelgesellschaft“* gesprochen und mit dem „Drittel“ der Anteil der Nichterwerbseinkommensbezieher bezeichnet wird, sind diese Schätzungen langfristig – gemessen an den in der Landwirtschaft gemachten Erfahrungen – offensichtlich *zu niedrig*[134].

Diese Tendenz der Verringerung der benötigten Arbeitsplätze wird sich noch verstärken, wenn wegen der Revitalisierung des paläoliberalen Konzepts die *Globalisierung* noch weiter fortschreitet und immer mehr Betriebe aus Hochlohnländern in Niedriglohnländer verlagert werden, weil in den Niedriglohnländern so lange noch höhere Profite erzielt werden können, als die in den Niedriglohnländern erzeugten Produkte wegen der in den Hochlohnländern vorhandenen Sparguthaben und gezahlten Transfereinkommen noch abgesetzt werden können. Wenn die Ansicht, daß Betriebe ausschließlich Profitmaximierungsinstitutionen für die Eigenkapitalbeisteller sind, noch weiter an Boden gewinnt,

---

134 sd WOHLGENANNT L./BÜCHELE H.: Den ökosozialen Umbau beginnen: Grundeinkommen, aaO, S 189;

wird der Prozeß der Betriebsverlagerungen erst zum Stillstand kommen, wenn aus den bisherigen Wohlstandsgesellschaften *Armutsgesellschaften* geworden sind, in denen der Großteil der Bevölkerung *arbeitslos* ist und in denen auch die Sparguthaben aufgezehrt und/oder auch die Transfereinkommen keine Kaufkraft mehr vermitteln, weil ihre mit Hilfe der Notenpresse durchgeführte Finanzierung zur Geldentwertung geführt hat.

Wie stark sich insbesondere die Globalisierung auf die Arbeitseinkommen auswirken kann, kann durch die nachfolgende Rechnung gezeigt werden, bei der im Niedriglohnland ein Lohnsatz von 1/10 des Hochlohnlandes und zollfreier und unbehinderter Handel zwischen dem Hoch- und dem Niedriglohnland unterstellt wird:

	Hochlohn-landbetrieb	Niedriglohn-landbetrieb
Fertigungslöhne	100.000.-	10.000.-
Lohnnebenkosoten	70.000.-	7.000.-
Fertigungsmaterial	100.000.-	100.000.-
Weitere Gemeinkosten	130.000.-	130.000.-
Selbstkosten	400.000.-	247.000.-
Gewinnaufschlag	**20.000**.-	**173.000**.-
Nettoverkaufspreis (excl. MWSt)	420.000.-	420.000.-

Es ist unmittelbar einsichtig, daß dann, wenn *„reine Profitmaximierung“* (= Gewinnmaximierung ohne soziale Bindungen) die alleinige Zielvorstellung der Betriebseigentümer ist, eine Verlagerung der Betriebe aus den Hochlohnländern in Niedriglohnländer die *einzige* Vorgangsweise ist, die dieser Zielvorstellung *adäquat* ist. Dadurch kommt es allerdings in den bisherigen Hochlohnländern nicht nur zu *Arbeitslosigkeit* (und damit zu einer Absenkung des Massenwohlstandes), sondern es verschlechtern sich auch die *Handels-* und die *Zahlungsbilanzen* der bisherigen Hochhlohnländer, weil nunmehr zusätzliche Importe getätigt werden müssen, die zu Zahlungsmittelabflüssen in die Niedriglohnländer führen.

Die Situation wird nur geringfügig besser, wenn die Betriebe nicht ausgelagert, sondern in den Niedriglohnländern zusätzlich neu gegründet werden. Denn dann müssen zwar die Niedriglohnländerbetriebe in den Hochlohnländern wegen der Konkurrenz der einheimischen Betriebe ihre Produkte mit etwas niedrigeren Preisen anbieten, um diese dort verkaufen zu können, was aber bei der *Preisreduktionskapazität*, die den Niedriglohnländerbetrieben zur Verfügung steht, keine Schwierigkeit ist, wie die obige Rechnung zeigt. In unserem vorhin gebrachten Beispiel könnten die Niedriglohnländerbetriebe, wenn sie sich mit der Gewinnspanne der Hochlohnländerbetriebe zufrieden geben, den Preis bis auf (247.000.- + 20.000.- =) 267.000.- senken, was für die Hochlohnländerbetriebe nicht egalisierbar ist, weil schon die Kosten, die kurzfristig zu Ausgaben werden, höher sind als der für die Niedriglohnländer mögliche Preis inklusive des Gewinnaufschlages des Hochlohnlandbetriebes (nämlich 270.000.- versus 267.000.-).

Gegen dieses *Absinken* der gegenwärtigen Wohlstandsgesellschaften zu *Armutsgesellschaften* könnte eingewendet werden, daß solche Situationen *schon öfter* – insbesondere auch bei Beginn der Industrialisierung – gegeben waren und auch *überwunden* wurden. Die Erfindung der automatischen Webstühle hat viele „Weber" brotlos gemacht und um ihre Arbeitsplätze und damit um ihre Existenz gebracht[135]. Zwar wurden durch die Einführung der automatischen Webstühle wiederum Arbeitsplätze in den neuen Fabriken und in den Gewerben geschaffen, die infolge der durch die Industrialisierung eingetretenen Verbilligung der Stoffe entstanden sind (zB die Betriebe der Modebranche), aber diese Betriebe sind durchwegs in anderen Gebieten entstanden als in denen, in welchen durch die Erfindung der automatischen Webstühle Arbeitsplätze verloren gegangen waren. Ebenso hat die Eisenbahn viele „Fuhrleute", die mit Pferdewagen ihre Transporte durchführten, um ihre Erwerbsmöglickkeit gebracht, aber durch die Verbilligung des Gütertransportes viele neue Arbeitsplätze (zB auch im Fremdenverkehr) möglich gemacht. Es ließen sich noch viele solche Beispiele anführen (zB die Entwicklung der österreichischen „Eisenwurzen" von einem einst reichen zu einem relativ armen Gebiet[136] usw).

Das Gleichgewicht zwischen vernichteten und neu entstehenden Arbeitsplätzen wird jedoch zum Unterschied von früher heute immer *weniger* erreichbar. Denn heute werden auch die Branchen, die neu entstehen, sehr schnell mit Hilfe arbeitssparender Investitionen „rationalisiert" und nehmen daher nicht mehr so viele Arbeitskräfte auf, wie auf der anderen Seite freigesetzt werden. Dazu kommt, daß einige Branchen, in denen eine Automatisierung nur bedingt möglich ist und die daher langfristig gesehen zur Aufnahme der in den rationalisierten Branchen freigesetzten Arbeitskräfte fähig wären, von den freigesetzten Arbeitskräften nicht goutiert und daher nicht angenommen werden.

---

135 sd TREUE W.: Wirtschaftsgeschichte der Neuzeit, Bd 1, aaO, S 385;

136 sd BACHINGER K.: Der Niedergang der Kleineisenindustrie in der niederösterreichischen Eisenwurzen (1850 – 1914). Fallstudie einer industriellen Regression, Wien 1972; SCHÖNFUSS D.: Industriestruktur, Standortfaktoren und industrielle Veränderungen im Gebiet der niederösterreichischen Eisenwurzen, Dip.Arb. WU, Wien 1991;

3.2.3.2.2. Die Nichtfinanzierbarkeit der benötigten Transfereinkommen als zweite direkte unmittelbare Wirkung

Da schon die Finanzierbarkeit der bisherigen Transfereinkommen an die Grenze stößt, wird es unmöglich werden, die wegen der zu erwartenden Lebensdauerverlängerung in erhöhtem Ausmaß benötigten Transfereinkommen auf die bisherige Weise zu finanzieren[137]. Da die Zeit, in der ein Transfereinkommen benötigt wird, länger wird als die (Lebens-)Arbeitszeit eines Menschen, wird die Finanzierung der Transfereinkommen auf dem Umlageweg noch *ummöglicher* werden, als es heute schon absehbar ist. Es wird aber auch die Finanzierung über die Besteuerung unmöglich werden, weil dann die Steuersätze eine Höhe erreichen müßten, die im Zeitalter der Globalisierung ein Ausweichen der Betriebe in Niedrigsteuerländer noch verlockender macht als dies heute schon ist. Es wird nur die Möglichkeit bleiben, auf *andere Einkommensarten umzustellen*. Darauf wird im folgenden noch ausführlich einzugehen sein[138].

3.2.3.3. Die Auswirkungen der indirekten unmittelbaren Ursachen der Massenwohlstandsgefährdung

Arbeitsplatzverluste bewirken für die Betroffenen zunächst, daß diese in der Regel mit ihrem Arbeitsplatz auch ihr *(Arbeits-)Einkommen verlieren* und auf Transfereinkommen angewiesen sind, wenn sie nicht der Not anheim fallen sollen. Eine weitere Auswirkung ist die Notwendigkeit der *Suche eines neuen Arbeitsplatzes*, wenn man nicht für dauernd ein Transfereinkommensempfänger bleiben will oder bleiben kann.

Beobachtungen zeigen, daß Arbeitsplatzverluste in aller Regel aber auch noch weitere *zusätzliche* und viel *gefährlichere Wirkungen* haben[139]. Sie führen zu *politischen Reaktionen*, die sehr heftig sein können und die den Massenwohlstand noch zusätzlich gefährden können[140]. Um Wiederholungen zu ver-

---

137 sd Die Presse, 9. 4. 2001: Pensionssystem gleicht Pyramidenspiel: Finanzkrise, weil neue „Mitspieler" fehlen, wo das Umlageverfahren mit einem „Pyramidenspiel" verglichen wird.

138 sd ALTHAMMER J.: Zur optimalen Kombination umlagefinanzierter und kapitalfundierter Alterssicherungssysteme, in: ALTHAMMER J./SCHMÄHL W.: Soziale Sicherung zwischen Markt und Staat, aaO, S 115 ff;

139 sd JAHODA U.: Die Arbeitslosen von Marienthal. Ein soziographischer Versuch über die Wirkungen langandauernder Arbeitslosigkeit, Stuttgart 1975, S 61 ff, S 98 ff u.a.;

140 So sind viele Revolutionen auf schlechte wirtschaftliche Verhältnisse zurückzuführen. Sd BEER M.: Allgemeine Geschichte des Sozialismus und der sozialen Kämpfe, Erlangen 1972; JAHODA U.: Die Arbeitslosen von Marienthal, aaO, S 60 f;

meiden, soll auf diese sehr wichtigen politischen Wirkungen erst bei der Untersuchung über die Notwendigkeit der Massenwohlstandssicherung eingegangen werden.

Die *wichtigste* indirekte Wirkung ist aber die, daß die Finanzierung der wegen der steigenden Lebenserwartung immer höher werdenden Beträge, die für die Transfereinkommen benötigt werden, nicht mehr – und zwar weder auf dem Umlageweg, noch durch die Besteuerung – gesichert werden kann. Allein schon dieser Umstand wird eine Umstellung auf andere Einkommensarten, die auf breiter Basis auch bei Nichtmitarbeit in Betrieben zufließen, erzwingen. Ehe aber darauf eingegangen wird, ist noch kurz zur Notwendigkeit der Sicherung des Massenwohlstandes Stellung zu nehmen.

4. Die Notwendigkeit der Wohlstandssicherung

Der durch drohende Arbeitsplatzverluste und das Unmöglichwerden der Finanzierung der Transfereinkommen zu erwartende Rückgang des Massenwohlstands und das damit verbundene Absinken der Wohlstandsgesellschaften zu Armutsgesellschaften ist sowohl aus *humanitären* wie aus *ökonomischen* Gründen *hintanzuhalten*. Die Gründe dafür sind im folgenden kurz darzulegen. Dabei soll zuerst auf die humanitären und dann auf die ökonomischen Gründe eingegangen werden.

4.1. Die humanitären Gründe

Es ist ohne lange Beweisführung einleuchtend, daß es aus *humanitären Gründen* nicht wünschenswert ist, hinzunehmen, daß große Gruppen von Personen, die schon einen gewissen Wohlstand erreicht haben, diesen Wohlstand *unverschuldet* verlieren und deshalb in Armut und Not zurücksinken, weil die Arbeitsplätze, die diesen Wohlsand ermöglicht haben, *ohne ihr Verschulden* „aufgelöst" werden und nicht mehr zur Verfügung stehen. Denn ein Wohlstandsverlust wird im allgemeinen nur dann als gerechtfertigt empfunden und *ohne andere zusätzliche* (insbesondere politische) *Reaktionen* hingenommen, wenn er *verschuldet* ist.

Die Erfahrung zeigt, daß ein *unverschuldeter Arbeitsplatzverlust* – wenn auch nicht leicht, so doch noch am ehesten – *ohne* zusätzliche Reaktionen ertragen wird, wenn er dadurch verursacht ist, daß der Betrieb nicht mehr lebensfähig war und deshalb beendet werden mußte. Denn in diesem Falle ist man *kein „einseitiges Opfer"*, weil auch die Betriebseigentümer „etwas" – nämlich ihren *Betrieb* – verlieren.

Ein durch den *Diversifikationsfortschritt* verursachter Arbeitsplatzverlust wird schon schwerer ohne zusätzliche politische Reaktionen ertragen. Denn man fühlt sich hier als *„einseitiges Opfer"*, das seinen Arbeitsplatz verliert, weil der technische Fortschritt, der für alle das Leben erleichtert, realisiert wird. Es kommt daher bei durch den technischen Fortschritt verursachten Arbeitsplatzverlusten häufig dazu, daß diese „Opferrolle" nicht mehr einfach hingenommen, sondern durch *politische Maßnahmen* versucht wird, zur Erhaltung der Arbeitsplätze den technischen Fortschritt zu bremsen. Die mittelalterlichen Zünfte sind dafür ein sehr anschauliches Beispiel[141]. Aber auch Schutzzölle[142] und „Administrativer Protektionismus“[143] sind als Verzögerungsmittel hier zu erwähnen.

Noch schwerer wird ein durch Ausnutzung des *Verfahrensfortschritts* verursachter Arbeitsplatzverlust dann ertragen, wenn der Verfahrenswechsel nicht zur Herstellung der Wettbewerbsgleichheit, sondern nur zur *Profitsteigerung der* Betriebseigentümer durchgeführt wird. Wie die Geschichte beweist, kommt es in diesem Falle vielfach zu von der Öffentlichkeit unterstützten Kampfmaßnahmen.

Am *schwersten* wird ein *unverschuldeter Arbeitsplatzverlust* dann ertragen, wenn Betriebe, die noch ausreichende Gewinne erwirtschaften, in ein Niedriglohnland verlegt werden, um den *Profit zu erhöhen*. Hier fühlen sich diejenigen Personen, die unverschuldet ihre Arbeitsplätze verlieren, nicht nur als „einseitige Opfer“, sondern darüber hinaus auch noch als *Personen minderen Rechts*, deren Wohlstand weniger zählt als der zusätzliche und über die Normalverzinsung hinausgehende Profit der Betriebseigentümer. Ausdrücke wie „*Brutalkapitalismus*“[144] zeigen deutlich, daß man sich wehrlos ausgeliefert und damit als Person minderen Rechtes fühlt. Denn der Terminus „*brutal*“ bedeutet Durchsetzung der eigenen Zielvorstellung unter bewußter Mißachtung der Situation des anderen. Dieser wird in diesem Falle für eine Person minderen Rechts gehalten, der man auch gegen deren Willen und zu deren Schaden seinen eigenen Willen aufzwingen kann.

Noch schwerer als ein unverschuldeter Arbeitsplatzverlust wird die *Unmöglichkeit der Weiterzahlung (bzw der Zahlung) von Transfereinkommen* empfunden. Wenn Transfereinkommen bereits bezogen wurden und dann nicht mehr in bisheriger Höhe ausbezahlt werden können, fühlen sich die Transfereinkommensbezieher „betrogen“. Da in Demokratien dieser Personenkreis wegen der Steigerung der Lebenserwartung besonders groß ist – größer als alle anderen gesellschaftlichen Gruppen – kann er bei Wahlen auch seinen Willen durchsetzen. Es wird dann auf der *politischen Ebene* nicht nur versucht, die Kürzung der Transfereinkommen zu verhindern, sondern meist auch das Kind mit dem Bade ausgeschüttet und gleich eine *Änderung der Wirtschaftsform* zu solchen Formen hin betrieben, die die freie Verfügbarkeit über die Produktionsmittel *aufheben* und damit nicht nur die Wohlstandsentwicklung *bremsen* (wenn nicht sogar eine

---

141 sd FRÖHLICH S.: Die soziale Sicherung bei Zünften und Gesellenverbänden. Darstellung, Analyse, Vergleich, Berlin 1976, S 25 ff;

142 sd LIST F.: Das nationale System der Politischen Ökonomie, Jena 1904, S 415 ff;

143 sd KRUGMAN P./OBSTFELD M.: International Economics. Theory and Policy, Reading et al 1997, S 206;

144 sd Die Presse, 26. 3. 1999: „Zwetschkenrepublik im Wahlkampf“. Benzin erst nach Ostern billiger?;

Umkehr bewirken)[145], sondern auch die *persönliche Freiheit aufheben*, wie die Entwicklung der ehemaligen Sowjetunion[146] und vieler anderer „sozialistischer" Länder bewiesen hat.

4.2. Die ökonomischen Gründe

Die Sicherung des Massenwohlstandes in den entwickelten Ländern ist aber auch aus *ökonomischen Gründen* notwendig. Wegen ihrer Wichtigkeit ist auf diese Gründe im folgenden besonders einzugehen.

4.2.1. Das Nichtzutreffen des Arguments vom globalen Wohlstandsgewinn

Weniger die arbeitssparenden Rationalisierungen als vielmehr die Betriebsverlagerungen aus den Hochlohnländern in die Niedriglohnländer werden heute vielfach nicht nur damit gerechtfertigt, sondern sogar damit begründet, daß es dadurch zu *größeren Wohlstandssteigerungen* in den Niedriglohnländern komme als die Wohlstandsverluste in den Hochlohnländern betragen würden. Bei globaler Betrachtung würde sich daher ein *Wohlstandsgewinn* ergeben.

Diese Argumentation trifft aber aus zwei Gründen nicht zu. Erstens kann es sehr leicht sein, daß die Wohlstandssteigerung in den Niedriglohnländern, in die die Betriebe zunächst ausgelagert werden, nur eine *vorübergehende* ist und in der Folge auch für diese Länder die gleichen Probleme entstehen, die heute in den Hochlohnländern zu finden sind. Denn es ist sehr wahrscheinlich, daß diese Länder nur *vorübergehende Arbeitsplätze* erhalten, die dann wieder abgebaut und verlagert werden, wenn die Arbeitsentgelte in diesen Ländern angestiegen, in wiederum anderen Ländern aber noch niedrig sind. Um die mit solchen „Arbeitsplatzauslagerungen" verbundenen Wohlstandseinbußen zu vermeiden, müssen auch in diesen Ländern *„Dauerarbeitsplätze"* und nicht nur „vorübergehende Arbeitsplätze" geschaffen werden. Wie das geschehen kann, soll, um Wiederholungen zu vermeiden, später dargelegt werden.

Dazu kommt, daß die Argumentation, die Wohlstandsgewinne in den Niedriglohnländern seien größer als die Wohlstandsverluste in den Hochlohnländern, ebenfalls *nicht* ohne weiteres zutrifft. Denn heute werden sowohl die in die Niedriglohnländer verlagerten Betriebe wie auch die Betriebe in Branchen, die neu entstehen, mit Hilfe *arbeitssparender Investitionen* aufgebaut bzw sehr

---

[145] sd HAYEK F.: Der Weg zur Knechtschaft, München 1991, S 135 ff;

[146] sd HILDERMEIER M.: Geschichte der Sowjetunion 1917 – 1991, aaO, S 435 – 585;

schnell *„rationalisiert"*. Sie nehmen daher nicht mehr so viele Arbeitskräfte auf, wie auf der anderen Seite freigesetzt werden. Wie noch zu zeigen sein wird, kann dieser Sachverhalt *unter bestimmten Bedingungen* wohlstandsentwicklungsneutral sein. Diese Bedingungen, auf die später noch einzugehen sein wird, sind jedoch heute noch *nicht* gegeben, so daß heute noch *nicht* davon ausgegangen werden kann, es liege Wohlstandsentwicklungsneutralität oder gar ein Wohlstandsgewinn vor.

4.2.2. Das Problem der Absatzsicherung für die ausgelagerten Betriebe

Der zweite dieser ökonomischen Gründe ist die *Sicherung des Absatzes* der „rationalisierten" und/oder ausgelagerten Betriebe. Denn wenn in den Wohlstandsländern wegen der Rationalisierungen und/oder der Betriebsauslagerungen der Massenwohlstand zurückgeht und diese Gesellschaften zu Armutsgesellschaften werden (weil ein Großteil der Bevölkerung dieser Länder *arbeitslos* ist und auch seine Ersparnisse schon *aufgezehrt* hat und für einen noch größeren Teil der Bevölkerung keine Transfereinkomen mehr gezahlt werden können), dann *fehlt die Kaufkraft*, die den rationalisierten und/oder den in die Niedriglohnländer ausgelagerten Betrieben den Absatz ihrer Produkte ermöglicht. Es müssen dann auch diese Betriebe ihre Produktion drosseln oder gar einstellen, weil *zu wenig Kaufkraft* vorhanden ist, die erzeugten Produkte zu kaufen. Dies ist insbesondere dann der Fall, wenn die in den Niedriglohnländern angesiedelten Betriebe ebenfalls schon arbeitssparend produzieren und nicht so viele Personen – noch dazu mit viel niedrigeren Löhnen – in den Arbeitsprozeß einbezogen werden, wie in den Hochlohnländern freigesetzt werden. Es müssen dann auch in den Niedriglohnländern die Betriebe aus Absatzmangel ihre Produktion einstellen, so daß es auch dort zu Absatzkrisen und in der Folge zu Arbeitslosigkeit kommen wird.

Auf diese Notwendigkeiten hat schon Fritz Schmidt mit der Formulierung der *„Verkehrsgleichung"* hingewiesen[147]. Es liegt daher auch im Interesse der Betriebe, die in Niedriglohnländern arbeiten, daß in den Wohlstandsgesellschaften der Wohlstand *gesichert* wird, weil nur dadurch à la longue die Kaufkraft erhalten bleibt, die den Absatz der in die Niedriglohnländer ausgelagerten Betriebe sichert.

---

147 sd SCHMIDT F.: Die organische Bilanz im Rahmen der Wirtschaft, aaO, S 21 ff;

4.3. Die Vermeidbarkeit der Wohlstandsabsenkung

Wichtiger als alle Argumente, die bisher für die Sicherung des Wohlstandes in den Hochlohnländern angeführt wurden, ist jedoch die *Tatsache*, daß es eine – allerdings nur *langfristig realisierbare – Lösung* gibt, die eine Absenkung des Wohlstandes in den Hochlohnländern *vermeidbar* und die Rationalisierungs- bzw Auslagerungssituation von einem Nullsummenspiel zu einem *Nichtnullsummenspiel* macht.

Auf die Details dieser Lösung wird noch zurückzukommen sein. Jetzt darf der Hinweis auf die Existenz dieser Lösung genügen.

5. Die bisher diskutierten Möglichkeiten der Wohlstandssicherung

Eine Durchsicht der Literatur zeigt, daß nicht nur das Problem der Gefährdung des Massenwohlstandes bereits erkannt wurde, sondern daß auch schon *verschiedene* Lösungen vorgeschlagen wurden. Diese in der Literatur diskutierten Möglichkeiten, die teils *volkswirtschaftlicher* und teils *betriebswirtschaftlicher Natur* sind, sind im folgenden kurz darzulegen und auf ihre Brauchbarkeit zu untersuchen.

5.1. Die volkswirtschaftlichen Lösungsvorschläge

Bei *den* volkswirtschaftlichen Lösungsvorschlägen sind *ältere* und *neuere* zu unterscheiden.

5.1.1. Die älteren volkswirtschaftlichen Vorschläge

Die ältesten volkswirtschaftlichen Lösungsansätze bestehen darin, den *Freihandel* vorzuschlagen. Diese Freihandelsvorschläge gehen vor allem auf die *englischen Klassiker* zurück, von denen hier besonders Adam Smith[148] und David Ricardo[149] zu erwähnen sind. Es wird von ihnen darauf hingewiesen, daß der Freihandel wie eine *Rationalisierung* wirkt, weil durch den Freihandel die jeweils billigsten Waren auf den Markt kommen und so die Konsumenten für ihr Geld mehr Güter kaufen können als wenn der Preis hoch wäre. Ricardo weist in der Theorie der *komparativen Kosten* sogar darauf hin, daß selbst ein Land, das ein Produkt teurer erzeugt als ein anderes, vom Freihandel profitieren kann, wenn es bei der Produktion dieses Gutes zwar keinen absoluten, wohl aber – unter der Berücksichtigung anderer Güter – einen *relativen Kostenvorteil* hat. Es würde sich daher die Produktion der Güter entsprechend den komparativen Kos-

---

148 sd SMITH A.: Der Wohlstand der Nationen, aaO;

149 sd RICARDO D.: On the Principles of Political Ecomomy and Taxation, London 1817 (Faksimileausgabe Düsseldorf 1988);

ten auf die einzelnen Länder verteilen[150]. Da dadurch die Preise aller Güter relativ niedrig wären, komme der Freihandel allen Menschen zugute. Er sei ein Wohlstandsgarant.

Es wurde aber bald darauf hingewiesen, daß diese Argumentation (vielleicht) dann stimmt, wenn in einer globalen Weltbetrachtung alle Länder den gleichen Entwicklungsstand haben, daß sie aber *nicht* mehr stimmt, wenn die *Unterschiede* im Entwicklungsniveau der einzelnen Länder *sehr groß* sind. Denn dann wird bei Gültigkeit des Profitmaximierungskonzeptes die Produktion entweder sofort in den Niedriglohnländern domiziliert oder, wenn sie zunächst in Hochlohnländerrn angesiedelt worden war, aus den Hochlohnländern in Niedriglohnländer verlagert. In den Hochlohnländern macht sich dann Arbeitslosigkeit breit. Es würden dann zwar die (zum Großteil arbeitslosen) Bewohner der Hochlohnländer einige Konsumgüter billiger bekommen, sie sind aber zum großen Teil auf ihre *Ersparnisse* oder auf *Transfereinkommen* angewiesen, damit sie diese Güter kaufen können. Die Ersparnisse sind jedoch nach relativ kurzer Zeit aufgebraucht und die Transfereinkommen können wegen zu geringen Steueraufkommens ebenfalls bald nicht mehr gezahlt werden, es sei denn, es wird die Notenpresse zur Finanzierung herangezogen, was aber langfristig das Problem auch nicht löst, weil ad infinitum der Druck immer neuer Geldscheine nicht fortgesetzt werden kann.

Da es in vielen Ländern durch den Freihandel tatsächlich zu diesen negativen Entwicklungen gekommen ist, setzte auch bald in der volkswirtschaftlichen Theorie eine *Gegenbewegung* ein. Es kam zur „*Schutzzollidee*", wobei diese Schutzzölle als *Erziehungszölle* gedacht waren[151]. Es sollte der heimischen Industrie durch einen geschützten Markt die Gelegenheit gegeben werden, konkurrenzfähig zu werden. Wenn sie dann die Konkurrenzfähigkeit für einen internationalen Wettbewerb erreicht habe, sollte der Schutzzoll wieder aufgegeben und zum Freihandel übergegangen werden.

Da aber weder die Feihandels- noch die Schutzzollösung den gewünschten Massenwohlstand brachten, wurde als weitere Lösung die „*Vergesellschaftung der Produktionsmitel*" durch Verstaatlichung empfohlen. Insbesondere *Karl Marx* und die auf seine Theorie aufbauenden Autoren glaubten, durch die Überführung der Produktonsmittel in die Hände der Allgemeinheit wegen des damit verbundenen *Wegfalls der Mehrwertakkumulation* durch die „Kapitalisten" nicht nur die „Vollbeschäftigung" zu sichern, sondern auch die Überflußgesellschaft

---

150 sd RICARDO D.: On the Principles of Political Ecomomy and Taxation, aaO; STREISSLER E./STREISSLER M.: Grundzüge der Volkswirtschaftslehre für Juristen, aaO, S 397;

151 sd LIST F.: Das nationale System der Politischen Ökonomie, aaO; DIECKHEUER G.: Internationale Wirtschaftsbeziehungen, München 1990, S 457 f;

herbeiführen zu können, in der die Güterverteilung nicht mehr nach dem *Kaufkraftbesitz*, sondern nach den *Bedürfnissen* erfolgen werde[152]. In der Realität hat allerdings auch diese Lösung nicht das gehalten, was sich die sie vertretenden Autoren erwartet haben[153].

5.1.2. Die neueren volkswirtschaftlichen Vorschläge

5.1.2.1. Die theoretischen Vorschläge

Die neueren volkswirtschaftlichen Vorschläge gehen von der *Gleichgewichtstheorie* aus. Es wird nachgewiesen, daß bei *„effizienten Märkten"* und *„richtigen"* (dh der Knappheit der Ressourcen entsprechenden) *Preisen alle* Produktionsfaktoren beschäftigt werden und es daher *keine Arbeitslosigkeit* gibt[154].

Dieses theoretisch sehr eindrucksvolle Modell wäre in der Realität jedoch nur dann brauchbar (dh umsetzbar), wenn alle Preise der Knappheit der Ressourcen entsprechen würden. Diese Preise wären dann aber mit größter Wahrscheinlichkeit wegen der Niedriglohnländer für die Arbeit *sehr niedrig,* was für die Hochlohnländer einen empfindlichen *Wohlstandsverlust* bedeuten würde und daher zur Sicherung eines Wohlstands, der auf Grund *„ineffizienter, weil geschützter Märkte"* aufgebaut wurde, nicht geeignet ist.

5.1.2.2. Die wirtschaftspolitischen Vorschläge

Nicht in der volkswirtschaftlichen Theorie, wohl aber in der *praktischen Wirtschaftspolitik* wurden sechs andere Lösungsversuche diskutiert.

Der *erste* dieser Vorschläge verlangte von den Regierungen vor allem, *öffentliche Aufträge* zu vergeben, um *Vollbeschäftigung* herbeizuführen und damit die Arbeitslosigkeit zu überwinden. Die Finanzierung dieser öffentlichen Aufträge soll (soweit man sich darüber überhaupt Gedanken macht), aus *Budgetüberschüssen*, die die öffentlichen Gemeinwesen in Zeiten einer guten Konjunktur ansammeln können, oder, wenn solche Reserven nicht zur Verfügung stehen

---

152 sd MARX K.: Das Kapital, aaO;

153 sd HILDERMEIER M.: Geschichte der Sowjet-Union 1917 – 1991, aaO;

154 sd STACKELBERG H.: Marktform und Gleichgewicht, Wien 1934; STREISSLER E./STREISSLER M.: Grundzüge der Volkswirtschaftslehre für Juristen, aaO; VARIAN H. R.: Intermediate Microecenomics, aaO, S 459 ff;

(was sehr viel wahrscheinlicher ist), durch *Kreditaufnahmen* der öffentlichen Hand erfolgen.

Diese Vorschläge sind aber nur sehr eingeschränkt in die Realität umzusetzen, weil die Kreditaufnahmen der öfffentliche Hand nicht endlos fortgesetzt werden können, ohne die Zukunft über Gebühr zu belasten. Denn entweder müssen bei stabilem Geldwert die künftigen Generationen diese Schulden tatsächlich zurückzahlen, oder der Staat befreit sich vom Druck der angesammelten Schuldenlast durch fortgesetzte *Geldwertverschlechterung*, was aber eine vorsätzliche Schädigung der Sparer bedeutet und außerdem die Gefahr birgt, daß die schleichende Inflation in eine gallopierende mit all ihren Folgen übergeht.

Der *zweite*, in der Vergangenheit sehr häufig praktizierte *Lösungsversuch* bestand darin, den freigesetzten Mitarbeitern den *Umstieg* in wegen des Diversifikationsfortschrittes noch wachsende Branchen zu ermöglichen. Dieser Weg wurde durch Bereitstellung von *Umschulungsmöglichkeiten*, die in der Regel staatlich gefördert wurden, erleichtert und bot in der Vergangenheit oft die Möglichkeit, die in rationalisierten Branchen freigesetzten Arbeitskräfte in Wachstumsbranchen unterzubringen. In Zukunft wird dies nicht mehr im gleichen Umfang – wenn überhaupt noch – möglich sein, weil auch die Betriebe der neu entstehenden Branchen – insbesondere der Dienstleistungsbetriebe – wegen der Rationalisierung immer weniger Arbeitskräfte benötigen und sogar selbst Arbeitskräfte freisetzen[155]. Dadurch wird auch die *Verlagerung* der Arbeitsplätze von *schrumpfenden Branchen* auf *Wachstumsbranchen,* mit der in der Vergangenheit die durch den Verfahrensfortschritt ausgelöste Verringerung der Zahl der Arbeitsplätze in den schrumpfenden Branchen egalisiert wurde, nicht mehr im bisherigen Umfang möglich sein. War es seinerzeit noch gelungen, die in der Landwirtschaft nicht mehr benötigten Arbeitskräfte in der *Industrie* unterzubringen und aus „Landarbeitern" „Fabrikarbeiter" zu machen, und konnten dann die durch die Rationalisierung des Produktionsprozesses in der Industrie verloren gegangenen Arbeitsplätze durch Arbeitsplätze in den *Dienstleistungsbetrieben* ersetzt werden, so erscheint nunmehr eine solche Substitution der Arbeitsplätze immer weniger möglich zu werden, weil auch der Dienstleistungssektor automatisiert wird und mit immer weniger Arbeitskräften auskommt. Das „Tele-Banking" und das „Home-Shopping" sind – wie schon erwähnt wurde – Formen von Betriebsprozessen, die immer weniger menschliche Arbeit benötigen, weil die Arbeit immer mehr auf Maschinen – insbesondere Computer – verlagert wird.

Zwar gibt es, wie schon erwähnt wurde, auch heute noch Sparten, die wegen ihrer geringen Automatisierbarkeit noch menschliche Arbeit benötigen würden. Zu erwähnen sind hier nicht nur die „Freizeitindustrie" und die „Krankenhausdienste", sondern vor allem auch die die schon mehrfach erwähnte Pflege alter Menschen. Da die Menschen immer älter und damit

---

155 sd Die Presse, 5. 2. 1998: Trübe Aussichten für Wiener Arbeitsmarkt;

immer gebrechlicher und immer mehr auf fremde Hilfe angewiesen sein werden, wird die Pflege alter Menschen ein immer wichtiger werdender Teilmarkt des Arbeitsmarktes.

Der *dritte Lösungsversuch*, der bisher praktiziert wurde, bestand darin, den freigesetzten Mitarbeitern durch längere Zeit *Arbeitslosenunterstützung* zukommen zu lassen und sie dann, wenn sie bereits älter waren, in die *„Frühpension"* zu schicken. Auch das wird aber in Zukunft nicht mehr möglich sein, weil die *Transfereinkommen*, die diese Variante benötigt, nicht mehr finanzierbar sein werden[156].

Als *vierter Lösungsversuch* wurde eine weitere Variante der Transfereinkommenslösung diskutiert, die auf Popper-Lynkeus[157] zurückgeht. Es wird ein sogenanntes *„Grundeinkommen"* vorgeschlagen, das jedem Einwohner eines Landes bedingungslos zustehen und so hoch sein soll, daß man bescheiden davon leben kann[158].

Dieses „Grundeinkommen" wird häufig auch unter anderen Namen diskutiert: Bürgergeld, Sozialdividende, garantiertes Mindesteinkommen usw[159]. Aus dem Englischen übernommen ist der Ausdruck: „Basiseinkommen" („basis income"). Auch mit „Basislohn" wird meist dasselbe gemeint, doch ist dieser Terminus mißverständlich, weil „Lohn" im Deutschen als Entgelt für unselbständige Arbeit verstanden wird. Gerade darin liegt aber der wesentliche Unterschied. Denn bei einem „Grundeinkommen" ist der direkte Zusammenhang mit einer wie immer definierten Arbeit aufgehoben. „Grundeinkommen" ist dadurch gekennzeichnet, daß es ohne spezielle Bedingung allen Mitgliedern der Gesellschaft zusteht[160].

Bei diesen Grundeinkommensvorschlägen werden *zwei Subvarianten* diskutiert, die sich nach dem Inhalt der gemachten Vorschläge noch weiter differenzieren lassen. Eine Gruppe dieser *Lösungen* knüpft an die *bestehenden Sozialsysteme* an und will diese dahingehend verbessern, daß für jede Person ein Grund-

---

156 sd Die Presse, 9. 4. 2001: Pensionssystem gleicht Pyramidenspiel: Finanzkrise, weil neue „Mitspieler" fehlen;

157 sd POPPER-LYNKEUS J.: Die allgemeine Nährpflicht als Lösung der sozialen Frage, Wien 1912; WOHLGEGANNT L./BÜCHELE H.: Den ökosozialen Umbau beginnen: Grundeinkommen, aaO; BÜCHELE H./WOHLGENANNT L.: Grundeinkommen ohne Arbeit. Auf dem Weg zu einer kommunikativen Gesellschaft, aaO;

158 sd POPPER-LYNKEUS J.: Die allgemeine Nährpflicht als Lösung der sozialen Frage, aaO; Die Presse, 8. 5. 1999: Grüne wollen 6000 Schilling Grundeinkommen für alle;

159 sd WOHLGENANNT L./BÜCHELE H.: Den ökosozialen Umbau beginnen: Grundeinkommen, aaO, S 28;

160 sd WOHLGENANNT L./BÜCHELE H.: Den ökosozialen Umbau beginnen: Grundeinkommen, aaO, S 28;

einkommen zur Verfügung steht[161]. Bei der anderen Gruppe dieser Lösungen wird das Grundeinkommen *nicht* mit dem bestehenden Sozialsystem in Verbindung gebracht. Das bisherige Sozialsystem soll vielmehr abgeschafft werden, weil es durch das jeder Person zufließende Grundeinkommen bis auf wenige Ausnahmen (zB sehr kostspielige Operationen) entbehrlich geworden sei[162].

Eng mit der Richtung, die die bestehenden Sozialsysteme ausbauen will, ist die *fünfte Lösung* verwandt. *Diese* geht davon aus, daß die Wettbewerbsfähigkeit der in den Hochlohnländern domizilierten Betriebe vor allem durch die *hohen Lohnnebenkosten* geschwächt wird. Daher seien diese zu *senken*. Für den Ausgleich der durch die Senkung der Lohnnebenkosten für die öffentliche Hand entstehenden Einnahmenausfälle werden *drei* verschiedene Subvarianten diskutiert.

Die älteste Variante ist eine *Wertschöpfungsabgabe*. Es soll die betriebliche Wertschöpfung besteuert werden. Dabei wird jedoch nicht bedacht, daß mit der *Mehrwertsteuer* bereits eine solche (hohe) „Wertschöpfungssteuer" existiert. Denn der wesentliche wirtschaftliche (nicht juristische) Teil der Mehrwertsteuer ergibt sich aus den Löhnen und Gehältern, bei denen es im Gegensatz zu den Maschinenanschaffungen *keinen* Vorsteuerabzug gibt. Daher wird ein hochmechanisierter bzw automatisierter Betrieb wegen der hohen Vorsteuerabzüge, die er bei der Anschaffung der Anlagegegenstände geltend machen kann, von der Mehrwertsteuer wirtschaftlich *weniger* getroffen als ein Betrieb, der seine Produkte in reiner Handarbeit herstellt und der nur die auf den eingekauften Materialien lastende Mehrwertsteuer als Vorsteuer abziehen kann, aber keine Vorsteuer aus Anlagenanschaffungen geltend machen kann. Folgende Rechnung soll diesen Sachverhalt aufzeigen:

Drei Betriebe, die das gleiche Produkt erzeugen, mögen dieses zu Selbstkosten verkaufen (Beträge in Geldeinheiten; = GE). Jeder dieser Betriebe möge einen Materialeinsatz von 100.000.- und Gemeinkosten von 200.000.- haben. Der Betrieb A möge das Produkt in reiner Handarbeit herstellen und dafür (incl der Lohnnebenkosten) 200.000.- Arbeitskosten aufweisen. Der zweite Betrieb (= B) solle die Hälfte und der dritte Betrieb (= C) 9/10 der Arbeitskosten durch Kosten der Anlagennutzung ersetzen können. Als Kosten der Anlagennutzung sollen sich beim Betrieb B bei einer fünfjährigen Nutzungsdauer aus der fünffachen Investitionssumme der Arbeitskostenersparnis (= 5 x 100.000.- = 500.000.-) Anlagennutzungskosten von 100.000- (= 20 % v. 500.000,-) und beim Betrieb C bei einer zehnjährigen Nutzungsdauer aus einer Investitionssumme vom zehnfachen der Arbeitskostenersparnis (= 10 x 180.000.- = 1,800.000.-) solche von 180.000.- (= 10 % v. 1,800.000.-) ergeben. Die beim Anlagenkauf in Rechnung gestellte Vorsteuer (= 20 % der Investitionssumme) soll auf die Jahre der Anlagen-

161 Zu dieser Gruppe von Autoren zählen insbesondere: (eingeschränkt) BEVERIDGE W. H.: Full employment in a free society, London 1944, der neben Vollbeschäftigung eine starken Ausbau der sozialen Absicherung vertritt; ferner GORZ A.: Kritik der ökonomischen Vernunft. Sinnfragen am Ende der Arbeitsgesellschaft, Berlin 1989;

162 sd THEOBALD R. F.: Free man and free market, New York 1962; ROBERTS K.: Automation, Unemployment and the Distribution of Income, Maastricht 1982; KITZMÜLLER E.: Soziale Alternativen, in: NATTER E./FRIEDLSBERGER A. (Hrsg): Zweidrittelgesellschaft. Spalten, splitten - oder solidarisieren, Wien 1988;

nutzung umgerechnet werden (= aliquote Vorsteuer; bei Betrieb B 1/5 von 100.000.- = 20.000.- und bei Betrieb C 1/10 von 360.000.- = 36.000.-):

	A	B	C
Material	100.000.-	100.000.-	100.000.-
Arbeit	200.000.-	100.000.-	20.000.-
Gemeinkosten	200.000.-	200.000.-	200.000.-
Anlagennutzungskosten		100.000.-	180.000.-
Selbstkosten	500.000.-	500.000.-	500.000.-
MWSt	100.000.-	100.000.-	100.000.-
Preis ab Werk	600.000.-	600.000.-	600.000.-
abzüglich aliquote Vorsteuer		20.000.-	36.000.-
Nettobetrag	600.000.-	580.000.-	564.000.-

Da eine *Wertschöpfungsabgabe* offensichtlich so lange zu einer Senkung der Arbeitskosten anreizt (und damit *massenwohlstandsgefährdend* ist), als die Lohn- und Gehaltssumme einen wesentlichen Teil der Bemessungsgrundlage dieser Steuer bildet und die in Rechnung gestellte Mehrwertsteuer als *Vorsteuer* abgezogen werden kann, wird seit längerem die Finanzierung der Entlastung von den Lohnnebenkosten mittels einer *Maschinensteuer* diskutiert. Eine solche Maschinensteuer, die de facto eine Vermögenssteuer wäre, würde zwar hochmechanisierte bzw automatisierte Betriebe stärker treffen als arbeitsintensive, sie würde aber mit großer Wahrscheinlichkeit die Automatisierung der Betriebe bremsen, obwohl die Automatisierung, wie das obige Beispiel zeigt und auch noch ausführlich dargelegt werden wird, die *einzige Möglichkeit* ist, die Hochlohnlandbetriebe gegenüber den Niedriglohnlandbetrieben *konkurrenzfähig* zu machen und ihre Kostenhöhe dem Kostenniveau der Niedriglohnlandbetriebe anzupassen.

Als dritte Variante wird ein *Ökosteuersystem* diskutiert, bei dem im wesentlichen der Energieverbrauch besteuert werden soll. Auch diese Variante schädigt jedoch die Wettbewerbsfähigkeit der Hochlohnländerbetriebe gegenüber den Niedriglohnländerbetrieben, weil die Erfahrung zeigt, daß eine Fertigung umso *energieintensiver* ist, je mehr sie automatisiert wird.

Als *sechste Lösung* wurde die *Arbeitszeitverkürzung bei vollem Lohnausgleich* diskutiert. Man ging dabei von der Überlegung aus, daß dann, wenn die Menge der im Betrieb benötigten menschlichen Arbeit kleiner wird, die Übereinstimmung zwischen der benötigten und der angebotenen Menge an Arbeit dadurch wieder hergestellt werden kann, daß die Arbeitszeit, die jeder Mitarbeiter für den Betrieb zur Verfügung steht, bei gleichbleibendem Arbeitseinkommen reduziert wird. Durch eine solche Arbeitszeitverkürzung bei vollem Lohnausgleich könne die Freisetzung von Mitarbeitern vermieden werden.

Es ist jedoch unmittelbar einsichtig, daß die Durchführbarkeit dieser Lösung davon abhängt, ob es gelingt, den Preis der Produkte trotz höherer Kosten *unverändert* zu lassen und die Wettbewerbsfähigkeit des Betriebes *nicht* zu verschlechtern. Das ist möglich, wenn entweder die Arbeitszeitverkürzung *ohne zusätzliche Kosten* (insbesondere ohne zusätzliche Investitionen) möglich und/oder die *Gewinnspanne entsprechend hoch* ist. Beides ist jedoch in der Regel *nicht* der Fall. Denn wenn nicht nur die Mitarbeiter für eine kürzere Arbeitszeit dasselbe Einkommen erzielen sollen wie früher bei einer längeren Arbeitszeit (und daher der Lohnsatz entsprechend erhöht werden muß), sondern bei knapper Kalkulation auch noch die durch die Arbeitszeitverkürzung notwendig werdenden *zusätzlichen Anlagennutzungskosten* im Preis untergebracht werden müssen, ist eine *Preiserhöhung notwendig*, wie die nachfolgende Rechnung zeigt.

Es wird angenommen, daß bisher von 100 Mitarbeitern in einer Arbeitszeit von 10 Stunden und bei einem Stundenlohn (Beträge in Geldeinheiten) von 100.-/Stunde 1000 Einheiten eines Produktes erzeugt werden. Bei der Produktion dieses Gutes sollen auch noch 100.-/Stück Materialkosten und 200.- pro Stück übrige Gemeinkosten anfallen. Das Produkt soll mit 5 % Gewinnaufschlag vekauft werden können. In der Folge sollen durch eine durch den technischen Fortschritt möglich gewordene mit 5 % abzuschreibende und mit 5 % p.a. dekursiv zu verzinsende Investition von 1,000.000.- statt der bisherigen pro Gutseinheit verbrauchten 10 Arbeitsstunden nur mehr 5 Arbeitsstunden für die Herstellung einer Produkteinheit benötigt werden. Um für die gleiche Zahl von 100 Mitarbeitern wie bisher zum gleichen Arbeitseinkommen zu kommen, muß nach der Durchführung der den Verfahrensfortschritt realisierenden Investition von 1,000.000.- der Stundenlohn von 100.- auf 200.- erhöht werden, um bei halber Arbeitszeit auf das gleiche Arbeitseinkommen wie bisher zu kommen.

In der Realität kann es aber *nicht* nur bei der Lohnsatzerhöhung bleiben, weil auch noch die *Kosten* der für die Realisierung des technischen Fortschrittes notwendigen *Investition* (Abschreibungen, Zinsen usw) im Preis der vom Betrieb erzeugten Produkte untergebracht werden müssen. Das verändert die obige Rechnung wie folgt, wenn davon ausgegangen wird, daß die Realisierung der Arbeitseinsparung eine mit 5 % p.a. abzuschreibende und mit 5 % p.a. zu verzinsende Investition von 1,000.000.- erfordert:

	vor Realisierung des technischen Fortschritts		nach Realisierung des technischen Fortschritts	
Lohnkosten	100*10*100	100.000.-	100*5*200	100.000.-
Lohngemeinkosten	70 % v. 100.000.-	70.000.-	70 % v. 100.000.-	70.000.-
Material		100.000.-		100.000.-
Übrige Gemeinkosten		230.00.-		230.000.-
Abschreibung			5 % v. 1.000.000.-	50.000.-
Zinsen			5 % v. 1,000.000.-	50.000.-
Selbstkosten		500.000.-		600.000.-
Gewinnzuschlag	5 % v. 500.000.-	25.000.-	wie bisher	25.000.-
Nettopreis excl. MWSt		525.000.-		625.000.-

Eine solche *Preiserhöhung* ist nur möglich, wenn die Betriebe in einem *geschützten Markt* tätig sind und daher nicht aus Wettbewerbsgründen wegen der durch den technischen Fortschritt möglich gewordenen Kostensenkung den *Preis* ihrer Produkte ebenfalls *senken* müssen. Da die Betriebe aber meist in *offenen Märkten* arbeiten, ist in aller Regel auch die Arbeitszeitverkürzung bei vollem Lohnnausgleich *kein* geeignetes Verfahren zur Sicherung der Arbeitsplätze.

In der Realität kam (und kommt es immer öfter) zu einer *siebenten*, in der offiziellen Diskussion noch abgelehnten, in der Praxis der Betriebe aber bereits *praktizierten* Lösung: dem *individuellen Lohnverzicht*. Immer mehr Mitarbeiter von Betrieben erklären sich mit Lohnkürzungen einverstanden, wenn sie dadurch ihre Arbeitsplätze behalten können[163]. Diese Strategie, die de facto für die Sicherung der Arbeitsplätze die einfachste und geeignetste zu sein scheint, senkt jedoch den Massenwohlstand ab, da die Mitarbeiter dann über weniger Einkommen verfügen, und ist daher für die Massenwohlstandssicherung ebenfalls *keine* geeignete Strategie.

5.2. Die betriebswirtschaftlichen Lösungsvorschläge

Betriebswirtschaftlich sind vor allem *zwei Gruppen* von Vorschlägen zur Wohlstandssicherung zu erwähnen und zwar solche, die an die *Betriebsverfassung* (und damit nur *indirekt* an die Steigerung der Wettbewerbsfähigkeit der Betriebe) anknüpfen und soche, die *direkt* auf die Steigerung der Wettbewerbsfähigkeit der Betriebe ausgerichtet sind.

5.2.1. Die an die Betriebsverfassung anknüpfenden Vorschläge

Die an die Betriebsverfassung anknüpfenden Vorschläge wollen die Wettbewerbsfähigkeit der Betriebe dadurch verbessern, daß sie die *Identifikation* der Mitarbeiter mit dem Betrieb fördern. Denn die Erfahrung beweist, daß Mitarbeiter, die sich mit dem Betrieb identifizieren, *effizienter* arbeiten als solche, die dem Betrieb gleichgültig oder gar ablehnend gegenüberstehen[164]. Vier solcher Vorschläge haben größere Bedeutung erlangt.

---

163 sd Die Presse, 1. 8. 1997: 250 Eskimo-Jobs weg, wo von einem 15%igen Lohnverzicht des Teiles der Mitarbweiter der Firma Eskimo-Iglo in Groß-Enzersdorf berichtet wird, die im Gemüse-Tielkühlwerk beschäftigt sind und die mit ihrem Lohnverzicht die Schließung des Werkes zunächst um vier Jahre hinausgeschoben haben.

164 sd HARTMANN H.: Wirtschaftssoziologie II: Betriebssoziologie, in: HdWW, Bd 9, aaO, S 282 – 285;

5.2.1.1. Die Produktivgenossenschaft

Die wohl älteste betriebswirtschaftliche Idee zur Förderung und Sicherung des Massenwohlstands ist die Idee der *Produktivgenossenschaft.* Alle in einem Betrieb beschäftigten Personen sollen zugleich auch dessen *Eigentümer* sein, so daß ihnen auch die Früchte der betrieblichen Tätigkeit in vollem Umfang zugute kommen, weil nach dieser Theorie kein außenstehender, nicht dem Mitarbeiterkreis angehöriger Betriebseigentümer da ist, der den im Betrieb erzielten „Mehrwert" „abschöpft" und an sich zieht.

Diese Idee wurde schon in der Frühzeit der Industrialisierung insbesondere von den *utopischen* (= *romantischen*) *Sozialisten*[165] vertreten. Da sie sich aber in der Realität nicht so bewährt hat, wie ihre Befürworter hofften, wurde die Idee der Massenwohlstandssteigerung und -sicherung in der Folge vom schon erwähnten „*Wissenschaftlichen Sozialismus*" abgelöst, der die Massenwohlstandssteigerung durch „*Verstaatlichung der Produktionsmittel*" erreichen wollte. Die Produktivgenossenschaftsidee hat aber trotzdem ihre *Strahlkraft* bewahrt, wie nicht nur das österreichische *Werksgenossenschaftsgesetz*[166], sondern auch die neueren Versuche im *ehemaligen Jugoslawien*[167] und im *Prager Frühling*[168] beweisen.

Das österreichische „*Werksgenossenschaftsgesetz*" wurde nach dem Ende des Zweiten Weltkriegs erlassen, weil man glaubte, damit eine zukunftsträchtige Unternehmungsform zu schaffen. In der Realität wurden zwar einige solcher Genossenschaften gegründet, diese Betriebe blieben aber in der Folge nur *dem Namen nach* „Werksgenossenschaften". Ihre *tatsächliche Unternehmensform* hat sich bald *geändert*, weil auch bei ihnen *nicht* mehr alle Mitarbeiter gleichzeitig auch Eigentümer des Betriebes sind, sondern nur *Mitarbeiter im herkömmlichen Sinn*. Denn wenn jemand ein Leben lang in einer Produktivgenossenschaft gearbeitet und dort auf die *Auszahlung vieler Gewinne verzichtet* hat, um durch *Selbstfinanzierung* die Wettbewerbsfähigkeit des Unternehmens zu steigern, will er seinen *Nachkommen* seinen Mitarbeiteranteil auch dann *vererben*, wenn diese in der Genossenschaft *nicht* mitarbeiten. Dieser Wunsch bedingt entweder die Auszahlung des Werts des Anteils an die Erben oder, wenn der Anteil satzungsgemäß nicht ausbezahlt werden darf, eine *Benachteiligung* der nicht im Unternehmen mitarbeitenden Personen. Wenn der Anteil ausbezahlt werden soll, bleibt noch die

---

165 sd FOURIER C.: Œuvres complètes, 12 Teile, 6 Teile Paris 1841 – 1846, Rest Paris 1961 – 1968; CABETE E.: Voyage en Icarie, Paris 1893; BLANC L.: Organisation du travail, Paris 1845; u.a.;

166 BGBl 169/1946;

167 sd HORVAT B.: Die Arbeiterselbstverwaltung. Das jugoslawische Wirtschaftsmodell, München 1973; HAMEL H. (Hrsg): Arbeiterselbstverwaltung in Jugoslawien, München 1974; ROGGEMANN H.: Das Modell der Arbeiterselbstverwaltung in Jugoslawien, Frankfurt/M 1970; LEMAN G.: Das jugoslawische Modell. Wege zur Demokratisierung, Frankfurt/M 1976;

168 sd SIK O.: Humane Wirtschaftsdemokratie. Ein dritter Weg, Hamburg 1979;

Schwierigkeit, wie das Auszahlungsguthaben berechnet werden soll. Denn wird nicht der „wahre Wert“ ausbezahlt, dann wird die überwiegende Mehrzahl der Mitarbeiter auf einer *vollen Gewinnausschüttung* bestehen, was dann *keine* Selbstfinanzierung ermöglicht.

Ein weiterer Grund, warum die Produktivgenossenschaft in der Realität *nicht* reüssiert hat, liegt in der *Problematik des demokratischen Entscheidungsprozesses*. Es ist erfahrungsgemäß schwierig, eine große Anzahl von Mitarbeitern zu einer einheitlichen Entscheidung zu bringen, so daß viele Entscheidungen gar nicht gefällt werden können, weil infolge unterschiedlicher Interessen – insbesondere auch wegen unterschiedlicher Risikoeinstellungen – *keine Mehrheiten* zustande kommen.

Schließlich ist bei Produktivgenossenschaften auch die *Personalaufnahme* schwierig. Wenn die bisherigen Mitarbeiter auf Gewinnausschüttungen verzichtet haben und das Unternehmen stille Reserven angesammelt hat, dann müssen die bisherigen Miteigentümer entweder diese stillen Reserven mit Neueintretenden teilen oder, wenn sie das nicht wollen (was die Regel ist), von den Neueintretenden eine *Ablöse* dieser stillen Reserven verlangen. Dazu sind die Neueintretenden aber meist aus Kapitalmangel nicht in der Lage, so daß sie dann als gewöhnliche Mitarbeiter (dh nicht als Genossenschafter mit eigenem Genossenschaftsanteil, sondern in ein *normales Arbeitsverhältnis*) aufgenommen werden, was aber mit der Idee der Produktivgenossenschaft in *Widerspruch* steht, weil es dann Mitarbeiter, die gleichzeitig Miteigentümer sind und Mitarbeiter, die das *nicht* sind, gibt. Damit wird aber der Idee der Produktivgenossenschaft, daß der Betrieb ausschließlich den im Betrieb Tätigen gehören soll, nicht mehr Rechnung getragen.

5.2.1.2. Die Mitarbeiterbeteiligung

Ein weiterer Versuch, die Mitarbeiter am wachsenden Wohlstand nicht nur zu beteiligen, sondern diesen Wohlstand auch zu sichern, war die *Mitarbeiterbeteiligung*[169]. Die Mitarbeiter sollten *Miteigentum* am Betrieb erwerben und auf diese Weise abgesichert sein.

Für diese Mitarbeiterbeteiligung gibt es verschiedene Pläne wie den Investivlohn[170], den Spindlerplan[171] und in den USA das ESOP[172]. Das Kernstück

---

169 sd FITZROY F. R./KRAFT K. (Hrsg): Mitarbeiterbeteiligung und Mitbestimmung im Unternehmen, Berlin et al 1987; GAUGLER E.: Mitabeiterbeteiligung am Unternehmenserfolg, in: FITZROY F. R./KRAFT K. (Hrsg): Mitarbeiterbeteiligung und Mitbestimmung im Unternehmen, aaO, S 11 – 24; SCHANZ G.: Mitarbeiterbeteiligung. Grundlagen – Befunde – Modelle, München 1985; SCHNEIDER H. (Hrsg): Handbuch der Mitarbeiter-Kapitalbeteiligung, Köln 1977; u.a.

170 sd MICHAELIS J./SPERMANN A.: Der Investivlohn, in: WiSt 1993, S 223 – 228; OBERHAUSER A.: Investivlohn, in: HWP, 1. Aufl., Stuttgart 1975, Sp 1069 – 1078;

aller dieser Pläne ist im wesentlichen die *steuerfreie Ansparung von Beteiligungen* in dem Betrieb, in dem der Mitarbeiter beschäftigt ist.

Mit diesen Mitarbeiterbeteiligungen wurde aber nicht nur die Absicht verbunden, „*Vermögen in Arbeiterhand*" zu bilden, sondern auch noch, die Mitarbeiter an einer möglichst *effizienten Mitarbeit* im Betrieb zu interessieren. Denn die Mitarbeiter arbeiten bei einer Mitarbeiterbeteiligung nicht nur (wie viele Mitarbeiter glauben) für den Unternehmer (oder für die Kapitalbeisteller), sondern auch für sich selbst. Es ist anzunehmen, daß sie in diesen Fällen ein *anderes Zugehörigkeitsgefühl* zum Betrieb entwickeln, als wenn sie nur ihre Arbeitskraft an den Betrieb „verkaufen". Dieses größere Zusammengehörigkeitsgefühl führt dazu, daß vermeidbare *Kosten* auch tatsächlich *vermieden* werden und *Vorschläge für Kosteneinsparungen* gemacht werden, was wiederum die Effizienz des Betriebes fördert und der Wettbewerbsfähigkeit zugute kommt.

Allerdings hat die Mitarbeiterbeteiligung auch einen sehr erheblichen *Nachteil*. Sie ist vor allem eine *Risikokumulierung*[173]. Geht der Betrieb, an dem der Mitarbeiter die Beteiligung erworben hat, zugrunde, dann ist nicht nur der Arbeitsplatz, sondern sind auch die Ersparnisse verloren. Die Beteiligung soll aber gerade dazu dienen, Notzeiten, in denen kein Erwerbseinkommen erzielt werden kann (wie Arbeitslosigkeit, Alter), zu überwinden und den Mitarbeitern in diesen Zeiten ein Einkommen zu verschaffen. Auf diesen Aspekt wird noch zurückzukommen sein.

5.2.1.3. Das „Drei-Säulen-Pensionsmodell"

Der Mitarbeiterbeteiligung kommt ein Verfahren sehr nahe, das neuerdings wegen der Tatsache, daß die nach dem Umlageverfahren finanzierten Pensionen wegen der demographischen Entwicklung schon in absehbarer Zeit nicht mehr

---

171 sd SPINDLER G. P.: Praxis der Partnerschaft, Düsseldorf/Wien 1970; KAMPSCHULTE F.: Produktive Partnerschaft, Schaffhausen 1971;

172 sd FLESHER D. L.: Using Esops to solve Succession Problems, in: Journal of Accountancy Mai 1994, S 45 – 49; ZETZSCHE A.G.: ESOP – Ein steuerbegünstigtes Finanzierungs- und Mitarbeiter-Beteiligungsmodell aus den USA, in: ZfB 1991, S 833 – 841; FARREL C./HOERR J.: ESOPS. Are They Good for You?, in: Business Week 15. Mai 1989, S 106 – 123; NASAR S.: The Fortial Rush to ESOPS, in: Fortune September 1989, S 141 – 150; KELSO L./HETTER P.: Jeder hat ein Recht auf Kapital. Die Kelso-Theorie, Düsseldorf/Wien 1991;

173 sd LOITLSBERGER E.: Privilegierte oder gleichberechtigte Mitbestimmung?, in: JfB 1975, S 7 f;

finanzierbar sein werden, als sogenanntes „*Drei-Säulen-Modell*" vielfach diskutiert wird[174].

Die „*erste Säule*" soll dabei eine gegenüber den heutigen Pensionen relativ niedrige *staatliche Altersvorsorge* sein. Als „*zweite Säule*" ist an eine *Betriebspension* gedacht. Die „*dritte Säule*" soll schließlich eine bei einer Versicherungsgesellschaft eingezahlte und nach dem Kapitaldeckungsverfahren angesparte „*Privatpension*" sein.

Dieses Modell hat zwar den Vorteil, die Beträge, die die öffentlichen Gemeinwesen – insbesondere der Staat – zu den Pensionen zuschießen müssen, wesentlich zu reduzieren und damit die staatlichen Zuschüsse auch in Zukunft finanzierbar zu machen. Es hat aber ebenso wie die Mitarbeiterbeteiligung den Nachteil der *Risikokumulierung*. Denn die Betriebspensionen können nur so lange gezahlt werden, wie die Betriebe dazu in der Lage sind. Verschlechtert sich die Lage des Betriebes, müssen die Betriebspensionen in aller Regel abgelöst oder gar eingestellt werden[175]. Auf diesen Umstand wird noch zurückzukommen sein.

5.2.1.4. Das Volksaktienexperiment

5.2.1.4.1. Charakterisierung der Lösung

Ein weiterer, für die in dieser Studie noch anzustellenden Überlegungen sehr wichtiger Versuch zur Wohlstandsbildung und Wohlstandssicherung für die breite Bevölkerung war das *Volksaktienexperiment*. Viele Betriebe – darunter so bekannte wie VW – gaben zu sehr günstigen Kursen (und damit zu einem sehr niedrigen Anschaffungspreis) Aktien an ihre Mitarbeiter aus, damit auf diese Weise für die Mitarbeiter nicht nur Miteigentum an dem betreffenden Unternehmen geschaffen würde, sondern auch, um auf breiter Basis Eigentum und damit verbunden Wohlstand zu schaffen[176].

Wegen der angestrebten weiten Verbreitung nannte man diese Aktien „*Volksaktien*".

---

174 sd GEYER W.: Das 4-Säulen-Modell der Pensionsvorsorge, Diss. Univ., Wien 2001, S 10 – 166;

175 sd GEYER W.: Das 4-Säulen-Modell der Pensionsvorsorge, aaO, S 81;

176 sd HIRCHE K.: Die Volksaktie. Neuland oder Irrweg?, Köln 1958; FERRARI H.: Volksaktie. Ausdruck der Zeit, Bad Godesberg 1960; HIRCHE K.: Das Experiment der Volksaktie, Köln 1961;

5.2.1.4.2. Die nicht erfüllte Erwartung

Das Experiment hat jedoch *nicht* den Erfolg gebracht, den man sich von seiner Einführung erhoffte. Es muß im Gegenteil sogar festgestellt werden, daß es *nicht* gelungen ist. Denn die meisten Mitarbeiter, die solche Volksaktien zu einem sehr günstigen Kurs erwerben konnten, haben diese Aktien sehr bald wieder zu einem hohen Kurs *weiterverkauft*, um die Kursdifferenz zwischen Einkaufswert und Verkaufswert zu lukrieren. Gekauft wurden diese Aktien vor allem von den bisherigen Großaktionären, die damit ihre Aktienpakete noch weiter aufstocken konnten. Den gleichen Effekt hätten die emittierenden Gesellschaften dadurch erzielen können, daß sie die Papiere aufgrund des Bezugsrechts gleich den bisherigen Aktionären zum Kauf angeboten hätten. Sie hätten dann die Differenz zwischen dem begünstigten Emissionskurs der Volksaktien und dem Börsenkurs selbst kassieren und entweder zur Verbesserung ihrer liquiden Mittel oder für weitere Investitionen nützen können. Durch das Volksaktienexperiment wurde diese Differenz dagegen überwiegend zu *Konsumeinkommen* gemacht, von dem die emittierenden Unternehmen keine oder doch nur relativ kleine Vorteile hatten.

5.2.1.4.3. Die Ursachen des Fehlschlags

Untersucht man, warum das Volksaktienexperiment nicht die erhoffte Entwicklung genommen hat und *fehlgeschlagen* ist, dann stößt man als wichtigste Ursache auf die Tatsache, daß das Experiment *nicht* im Rahmen einer „*konzertierten Aktion*“ gestartet wurde. Man hat die Aktion nur in herkömmlicher Weise gestaltet und gemeint, das würde für den Erfolg schon genügen.

Diese Ansicht wäre aber nur dann richtig gewesen, wenn beim breiten Publikum schon eine *richtige Vorstellung* darüber vorhanden gewesen wäre, daß der Wohlstand *gefährdet* ist und welche Vor- und Nachteile ein *Aktienbesitz* für die *Wohlstandssicherung* mit sich bringt. Dieses Wissen aber war noch *nicht* vorhanden. Daher sah die Mehrheit der „Volksaktionäre der ersten Stunde“ vor allem die Möglichkeit, an der Kursdifferenz zu verdienen. Dazu mußte man das Papier möglichst schnell wieder verkaufen, um die anfängliche große Kursdifferenz zu nutzen.

Um Wiederholungen zu vermeiden, wird auf die Maßnahmen, die nötig gewesen wären, das Volksaktienexperiment zu einem Erfolg zu machen, in dieser Studie später ausführlich eingegangen werden. Es darf daher in diesem Zusammenhang auf die späteren Ausführungen verwiesen werden.

5.2.2. Die direkt die Wettbewerbsfähigkeit der Betriebe verbessernden Vorschläge

Die an die Betriebsverfassung bzw die Betriebsorganisation anknüpfenden Vorschläge steigern zwar dadurch, daß sie die Identifikation der Mitarbeiter mit dem Betrieb fördern, die Wettbewerbsfähigkeit der Betriebe, weil Mitarbeiter, die sich mit dem Betrieb identifizieren, stärker darauf achten, daß vermeidbare Kosten auch tatsächlich vermieden werden, sie reichen aber nicht aus, die Betriebe so wettbewerbsfähig zu machen, daß sie nicht nur im nationalen, sondern auch in dem durch die Globalisierung immer schärfer werdenden internationalen Wettbewerb bestehen können. Gerade aber das ist notwendig, wenn die Betriebe überleben und weiterhin ausreichende Einkommen erzeugen sollen.

In der Betriebswirtschaftslehre sind daher auch Vorschläge erarbeitet worden, die noch mehr als die an die Betriebsverfassung anknüpfenden Vorschläge die **Wettbewerbsfähigkeit** (und damiat die *Überlebensfähigkeit*) der Betriebe verbessern sollen. Dabei sind ebenfalls *zwei Gruppen* von Vorschlägen festzustellen: solche, die mehr auf den *Erlös* der Betriebe und solche, die mehr auf die *Kosten* ausgerichtet sind.

5.2.2.1. Erlössteigernde Vorschläge

Die erlössteigernden Vorschläge gehen in der Regel vom *Lebenszyklus* der Produkte aus und greifen die Erfahrung auf, daß bei den Produkten, die sich bereits in der *Reifephase* befinden, die Produktionsverfahren in aller Regel so ausgereift sind, daß sie *keine* besonders gut ausgebildeten Mitarbeiter mehr notwendig machen, sondern mit *angelernten Mitarbeitern* das Auslagen gefunden werden kann. Daher kann auch die Produktion dieser Produkte ohne größere Schwierigkeit in Niedriglohnländer verlegt werden. Zwar steht in diesen kein so gut ausgebildetes Personal zur Verfügung wie in den Hochlohnländern, dafür sind aber auch die Löhne niedriger. Die Produkte können daher wegen dieser niedrigen Löhne billiger hergestellt werden, was, wenn die Preise unverändert belassen werden können, höhere Gewinne ergibt.

Wenn die in den Hochlohnländern tätigen Betriebe nicht nur überleben, sondern sich gut entwickeln wollen, müssen sie daher solche Produkte herstellen, bei denen *gut ausgebildete Mitarbeiter* erforderlich sind, weil die Produktionsverfahren entweder so *kompliziert* sind, daß sie nur von gut ausgebildeten Mitarbeitern durchgeführt werden können, oder noch *nicht genügend ausgereift* sind und daher mitdenkende und improvisationsfähige Mitarbeiter erfordern, die auch neu auftretende unvorhergesehene Situationen bewältigen können.

Diese unvorhergesehenen Situationen kommen vor allem bei *neu entwickelten Produkten* vor, weshalb die Betriebe in Hochlohnländern besonderes Gewicht auf *Forschung und Entwicklung* legen müssen, um jeweils rechtzeitig über solche neuen Produkte zu verfügen[177]. Da aber auch zunächst noch „neue" Produkte im Lauf der Zeit in die Reifephase mit ihren ausgereiften Produktionsverfahren kommen, müssen die Betriebe in Hochlohnländern ihre Forschung so intensivieren, daß sie *den optimalen Diversifikationszeitpunkt* ausnützen können[178] und dann, wenn die ehemals „neuen" Produkte in die Reifephase eintreten, wieder neue Produkte zur Verfügung haben.

5.2.2.2. Kostensenkende Vorschläge

Um zu überleben, muß es Betrieben in Hochlohnländern gelingen, entweder durch die Entwicklung neuer Produkte oder durch *Kostensenkung* ihre Wettbewerbsfähigkeit nicht nur zu erhalten, sondern zu steigern. Die Betriebe in den Hochlohnländern müssen dann ihre Produktionskosten soweit senken, daß sie mit den Niedriglohnländern konkurrenzfähig bleiben. Das kann dann, wenn die in den Hochlohnländern herrschenden hohen Löhne *nicht* abgesenkt werden können, nur dadurch erfolgen, daß *teure menschliche Arbeit dadurch eingespart wird, daß sie durch billigere Maschinenarbeit ersetzt wird.*

Diese *Substitution* von teurer menschlicher Arbeit durch billigere Maschinenarbeit setzt in der Regel aber nicht nur *Investitionen*, sondern auch noch *Forschung und Entwicklung* voraus. Dies ist insbesondere dann der Fall, wenn die Betriebsverlagerungen aus Hochlohnländern in Niedriglohnländer mit den bisher angewandten und meist auf dem letzten technischen Stand befindlichen Produktionsverfahren durchgeführt werden. Dann müssen die in den Hochlohnländern verbleibenden Betriebe *noch kostengünstigere Produktionsverfahren* entwickeln, um gegen die in die Niedriglohnländer verlagerten Betriebe im Wettbewerb bestehen zu können oder es überhaupt nicht zu einer Auslagerung kommen zu lassen.

Mit dieser Substitution von teurer menschlicher Arbeit durch billigere Maschinenarbeit kann zwar das *Überleben* der Betriebe in den Hochlohnländern gerettet werden, der *Massenwohlstand* wird aber trotzdem *nicht gesichert,* sondern im Gegenteil sogar *abgesenkt*, weil durch die Einsparung an menschlicher Arbeit die Arbeitseinkommen insgesamt *zurückgehen*. Denn es müssen entweder bei gleichbleibender Mitarbeiterzahl die Lohnsätze niedriger werden oder bei gleichbleibenden Lohnsätzen die Zahl der ein Arbeitseinkommen beziehenden Mitarbeiter reduziert werden. Beide Varianten senken den Massenwohlstand.

---

[177] sd LOITLSBERGER E.: Grundriß der Betriebswirtschaftslehre, aaO, S 190 ff und S 263 f;

[178] sd LOITLSBERGER E.: Grundriß der Betriebswirtschaftslehre, aaO, S 260 ff;

Ob es möglich ist – und wenn ja: *wie* – trotz Substitution menschlicher Arbeit durch Maschinenarbeit den Massenwohlstand *nicht* abzusenken, sondern gleich zu halten oder gar zu steigern, ist im folgenden näher zu untersuchen.

6. Die Notwendigkeit einer neuen Lösung und ihre notwendigen Bedingungen

6.1. Die nur beschränkte Erfolgswirksamkeit der bisherigen Lösungen

Die vorangegangenen Ausführungen haben gezeigt, daß die bisherigen Lösungsversuche *nicht* imstande waren (und bei Fortdauer der derzeitigen Gegebenheiten auch in Zukunft nicht imstande sein werden), den Massenwohlstand *dauernd* zu sichern. Wie dargelegt werden konnte, ist dieser heute *gefährdeter* denn je. Es gelingt zwar heute noch weitgehend, die kurzfristige Arbeitslosigkeit mittels Transfereinkommen zu überbrücken. Das Ansteigen der Langzeitarbeitslosigkeit kann aber nicht verhindert werden, weil der technische Fortschritt und die Globalisierung dazu führen werden, daß sich – wenn keine Gegensteuerung erfolgt – die Zahl der Arbeitsplätze in den Hochlohnländern verringern wird. Insbesondere das Beispiel der Landwirtschaft läßt mit an Sicherheit grenzender Wahrscheinlichkeit erwarten, daß wir uns, wenn nicht gegengesteuert wird, auf die „Drittel-", wenn nicht gar auf die „Hälfte-" oder sogar auf die „Zehntelgesellschaft" hinbewegen.

Aber selbst dann, wenn die Zahl der eine Arbeit Benötigenden wegen einer weiterhin sinkenden Geburtenrate stärker zurückgehen sollte als die Rate, mit der sich die Zahl der Arbeitsplätze verringert und es aus diesem Grunde zu einer „Vollbeschäftigung" – und eventuell sogar zu einem Mangel an Arbeitskräften – kommen sollte[179], *muß* eine *neue Lösung* gefunden werden. Denn auch in diesem Falle werden die Transfereinkommen, die in Zukunft wegen der Zunahme der durchschnittlichen Lebenserwartung der Menschen notwendig werden, mit einem Umlageverfahren nicht mehr finanziert werden können. Die für die Finanzierung dieser Transfereinkommen notwendigen Beiträge würden eine prohibitive Höhe erreichen. Sie würden mit sehr großer Wahrscheinlichkeit von den dann noch arbeitenden Personen nicht mehr hingenommen werden.

Da die bisherigen Lösungen für eine dauernde Sicherung des Massenwohlstandes nicht ausreichen, der Massenwohlstand aber aus den im vierten Abschnitt dieser Studie dargelegten Gründen für *dauernd* gesichert werden muß, ist eine **neue Lösung** des Problems notwendig.

---

[179] sd Die Presse, 28. 9. 2001: Trend zur Vollbeschäftigung ist gestoppt;

6.2. Nah- und Fernziel der neuen Lösung

6.2.1. Einkommensumstrukturierung als Nahziel der neuen Lösung

Wie in dieser Studie schon ausführlich dargelegt wurde[180], wird der Massenwohlstand vor allem durch *drei Entwicklungen* bedroht. Es sind dies

1) Verluste an Arbeitsplätzen, die dadurch entstehen, daß infolge des Verfahrensfortschrittes mehr Arbeitsplätze eingespart werden als durch den Diversifikationsfortschritt neu geschaffen werden, und
2) Arbeitsplatzverluste, die durch die Auslagerung von Betrieben in Niedriglohnländer verursacht werden, sowie – vor allem –
3) die wegen der Verlängerung der durchschnittlichen menschlichen Lebenserwartung unmöglich werdende Finanzierung der Transfereinkommen,

Diese drei Entwicklungen machen es notwendig, die heute herrschende Einkommensstruktur, die durch ein *starkes Überwiegen der Arbeitseinkommen* charakterisiert ist, durch eine Einkommensstruktur zu ersetzen, die nicht mehr überwiegend auf Arbeitseinkommen basiert und die Transfereinkommen weitgehend überflüssig macht. Das sind, wie noch zu zeigen sein wird, aufgrund der vorhersehbaren wirtschaftlichen Entwicklung nur die *Kapitaleinkommen.* Daher müssen auch die Masseneinkommen auf solche umgestellt werden. Das Nahziel der neuen Lösung muß es daher sein, Arbeitseinkommen auf *breiter Basis* durch *Kapitaleinkommen* zu ersetzen. Wie das geschehen soll, ist im weiteren Verlauf dieser Studie noch ausführlich darzulegen.

6.2.2. Die mangelfreie Gesellschaft als Fernziel

Es wurde in dieser Studie schon mehrfach angedeutet, daß eine Lösung realisiert werden muß, die *nicht* nur für einige wenige Personen, sondern für die *breite Bevölkerung* sowohl eine *ausreichende Güterversorgung* gewährleistet wie auch *ausreichende Einkommen* sichert. Es sollten *alle* Mitglieder der Gesellschaft die bereitgestellten Güter in einer solchen Menge erwerben können, daß die Bedürfnisbefriedigung bis zum *psychologischen Grenznutzen* ausgedehnt werden kann und nicht schon beim kaufkraftbedingten Grenznutzen abgebrochen werden muß. Das *Fernziel* der „Neuen Lösung“ muß daher die Schaffung einer „*mangelfreien Gesellschaft*“ sein.

---

180 sd Abschnitt 2 dieser Studie: Die Gefährdung des Massenwohlstandes und ihre Ursachen;

Für die Schaffung einer mangelfreien Gesellschaft sind – wie schon dargelegt wurde und noch dargelegt werden wird – *„gut" geführte Betriebe* notwendig. Da Betriebe nicht von selbst entstehen (= Gesetz vom Nichtselbstentstehen der Betriebe), sondern gegründet werden müssen[181], ist die *Gründung* und die „gute" Führung eines Betriebes – wenn keine objektiv schädlichen Güter[182] erzeugt werden (wie zB Drogen für den Massenkonsum) – wegen der Vergrößerung des Güterangebots und der Schaffung neuer Arbeitsplätze auch dann schon ein *Beitrag zur Massenwohlstandssicherung*, wenn sich der Betrieb nicht an der „Neuen Lösung" beteiligt. Denn dadurch, daß er noch nach herkömmlicher Methode geführt wird und Arbeitseinkommen auf breiter Basis bildet – Kapitaleinkommen jedoch nur für einen kleinen Personenkreis, wenn nicht überhaupt nur für den (die) Unternehmer[183] –, leistet er einen Beitrag zur Massenwohlstandssicherung. Für die Massenwohlstandssicherung müssen aber auch diese – sich nur indirekt an der Massenwohlstandssicherung beteiligenden – Betriebe *„gut"* (= *effizient*) geführt werden, weil auch sie nur bei „guter" Führung preiswerte Güter herstellen und hohe Löhne und Gehälter zahlen sowie hohe Gewinne ausschütten können.

Wegen des rückläufigen Bedarfs an menschlicher Arbeit und der immer schwieriger werdenden Transfereinkommensfinanzierung wird allerdings der Massenwohlstand in den Hochlohnländern aus den schon dargelegten Gründen auch dann nicht ausreichend gesichert werden können, wenn die Betriebe zwar gut, aber nach herkömmlicher Methode (Arbeitseinkommen auf breiter und Kapitaleinkommen auf schmaler Basis) geführt werden. Denn um eine Massenwohlstandssicherung auf breiter Basis zu erreichen, müssen sich möglichst viele – am besten *alle* – Betriebe an der *Einkommensumstrukturierung der „Neuen Lösung"* beteiligen. Um die Mitwirkung möglichst *aller Betriebe* zu erreichen, muß die neue Lösung *Bedingungen* schaffen, die es für *alle* Betriebe vorteilhafter machen, sowohl *zu angemessenen Preisen ein ausreichendes Güterangebot* auf den Markt zu bringen als auch *ausreichende Einkommen auf breiter Basis* sicherstellen.

Die Realisierung der im folgenden im einzelnen darzustellenden Bedingungen macht *zahlreiche Maßnahmen* notwendig. Diese Maßnahmen sollen einerseits die Betriebe und andererseits die breite Bevölkerung veranlassen, ihr bishe-

---

181 sd LOITLSBERGER E.: Grundkonzepte der Betriebswirtschaftslehre, aaO, S 45 f; LOITLSBERGER E.: Grundriß der Betriebswirtschaftslehre, aaO, S 9;

182 zur subjektiven und objektiven Nutzenstiftung der Güter siehe LOITLSBERGER E.: Grundkonzepte der Betriebswirtschaftslehre, aaO, S 59 f;

183 sd RIEGER W.: Einführung in die Privatwirtschaftslehre, aaO, S 73 ff; FRIEDMAN M.: The social Responsibility of Business is to increase ist Profits, in: The New York Times Magazine, 13. 9. 1970;

riges Verhalten zu ändern und sich in Zukunft so zu verhalten, wie das für die Massenwohlstandssicherung notwendig ist. Daher müssen die Maßnahmen vor allem zweierlei bewirken: Sie müssen erstens, wie noch gezeigt werden wird, die Betriebe veranlassen, *Arbeitseinkommen durch Kapitaleinkommen* zu ersetzen und ihre *Ertragskraft zu steigern*, damit immer höhere Kapitaleinkommen an immer mehr Personen ausgeschüttet werden können, und zweitens die breite Bevölkerung veranlassen, sich *an den Betrieben zu beteiligen*, um die Arbeitseinkommen durch Kapitaleinkommen ersetzen zu können.

Die dazu notwendigen Bedingungen werden für die Betriebe im sechsten Abschnitt und die für die breite Bevölkerung im siebten Abschnitt dieses (ersten) Teiles dieser Studie dargelegt. Die zur Realisierung dieser Bedingungen nötigen Maßnahmen werden im zweiten Teil im ersten Abschnitt im allgemeinen und im zweiten Abschnitt im Detail dargestellt. Leser, die an diesen betriebswirtschaftlichen Details nicht interessiert sind, brauchen daher den ersten und zweiten Abschnitt des zweiten Teils dieser Studie nicht durchzuarbeiten.

6.3. Die für die Massenwohlstandssicherung generell notwendigen Bedingungen

6.3.1. Die Abstützung auf die Betriebe

Wenn eine dauernde Absenkung des Massenwohlstandes vermieden werden soll, darf diese neue Lösung nicht die Fehler der bisherigen Lösungsversuche aufweisen. Sie muß auf einer „*neuen Vision*" beruhen und bestimmte *Bedingungen* erfüllen, wenn eine dauerhafte Sicherung des Massenwohlstandes gelingen soll.

Wenn die neue Lösung von *Dauer* sein soll, dann muß sie sich auf Institutionen stützen, die auch in Zukunft die Bedingungen der Massenwohlstandssicherung erfüllen können. Solche Institutionen sind nur die *Betriebe.* Denn schon eine kurze Überlegung zeigt, daß es auch in Zukunft Betriebe geben muß, weil auch in Zukunft die Produkte erzeugt werden müssen, die für die Bedürfnisbefriedigung benötigt werden. Da – zumindest bis jetzt – keine Entwicklungen erkennbar sind, die darauf hindeuten, daß in Zukunft Produktionstechniken zur Verfügung stehen werden, die eine nichtarbeitsteilige Wirtschaft genau so ergiebig machen wie eine arbeitsteilige, wird die Erzeugung dieser Güter auch in Zukunft in *arbeitsteiliger Form* und damit in *Betrieben* vor sich gehen[184]. Daher wird – und muß – es auch in Zukunft Betriebe geben.

---

[184] sd LOITLSBERGER E.: Grundkonzepte der Betriebswirtschaftslehre, aaO, S 46 f;

Da auch nicht anzunehmen ist, daß die Bedürfnisse der Menschen in Zukunft zurückgehen, sondern sich aller Wahrscheinlichkeit nach sogar *ausweiten* werden, werden die Betriebe in ihrer Gesamtheit auch in etwa die *gleichen*, wenn nicht sogar *höhere Umsätze* haben als heute. Sie werden daher auch in Zukunft die Möglichkeit haben, in Anspruch genommene Leistungen entsprechend zu bezahlen. Sie können auf diese Weise auch in Zukunft für ausreichende Einkommen sorgen. Daher werden die Betriebe auch in Zukunft die für den Massenwohlstand *entscheidenden Institutionen* sein. Darauf wird noch mehrfach einzugehen sein.

Allerdings kann (und wird) die *Zahl* der Betriebe, die das gleiche Produkt erzeugen, in den meisten Branchen zurückgehen. Diese wenigeren Betriebe werden aber, wenn die Wohlstandssicherung gelingt, mehr Produkteinheiten herstellen als heute. Sie werden dadurch auch so ausreichende Umsätze erzielen, daß eine Abstützung der Wohlstandssicherung auf die Betriebe weiterhin möglich sein wird.

6.3.2. Eigeninteresse und Freiwilligkeit

6.3.2.1. Die Abstützung auf das Eigeninteresse

Da die neue Lösung sowohl die Betriebseigentümer als auch die breite Bevölkerung zu einem ganz bestimmten – geänderten – Verhalten veranlassen muß, muß sie sowohl den Betriebseigentümern wie der breiten Bevölkerung *so große Vorteile* bieten, daß es *im eigenen Interesse* jeder dieser beiden Gruppen liegt, in den Betrieben die neue Lösung zu realisieren. Die neue Lösung muß diejenigen Betriebe, die sich an ihr beteiligen, für die Mitwirkung an der Massenwohlstandssicherung *belohnen.*

Um einen von ideologischen und gesellschaftspolitischen Meinungsänderungen möglichst unabhängigen langfristigen Bestand zu haben, darf sich die neue Lösung *nicht* auf altruistische Motive (wie Solidarität usw), sondern muß sich auf *Eigeninteresse* – also auf „egoistische Motive" – stützen. Denn der Altruismus unterliegt im Laufe der Zeit größeren Akzeptanzschwankungen als der Egoismus. Dieser ist eine das menschliche Verhalten sehr konstant prägende Ursache. Wenn auf ihn abgestellt wird, können auch Perioden nachlassenden Altruismus' der anzustrebenden „Neuen Lösung" nichts anhaben.

6.3.2.2. Wahlrechte als Ausfluß der Freiwilligkeit

6.3.2.2.1. Die Notwendigkeit von Wahlrechten

Die neue Lösung muß außerdem nicht nur auf Eigeninteresse, sondern auch auf *Freiwilligkeit* beruhen. Denn Zwangssysteme im allgemeinen und Zwangssparsysteme im besonderen haben sich auf lange Sicht noch nie bewährt. Die neue Lösung muß daher aus einem System von *Wahlrechten* bestehen, die ausgenützt werden können, aber nicht ausgenützt werden müssen.

Die Bedingungen der Massenwohlstandssicherung erfüllen sich nicht von selbst. Um unter der Bedingung der Freiwilligkeit zu ihrer Erfüllung anzureizen, müssen – wie im vorhergehenden Abschnitt bereits ausgeführt wurde – entsprechende *Anreize* geboten werden. Diese Anreize müssen aus den schon dargelegten Gründen aus einem System von *Wahlrechten* bestehen, deren Ausnützung den Geschäftsführern und den Eigentümern der Betriebe *Vorteile* bringt. Es muß für die Geschäftsführer und für die Eigentümer der Betriebe *vorteilhafter* sein, sich *massenwohlstandssichernd* bzw. sogar *massenwohlstandssteigernd* zu verhalten, als sich für ein massenwohlstandsneutrales oder gar für ein massenwohlstandsgefährdendes Verhalten zu entscheiden.

6.3.2.2.2. Der Inhalt der Wahlrechte

Die Erfahrung beweist, daß sowohl Unternehmer als auch Betriebseigentümer – auch in Form der breiten Bevölkerung – *steuerallergisch* sind[185]. Alle drei Gruppen reagieren auf Steueränderungen rascher und intensiver als auf andere Anreizmittel. Daher muß zur Bildung der für die Massenwohstandssicherung notwendigen Anreize vor allem die *Besteuerung* herangezogen werden. Der Staat muß durch *steuerliche Wahlrechte* die Rahmenbedingungen für betriebliches Wirtschaften so gestalten, daß ein massenwohlstandssicherndes Verhalten für die Betriebe vorteilhafter wird als ein massenwohlstandsneutrales oder gar ein massenwohlstandsschädigendes. Bei Ausnutzung dieser *Wahlrechte* müssen die Betriebe „automatisch" die für die Massenwohlstandssicherung notwendigen Bedingungen erfüllen. Die Ausnutzung dieser Wahlrechte muß den Betrieben einen Vorteil bringen, weil sie sich durch die Ausnutzung dieser Wahlrechte quasi „automatisch" massenwohlstandssichernd verhalten.

Diese Wahlrechte müssen einerseits in einem Wahlrecht auf (*partielle*) *Entsteuerung der Gewinne* und andererseits in „*Belohnungen*" bestehen, die die Betriebe über die Entsteuerung der Gewinne hinaus zu einem noch größeren massenwohlstandssichernden Verhalten – insbesondere zur Steigerung ihrer Er-

---

185 sd Die Presse, 15. 1. 2002: Unmoralisch. Zu hohe Steuern bewirken Pfusch, Steuerschonung und Wachstumsflaute;

tragskraft – anreizen sollen. Beides – teilweise Entsteuerung der Gewinne und Belohnung für die Wahlrechtsausnützung – dürfen jedoch nur denjenigen Betrieben zustehen, die die Bedingungen der Massenwohlstandssicherung entweder bereits erfüllen oder sich zu ihrer Erfüllung verpflichten.

Diese neben der teilweisen Entsteuerung der Gewinne noch notwendigen „Belohnungen“ für massenwohlstandssicherndes Verhalten können am besten mit *Prämien* erfolgen. Diese Prämien sollen – allerdings nur bei den sich massenwohlstandssichernd verhaltenden Betrieben – als steuerliche *Betriebsausgaben* und die bei den Prämienempfängern als *nicht steuerpflichtige* oder doch wenigstens als *steuerbegünstigte Einnahmen* behandelt werden.

Ein massenwohlstandgefährdendes Verhalten soll hingegen *Nachteile* – insbesondere auch steuerlicher Art – nach sich ziehen. Mit einem solchen – nicht nur Vorteile, sondern auch Nachteile beinhaltenden – Anreizsystem kann auch der Steuerausfall, den der Fiskus durch die gewährten Steuervorteile erleidet, geringer gehalten werden als wenn nur Vorteile möglich wären. Diese Vor- und Nachteilsmöglichkeiten zu schaffen, ist sowohl Aufgabe des *Staates* wie der *Betriebe* (und hier wiederum insbesondere der *Betriebseigentümer*), wie im folgenden noch zu zeigen sein wird.

6.3.2.2.3. Die sich aus der unterschiedlichen Ausnutzung der Wahlrechte ergebenden Betriebstypen

Es wird daher in Zukunft mindestens *drei Klassen von Betrieben* geben (die später noch weiter zu unterteilen sein werden) und zwar:

1) Betriebe, die diese Wahlrechte *nicht* ausnützen und die sich wie bisher nur den Interessen einer *kleinen Zahl* von Betriebseigentümern verpflichtet fühlen (= *privatwirtschaftliche* oder noch präziser *privatkapitalistische Betriebe*),
2) Betriebe, die einige – aber nicht alle – der angebotenen Wahlrechte ausnützen und die sich nicht nur den Interessen der Betriebseigentümern, sondern auch den *Interessen ihrer Mitarbeiter* verpflichtet fühlen und die zur Wohlstandssicherung dadurch beitragen, daß sie Arbeitsplätze schaffen und aufrecht zu erhalten suchen (= *laboristische Betriebe*).
3) Schließlich wird es aber auch Betriebe geben, die *alle* angebotenen Wahlrechte ausnützen und den Interessen einer *großen Zahl* von Personen, die alle Betriebseigentümer sind, dienen (= *massenkapitalistische Betriebe*, die man auch als *„volkskapitalistische Betriebe“* bezeichnen könnte, wenn dieser Terminus nicht wegen der „Volksdemokratien“ mit negativem Beigeschmack behaftet wäre).

In der in der Betriebswirtschaftslehre heute gängigen Terminologie könnte das in dieser Studie vorgeschlagene System von Wahlrechten auch – etwas ungenau – als *„Realisierung des Shareholder-Value-Prinzips auf Basis von Kleinstbeteiligungen"* bzw noch einprägsamer als *„Realsierung des Shareholder-Value-Prinzips auf breitestmöglicher Kleinstbeteiligungsbasis"* bezeichnet werden. Es sollen die *Vorteile* „kapitalistischer Unternehmensführung" für die breite Bevölkerung *genützt*, die *Nachteile* dieser Betriebsführungsvariante für die breite Bevölkerung aber möglichst *vermieden* werden. Die Ungenauigkeit (bzw Mißverständlichkeit) des Terminus „Shareholder-Value" liegt darin, daß es nicht auf den Wert der Beteiligung, sondern auf ihren Ertrag ankommt. Eine genauere Charakterisierung müßte daher *„Schaffung möglichst hoher Kapitalerträge für eine möglichst breite Basis von Empfängern"* lauten.

Da die Vorteile (= *Belohnungen)* der „Neuen Lösung" deswegen gewährt werden, um die Betriebe zu einem Verhalten zu veranlassen, das den Massenwohlstand sichert, müssen die einzelnen *Wahlrechte* so gestaltet sein, daß sie bei Inanspruchnahme bewirken, daß die Betriebe durch ihr Verhalten diejenigen Bedingungen erfüllen, die für die Sicherung des Massenwohlstands notwendig sind. Für die Betriebe, die diese Wahlrechte nicht ausnützen und sich massenwohlstandsneutral verhalten wollen, sollten – wie schon ausgeführt wurde – weiterhin die bisherigen allgemeinen Bedingungen, die in den einzelnen Ländern für eine betriebliche Betätigung vorgeschrieben sind, gelten. Bei Verhaltensweisen, die massenwohlstandsgefährdend sind, sollte(n) jedoch für die Betriebe (bzw. deren Eigentümer), die sich so verhalten, ein (oder mehrere) Nachteil(e) die Folge sein. Es muß für die Betriebe und ihre Eigentümer *vorteilhafter* sein, sich *massenwohlstandssichernd* bzw. sogar *massenwohlstandssteigernd* zu verhalten, als sich für ein massenwohlstandsneutrales oder gar massenwohlstandsgefährdendes Verhalten zu entscheiden.

6.3.2.3. Eine strenge Periodenbezogenheit der Wahlrechte als notwendige Bedingung

Um in *jeder einzelnen Periode* eine massenwohlstandssichernde (= „gute") Geschäftsführung sicherzustellen, müssen die Wahlrechte *streng periodenbezogen* sein. Vor allem die *Belohnungen* (= Prämien) dürfen nur in der Periode, in der die Wahlrechte ausgenützt wurden, lukriert werden können. Sie müssen zwar gewinn- und steuermindernd wirken, es darf aus ihnen aber weder ein bilanzieller (= handelsrechtlicher) noch ein erfolgssteuerlicher Gewinnvortrag entstehen. Denn durch Gewinnvorträge könnten in den Folgejahren auch dann Prämien möglich werden, wenn in diesen Perioden keine „gute" Geschäftsführung vorgelegen hat.

Daher ist im weiteren Verlauf dieser Studie nicht nur zu untersuchen, *welche Bedingungen* für die Massenwohlstandssicherung notwendig sind, sondern auch, wie die *Berechnung* der für die Erfüllung dieser Bedingungen erforderlichen Anreize gestaltet sein muß, damit diese streng periodenbezogen sind und der Massenwohlstand nach Möglichkeit daher in *jeder Periode* nicht nur gesichert, sondern auch gesteigert wird.

6.3.2.4. Eine Spaltung der Anreize als notwendige Bedingung

Da es bei der Sicherung des Massenwohlstandes darum geht, Arbeitseinkommen durch Kapitaleinkommen zu ersetzen und die Kapitaleinkommen – wie noch dargelegt werden wird – vor allem aus *offenen Gewinnausschüttungen* bestehen sollen, ist es notwendig, die *Anreize* von einer Berechnungsbasis her zu berechnen, die es zweckmäßig macht, die erwirtschafteten Gewinne auch *auszuschütten*. Es darf *nicht* möglich sein, ohne entsprechende offene Gewinnausschüttung einen der für die Massenwohlstandssicherung vorgesehenen Anreize lukrieren zu können. Darauf wird wegen der großen Bedeutung noch ausführlich einzugehen sein.

Überlegungen ergeben ferner, daß es für die Sicherung des Massenwohlstandes zweckmäßig ist, wenn die aus den Anreizen folgenden Zahlungen zwischen Geschäftsführung und Betriebseigentümern *aufgespalten* werden. Ein Teil soll an die *Geschäftsführung* ausgeschüttet werden, damit für die Geschäftsführung ein Anreiz besteht, die Maßnahmen, für die die Prämie gewährt wird, durchzuführen. Durch die Ausschüttung des anderen Anreizteils an die *Betriebseigentümer* sollen diese dazu angehalten werden, auf die Geschäftsführung *Druck auszuüben*, die mit Anreizen belohnten Maßnahmen durchzuführen.

6.3.3. Sicherheit als generell notwendige Bedingung

Wie schon im Abschnitt 1.2.1.2. dieser Studie dargelegt wurde, genügt eine alleinige Abstützung auf die für den Konsum zur Verfügung stehende Gütermenge als Wohlstandskriterium nicht, weil erfahrungsgemäß Konsumgütermenge, Freiheit und Sicherheit innerhalb gewisser Grenzen substituierbar sind und eine sehr große Zahl von Menschen bereit ist, für die Sicherheit der Fortdauer des Wohlstandes auf eine gewisse Konsumgütermenge zu verzichten. Daher muß die neue Lösung auch diesem *Sicherheitsbedürfnis* Rechnung tragen. Es darf nicht nur auf die Konsumgütermenge allein abgestellt werden, wie das manchmal geschieht[186].

---

[186] sd die Diskussion zwischen Lorenz Fritz und Karin Küblböck in: Die Presse, 11. 3. 2002: „Der Standortwettbewerb zerstört unsere Lebensgrundlagen";

Diese Sicherheit ist das Ergebnis zweier Sachverhalte, die ihrerseits die Wirkung mehrerer Ursachen sind, auf die hier aber nicht näher eingegangen werden soll. Es muß erstens immer eine ausreichende Konsumgütermenge vorhanden sein. Zweitens muß die Geldmenge, über die die einzelnen Wirtschaftssubjekte verfügen, ausreichen, die benötigten Güter in der benötigten Menge zu kaufen. Die Verfügung über die erforderliche Geldmenge ist – wenn man von Erbanfällen und Zuwendungen absieht – ein *Einkommensproblem*. Es muß ein ausreichendes Einkommen erzielt werden können.

Da infolge der Tatsache, daß die Kosten der Betriebe die Einkommen der in ihnen Mitwirkenden sind – seien dies Unternehmer, Mitarbeiter oder Lieferanten – ist die Übereinstimmung von Einkommen und benötigter Gütermenge in einer geschlossenen Wirtschaft[187] relativ leicht herzustellen. Schwieriger ist dies in einer offenen Wirtschaft, in der es nicht nur Exporte und Importe, sondern auch die Möglichkeit von Gewinnabflüssen ins Ausland gibt. Wenn die Importe und die Gewinnabflüsse in das Ausland größer sind als die Exporte, dann schränkt das die im Inland verfügbaren Einkommen ein. Es verbleibt der inländischen Bevölkerung dann nicht genügend Kaufkraft, die benötigten Güter in ausreichender Menge zu erwerben. In einer offenen Wirtschaft sind daher Maßnahmen nötig, die – wenn schon keinen Überschuß – so doch mindestens ein Gleichgewicht zwischen Importen und Gewinnabflüssen einerseits und Exporten andererseits herstellen können. Diese Maßnahmen sind für die interessierten Leser im zweiten Teil dieser Studie näher darzulegen.

6.3.4. Allseitige Vorteilsverschaffung

Schon eine kurze Analyse zeigt, daß außer der – bisher vor allem als Arbeitnehmer in den Betrieben tätigen – *breiten Bevölkerung* und den *Betriebseigentümern* sowie *den Betrieben selbst* auch noch der *Staat* und die *Umwelt* in die neue Lösung involviert sind. Daher muß die neue Lösung vor allem diesen Gruppen bzw Institutionen, die auf *vier unterschiedliche Ebenen* verteilt sind, *größere Vorteile* bringen als die bisherige Lösung. Sie muß in dieser Hinsicht eine „*allseitige Vorteilsverschaffung*“ sein, aus der niemandem ein Nachteil erwachsen darf, außer er will diesen Nachteil durch ein massenwohlstandsgefährdendes Verhalten vorsätzlich herbeiführen.

Der *Staat*, der auf der obersten der vier Ebenen tätig ist, hat die *Rahmenbedingungen* für die neue Lösung zu schaffen. Die Vorteile, die ihm die neue Lösung bringt, bestehen in einer *Verminderung der Verwaltungsarbeit* und in einer fühlbaren *Entlastung des Budgets* durch Einsparungen bei den Transferzahlun-

---

187 sd STREISSLER E./STREISSLER M.: Volkswirtschaftslehre für Juristen, aaO, S 217;

gen. Die neue Lösung darf dem Staat auch weder zusätzliche Kosten verursachen noch eine budgetäre Verschlechterung bringen. Die vom Staat zu schaffenden Rahmenbedingungen bestehen, wie noch darzulegen sein wird, sowohl in der *Schaffung von Anreizen*, die von den Betriebseigentümern und von der breiten Bevölkerung ausgenützt werden können als auch in *Maßnahmen*, die den Betriebseigentümern und der breiten Bevölkerung die *Ausnutzung der Anreize* auch materiell *ermöglichen* sollen. Beide Arten dieser staatlichen Maßnahmen werden noch ausführlich darzulegen sein.

Bei den *Betrieben* als den Institutionen der zweiten Ebene muß die neue Lösung vor allem die *Effizienz der Betriebsführung* und damit die *Wettbewerbsfähigkeit* der Betriebe nicht nur sichern, sondern steigern. Sie muß dadurch sicherstellen, daß die Einkommen der breiten Bevölkerung nicht nur gleich bleiben, sondern sich erhöhen können. Insbesondere müssen auch diejenigen Betriebe, die – aus welchen Gründen immer – ihre Wettbewerbsfähigkeit gegenüber Niedriglohnländerbetrieben verlieren und trotz der „Neuen Lösung" nicht wieder wettbewerbsfähig gemacht werden können, für die Wohlstandssicherung des Hochlohnlandes erhalten bleiben. Diese Betriebe müssen aufgrund der „Neuen Lösung" *ohne Wohlstandseinbuße* des Hochlohnlandes in Niedriglohnländer verlagert werden können, um dort zu florieren und zu überleben. Dadurch kann für die breite Bevölkerung der Hochlohnländer das *Globalisierungsrisiko*[188] ausgeschaltet und in eine *Globalisierungschance* umgewandelt werden. Die Bedingungen müssen so gestaltet sein, daß Betriebsverlagerungen aus Hochlohnländern in Niedriglohnländer den Massenwohlstand der Hochlohnländer *nicht* herabsetzen, sondern *steigern* und den Hochlohnländern wie den Niedriglohnländern *gleichermaßen* nützen. Wie das geschehen kann, wird noch genauer darzulegen sein. Es darf hier – um Wiederholgungen zu vermeiden – der Hinweis genügen.

Auf der dritten Ebene muß die neue Lösung für die *breite Bevölkerung* einen *Ersatz* sowohl für die ausfallenden Arbeitseinkommen wie für die in Zukunft nicht mehr finanzierbaren Transfereinkommen schaffen. Sie muß sowohl durch diesen Ersatz als auch durch Maßnahmen, die es der breiten Bevölkerung auch materiell ermöglichen, die angebotenen Wahlrechte auszunutzen, eine *dauerhafte Sicherung* des Massenwohlstandes bewirken.

Auf der vierten – der untersten – Ebene muß die neue Lösung auch die *Umwelt* nicht nur schonen, sondern nach Möglichkeit sogar verbessern. Die Massenwohlstandssicherung darf nicht dadurch erfolgen, daß die Umwelt noch stärker belastet wird als das heute ohnehin schon geschieht. Die Umweltbelastung soll im Gegenteil durch die neue Lösung gesenkt und die Lebensqualität angehoben werden.

---

188 sd MARTIN H.-P./SCHUMANN H.: Die Globalisierungsfalle. Der Angriff auf Demokratie und Wohlstand, aaO;

6.3.5. Die Notwendigkeit einer Einschränkung der Vorteilsbezugsmöglichkeiten

Eine für die Massenwohlstandssicherung generell notwendige Bedingung ist auch, daß die Vorteile, die den Betrieben für die Massenwohlstandssicherung eingeräumt werden, *nur* entweder über *Gewinnausschüttungen* oder über solche „*Belohnungen*“ erlangt werden können, die aus der Ausnutzung von Wahlrechten stammen, die zur Sicherung des Massenwohlstandes eingeräumt werden.

Es dürfen insbesondere *keine* sogenannten „*verdeckten Gewinnausschüttungen*“ – seien es Geldentnahmen, seien es Sach- oder Leistugsentnahmen und/oder Aufwendungen – zulässig sein, die es einzelnen Personen (oder Institutionen) ermöglichen, Vorteile aus einem Betrieb zu erlangen, die den übrigen Gewinnberechtigten nicht im gleichen Ausmaß zukommen und die von ihnen nicht im voraus genehmigt worden sind[189]. Da es sich hier um einen Sachverhalt handelt, der für die Massenwohlstandssicherung von *grundlegender Bedeutung* ist, wird darauf noch sehr ausführlich einzugehen sein.

6.4. Die für die Massenwohlstandssicherung speziell notwendigen Bedingungen

6.4.1. Die Bedingung einer ausreichenden Güterversorgung

6.4.1.1. Eine „gute“ (= effiziente) Betriebsführung als notwendige Bedingung

6.4.1.1.1. Die Notwendigkeit einer guten Betriebsführung

Massenwohlstand war zu allen Zeiten und ist auch heute nur möglich, wenn die Betriebe nicht nur ordnungsmäßig, sondern „*gut*“ (= *effizient*) geführt werden. Denn nur so können qualitativ hochwertige und preisgünstige Produkte erzeugt und hohe Löhne und Gehälter gezahlt werden. An dieser Notwendigkeit ändert sich auch nichts, wenn wegen des Verfahrensfortschrittes die Arbeitseinkommen zurückgehen und durch Kapitaleinkommen (insbesondere Gewinnausschüttungen) ersetzt werden. Statt hoher Löhne und Gehälter wird es dann für die breite Bevölkerung eben hohe Gewinnausschüttungen geben müssen, wenn

---

[189] In der Betriebswirtschaftslehre werden diese Aufwendungen im sogenannten „Principal-Agent-Problem“ behandelt. sd LOITLSBERGER E.: Grundkonzepte der Betriebswirtschaftslehre, aaO, S 143 und 155 ff;

der Massenwohlstand gesichert werden soll. Hohe Gewinnausschüttungen kann es aber nur geben, wenn die Betriebe *effizient* (= gut) geführt werden. Wegen der Bedeutung dieser Bedingung wird noch sehr ausführlich auf sie einzugehen sein.

6.4.1.1.2. Die Auswahl hochqualifizierter Personen für die Besetzung der Top-Positionen der Betriebsführung als notwendige Bedingung

6.4.1.1.2.1. Die „Betriebsführung“ (= das Top-Management) als die für die Entwicklung der Betriebe entscheidende Institution und seine Aufgaben

Die Erfahrung zeigt, daß die „Betriebsführung“ (= das „Top-Management“) diejenige Position in den Betrieben ist, die für die Entwicklung der Betriebe *die entscheidende Bedeutung* besitzt. Gehen doch die meisten Zusammenbrüche von Unternehmen auf „Managementfehler“ zurück. Besonders oft kommt es auch zu Unternehmenszusammenbrüchen, weil die Auswirkungen sich anbahnender Entwicklungen, die erst in „schwachen Signalen“[190] erkennbar sind, nicht rechtzeitig erkannt und Anpassungsmaßnahmen, die nötig sind, um diese sich anbahnenden Entwicklungen für die Betriebe nutzbar zu machen, zu spät (oder auch gar nicht) eingeleitet wurden.

Noch vorteilhafter ist es für Betriebe, wenn sie selbst neue Entwicklungen, die für den Betrieb von Vorteil sind, in Gang setzen[191]. Die Ingangsetzung neuer Entwicklungen und das Erkennen und die Analyse neuer sich anbahnender, sich aber erst in schwachen Signalen äußernder Entwicklungen ist (angewandte) „*Forschung*“, weil Forschung darin besteht, neue aber bisher unbekannte Zusammenhänge zu entdecken und erkennbar zu machen. Betriebsführung ist daher ebenfalls ein – wenn auch rudimentärer – „*Forschungsprozeß*“ und die mit der Betriebsführung betrauten Personen müssen daher auch in der „Forschung“ geschult sein.

Schließlich muß die Betriebsführung in der Lage sein, die Identifikation der Mitarbeiter mit dem Betrieb und insbesondere mit den Zielen des Betriebes zu fördern[192]. Denn nur motivierte Mitarbeiter bemühen sich, die Betriebsziele voll zu realisieren und – vor allem – vermeidbare Kosten hintanzuhalten. Hier

---

190 sd ANSOFF H. I.: Managing Surprise and Discontinuity. Strategic Disponse to weak Signals, aaO;

191 sd SCHUMPETER J. A.: Theorie der wirtschaftlichen Entwicklung. Eine Untersuchung über Unternehmergewinn, Kapital, Kredit, Zins und den Konjunkturzyklus, 8. Aufl., unveränd. Nachdruck der 4. Aufl. 1934, Berlin 1993; PFEIFER W./STAUDT E.: Innovation, in: HWB, 4. Aufl., aaO, Sp 1945 f;

192 sd LOITLSBERGER E.: Grundriß der Betriebswirtschaftslehre, aaO, S 122;

kommt es erfahrungsgemäß besonders darauf an, die Mitarbeiter als *Persönlichkeiten* zu behandeln und sie als „Mitarbeiter an einer gemeinsamen Aufgabe" und nicht als seelenlose Werkzeuge oder gar als Sklaven anzusehen, die man herumkommandieren kann. Das setzt bei der Betriebsführung *Humanitätsbewußtsein* voraus, weil Humanität darin besteht, auch die anderen Menschen ohne Rücksicht auf Rang und Namen als Persönlichkeiten zu achten und zu würdigen.

Eine weitere wichtige Aufgabe der „Betriebsführung" ist auch die *laufende Kontrolle des Betriebsprozesses* und hier wiederum insbesondere auch die Kontrolle der Aufgabenerfüllung durch die Mitarbeiter. Da das „Top-Management" selbst in aller Regel nicht mehr laufend kontrolliert wird, sind in dieser Position auch aus diesem Grunde Personen notwendig, die ohne Kontrolleur im Rücken aus eigenem Antrieb und eigener Einsicht die notwendigen Kontrollen durchführen und dabei auch den richtigen Ton – weder zu scharf noch zu lax – treffen, um die Identifikation der Mitarbeiter mit dem Betrieb nicht zu verringern.

Zur Erfüllung dieser Aufgaben benötigen die mit der Betriebsführung betrauten Personen neben bestimmten *charakterlichen Eigenschaften* auch ein umfassendes *einschlägiges Wissen*, das vor allem *betriebswirtschaftliche*, aber auch technische, juristische, soziologische und psychologische Kenntnisse umfaßt[193].

6.4.1.1.2.2. Die Abstellung auf „normal begabte Menschen" als notwendige Bedingung

Hier ist zunächst festzuhalten, daß die Betriebsführung die Betriebe zwar im Interesse und zum Vorteil der Betriebseigentümer zu führen[194] und ihre Entscheidungen in aller Regel zwar ex post zu verantworten hat, daß sie aber im Entscheidungszeitpunkt die Entscheidungen ohne Befragung der Eigentümer treffen muß. Sie muß also *ohne Antreiber im Rücken aus eigener Einsicht ex ante* das Notwendige tun. Denn ein Unterlassen wichtiger Entscheidungen wird auch dadurch nicht ungeschehen gemacht, daß das Top-Management ex post zur Verantwortung gezogen wird.

Wegen der Bedeutung des Top-Managements für die Entwicklung der Betriebe muß die *Auswahl der Personen*, denen die Führung der Betriebe anvertraut werden soll, *sorgfältig* erfolgen. Es muß nicht nur darauf geachtet werden, daß diese Personen das für die Betriebsführung erforderliche *Wissen* besitzen[195], sondern daß sie auch über entsprechende Charaktereigenschaften – und hier

---

193 sd LOITLSBERGER E.: Grundriß der Betriebswirtschaftslehre, aaO, S 16 ff;

194 sd LOITLSBERGER E.: Grundkonzepte der Betriebswirtschaftslehre, aaO, S 160;

195 sd LOITLSBERGER E.: Grundriß der Betriebswirtschaftslehre, aaO, S 16 ff;

wiederum insbesondere über eine ausreichende *Selbstdisziplin* – verfügen, damit sie ohne Aufpasser im Rücken aus eigenem Antrieb das Notwendige tun[196].

Leser, die an den genaueren betriebswirtschaftlichen Details der Anreize für die Auswahl geeigneter Persönlichkeiten für die Geschäftsführung interessiert sind, dürfen auf den zweiten Teil dieser Studie und dort auf den Abschnitt 2.1.1.1. verwiesen werden. Für Leser, die sich nur über die Grundzüge der neuen Lösung unterrichten wollen, genügt der vorliegende Abschnitt 6 dieses ersten Teils der Studie.

Personen, die nicht nur über das für eine erfolgreiche Betriebsführung nötige *Wissen* verfügen, sondern die auch – sich erst in schwachen Signalen ankündigende – Entwicklungen *frühzeitig erkennen* und in der Lage sind, diese Entwicklungen zum Erfolg des Betriebes zu nutzen oder gar *eigene Entwicklungen* in Gang zu setzen, die darüber hinaus auch noch über eine *ausreichende Selbstdisziplin* verfügen, um aus eigenem Antrieb und ohne Aufpasser im Rücken das Notwendige zu tun, die weiters auch das notwendige *Humanitätsbewußtsein* haben, ihre Mitarbeiter nicht als „auszubeutende Objekte", sondern als an einer gemeinsamen Aufgabe mitwirkende Persönlichkeiten zu behandeln und die bei Kontrollen den richtigen Ton treffen, solche Personen sind *selten*.

Wie in dieser Studie schon ausgeführt wurde[197], ist das „Warten auf Persönlichkeiten", denen ein gütiges Geschick diese Eigenschaften und Fähigkeiten in die Wiege gelegt hat und die daher als „wirtschaftliche Genies" bezeichnet werden können, keine ausreichende Strategie zur Sicherung des Massenwohlstandes. Denn man weiß nicht, ob immer eine ausreichende Zahl solcher Personen geboren wird. Da auch, wie ebenfalls in dieser Studie schon dargelegt wurde[198], das „Lernen durch Erfahrung" (= „learning by doing") nicht genügt, weil auf diese Weise nur *Routine*, nicht aber Neues gelernt werden kann, müssen die Personen, die an die Spitze der Betriebe gestellt werden, aus den *normal begabten Menschen*, die eine entsprechende Ausbildung erfahren haben, ausgewählt werden. Denn solche Personen stehen immer in ausreichender Zahl zur Verfügung, wenn es geeignete Ausbildungsstätten gibt.

---

196 sd LOITLSBERGER E.: Universität und Ökonomie. Beziehungen zum Management und Volkswohlstand, in: JfB 1988, S 157 f;

197 sd S 55;

198 sd S 55;

6.4.1.1.2.3. Die „Akademisierung“ des Top-Managements als notwendige Bedingung

Die Universitäten als zweckmäßigste Rekrutierungsinstitutionen

Aufgrund der Eigenschaften und Fähigkeiten die für das Top-Management notwendig sind, fällt die Aufgabe, die für die oberste Betriebsführung benötigten Personen heranzubilden und bereitzustellen, vor allem den *Universitäten* zu. Denn diese vermitteln wegen der Verbindung von Forschung und Lehre nicht nur den *neuesten Wissensstand,* sondern sie bilden durch Seminare und Diplomarbeiten die Absolventen zu *Forscherpersönlichkeiten* aus, die sich erst in schwachen Signalen ankündigende Entwicklungen frühzeitig erkennen und/oder die eigene Entwicklungen in Gang setzen und alle diese Entwicklungen für den Betrieb nutzen können. Zum Unterschied von allen anderen einschlägigen Schultypen – einschließlich der Fachhochschulen – erziehen die Universitäten die Studierenden durch die *Akademische Freiheit* darüber hinaus zur *Selbstdisziplin* und durch die auf ihnen vertretene *Pluralität der Lehrmeinungen* und durch die *Anbietung von „Orchideenfächern“* (wie Kunstgeschichte, Numismatik usw) auch zu *Toleranz* und *Humanität*[199], was alle anderen Ausbildungsinstitutionen nicht in gleichem Maße tun.

Die Universitäten erweisen sich damit als die *idealen* Ausbildungsstätten für die Personen, denen in den Top-Positionen die Führung der Betriebe anvertraut werden soll. Denn zum Unterschied von allen anderen einschlägigen Ausbildungsinstitutionen pflegen die Universitäten in besonderem Maße auch die *Persönlichkeitsbildung.* Sie setzen durch die „Akademische Freiheit“ ihre Studierenden der „Versuchung der Freiheit“ aus und erziehen sie dadurch zur *Selbstdisziplin*[200]. Nur wer sich selbst so disziplinieren kann, daß er ohne Aufpasser und ohne Antreiber im Rücken alles unternimmt, was für einen erfolgreichen Abschluß eines akademischen Studiums notwendig ist, schließt ein Universitätsstudium erfolgreich ab. Wer sich hingegen nicht disziplinieren kann, scheitert an der Universität und soll auch an ihr scheitern, weil in den betrieblichen Top-Positionen Personen, die sich nicht selbst disziplinieren können, fehl am Platze sind. Die Universität ist eben nicht nur eine Wissensvermittlungsinstitution wie es die anderen Schultypen sind, sondern sie ist eine Institution, die *Wissensvermittlung und Ausbildung zur Forscherpersönlichkeit mit Bildung zur eigenverantwortlichen Persönlichkeit vereint.* Die an ihr Studierenden müssen lernen, in

---

199 sd LOITLSBERGER E. Diplomprüfungs- oder Credit-point-System als betriebswirtschaftliche Ausbildungsvarianten, aaO;

200 sd LOITLSBERGER E.: Diplomprüfungs- oder Credit-point-System als betriebswirtschaftliche Ausbildungsvarianten, aaO;

Freiheit und *ohne Antreiber und Aufpasser im Rücken* das Notwendige zu tun. Die Erfahrung zeigt, daß sehr viele Studierende über diese Selbstdisziplin nicht verfügen und dadurch – und nicht wegen mangelnder Begabung – an der Universität scheitern, was sich in den hohen Drop-out-Raten der Universitätsstudien äußert.

Die Nichtverschulung der Universitäten und betriebliche Erfordernisse berücksichtigende Studienpläne als notwendige Bedingung

Nun zeigt aber die Erfahrung, daß die Aufgabe der Universitäten, die für die Betriebsführung geeigneten hochqualifizierten eigenverantwortlichen Personen heranzubilden, durch drei Entwicklungen *bedroht* ist. Zum ersten dadurch, daß große Teile der Studentenschaft und der Politiker dazu neigen, die Akademische Freiheit zugunsten einer „Verschulung" der Universitäten einzuschränken, um die Drop-out-Rate zu senken[201]. Dadurch werden die Universitäten stark an die Fachhochschulen angenähert[202]. Sie sind dann zwar sehr gut geeignete Wissensvermittlungsinstitutionen und eignen sich dadurch ebenso wie die Fachhochschulen für die Ausbildung für Positionen des mittleren Managaments, aber nicht mehr für solche des Top-Managements, weil es bei den Positionen des Top-Managements in viel stärkerem Ausmaß als bei den Positionen des mittleren Managements nicht nur auf Wissen, sondern auch auf *Selbstdisziplin* und *Humanitätsbewußtsein* ankommt.

Die Gefahr, die Ausbildung eigenverantwortlicher Personen gegenüber der Wissensvermittlung zu wenig zu berücksichtigen, besteht insbesondere bei denjenigen Universitäten, die ohne Aufnahmeprüfung zugänglich sind, keine Studiengebühren einheben und eine studentische Mitbestimmung realisiert haben. Denn diese Universitäten sind der Gefahr der Verschulung besonders stark ausgesetzt. Durch die Einschränkung der Akademischen Freiheit wird die Ausbildung zur Selbstdisziplin abgeschwächt. Es werden in diesem Falle Persönlichkeiten herangebildet, die nicht mehr aus eigener Einsicht und eigenem Antrieb das Notwendige tun, sondern die im Studium die Prüfungen, die die einzelnen Lehrveranstaltungen abschließen, als „Antreiber zum Lernen" brauchen[203] und

---

201 sd LOITLSBERGER E.: Diplomprüfungs- oder Credit-point-System als betriebswirtschaftliche Ausbildungsvarianten, aaO, S 91; SCHELSKY H.: Einsamkeit und Freiheit. Idee und Gestalt der deutschen Universität und ihrer Reformen, Hamburg 1963;

202 In der Literatur spricht man hier von einer „Fachhochschulisierung der Universitäten". Sd PRISCHING M./WILHELMER P.: Das Verhältnis zwischen Universität und Fachhochschule, Wien 2001, S 149;

203 sd LOITLSBERGER E.: Diplomprüfungs- oder Credit-point-System als betriebswirtschaftliche Ausbildungsgvarianten, aaO;

die dann auch später im Berufsleben nicht aus eigenem Antrieb das Notwendige tun, sondern dazu „angehalten“ werden müssen. Da aber in der Praxis Personen, die Geschäftsführer ex ante (und nicht erst im nachhinein) dazu anhalten, das Notwendige zu tun, selten sind, ist bei einer Besetzung der obersten betrieblichen Führungspositionen mit Personen, die nicht aus eigenem Antrieb das Notwendige tun, die Gefahr einer ineffizienten Betriebsführung die Folge.

Die zweite Bedrohung einer für das Top-Management geeigneten Ausbildung ist in der Entwicklung der Wirtschaftswissenschaften begründet. Aus hier im einzelnen nicht zu erörternden Gründen werden die Wirtschaftswissenschaften immer mehr *„mathematisiert“*[204]. Diese „Mathematisierung“ hat zwar den Vorteil, sehr klare und eindeutige Aussagen zu liefern, sie ist aber in aller Regel nur möglich, wenn die Aussagen (= Gesetzmäßigkeiten) aus „Forschungs(= Erkenntnis-)objekten“ abgeleitet werden, die mit der Realität nur mehr wenig oder überhaupt nicht mehr übereinstimmen und nur mehr gedankliche Konstrukte sind. Eine immer größer werdende „Nichtanwendbarkeit des Wissens“ in der Praxis ist die Folge.

Die immer stärker werdende Mathematisierung der Wirtschaftswissenschaften, die weit über das hinausgeht, was für die Erarbeitung geeigneter betrieblicher Kalküle notwendig ist[205], ist für eine auf eine effiziente Betriebsführung ausgerichtete Ausbildung noch aus einem anderen Grund nachteilig. Durch die starke Mathematisierung der wirtschaftswissenschaftlichen Fächer wird die geistige Kapazität der Studierenden in so erheblichem Ausmaß allein in der Disziplin „Mathematik“ gebunden, daß für die *„Ergänzungsfächer“*, die Wissen vermitteln, das für eine gute Betriebsführung auch notwendig ist, zu wenig Zeit verbleibt. Deswegen wird erfahrungsgemäß in den Studienordnungen und Studienplänen, die das betriebswirtschaftliche Studium regeln, die Ausbildung im Bürgerlichen und im Handelsrecht ebenso wie im Steuer- und Arbeitsrecht sowie in Soziologie und Psychologie immer mehr eingeschränkt, obwohl eine erfolgreiche Betriebsführung ohne Grundkenntnisse in diesen Fächern eher unwahrscheinlich ist[206].

Für die Sicherung des Massenwohlstandes ist es daher notwendig, die Universitäten *nicht* zu verschulen, die *Akademische Freiheit* in vollem Umfang nicht nur aufrecht zu halten, sondern sogar noch *auszuweiten* und in den Vorschriften, die die betriebswirtschaftlichen Studien regeln (= Studienordnungen und Studienpläne) darauf zu achten, daß die Fächer, die das für eine erfolgreiche Führung eines Betriebes nötige Ergänzungswissen vermitteln, nicht zu sehr zu-

---

204 sd die Zahl der solchen Beweisen dienenden Artikel in der ZfB, der ZfbF und der Accounting Review der Jahre 1999, 2000 und 2001

205 sd LOITLSBERGER E.: Grundriß der Betriebswirtschaftslehre, aaO., S 71 ff;

206 sd LOITLSBERGER E.: Grundriß der Betriebswirtschaftslehre, aaO, S 16 ff;

gunsten einer rein abstrakten – vor allem mathematischen – Ausbildung eingeschränkt werden. Die mit einer solchen Ausbildung verbundenen Drop-out-Raten müssen in Kauf genommen werden. Studierende, die sich nicht ausreichend genug selbst disziplinieren können, müssen an die Fachhochschulen, an denen kein so hoher Selbstdisziplinierungsgrad notwendig ist, ausweichen.

Auch ist ein *Nebeneinander* von – hohe Studiengebühren verlangenden – *Privatuniversitäten* und *staatlichen Universitäten* mit kostenlosem Studium oder nur niedrigen Studiengebühren notwendig, weil die Privatuniversitäten, die sich selbst erhalten müssen, zu einer *praxisnäheren Ausbildung* gezwungen sind, wenn sie sich eine ausreichende Studentenzahl sichern wollen. Die überwiegend aus dem Staatsbudget alimentierten Universitäten könnten sich dagegen wegen der staatlichen Dotierung eine praxisferne Ausbildung erlauben. Sie müssen sich jedoch dann bei den Ausbildungserfordernissen den Privatuniversitäten annähern, wenn sie für ihre Absolventen am Arbeitsmarkt die *gleichen Chancen* haben wollen wie die Privatuniversitäten.

6.4.1.1.3. Eine ausreichende Weiterbildung der betrieblichen Führungskräfte als notwendige Bedingung

Wegen des raschen wissenschaftlichen Fortschrittes, der sich auch in der Betriebswirtschaftslehre vollzieht, genügt es für eine gute Betriebsführung nicht, nur bei Antritt einer Geschäftsführerstelle eine profunde Ausbildung zu haben. Es ist vielmehr ein *berufsbegleitendes „permanentes Lernen“* notwendig. Da die Erfahrung beweist, daß heute noch zu wenig „permanent gelernt“ wird, müssen vom Staat bei den Rahmenbedingungen betrieblichen Wirtschaftens *Anreize* geschaffen werden, die zu einem berufsbegleitenden permanenten Lernen anhalten[207]. Da das permanente Lernen sowohl durch das Studium einschlägiger Neuerscheinungen der Literatur wie durch den Besuch von Weiterbildungskursen und -seminaren erfolgt, sollten die (nachgewiesenen) Kosten dieser Weiterbildungsmaßnahmen dann, wenn der sich Weiterbildende diese Kosten selbst trägt und sie ihm nicht vom Betrieb ersetzt werden, nicht nur als *„Werbungskosten“* von der Einkommensteuerbemessungsgrundlage der sich Weiterbildenden abgezogen werden können, sondern er sollte darüber hinaus auch einen finanziellen Vorteil haben, um den Anreiz zur Weiterbildung zu steigern.

Leser, die an genaueren betriebswirtschaftlichen Details der Anreize für eine ausreichende Weiterbildung der Führungskräfte interessiert sind, dürfen auf den Abschnitt 2.1.1.2. des zweiten Teiles dieser Studie verwiesen werden.

---

[207] sd Die Presse, 30. 8. 2001: Industrie will mehr Anreize für Weiterbildung;

6.4.1.1.4. Eine ausreichende Planung und Kontrolle als notwendige Bedingung

Obwohl es im eigenen Interesse der Betriebseigentümer gelegen wäre, dafür zu sorgen, daß im Betrieb alle Maßnahmen realisiert werden, die für eine effiziente Betriebsführung nötig sind, zeigt die Erfahrung, daß das sehr häufig nicht der Fall ist. Dies trifft insbesondere auf die betriebliche Planung und Kontrolle zu. Zwar wird in den meisten Betrieben nicht „planlos" gewirtschaftet. Die in der *Planung* gedanklich ermittelten (und vielleicht auch noch verbal bekanntgegebenen) Plangrößen (= Sollgrößen) werden aber aus vielerlei Gründen nicht so festgehalten, daß eine kurzfristige – synchrone und permanente – Errechnung der Abweichungen der Istwerte von den Planwerten möglich ist. Einer der wichtigsten Gründe für dieses „nicht systematische Festhalten der Plangrößen" ist die Befürchtung der Betriebsführungen, sie könnten bei größeren Abweichungen der Istwerte von den Planwerten für unfähig gehalten werden, die zukünftige Entwicklung des Betriebes einigermaßen genau vorauszusehen und rasch zu reagieren, was wesentliche Erfordernisse einer guten Betriebsführung sind.

Eine solche kurzfristige – nach Möglichkeit synchrone und permanente – Errechnung der Abweichungen, die man zum Unterschied von der im nachhinein erfolgenden „Prüfung" „*Kontrolle*" nennt[208], ist aber nötig, damit schnell notwendig gewordene Korrekturen eingeleitet und vermeidbare Kosten eingespart werden können. Da erfahrungsgemäß in vielen Betrieben ein solches Planungs- und Kontrollsystem noch nicht eingerichtet ist und viele Betriebsführungen auch keine großen Ambitionen haben, ein solches System einzurichten, ist vom Staat im Rahmen der Besteuerung ein *Anreiz* vorzusehen, der sowohl Betriebseigentümer als auch die Betriebsführungen veranlaßt, in ihren Betrieben ein Regelungssystem einzuführen, das nicht nur zur *Planung*, sondern auch zu einer auch für Dritte erkennbaren Festhaltung (= *Dokumentation*) der Planwerte und zu ihrer laufenden *Überprüfung* anhält, damit in möglichst kurzer Zeit etwaige *Abweichungen* der Istwerte von den Planwerten festgestellt und *Anpassungsmaßnahmen* eingeleitet werden können. Denn nur auf diese Weise ist eine „gute" Entwicklung des Betriebes sicherzustellen.

Leser, die an den genaueren betriebswirtschaftlichen Details der Anreize für eine ausreichende Planung und Kontrolle der betrieblichen Entwicklung interessiert sind, dürfen auf den Abschnitt 2.1.1.3. des zweiten Teils dieser Studie verwiesen werden.

---

208 sd WYSOCKI K. v.: Grundlagen des betriebswirtschaftlichen Prüfungswesens. Prüfungsordnungen, Prüfungsorgane, Prüfungsverfahren, Prüfungsplanung und Prüfungsbericht, 3. Aufl., München 1988, S 2;

6.4.1.1.5. Ein Erfolgsbeteiligungssystem als notwendige Bedingung

6.4.1.1.5.1. Die Notwendigkeit eines überdurchschnittlichen Engagements des Top-Managements

Die Erfahrung zeigt, daß eine effiziente Geschäftsführung nicht nur viel Wissen und Selbstdisziplin, sondern auch mehr Engagement erfordert als eine weiniger effiziente. Der (die) Geschäftsführer sollten, wie Henry Ford beschrieben hat, als erste den Betrieb betreten und ihn als letzte verlassen[209].

Da die Erzielung hoher Gewinne in aller Regel einen *überdurchschnittlichen Einsatz* der Geschäftsführung voraussetzt, sollte vom Staat im Rahmen der Besteuerung als weiterer Anreiz zur Umsetzung einer effizienten Geschäftsführung noch eine als „*Übergewinnprämie*" ausgestaltete „*Mehrengagementprämie*" vorgesehen werden. Dazu muß der ausgewiesene (und damit auch ausschüttbare) Gewinn in einen Teil, der sich aus einer *marktgemäßen Verzinsung* des betrieblichen Gesamtkapitals ergibt und in einen Teil, der über die marktgemäße Verzinsung des betrieblichen Gesamtkapitals hinausgeht, aufgespalten werden. Das betriebliche Gesamtkapital ist bei dieser Belohnung deshalb als Basis heranzuziehen, weil zur Ertragserzielung das ganze betriebliche Kapital eingesetzt wird.

6.4.1.1.5.2. Die Notwendigkeit von Anreizen

Geht der im Jahresabschluß ausgewiesene und daher ausschüttbare Gewinn über den Betrag hinaus, der sich aus einer marktmäßigen Verzinsung des betrieblichen Gesamtkapitals ergibt – liegt also ein sogenannter „*Übergewinn*"[210] vor –, dann sollte eine Belohnung gewährt werden, um der Geschäftsführung einen zusätzlichen Anreiz zu geben, einen möglichst hohen Gewinn nichr nur zu erzielen, sondern auch auszuweisen.

Da diese Belohnung nur für den „*Übergewinn*" bezahlt werden soll, der über denjenigen Gewinn hinausgeht, der einer marktmäßigen Verzinsung des betrieblichen Gesamtkapitals entspricht, ist eine „normale Gewinnbeteiligung" des Managements unzweckmäßig. Denn die Geschäftsführung ist in diesem Falle auch an Gewinnen beteiligt, die nur eine marktmäßige Verzinsung des Eigenkapitals darstellen. Daher wäre vom Inhalt dieser Belohnung her die Bezeichnung „*Übergewinnprämie*" korrekter. Da jedoch der Terminus „Übergewinn" den Eindruck erwecken kann, es gehe dabei um „Profitmacherei" und damit um Ausbeutung des Publikums, ist der Terminus „Mehrengagementprämie"

---

209 sd FORD H.: Mein Leben und Werk, aaO;

210 sd STREIM H.: Humanvermögensrechnung, in: HWB, Bd 1, 5. Aufl., aaO, Sp 1688;

zweckmäßiger, weil er zum Ausdruck bringt, daß seine Erzielung ein über das normal notwendige Engagement einer Geschäftsführung hinausgehendes Engagement notwendig macht.

Leser, die an den genaueren betriebswirtschaftlichen Details für die Anreize zu einem „Mehrengagement“ der Geschäftsführung interessiert sind, dürfen auf den Abschnitt 2.1.1.4. des zweiten Teiles dieser Studie verwiesen werden.

6.4.1.1.5.3. Exkurs: Zum Principal-Agent-Problem

Aber auch dann, wenn es gelingt, für die Führung der Betriebe sehr gut geeignete Personen zu gewinnen, muß hinsichtlich der Gewinnerwirtschaftung und des Gewinnausweises noch dafür gesorgt werden, daß diese Personen *nicht* durch die Macht, die mit der Führung eines Betriebes verbunden ist, *korrumpiert* werden und diese Macht vor allem dazu benutzen, ihre eigenen Bedürfnisse in einem höheren Ausmaß zu befriedigen, als dies von der betrieblichen Situation her gerechtfertigt ist und sie dadurch nicht nur die ausgewiesenen, sondern auch schon die erwirtschafteten Gewinne kürzen. Es wird durch diese Korrumpierung der Sachverhalt herbeigeführt, der in der Betriebswirtschaftslehre unter dem „*Principal-Agent-Problem*“ abgehandelt wird[211].

Eine gute das Principal-Agent-Problem vermeidende Geschäftsführung läßt sich erfahrungsgemäß neben anderen Maßnahmen, auf die noch einzugehen sein wird, vor allem dadurch erreichen, daß die Entlohnung der Personen, denen die Führung des Betriebs anvertraut ist, überwiegend von *demjenigen Betriebserfolg* abhängig ist, der für die *Ausschüttung an die Betriebseigentümer* zur Verfügung steht[212]. Es muß sich für die Personen des Top-Managments sowohl finanziell wie imagemäßig lohnen, nicht nur ein gutes Betriebsergebnis zu erwirtschaften, sondern es auch auszuweisen und an die Betriebseigentümer auszuschütten. Auch aus diesem Grunde sind daher Anreize für die Gewinnerwirtschaftung und den Gewinnausweis notwendig, obwohl trotzdem noch das Problem bestehen bleibt, daß die Aufwendungen, die das Principal-Agent-Problem ergeben, den Geschäftsführern zu 100 % und Gewinnbeteiligungen nur zu einem niedrigeren Prozentsatz zugute kommen.

---

211 sd KUSSMAUL H.: Agency-Theorie, in: Vahlens Großes Wirtschaftslexikon, Bd 1, 2. Aufl., München 1993, S 33;

212 sd TIROLE J.: Industrieökonomik, München/Wien 1995, S 81 ff;

6.4.1.2. Die Nutzung des technischen Fortschritts als notwendige Bedingung

6.4.1.2.1. Vor- und Nachteile des technischen Fortschritts

6.4.1.2.1.1. Für die Betriebe

Wie schon erwähnt wurde, besteht für die Betriebe der Vorteil des technischen Fortschritts darin, daß seine Nutzung die *Ertragskraft* und damit auch die *Wettbewerbsfähigkeit* und die *Überlebensfähigkeit* der Betriebe erhöhen kann. Die Betriebe in den Hochlohnländern können gegenüber den in den Niedriglohnländern domizilierenden Betrieben nur wettbewerbsfähig bleiben und überleben, wenn es ihnen gelingt, durch *Nutzung des technischen Fortschrittes* soviel an *Arbeitskosten einzusparen*, daß sie das gleiche Selbstkostenniveau erreichen wie die Betriebe in den Niedriglohnländern.

Wie der technische Fortschritt zum Überleben der Betriebe beitragen kann, darf in einem Beispiel dargelegt werden. Dabei sollen für die *Einsparung von 50 %* der Fertigungslöhne und 50 % der auf den Fertigungslöhnen lastenden Lohnnebenkosten *unterschiedlich hohe Investitionen* notwendig sein. In der ersten Spalte (= Variante A) wird eine Investition vom *40fachen*, in der zweiten Spalte (= Variante B) eine Investition vom *21,5fachen* (die *die Gewinnschwelle* darstellt), in der dritten Spalte (= Variante C) eine solche vom *20fachen*, in der vierten Spalte (= Variante D) eine solche vom *10fachen* und in der fünften Spalte (= Variante E) eine solche vom *5fachen* des Betrages der ersparten Fertigungslöhne unterstellt. Die Nutzungsdauer der Investitionen solle 20 Jahre und die langfristige Durchschnittsverzinsung 5 % p.a. betragen. Es ergeben sich dann bei herkömmlicher Verrechnung der Abschreibungen sowie unveränderten Ausbringungs- und Absatzmengen und unveränderten Produktpreisen folgende Selbstkosten und Gewinne (Rechnung siehe folgende Seite):

	vor dem technischen Fortschritt	nach Realisation des technischen Fortschritts				
		A	B	C	D	E
nötige Investition	0.-	2,000.000.-	1,050.000.-	1,000.000.-	500.000.-	250.000.-
Fertigungslöhne	100.000.-	50.000.-	50.000.-	50.000.-	50.000.-	50.000.-
Lohnnebenkosten	70.000.-	35.000.-	35.000.-	35.000.-	35.000.-	35.000.-
Fertigungsmaterial	100.000.-	100.000.-	100.000.-	100.000.-	100.000.-	100.000.-
weitere Gemeinkosten	130.000.-	130.000.-	130.000.-	130.000.-	130.000.-	130.000.-
Abschreibungen	0.-	100.000.-	52.500.-	50.000.-	25.000.-	12.500.-
Zinsen	0.-	100.000.-	52.500.-	50.000.-	25.000.-	12.500.-
Selbstkosten	400.000.-	515.000.-	420.000.-	415.000.-	365.000.-	340.000.-
Gewinnaufschlag	20.000.-	- 95.000.-	0.-	5.000.-	65.000.-	80.000.-
Preis (excl. MWSt)	420.000.-	420.000.-	420.000.-	420.000.-	420.000.-	420.000.-

Die Fortführung der obigen Tabelle zeigt die Entwicklung der Produktpreise bei jeweils 5 % Gewinnaufschlag von den Selbstkosten:

Selbstkosten	400.000.-	515.000.-	420.000.-	415.000.-	365.000.-	340.000.-
Gewinnaufschlag	20.000.-	25.750.-	21.000.-	20.750.-	18.250.-	17.000.-
Preis (excl. MWSt)	420.000.-	540.750.-	441.000.-	435.750.-	383.250.-	357.000.-

Das Überleben der Betriebe ist, wie schon ausgeführt wurde, notwendig, weil ihre Erträge für die Sicherung des Massenwohlstandes benötigt werden. Weil aber der technische Fortschritt in der Regel zu einer *Ausweitung der Produktion* führt, wird das *Gruppengleichgewicht*, bei dem *alle* Betriebe einer Branche überleben können[213], meist *nicht* verwirklicht werden können. Insbesondere die bisherigen Grenzbetriebe werden die für die Realisierung des technischen Fortschrittes notwendigen Investitionen mangels ausreichender Rendite *nicht* finanzieren können. Vor allem sie werden dem sich verschärfenden Wettbewerb zum Opfer fallen, so daß die in ihnen bestehenden Arbeitsplätze verloren gehen. Die auf diese Weise ausfallenden Arbeitseinkommen müssen – à la longue – durch Kapitaleinkommmen ersetzt werden, die von den sich gut entwi-

213 sd LOITLSBERGER E.: Grundriß der Betriebswirtschaftslehre, aaO, S 289 f;

ckelnden Betrieben für das ihnen überlassene Kapital gezahlt werden. Darauf wird noch näher einzugehen sein.

6.4.1.2.1.2. Für die breite Bevölkerung

Wie schon auf Seite 47 dieser Studie dargelegt wurde, bringt der technische Fortschritt für die breite Bevölkerung aber nicht nur Nachteile, sondern auch Vorteile. Er ist daher für die breite Bevölkerung *ambivalent*. Er führt als *Diversifikationsfortschritt* zu einer *Steigerung der Lebensqualität*, weil er das Leben erleichternde neue Produkte bringt. In Form des *Verfahrensfortschrittes* ermöglicht er eine *Erleichterung* der mit der Güterherstellung verbundenen Arbeit. Darüber hinaus erlaubt er es, wegen der *Einsparung* teurer menschlicher Arbeit die *Stückkosten der Produktion zu senken* und damit die Produkte auch *billiger anzubieten*. Das alles macht es für die Menschen wünschenswert, den technischen Fortschritt zu realisieren. Ohne Realisierung des technischen Fortschrittes würden wir noch in der Steinzeit leben, was keineswegs wünschenswert wäre.

Auf der anderen Seite führt der technische Fortschritt, wie schon dargelegt wurde, vor allem in Form des Verfahrensfortschritts zu einer *Verringerung* der in der Produktion benötigten *Menge menschlicher Arbeit* und damit auch zu einer *Verringerung der Arbeitseinkommen* und damit für viele Menschen zu einer Absenkung ihres Wohlstandsniveaus. Es geht daher in Zukunft vor allem darum, *die positiven Wirkungen* des technischen Fortschrittes zu *erhalten* und seine *Nachteile zu beseitigen.*

6.4.1.2.2. Die Nutzung des technischen Fortschritts als notwendige Bedingung der Massenwohlstandssicherung

Betriebe in Hochlohnländern können nur überleben, wenn sie den technischen Fortschritt in seinen beiden Varianten – als Verfahrensfortschritt und als Diversifikationsfortschritt – nutzen. In beiden Fällen sind Investitionen notwendig: beim Verfahrensfortschritt in die Modernisierung des Betriebsprozesses und beim Diversifikationsfortschritt in die Forschung und Entwicklung, um Produktverbesserungen zu ermöglichen oder überhaupt neue Produkte zu kreieren. Sowohl zum Verfahrens- als auch zum Diversifikationsfortschritt müssen die Betriebe angehalten und ermutigt werden. Dies kann erfahrungsgemäß am besten dadurch geschehen, daß für die Durchführung von Investitionen, die der besseren Ausnützung des technischen Fortschrittes und/oder der Entwicklung neuer oder verbesserter Produkte dienen, eine Belohnung (= Prämie) gewährt wird. Dabei sollen auch die Aufwendungen, die für Forschung und Entwicklung und/oder die Erschließung neuer Märkte getätigt werden und die in den Bilanzen nicht aktiviert werden, als zu berücksichtigende Investitionen gelten.

Leser, die an den genaueren betriebswirtschaftlichen Details über die Anreize zur Nutzung des technischen Fortschritts interessiert sind, dürfen auf den Abschnitt 2.1.2. des zweiten Teils dieser Studie verwiesen werden.

6.4.1.3. Dynamische Sparsamkeit als notwendige Bedingung

6.4.1.3.1. Der Betriebsprozeß als Faktoreinsatzprozeß

In der Betriebswirtschaftslehre wird seit jeher der Betriebsprozeß als ein Prozeß angesehen, in dem verschiedene „Faktoren" – seien es Produktionsfaktoren[214], seien es Finanzierungsinstrumente[215], seien es absatzpolitische Instrumente[216], um nur drei Beispiele zu nennen – miteinander kombiniert werden[217]. Uneinigkeit besteht in der Betriebswirtschaftslehre nur darin, was diese Faktoren sind, wie viele es von ihnen gibt und wie sie einzuteilen sind. Viele Autoren – insbesondere nationalökonomische – unterscheiden drei solche Faktoren: Grund und Boden, Kapital und Arbeit. Gutenberg und seine Schule unterscheiden hingegen allein bei der Produktion zunächst schon vier und zwar Betriebsmittel, Werkstoffe, dispositive Arbeit und exekutive Arbeit[218]. Die Zahl erhöht sich auf fünf, wenn man den Faktor dispositive Arbeit in seine Subfaktoren Intuition und Planung auflöst.

Dabei wird in der Betriebswirtschaftslehre seit jeher besonders darauf geachtet, bei einer gegebenen Kombination der Produktionsfaktoren – präziser: bei gegebener Produktionsfunktion – nur soviel Einsatzgüter zu verbrauchen, wie bei der gegebenen Kombination (= bei der gegebenen Produktionsfunktion) unbedingt notwendig ist. Der in der Betriebswirtschaftslehre für diese Art der Sparsamkeit übliche Terminus ist „*Wirtschaftlichkeit*"[219]. Diese Art der Spar-

---

214 sd GUTENBERG E.: Grundlagen der Betriebswirtschaftslehre, Bd 1: Die Produktion, 24. Aufl., Berlin et al 1983;

215 sd GUTENBERG E.: Grundlagen der Betriebswirtschaftslehre, Bd 3: Die Finanzen, 8. Aufl., Berlin et al 1980;

216 sd GUTENBERG E.: Grundlagen der Betriebswirtschaftslehre, Bd 2: Der Absatz, 17. Aufl., Berlin et al 1984;

217 sd. GUTENBERG E.: Grundlagen der Betriebswirtschaftslehre, Bd 1: Die Produktion, aaO, S 298 ff; LOITLSBERGER E.: Faktor oder Prozeß als Grundbegriff der Betriebswirtschaftslehre, in: BRATSCHISCH R./VODRAZKA K. (Hrsg): Beiträge zur Begriffsbildung und Methode der Betriebswirtschaftslehre, Wien 1965, S 112 ff;

218 sd GUTENBERG E.: Grundlagen der Betriebswirtschaftslehre, Bd 1: Die Produktion, aaO, S 3;

219 sd WITTMANN W.: Betriebswirtschaftslehre, in: HdWW, Bd 1, Stuttgart et al 1977, S 592;

samkeit kann auch als „*statische Sparsamkeit*" bezeichnet werden, weil sie sich auf eine hier und jetzt gegebene Faktorkombination bezieht.

6.4.1.3.2. Die Verbrauchlichkeit der Faktoren als neues Problem

In der neueren Zeit hat noch eine andere Einteilung – und zwar die nach der *Verbrauchlichkeit* – größere Bedeutung erlangt. Beobachtungen zeigen, daß in den Betrieben hinsichtlich der Verbrauchlichkeit *drei Arten von Ressourcen* verwendet werden: sofort verbrauchliche, allmählich verbrauchliche und nicht verbrauchliche[220]. *Sofort verbrauchliche Ressourcen* werden bei der Produktion einer Einheit eines Gutes voll verbraucht und müssen, wenn eine weitere Einheit eines Gutes produziert werden soll, neu beschafft werden. Vor allem die Rohstoffe sind in diese Kategorie einzuordnen. *Allmählich verbrauchliche Ressourcen* werden bei einem Produktionsvorgang (= der Produktion einer Einheit eines Gutes) nicht völlig, sondern nur teilweise verbraucht. Sie müssen daher nicht nach jedem Produktionsvorgang, sondern erst nach einer größeren Zahl von Produktionsvorgängen durch neue ersetzt werden. Die meisten Gegenstände des Sachanlagevermögens gehören in diese Kategorie. In der betriebswirtschaftlichen Literatur werden sie auch „Potentialfaktoren" genannt[221], weil sie ein Leistungsbündel darstellen. In jeder Produktion spielen aber auch *unverbrauchliche Ressourcen* eine Rolle. *Unverbrauchliche Ressourcen* werden weder bei einem noch bei mehreren Produktionsvorgängen verbraucht und stehen daher für sehr viele (theoretisch für unendlich viele) Produktionsvorgänge zur Verfügung. Grund und Boden etwa gehören zu dieser Art von Ressourcen. Die wichtigste unverbrauchliche Ressource ist jedoch das *Wissen*, das in den Betrieben in sehr verschiedenen Formen zur Anwendung kommt und vor allem dazu dient, bei der Produktion immer mehr teure Ressourcen durch billigere zu ersetzen und auf diese Weise die Kosten zu senken[222].

Die Einteilung in sofort verbrauchliche, allmählich verbrauchliche und unverbrauchliche Faktoren erwies sich im Laufe der Diskussion aber noch als *zu ungenau*. Denn es zeigte sich, daß bei jeder dieser Kategorien noch Unterkategorien zu beachten waren, die langfristig sehr unterschiedliche Auswirkungen haben. So gibt es bei den verbauchlichen Ressourcen *verbrauchliche und nicht erneuerbare* und *verbrauchliche aber erneuerbare Ressourcen*[223]. In diese bei-

---

220 sd LOITLSBERGER E.: Das Wirtschaftlichkeitsprinzip. Analyse und Erscheinungsformen, Wien 1955, S 39;

221 sd KILGER W.: Produktionsfaktor, in: HWB, Bd 2, 4. Aufl., aaO, Sp 3098 f;

222 sd GUTENBERG E.: Grundlagen der Betriebswirtschaftslehre, Bd 1: Die Produktion, aaO, S 326 ff; LOITLSBERGER E.: Das Wirtschaftlichkeitsprinzip, aaO, S 40;

223 sd FREY B. S.: Umweltökonomik, in: HdWW, Bd 8, Stuttgart et al 1988, S 50 f;

den Subkategorien können auch die allmählich verbrauchlichen" Produtkionsfaktoren eingeordnet werden. *Verbrauchliche, aber erneuerbare Ressourcen* spielen vor allem auf dem Energiesektor eine wichtige Rolle, wo seit längerem – leider ohne großen Erfolg – gefordert wird, von den sofort verbrauchlichen und nicht erneuerbaren Energieformen (wie insbesondere Erdöl) auf erneuerbare Energieformen [wie Wasserkraft, Sonnen- uud Windenergie (aber auch Atomenergie)] umzusteigen.

Aufgrund der neuesten Forschungsergebnisse muß noch eine *weitere Unterteilung* gemacht werden. Denn es hat sich gezeigt, daß der Einsatz mancher Produktiosnfaktoren die Umwelt schädigt, so daß *umweltschädigende* und *nicht unweltschädigende*, wenn nicht sogar auch noch *umweltfreundliche* (dh die Umwelt *verbessernde*) Faktoren unterschieden werden müssen. Auf diese Weise ergeben sich mindestens *sechs Typen* von Produktionsfaktoren (oder besser: Einsatzfaktoren), die sich tabellarisch wie folgt darstellen lassen:

	umweltschädigend	nicht umweltschädigend
verbrauchlich und nicht erneuerbar	Typ 11	Typ 12
verbrauchlich, aber erneuerbar	Typ 21	Typ 22
unverbrauchlich	Typ 31	Typ 32

6.4.1.3.3. Die Notwendigkeit einer dynamischen Sparsamkeit

Wie der Verfasser schon zu einem Zeitpunkt nachgewiesen hat, in dem das Problem noch nicht die heutige Beachtung fand[224], kann daher der Produktionsprozeß als ein *Konbinationsprozeß* aufgefaßt werden, in dem verbrauchliche und unverbrauchliche Ressourcen miteinender kombiniert werden[225]. Da nicht nur die Menschheit mit an Sicherheit grenzender Wahrscheinlichkeit noch viele hundert Jahre die Erde bevölkern wird, sondern auch die Lebenszeit der in der nahen Zukunft lebenden Menschen sich erheblich verlängern wird, werden daher in Zukunft neben neuen Ressourcen auch noch die gleichen Ressourcen benötigt werden, die wir heute im Produktionsprozeß einsetzen und verbrauchen. Daher muß getrachtet werden, mit den nicht erneuerbaren verbauchlichen Res-

---

224 sd. LOITLSBERGER E.: Das Wirtschaftlichkeitsprinzip, aaO;

225 sd LOITLSBERGER E.: Das Wirtschaftlichkeitsprinzip, aaO, S 40;

sourcen sparsam umzugehen und an ihrer Stelle möglichst unverbrauchliche oder doch wenigstens verbrauchliche, aber erneuerbare Ressourcen im Produktionsprozeß einzusetzen.

Dieses Bemühen, immer mehr nicht erneuerbare verbrauchliche Ressourcen dadurch einzusparen, daß immer mehr verbrauchliche, aber erneuerbare oder nach Möglichkeit sogar unverbrauchliche Ressourcen eingesetzt werden, kann man als *„dynamische Sparsamkeit"* bezeichnen[226]. Ihre Einhaltung und Förderung ist eine notwendige Bedingung der Sicherung des Massenwohlstandes, weil sonst die Ressourcen vom Typ 11 (= verbrauchliche nicht erneuerbare Ressourcen) immer knapper und damit immer teurer werden würden, was sich auch in den Güterpreisen niederschlagen und damit den Massenwohlstand absenken würde, weil mit dem gleichen Einkommen dann weniger Güter gekauft werden könnten.

Leser, die an den genaueren betriebswirtschaftlichen Details der Anreize zur dynamischen Sparsamkeit interessiert sind, dürfen auf den Abschnitt 2.1.3. des zweiten Teils dieser Studie verwiesen werden.

6.4.1.4. Niedrige Preise als notwendige Bedingung

Zur Sicherung des Massenwohlstandes gehört auch eine möglichst „gute Versorgung" der Bevölkerung mit den für die Bedürfnisbefriedigung notwendigen Gütern zu niedrigen Preisen. Es kann nicht von „Massenwohlstand" gesprochen werden, wenn jeder zwar über ein Einkommen verfügt, mit dem Geld aber nichts kaufen kann, weil es nicht genug zu kaufen gibt. Die Mangelsituationen in Kriegszeiten, in denen es nur wenige Güter und diese nur auf „amtliche Zuteilung" (mittels „Bezugsscheinen") zu kaufen gab[227] wie auch der Gütermangel in Zeiten von Hochinflationen beweisen diesen unbefriedigenden Zustand zur Genüge. Ebenso kann nicht von einem allgemeinen Wohlstand gesprochen werden, wenn es zwar ein ausreichendes Güterangebot gibt, aber die Preise der einzelnen Güter so hoch sind, daß der größere Teil der Bevölkerung nicht genug davon kaufen kann. Daher ist ein ausreichendes Güterangebot zu niedrigen Preisen eine Grundbedingung für den Massenwohlstand.

Wie schon ausgeführt wurde, ist für den Massenwohlstand auch ein ausreichendes Güterangebot zu niedrigen Preisen notwendig. Ein mengenmäßig ausreichendes Güterangebot zu niedrigen Preisen läßt sich dadurch erreichen, daß einerseits die Kosten niedrig gehalten werden und andererseits nur solche Ge-

---

226 sd LOITLSBERGER E.: Das Wirtschaftlichkeitsprinzip, aaO, S 41 ff;

227 sd CIPOLLA C. M. (Hrsg): Europäische Wirtschaftsgeschichte, Bd 5: Die europäischen Volkswirtschaften im zwanzigsten Jahrhundert, Stuttgart/New York 1980, S 16, 67, 153 und 360;

winnspannen in die Preise eingerechnet werden, die eine angemessene, aber keine überhöhte Verzinsung des im Betrieb eingesetzten Kapitals erlauben. Was unter einer angemessenen Verzinsung des eingesetzten Kapitals zu verstehen ist, wird noch genauer dargelegt werden, so daß, um Wiederholungen zu vermeiden, hier der Hinweis genügen darf.

Da die Betriebe in unvollkommenen Märkten tätig sind, verfügen sie hinsichtlich der Preispolitik über einen autonomen Bereich, der ihnen einen gewissen Preisspielraum gewährt, so daß sich bei Preisänderungen die abgesetzte Menge nicht gleich wesentlich verändert[228]. Infolge dieses Preisspielraumes könnte eine (bilanziell) „gute Betriebsentwicklung" auch dadurch erreicht werden, daß dieser preispolitische Spielraum ausgenützt wird und die Produktpreise soweit angehoben werden, daß zwar die abgesetzte Menge noch nicht wesentlich zurückgeht und insbesondere kein Kundenverlust eintritt, aber die Rendite des eingesetzten Kapitals über die marktübliche Verzinsung hinaus ansteigt. Solche Preisanhebungen bewirken bei den Konsumenten, deren Einkommen sich nicht entsprechend erhöht, daß wegen des gleichbleibenden Einkommens weniger Güter angeschafft werden können, was sich vor allem bei den Produkten mit höherer Kreuzpreiselastizität auswirkt[229]. Daher sind solche Preisanhebungen massenwohlstandsmindernd und sollten vom Standpunkt der Wohlstandssicherung aus unterbleiben. Für die Sicherung des Massenwohlstandes wären im Gegenteil *Preissenkungen* wünschenswert, weil dann bei gleichem Einkommen von den Konsumenten mehr Güter gekauft werden könnten, wobei allerdings dieser Mehrabsatz wegen unterschiedlicher Kreuzpreiselastizitäten auch bei anderen Gütern eintreten kann. Das Versorgungsniveau der Konsumenten würde sich bei Preissenkungen auf jeden Fall verbessern.

Wenn Preissenkungen aus Kostengründen nicht möglich sind, sollten wenigstens die Produktpreise *stabil* bleiben, was in vielen Fällen auch bei Preissteigerungen einzelner Produktionsfaktoren durch Änderungen im Einsatz von Ressourcen (insbesondere durch statische und dynamische Sparsamkeit) möglich ist. Auf jeden Fall sollten aus Gründen der Massenwohlstandssicherung Produktpreiserhöhungen, die nicht in unvermeidlichen Kostenerhöhungen begründet sind, wegen ihrer massenwohlstandssenkenden Wirkung nach Möglichkeit unterbleiben.

Leser, die an den genaueren betriebswirtschaftlichen Details der Anreize zur Produktpreissenkung interessiert sind, dürfen auf den Abschnitt 2.1.4. des zweiten Teils dieser Studie verwiesen werden.

---

228 sd LOITLSBERGER E.: Grundkonzepte der Betriebswirtschaftslehre, aaO, S 126 f;

229 Zur Kreuzpreiselastitzität siehe STREISSLER E./STREISSLER M.: Volkswirtschaftslehre für Juristen, aaO, S 187;

6.4.2. Die Bedingungen der Einkommenssicherung

6.4.2.1. Eine möglichst lange Arbeitsplatzerhaltung als notwendige Bedingung

Wenn auch langfristig wegen der Unfinanzierbarkeit der Transfereinkommen und der zu erwartenden Robotisierung auch für die breite Bevölkerung an die Stelle von Arbeitseinkommen Kapitaleinkommen treten müssen, wenn der Massenwohlstand gesichert werden soll, so ist es doch notwendig, die jetzt bestehenden Arbeitsplätze noch möglichst lange Zeit zu erhalten, damit von der breiten Bevölkerung die Beteiligungen angespart und erworben werden können, die für ausreichende Kapitaleinkommen erforderlich sind. Die Arbeitsplätze sollten nach Möglichkeit so lange erhalten bleiben, als es von den Überlebenschancen der Betriebe her vertretbar ist. Es müssen daher das Management und die Betriebseigentümer daran interessiert werden, die Arbeitsplätze erst dann wegzurationalisieren, wenn alle anderen Rationalisierungsmöglichkeiten ausgeschöpft sind und dem Betrieb die Gefahr droht, nicht überleben zu können.

Leser, die an den genaueren betriebswirtschaftlichen Details der Anreize für eine möglichst lange Arbeitsplatzerhaltung interessiert sind, dürfen auf den Abschnitt 2.2.1. des zweiten Teiles dieser Studie verwiesen werden.

6.4.2.2. Leistungseinkommen als notwendige Bedingung

Eine weitere notwendige Bedingung, der die neue Lösung genügen muß, ist, daß sie für die breite Bevölkerung *ausreichende Einkommen* zu bilden erlaubt, die nicht nur kurzfristig, sondern langfristig – präziser: *dauernd* – gezahlt werden können. Damit diese Einkommen dauernd gezahlt werden können, muß eine *Leistungseinkommenslösung* angestrebt werden. Da Leistungseinkommen auf einer Gegenleistung beruhen, können sie ohne Schwierigkeit so lange gezahlt werden, wie die Leistung benötigt wird, die mit der Zahlung gekauft wird. Es ist daher notwendig, zur Sicherung der Masseneinkommen auf eine *Leistung* abzustellen, die auch in Zukunft benötigt werden wird.

Daher kann die neue Lösung *weder* eine *Zuwendung ohne Gegenleistung* (wenn man die Transfereinkommen, auf die zum Unterschied von Geschenken ein Rechtsanspruch besteht, nicht unter Geschenke subsumieren will) *noch* ein *Geschenk* sein. Insbesondere kann sie *kein* sogenanntes (*arbeitsloses*) *Grundeinkommen* sein, das jedermann ohne Gegenleistung zusteht[230]. Denn solche Zuwendungen ohne Gegenleistung können nur solange gegeben werden, wie diejenigen, die die für diese Zuwendungen benötigten Mittel aufzubringen haben, mit

---

[230] sd Die Presse, 8. 5. 1999: Grüne wollen 6000 Schilling Grundeinkommen für alle;

dieser Umverteilung einverstanden sind und sie nicht, wenn schon nicht de jure, doch de facto durch Verweigerung der nötigen Mittel undurchführbar machen. Hier könnte scheinbar eingewendet werden, daß die Transfereinkommen, die solche ohne Gegenleistung gezahlte Grundeinkommen sind, über die Besteuerung finanziert werden können und damit vom Zahlungswillen der Einzelnen unabhängig sind. Dabei wird aber übersehen, daß letztendlich alle fiskalisch ergiebigen Steuern von den Betrieben – wenn schon nicht gezahlt – so doch getragen werden. Denn man kann zwar juristisch einen Arbeitnehmer mit Einkommensteuer (präziser: mit „Lohnsteuer") belasten und ihm die Bezahlung dieser Steuer vorschreiben. Da für die Mitarbeiter aber die Nettolöhne interessant sind, werden sie bei Steuererhöhungen über die Gewerkschaften entsprechende Lohnerhöhungen verlangen und in der Regel auch solange durchsetzen, wie diese Lohn- und Gehaltserhöhungen den Betrieben aus Konkurrenzgründen (etwa aufgrund geschützter Märkte) möglich sind. Wenn es mangels geschützter Märkte nicht möglich ist, diese höheren Arbeitsentgelte zu bezahlen, müssen die Betriebe trachten, die Mehrbelastung aus den höheren Arbeitsentgelten durch Reduktion der Mitarbeiterzahlen wieder wettzumachen. Die durch diese Reduktion der Mitarbeiterzahl arbeitslos Gewordenen zahlen dann selbst bei Besteuerung der Arbeitslosenentgelte per Saldo nicht nur keine Steuern, sondern belasten den Staat noch durch zusätzliche Transfereinkommen. Der Sachverhalt, daß zwischen Steuerzahler und Steuerträger unterschieden werden muß, gilt auch für alle übrigen Steuern. Da die überwiegende Anzahl der Bewohner entwickelter Staaten ihr Einkommen aus Betrieben bezieht, kommt es dazu, daß letztendlich die Betriebe die Steuern, wenn schon nicht zu zahlen, so doch zu tragen haben.

6.4.2.3. Kapitaleinkommen als notwendige Bedingung

6.4.2.3.1. Die zukünftige Wirtschaft als Roboterwirtschaft und der dadurch steigende Kapitalbedarf der Betriebe

Auch wenn feststeht, daß sich die neue Lösung auf *Leistungen* stützen soll, die für die Betriebe zu erbringen sind, bleibt noch immer die Frage offen, *welche Leistungen* die Betriebe in Zukunft benötigen und dafür ein Entgelt bezahlen werden. Bei der Untersuchung dieser Frage ist – wie schon mehrfach dargelegt wurde – davon auszugehen, daß zwar auch in Zukunft die für die Bedürfnisbefriedigung notwendigen Güter ebenso wie bisher in Betrieben erzeugt werden, daß aber für die Erzeugung dieser Güter nur mehr ein *kleiner Teil* der jetzt noch erforderlichen menschlichen Arbeit benötigt werden wird. Der überwiegende Anteil der für diese Gütererzeugung notwendigen Arbeit wird von *sich selbst steuernden Maschinen* – also von *„Robotern"* – ausgeführt werden. Die zukünftige Wirtschaft wird, das läßt sich heute schon vorhersehen, eine „*Roboterwirtschaft*" sein.

Durch diese stärkere Ausnützung des technischen Fortschritts – insbesondere des Verfahrensfortschritts – wird der überwiegende Teil der für die Gütererzeugung benötigten Menge an menschlicher Arbeit – insbesondere die repetitive Arbeit – durch *Maschinenarbeit ersetzt* werden. Das folgende Graphikon, in dem in der Abszisse die Zeit (= t) und in der Ordinate erstens der *Anteil* der Menge an menschlicher Arbeit (= A) und der Maschinenarbeit (= M) an der Gesamtmenge der in den Betrieben benötigten Arbeit und zweitens die in den Betrieben benötigte *Gesamtmenge an Arbeit* (= Menge menschlicher Arbeit + Menge der Maschinenarbeit, = A°) wiedergegeben werden, zeigt diesen mit sehr hoher Wahrscheinlichkeit zu erwartenden Sachverhalt. In diesem Graphikon wird die Menge der von den Betrieben verwendeten Machinenarbeit (= M) durch die Gleichung definiert:

(1) $$M = A° - A$$

Dabei ist das folgende Graphikon zeichnerisch dadurch vereinfacht, daß ein linearer Kurvenverlauf unterstellt wird, während in der Realität wohl davon auszugehen ist, daß mit dem Fortschreiten der Robotisierung die Verringerung der menschlichen Arbeit progressiv verlaufen wird.

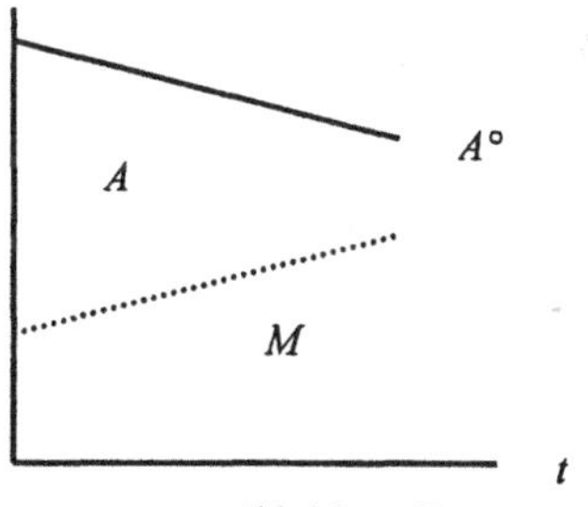

Abbildung 7

Die ausgedehnte Verwendung sich selbst steuernder Maschinen erfordert *hohe Investitionen*. Diese Investitionen müssen *finanziert* werden, was einen *großen Kapitalbedarf* der Betriebe ergibt. Um diesen Kapitalbedarf zu befriedigen, werden die Betriebe gegen Zahlung entsprechender Entgelte *Kapital aufnehmen* müssen. Da die Betriebe dieses Kapital langfristig benötigen, werden die für die Kapitalüberlassung gezahlten Entgelte *langfristige Einkommen* sein.

6.4.2.3.2. Die verschiedenen Möglichkeiten der Kapitalüberlassung

Wenn die Einkommen der breiten Bevölkerung wegen der zu erwartenden Verringerung der Zahl der Arbeitsplätze und der schon zu erkennenden Nichtmehrfinanzierbarkeit der Transfereinkommen von den Betrieben auf „für die Kapitalüberlassung zu zahlende *Kapitaleinkommen*" umgestellt werden sollen, dann muß dafür gesorgt werden, daß es für die breite Bevölkerung nicht nur *vorteilhaft*, sondern auch *möglich* wird, die Ersparnisse den Betrieben als Kapitaleinlage zu überlassen.

Diese Überlassung (= Kapitalveranlagung) kann auf mehrfache Weise geschehen. Zunächst ist hier zwischen einer *direkten* und einer *indirekten* Überlassung zu unterscheiden. Bei der *direkten* Überlassung beteiligen sich die Kapitalbeisteller selbst direkt und unmittelbar dadurch an den Betrieben, daß sie Eigenkapitalanteile in Form von *Beteiligungen* an diesen Betrieben erwerben. Bei der *indirekten* Überlassung werden keine Beteiligungen an den Betrieben erworben, sondern es werden andere Institutionen zur Kapitalüberlassung zwischengeschaltet. Diese zwischengeschalteten Institutionen sammeln die Ersparnisse vieler Kapitalbeisteller und leiten sie in großen Beträgen an die einzelnen Betriebe weiter. Die einzelnen Sparer sind daher in diesem Falle nicht direkt an den Betrieben beteiligt, sondern nur mehr indirekt über die zwischengeschalteten Instituionen.

Beide Arten der Kapitalüberlassung haben Vor- und Nachteile. Die *direkte Überlassung* hat den Vorteil, keine weiteren Kosten mehr zu verursachen, aber den Nachteil, arbeitsaufwendig zu sein, weil nicht nur die Entwicklung der Betriebe, sondern auch viele Termine im Auge behalten werden müssen. Dieser Nachteil fällt bei der *indirekten Kapitalüberlassung* weg. Sie verursacht dafür aber nicht nur zusätzliche Kosten, es kann auch die Risikobelastung der Kapitalanlagen nicht so genau beobachtet werden wie bei der direkten Überlassung. Für die indirekte Überlassung eignen sich daher vor allem solche Institutionen, die auf eine breit gestreute Kapitalveranlagung spezialisiert sind, wie etwa Kapitalangefonds, Investmentfonds, Pensionsfonds und ähnliche Institutionen, weil diese meist niedrige Kosten mit einer breiten Streuung der Kapitalanlagen verbinden.

Wesentlich ist auch, ob Riskokapita*l* (= *Eigenkapital*) oder nicht risikikobereites Kapital (= *Fremdkapital*) überlassen wird. Die Überlassung von Risikokapital bezeichnet man gewöhnlich als *Eigenfinanzierung*, die von Fremdkapital als *Fremdfinanzierung*. Die Fremdfinanzierung hat den zwar den Vorteil der Haftungsbeschränkung auf den Betrag der Einlage, aber den Nachteil, daß der Financier *nicht* an der Substanz der Betriebe beteiligt ist. Er ist damit dem *Geldentwertungsrisiko* (= Inflationsrisiko) ausgesetzt. Die Eigenfinanzierung bietet hingegen neben dem Vorteil der Substanzbeteiligung noch den Vorteil der Möglichkeit, *Einfluß auf die Betriebsführung* ausüben zu können. Denn immerhin können auch diejenigen Eigenkapitalbeisteller, die nicht im Betrieb mitarbeiten, die Ablösung einer Betriebsführung betreiben, wenn diese den Betrieb nicht ordentlich führt. Außerdem sind dann, wenn die Vorteile aus einem Betrieb *nur über offene Gewinnausschüttungen* erlangt werden können, auch diejenigen, die in größerem Ausmaß an dem Betrieb beteiligt sind, daran interessiert, daß Gewinne erzielt und ausgeschüttet werden. Den Fremdkapitalgebern steht diese Möglichkeit der Einflußnahme auf die Geschäftsführung hingegen in aller Regel nicht zu.

Der größte Vorteil der Überlassung von Eigenkapital (= der *Eigenfinanzierung*) für die Eigenkapitalbeisteller ist aber die *Beteiligung an den Rationalisierungsgewinnen.* Wenn es gelingt, durch Rationalisierungen den Gewinn zu erhöhen, partizipiert daran zwar das Eigenkapital, nicht aber das Fremdkapital. Gerade diese Nichtpartizipation des Fremdkapitals an Rationalisierungserfolgen ist im Falle der Auslagerung von Betrieben in Niedriglohnländer ein entscheidender Nachteil, der aus einer Globalisierungschance eine „Globalisierungsfalle“[231] macht.

6.4.2.3.3. Die Aufgaben der verschiedenen Kapitalarten

6.4.2.3.3.1. Die unterschiedliche Risikobereitschaft als Unterscheidungskriterium

Betriebe brauchen – wie schon mehrfach ausgeführt wurde – für die Durchführung des Betriebsprozesses Kapital. Da in einer Marktwirtschaft die Betriebe aber dem *Risiko* unterworfen sind, keine kostendeckenden Erlöse zu erzielen, kann durch die so entstehenden Verluste das Kapital verloren gehen. Da nicht alle Kapitalbesitzer (= Financiers) bereit sind, ihr Kapital diesem Risiko auszusetzen, benötigen die Betriebe *zwei Arten von Kapital.* Es ist einerseits Kapital erforderlich, dessen Beisteller bereit sind, das Verlustrisiko auf sich zu nehmen und sowohl die „*Verzinsung*“ (präziser: das Entgelt für die Kapitalüberlassung) als auch die *Kapitalrückzahlung* vom *Erfolg des Betriebes* abhängen zu lassen (= *Risikokapital*). Da Risikokapital gewöhnlich nicht in dem Ausmaß erlangt werden kann, das den ganzen Kapitalbedarf des Betriebes abzudecken erlaubt, benötigen die Betriebe für die Vervollständigung des betrieblichen Kapitalstockes noch Kapital, das nur gegen das Versprechen einer vertragsgemäßen, vom Betriebserfolg unabhängigen Verzinsung und Rückzahlung zur Verfügung gestellt wird (= *nicht risikobereites Kapital*).

231 sd MARTIN H.-P./SCHUMANN H.: Die Globalisierungsfalle. Der Angriff auf Demokratie und Wohlstand, aaO;

Da die Betriebe nicht nur primär auf Risiko der Risikokapitalbeisteller betrieben werden, sondern die Risikokapitalbeisteller ihr Kapital auch nur aus den Liquidationsüberschüssen des Betriebes zurückgezahlt erhalten, steht den Risikokapitalbeistellern nicht nur das Recht auf die *Betriebsführung*, sondern auch das *Eigentumsrecht* an den Betrieben zu. Man bezeichnet aus diesem Grunde das Risikokapital gewöhnlich (nicht aufgabengerecht) als „*Eigenkapital*". Da mit dem nicht risikobereiten Kapital im Normalfall weder das Recht der Betriebsführung noch das Eigentumsrecht am Betrieb verbunden ist, nennt man dieses Kapital gewöhnlich „*Fremdkapital*"[232].

Die Erfahrung zeigt, daß Fremdkapital zu einem Entgelt, dessen Höhe von den Betrieben langfristig ohne Überlebensgefährdung noch erwirtschaftbar ist, gewöhnlich nur in dem Ausmaß erlangbar ist, in dem das Verlustrisiko vom Eigenkapital abgefangen werden kann. Je weniger das Fremdkapital durch Eigenkapital vom Verlustrisiko abgesichert wird, umso höher wird auch das für die Überlassung von Fremdkapital zu zahlende Entgelt. Denn die Financiers rechnen zu dem sich aus der Kapitalknappheit ergebenden Entgelt noch einen Verwaltungs- und vor allem einen *Risikozuschlag* in das Entgelt ein[233].

Bei der Kapitalbeschaffung (= *Finanzierung*) stehen die Betriebe daher vor dem Problem, zwei Arten von Kapital (Eigen- und Fremdkapital bzw risikobereites und nicht risikobereites Kapital) beschaffen zu müssen. Während das Fremdkapital (= *Fremdfinanzierung*) überwiegend von außen in den Betrieb eingezahlt wird (also meist „*Außenfinanzierung*" ist), bestehen für die Beschaffung von Eigenkapital zwei Möglichkeiten: Es kann

1) im Wege der *Außenfinanzierung* durch Einzahlung von außen beschafft werden (= *Eigenfinanzierung*) und/oder
2) durch *Innenfinanzierung* und zwar
    a) durch Zurückbehaltung von Gewinnen (= *Gewinnthesaurierung*) und/oder
    b) durch (noch) nicht ausgabenwirksamen Aufwand (= *Cash-Flow-Finanzierung*) und/oder
    c) durch *Vermögensumschichtung*

im Betrieb selbst gebildet werden (= *Selbstfinanzierung*)[234].

Auf die Problematik der Selbstfinanzierung für die Massenwohlstandssicherung wird noch genauer einzugehen sein.

---

232 sd MANDL D./BERTL R./WINTERHELLER M./FATTINGER S./FRÜHWIRT W.: Handbuch der Unternehmenspraxis. Finanzierung, Gründung, Organisation, Rechnungswesen, Investition, Wien 1986, S 36 ff;

233 sd LOITLSBERGER E.: Grundkonzepte der Betriebswirtschaftslehre, aaO, S 156;

234 sd LOITLSBERGER E.: Grundkonzepte der Betriebswirtschaftslehre, aaO, S 204;

6.4.2.3.3.2. Die unterschiedliche Verlustauffangseignung der verschiedenen Kapitalarten aus der Sicht des Top-Managements

Wie schon mehrfach dargelegt wurde, ist das Eigenkapital grundsätzlich *Risikokapital.* Als solches hat es die Aufgabe, betriebliche Verluste aufzufangen, damit diese nach Möglichkeit nicht auf das Fremdkapital durchschlagen. Es zeigt sich aber, daß das Eigenkapital in seiner Eignung, Verluste aufzufangen, *nicht homogen* ist. Denn es sind innerhalb des Eigenkapitals verschiedene Eigenkapitalarten feststellbar, die sich sowohl durch ihre *Herkunft* als auch durch ihre *unterschiedliche Risikobereitschaft* unterscheiden.

Nach der Herkunft des Eigenkapitals muß – wie schon dargelegt wurde – zwischen *außenfinanziertem gewinnberechtigtem Eigenkapital* (= c_{e1}), *außenfinanziertem nicht gewinnberechtigtem Eigemkapital* (= c_{e2}) und dem im Betrieb durch Innen(=Selbst-)finanzierung gebildetem *innenfinanziertem Eigenkapital* '(= c_{e3}) unterschieden werden. Diese Unterscheidung ist nicht nur wegen der unterschiedlichen Möglichkeiten, Kapitaleinkommen zu bilden, sondern auch wegen der unterschiedlichen *Riskobereitschaft* dieser Eigenkapitalarten wichtig, wie im folgenden zu zeigen ist.

Denn schon bei der Eigenfinanzierung können *verschiedene Arten* von Eigenkapital in den Betrieb eingebracht werden. Zu erwähnen ist hier als erstes dasjenige Eigenkapital, dem *alle Rechte* eines Gesellschafters und Betriebseigentümers zustehen[235]. Es sind dies das *Gewinnbezugsrecht*, das *Bezugsrecht* für neue (= junge) Kapitalanteile *bei Kapitalerhöhungen*, das *Stimmrecht* in der Gesellschafterversammlung und der *Anspruch auf den anteiligen Liquidationsgewinn*[236]. Man nennt diese Eigenkapitalart, der alle Rechte eines Betriebseigentümers zustehen, gewöhnlich „*Stammkapital*“. Bei der Aktiengesellschaft heißt dieses Kapital in Deutschland und Österreich „*Grundkapital*“. Die für die Massenwohlstandssicherung wichtigste Form dieser Eigenkapitalart wird in der Praxis durch die „*Stammaktie*“ repräsentiert.

Neben dem Stammkapital gibt es auch Eigenkapitalformen, bei denen die Rechte, die ihnen zustehen, *anders gestaltet* sind als beim Stammkapital. Es können einzelne Rechte größer und dafür andere kleiner, aber auch alle Rechte größer sein als die Rechte, die dem Stammkapital zustehen. Man nennt dieses Kapital gewöhnlich „*Vorzugskapital*“. Zu erwähnen sind hier insbesondere *Gewinn-* und *Liquidationsvorzüge*. In manchen Ländern gibt es auch *Stimmvorzüge* („Mehrstimmrechtsaktien“), doch soll in dieser Studie darauf nicht näher einge-

---

235 zB das Recht zur Geschäftsführung und Vertretung sowie auf einen Gewinnanteil, sd zB KASTNER W./DORALT P./NOWOTNY C.: Grundriß des österreichischen Gesellschaftsrechts, Wien 1990;

236 sd KALSS S./WESSELY K.: Die Rechte des Aktionärs, Wien/Bern 1994;

gangen werden, weil in den meisten Ländern Stimmvorzüge nicht zulässig sind, was zwar vom Gleichheitsgrundsatz her verständlich, aber wirtschaftlich nicht immer zweckmäßig ist. Denn viele Neuemissionen, die für Betrieb und Publikum vorteilhaft wären, unterbleiben, wenn die Mehrheitsgesellschafter nicht das erforderliche Kapital haben, um bei der Neuemission einen ihre Mehrheitsstellung sichernden Betrag zu zeichnen. Sie stimmen dann diesen Kapitalerhöhungen nicht zu (und verhindern sie dadurch), obwohl es viele Personen gäbe, die zwar an den Gewinnen, nicht aber am Stimmrecht interessiert sind, weil sie Gesellschafterversammlungen gar nicht besuchen wollen und die Beteiligung einfach verkaufen, wenn sie mit ihr ertragsmäßig nicht zufrieden sind. Sie erwerben dann andere Beteiligungen, die ihren Erwartungen besser entsprechen.

Das Gegenstück zu Stimmvorzügen sind *stimmrechtslose Kapitalanteile*, die dafür in aller Regel einen Gewinn- und/oder Liquidationsvorzug haben (zB stimmrechtslose Vorzugsaktien mit höherem Gewinnanspruch). Diese Gewinnvorzüge können in einem *Vorweggewinn*, einem *Übergewinn* oder einer *nachholbaren Gewinnausschüttung* bestehen[237]. Bei den Liquidationsvorzügen ist meist in *Vorweganspruch* üblich[238]. Darauf braucht hier aber nicht eingegangen zu werden. Wie noch genauer dargelegt werden wird, sind die Stimmrechte ein wichtiges Instrument für die Kontrolle der Kapitalstreuung. Daher werden im folgenden immer – wenn sich aus dem Kontext nichts anderes ergibt – *stimmberechtigte Kapialanteile* unterstellt, und zwar auch dann, wenn dies nicht weiter erwähnt wird.

Noch risikobereiter als außenfinanziertes Eigenkapital ist das *innenfinanzierte* Eigenkapital (= c_{e3}). Denn wenn außenfinanziertes Eigenkapital Verluste auffangen muß, erleiden die Gesellschafter Verluste an einem Kapital, das sie schon physisch besessen haben. Viele Gesellschafter nehmen das nicht ohne weiteres hin und überlegen Sanktionen gegen das Management. Innenfinanziertes Eigenkapital gehört zwar rechtlich auch den Gesellschaftern, aber diese haben dieses Kapital noch nicht physisch, sondern nur *abstrakt* besessen. Den Verlust „abstrakten Eigentums" erträgt man erfahrungsgemäß leichter als einen Verlust von Eigentum, das man schon physisch in Besitz hatte. Daher nehmen die Gesellschafter Rücklagenauflösungen zur Verlustabdeckung eher ohne Sanktionen hin als Abstempelungen oder Zusammenlegungen von außenfinanzierten Kapitalanteilen. Noch weniger verspüren Gesellschafter einen Verlust, wenn zu

---

237 sd KASTNER W./DORALT P./NOWOTNY C.: Grundriß des österreichischen Gesellschaftsrechts, aaO, S 199; KALSS S./WESSELY K.: Die Rechte des Aktionärs, aaO, S 47 ff; HOLZHAMMER R./ROTH M.: Gesellschaftsrecht, 2. Aufl., Wien/New York 1997, S 130;

238 sd KASTNER W./DORALT P./NOWOTNY C.: Grundriß des österreichischen Gesellschaftsrechts, aaO, S 199; KALSS S./WESSELY K.: Die Rechte des Aktionärs, aaO, S 47 ff; HOLZHAMMER R./ROTH M.: Gesellschaftsrecht, aaO, S 130;

seiner Abdeckung stille Rücklagen herangezogen werden. In den meisten Fällen merken die Gesellschafter diese Art der Verlustabdeckung gar nicht, so daß die stillen Rücklagen aus der Sicht des Managements noch besser geeignet sind, Verluste aufzufangen als die offenen Rücklagen oder gar eine Herabsetzung des außenfinanzierten Eigenkapitals, weil man bei den beiden zuletzt genannten Eigenkapitalarten ihre Heranziehung zur Verlustabdeckung aus der Bilanz ersehen kann.

6.4.2.3.3.3. Die Präferenzierung der Innenfinanzierung als Folge der unterschiedlichen Verlustauffangseignung der verschiedenen Eigenkapitalarten

Die Erfahrung zeigt, daß sich die einzelnen Eigenkapitalarten aus den im vorhergehenden Abschnitt genannten Gründen bei den Geschäftsführungen einer *unterschiedlichen Beliebtheit* erfreuen. Am beliebtesten sind die *stillen Rücklagen* (= *stillen Reserven*). Denn diese sind leicht und unbemerkt auflösbar. Auch muß kein Kapitalbeisteller gefragt und um seine Zustimmung ersucht werden. Wenn die Bildung der stillen Rücklagen nicht nur den Betriebseigentümern, sondern auch dem Fiskus nicht bekannt ist, dann verursacht ihre Bildung auch weder Kosten noch Steuern[239]. Auch sind durch ihre Bildung dann, wenn sie nicht aufgedeckt werden, weniger Steuern und in der Folge auch keine Zinsen zu bezahlen. Aus diesen Gründen sind stille Rücklagen nicht nur die *risikobereiteste*, sondern meist auch die *beliebteste* Eigenkapitalart, über die die Betriebe verfügen.

Schon weniger risikobereit ist das in offenen Rücklagen gebundene Kapital. Denn bei diesem Kapital ersehen sowohl Betriebseigentümer als auch Dritte, ob es ganz oder teilweise zu einer Verlustabdeckung und/oder zur Erzeugung eines ausschüttbaren Gewinns aufgelöst wurde. Die Auflösung offener Rücklagen wirkt daher auf die Betriebseigentümer und die Öffentlichkeit stärker als die Auflösung stiller Rücklagen, aber noch schwächer, als wenn außenfinanziertes Eigenkapital zur Verlustabdeckung herangezogen wird. Es ist daher nicht überraschend, daß die meisten Geschäftsführungen die Innenfinanzierung im allgemeinen und die Legung stiller Rücklagen im besonderen sowohl gegenüber der Dotation offener Rücklagen wie – vor allem – gegenüber der Außenfinanzierung vorziehen.

Dazu kommen noch zwei weitere Sachverhalte. Der eine ist der Umstand, daß bei niedrigen Rücklagen – wenn also der Eigenfinanzierungsgrad im Sinne dieser Studie hoch ist – Geschäftsführungen damit rechnen müssen, daß schon relativ kleine Verluste nicht mehr durch innenfinanziertes, sondern nur mehr

---

239 sd LOITLSBERGER E.: Grundriß der Betriebswirtschaftslehre, aaO, S 157 und 159;

durch Einbeziehung des außenfinanzierten Eigenkapitals aufgefangen werden können und sie daher mit Sanktionen der Betriebseigentümer rechnen müssen. Der zweite Umstand ist der *Leverage-Effekt*, der darin besteht, daß die Rentabilität des außenfinanzierten Eigenkapitals gesteigert werden kann, wenn Investitionen zu günstigeren Konditionen mit Fremdkapital finanziert werden können, als ihr Ertrag – genauer: ihre interne Rendite – beträgt[240]. Beide Umstände wirken darauf hin, daß sich die meisten Geschäftsführungen bemühen, das außenfinanzierte Eigenkapital im allgemeinen und das außenfinanzierte gewinnberechtigte Eigenkapital im besonderen *klein* zu halten und nur einen *niedrigen Eigenfinanzierungsgrad* im Sinne dieser Studie zu realisieren.

6.4.2.3.3.4. Exkurs: Die Ungeeignetheit der Selbstfinanzierung für die Massenwohlstandssicherung

Wie schon erwähnt wurde, sind bei der Finanzierung *zwei* verschiedene Möglichkeiten gegeben: die *Außenfinanzierung*, bei der das Kapital dem Betrieb *von außen* zugeführt wird, und die *Innenfinanzierung*[241], bei der sich der Betrieb das Kapital über den *Umsatz selbst verdient.* Die für die Betriebe einfachste Finanzierungsvariante ist die *Innenfinanzierung* (= Selbstfinanzierung), weil diese für die Betriebe weder zusätzliche Verwaltungsarbeit noch zusätzliche finanzielle Belastungen mit sich bringt. Denn es müssen weder Kredit- oder sonstige Finanzierungsverträge abgeschlossen noch Zinsen- und Rückzahlungszahlungstermine evident gehalten werden. Noch wichtiger ist, daß für dieses Kapital *keine Zinsen* gezahlt werden müssen. Nachteilig ist jedoch, daß diese Kapitalien der „Kontrolle des Kapitalmarktes" entzogen sind und daher auch für unrentable Investitonen verwendet werden können[242].

Dabei sind bei der Selbstfinanzierung – wie schon dargelegt wurde – wiederum *drei Varianten* möglich (Gewinnthesaurierung, Cash-Flow-Finanzierung und Vermögensumschichtung)[243]. Von den in der Praxis am meisten angewandten Methoden (Gewinnthesaurierung und Cash-Flow-Finanzierung) hat die Gewinnthesaurierungsmethode den Nachteil, daß sie (definitionsgemäß) einen Gewinn voraussetzt, der zurückbehalten werden kann. Die Cash-Flow-Finanzierung ist hingegen auch dann möglich, wenn zwar kein Gewinn erzielt wird, aber die Aufwendungen insgesamt – und damit auch diejenigen Aufwendungen, die nicht gleich zu Ausgaben werden – *verdient* worden und als Ein-

240 sd LOITLSBERGER E.: Grundriß der Betriebswirtschaftslehre, aaO, S 137 f;

241 sd LOITLSBERGER E.: Grundriß der Betriebswirtschaftslehre, aaO, S 133;

242 sd LOITLSBERGER E.: Grundriß der Betriebswirtschaftslehre, aaO, S 157;

243 sd LOITLSBERGER E.: Grundriß der Betriebswirtschaftslehre, aaO, S 158 ff;

nahmen eingegangen sind[244]. Der Betrieb braucht daher bei der Cash-Flow-Finanzierung nur ausgeglichen, aber nicht mit Gewinn zu bilanzieren. Da die zurückbehaltenen Gewinne in den meisten Ländern versteuert werden müssen, ist die Gewinnzurückbehaltung allerdings keine so billige Finanzierungsvariante, wie es zunächst den Anschein hat[245], was für die betriebswirtschaftliche Beurteilung der Finanzierung durch Gewinnzurückbehaltung ebenfalls von Bedeutung ist.

Für die Sicherung des Massenwohlstandes ist die Selbstfinanzierung de facto *nicht* geeignet. Denn sie schafft für die breite Bevölkerung weder Kapitalanlagemöglichkeiten noch Ersatzeinkommen für die zurückgehenden Arbeitseinkommen. Dafür kommt nur die *Außenfinanzierung* in Frage, bei der das benötigte Kapital dem Betrieb *von außen* zugeführt wird, weil nur die Außenfinanzierung Kapitaleinkommen, die Leistungseinkommen sind, schaffen kann.

6.4.2.3.3.5. Exkurs: Die heute überwiegende Finanzierungspraxis und ihre Unzweckmäßigkeit für die Massenwohlstandssicherung

In der heutigen betrieblichen Finanzierungspraxis bleibt in den meisten Ländern (insbesondere in Kontinentaleuropa) die *Eigenfinanzierung* zahlen- und betragsmäßig hinter der *Fremd-* und vor allem der *Selbstfinanzierung* zurück. Dabei wird auch bei der (an letzter Stelle rangierenden) Eigenfinanzierung in der überwältigenden Mehrzahl der Fälle sowohl das Eigenkapital (wie das Fremdkapital) nur von *einigen wenigen* Financiers (insbesondere von den Banken) beigestellt (= „nicht breit gestreute" oder *„financierseitig beschränkte Finanzierung"*). Die heutige betriebliche Finanzierungspraxis kann daher für sehr viele europäische Länder (insbesondere für die BRD und Österreich) als *„financierseitig beschränkte Fremdfinanzierung mit ergänzender Selbstfinanzierung und geringfügiger financierseitig beschränkter Eigenfinanzierung"* bezeichnet werden.

Bei einer solchen Finanzierungspraxis kann der Rückgang der Arbeitseinkommen *nicht* durch eine Steigerung der Kapitaleinkommen ausgeglichen werden. Denn die Kapitaleinkommen fließen bei dieser Finanzierungsform nur *einigen wenigen Personen*, nicht aber der breiten Bevölkerung zu. Daher ist diese – heute überwiegende – Finanzierungspraxis für die Massenwohlstandssicherung *nicht geeignet*, wie noch mehrfach gezeigt werden wird.

---

244 sd LOITLSBERGER E.: Grundriß der Betriebswirtschaftslehre, aaO, S 160;

245 sd LOITLSBERGER E.: Grundriß der Betriebswirtschaftslehre, aaO, S 158 f;

6.4.2.4. Eine dreidimensionale Eigenfinanzierung als notwendige Bedingung der Massenwohlstandssicherung

6.4.2.4.1. Die Notwendigkeit eines dreidimensionalen Eigenfinanzierungsbegriffs

6.4.2.4.1.1. Die erste Dimension

Die Vorteilhaftigkeit der Eigenfinanzierung

Wenn in den Betrieben wegen des technischen Fortschrittes immer mehr Roboter eingesetzt werden, benötigen die Betriebe immer mehr Kapital. Dieser betriebliche Kapitalbedarf kann – wie schon dargelegt wurde[246] – auf verschiedene Weise gedeckt werden. *Drei Varianten* spielen in der Praxis eine besondere Rolle: die Finanzierung mit von außen eingezahltem Eigenkapital (= *Eigenfinanzierung*), die Finanzierung mit Fremdkapital (= *Fremdfinanzierung*) und die Finanzierung aus dem Umsatz (= *Selbstfinanzierung*)[247]. Wenn Arbeitseinkommen auf breiter Basis durch Kapitaleinkommen ersetzt werden müssen, scheidet die *Selbstfinanzierung* aus, weil sie bei der Gewinnthesaurierungsvariante[248] wegen der Nichtausschüttung von Gewinnen und bei der Cash-Flow-Finanzierungsvariante wegen des Ansatzes des noch keine Ausgabe darstellenden Aufwandes keine Kapitaleinkommen schafft[249]. Die Fremdfinanzierung hat für die Betriebe die Nachteile fester Zinsen und von Kreditrückzahlungen, die ohne Rücksicht auf das Betriebsergebnis gezahlt werden müssen. Beides schränkt die Überlebenschancen der Betriebe ein. Für die Kapitalbeisteller hat die Fremdfinanzierung zwar den Vorteil des geringeren Risikos, aber den Nachteil, nicht an den Rationalisierungserfolgen und an der Substanz der Betriebe beteiligt zu sein und daher langfristig hinter der Rendite der Eigenfinanzierung zurückzubleiben.

Begriffspräzisierung

Wegen dieser Vorteile der Eigenfinanzierung ist für die Sicherung des Massenwohlstandes der Kapitalbedarf der Betriebe vor allem durch sie abzudecken. Im Hinblick auf die Sicherung des Massenwohlstandes ist aber sowohl der Beg-

---

246 sd S 152 f dieser Studie;

247 sd LOITLSBERGER E.: Grundkonzepte der Betriebswirtschaftslehre, aaO, S 77 f;

248 sd LOITLSBERGER E.: Grundkonzepte der Betriebswirtschaftslehre, aaO, S 77 f;

249 sd LOITLSBERGER E.: Grundkonzepte der Betriebswirtschaftslehre, aaO, S 204;

riff „*Eigenfinanzierung*“ wie auch der Terminus „*Eigenfinanzierungsgrad*“ noch genauer (und *einschränkender*) zu präzisieren. Da für die Sicherung des Massenwohlstandes auf breiter Basis Arbeitseinkommen in Kapitaleinkommen umgeschichtet werden müssen und die Kapitaleinkommen zur Überlebenssichrung der Betriebe im wesentlichen Gewinnausschüttungen sein müssen, ist in dieser Studie als erste Dimension der Begriffe „Eigenfianzierungsgrad“ und „*Eigenfinanzierung*“ – soweit sich aus dem Kontext nichts anderes ergibt – abweichend vom der Terminologie der Betriebswirtschaftslehre nur die *Einzahlung von gewinn- und stimmberechtigtem Eigenkapital von außen* in den Betrieb zu verstehen. Daher ist auch unter dem Terminus „*Eigenfinanzierungsgrad*“ – abweichend von der in der Betriebswirtschaftslehre sonst gebräuchlichen Terminologie – das *Verhältnis des von außen in den Betrieb eingezahlten gewinnberechtigten Eigenkapitals zum betrieblichen Gesamtkapital* zu verstehen. Denn für die Umstrukturierung der Masseneinkommen von Arbeitseinkommen auf Kapitaleinkommen ist vor allem das *gewinnberechtigte außenfinanzierte Eigenkapital* und weder das „außenfinanzierte nicht gewinnberechtigte Eigenkapital“ (wie zB das aus dem Agio stammende Eigenkapital bei Überpariemissionen) noch das „innenfinanzierte Eigenkapital“ von Bedeutung.

Die Unterscheidung von *gewinnberechtigtem* und *nicht gewinnberechtigtem Eigenkapital* ist für die Massenwohlstandssicherung von *so grundsätzlicher Bedeutung*, daß dann, wenn im folgenden von „Eigenkapital“ gesprochen wird und sich aus dem Kontext nichts anderes ergibt, immer *außenfinanziertes gewinnberechtigtes Eigenkapital* gemeint ist.

Diese erste Dimension des Begriffes „Eigenfinanzierungsgrad“, die sich aus der Unterscheidung von *gewinnberechtigtem* und *nicht gewinnberechtigtem Eigenkapital* ergibt, reicht aber für die Massenwohlstandssicherung noch *nicht* aus. Sie muß noch um eine *zweite Dimension* ergänzt werden, die sich aus der *Streuung des Eigenkapitals* ergibt. Auf diese zweite Dimension wird im übernächsten Abschnitt 6.4.2.4.3. näher eingegangen.

6.4.2.4.2. Die Notwendigkeit eines hohen Eigenfinanzierungsgrades

Vom Standpunkt der Sicherung des Massenwohlstandes aus gesehen wäre es daher für die Betriebe nicht nur zweckmäßig, sondern wünschenswert, daß sie sich *ausschließlich mit außenfinanziertem gewinnberechtigten Eigenkapital* finanzierten. Denn Betriebe, die ausschließlich mit außenfinanziertem gewinnberechtigten Eigenkapital finanziert sind, können nicht nur die maximal möglichen Kapitaleinkommen bilden, sondern sind auch mit keinen fixen Entgelten für das überlassene Kapital belastet. Aus diesen beiden Gründen könnte man diesbezüglich dann von einer „*Idealfinanzierung*“ sprechen, wenn *eine ausschließliche Eigenfinanzierung* (= ein maximaler Eigenfinanzierungsgrad im Sinne dieser

Studie) auch mit einer *breiten Kapitalstreuung* verbunden ist. Darauf wird noch einzugehen sein.

Leser, die an den betriebswirtschaftlichen Details zur Erreichung eines hohen Eigenfinanzierungsgrades interessiert sind, dürfen auf Abschnitt 2.2.2. des zweiten Teiles dieser Studie verwiesen werden.

6.4.2.4.3. Eine breite Streuung der Eigenfinanzierung als notwendige Bedingung

6.4.2.4.3.1. Die Notwendigkeit einer großen Zahl von Eigenkapitalbeistellerm

Wenn die Entgelte, die von den Betrieben für die Kapitalüberlassung gezahlt werden, einer möglichst *großen Zahl* von Personen zufließen sollen, kann das Eigenkapital *nicht* mehr – wie bisher – nur von einigen wenigen Eigenkapitalbeistellern, sondern muß *breit gestreut* von *vielen Personen* aufgebracht werden. Denn nur so können auch diejenigen, die heute noch Arbeitseinkommen beziehen, sich aber als Kapitalbeisteller langfristig an den Betrieben beteiligen, ihre *Arbeitseinkommen* zunächst durch *Kapitaleinkommen* ergänzen, bis schließlich auch sie nur noch Kapitaleinkommen beziehen werden, weil infolge des technischen Fortschritts der (fast) „*menschenleere Betrieb*" Wirklichkeit geworden sein wird. In diesen (fast) menschenleeren Betrieben fallen (fast) keine Arbeitskosten, sondern (fast) nur mehr Kapitalkosten an. Es werden daher auch (fast) keine Arbeitseinkommen, sondern (fast) nur mehr Kapitaleinkommen gebildet werden.

Die überwiegend mit Robotern produzierenden Betriebe sollten daher in sehr hohem Ausmaß *eigenfinanziert* sein. Das hätte auch den Vorteil, daß die Betriebe bei dieser Finanzierungsform die größten Chancen für ein Überleben haben. Denn da das Entgelt für das Eigenkapital in den Gewinnen besteht, müssen in Verlustjahren keine Entgelte für das Eigenkapital gezahlt werden. Es entstehen daher auch keine diesbezüglichen Verbindlichkeiten. Da in Verlustjahren für das Eigenkapital keine Entgelte bezahlt werden müssen, wird auch die sogenannte „Manövriermasse" nicht vermindert, die den Betrieben das „Durchtauchen" von Verlustperioden erleichtert. Bei der Fremdfinanzierung kommt es wegen der damit verbundenen Zinsen- und Rückzahlungsbelastungen daher leichter zur Zahlungsunfähigkeit und/oder Überschuldung der Betriebe und damit zu einem Konkursgrund[250].

Wegen dieser Vorteile der Eigenfinanzierung muß zur Sicherung des Massenwohlstandes bei den Betrieben ein möglichst hoher außenfinanzierter ge-

---

[250] sd §§ 66 f KO, §1 AO; RECHBERGER W. H./THURNER M.: Insolvenzrecht. Einführung und Grundriß, Wien 2001, S 19;

winnberechtigter Eigenkapitalanteil angestrebt werden. Dieser außenfinanzierte gewinnberechtigte hohe Eigenkapitalanteil muß überwiegend von der *breiten Bevölkerung* aufgebracht werden. Aus einem „Volk von Arbeitern“ muß ein „*Volk von Eigenkapitalbeistellern*“ werden, das von den Kapitalerträgen lebt, die die hoch automatisierten und durchrationalisierten Betriebe erwirtschaften. Um ein „Volk von Eigenkapitalbeistellern“ zu werden, muß von der breiten Bevölkerung das „*Beteiligungssparen*“ gegenüber den anderen Sparformen nicht nur präferenziert, sondern für die breite Bevölkerung auch *ermöglicht* werden. Darauf wird später noch einzugehen sein.

6.4.2.4.3.2. Die Notwendigkeit einer weiteren Präzisierung des Terminus „Eigenfinanzierungsgrad“

Das Ausmaß der Eigenfinanzierung als erste Dimension

Die erste Dimension des Begriffes „Eigenfinanzierungsgrad“, die sich als Unterscheidung von *gewinnberechtigtem* und *nicht gewinnberechtigtem Eigenkapital* darstellt, reicht – wie schon im Abschnitt 6.4.2.4.3. dargelegt wurde – für die Massenwohlstandssicherung noch nicht aus. Sie muß noch um eine *zweite Dimension* ergänzt werden, die sich aus der *Streuung des Eigenkapitals* ergibt. Denn es geht bei der Massenwohlstandssicherung nicht nur darum, daß die Betriebe möglichst mit gewinnberechtigtem Eigenkapital finanziert sind, sondern auch darum, daß dieses Eigenkapital nicht von einigen wenigen Personen (= Großaktionären), sondern breit gestreut und von *vielen Personen* in *kleinen Beteiligungsbeträgen* aufgebracht wird.

Kleinbetrags- und Großbetragsfinanzierung als zweite Dimension

Da diese Eigenkapitaleinzahlungen von den Einzahlenden her gesehen *Beteiligungen* darstellen, können diese Einzahlungen auch als „Erwerb von *Kleinbeteiligungen*“ bezeichnet werden. Das „kleinbetragsfinanzierte Eigenkapital“ (oder anders bezeichnet das „breit gestreute gewinnberechtigte Eigenkapital“) kann daher auch als *Summe der Kleinbeteiligungen* definiert werden, die an einem Betrieb bestehen und die jede für sich einen sehr kleinen Prozentsatz (zB ein Prozent oder noch weniger) des von außen einzuzahlenden gewinnberechtigten Eigenkapitals nicht übersteigen. *Nicht* zum kleinbetragsfinanzierten (bzw breit gestreuten) gewinnberechtigten Eigenkapital gehören daher diejenigen Beträge, die zwar als Eigenkapital, aber nicht als gewinnberechtigtes Eigenkapital und nicht als Kleinbeteiligungen eingezahlt werden.

Diesem kleinbetragsfinanzierten Eigenkapital steht das *großbetragsfinanzierte Eigenkapital* gegenüber. Dieses kann auch als *Summe der Großbeteiligungen* definiert werden. Das Eigenkapital kann darüber hinaus aber auch – und wird auch, wie schon mehrfach dargelegt wurde – noch *innenfinnziertes Eigenkapital* umfassen.

Das außenfinanzierte Eigenkapital bildet zusammen mit dem innenfinanzierten Eigenkapital das betriebliche *Gesamteigenkapital.* Dieses ergibt zusammen mit dem Fremdkapital das Gesamtkapital des Betriebes.

Wenn mit C das betriebliche Gesamtkapital – bestehend aus dem außenfinanzierten gewinnberechtigten kleinbetragsfinanzierten Eigenkapital (= c_{e11}), dem gewinnberechtigten großbetragsfinanzierten Eigenkapital (= c_{e12}), dem nicht gewinnberechtigten außenfinanzierten Eigenkapital (= c_{e2}), dem innenfinanzierten Eigenkapital (=c_{e3}) und dem Fremdkapital (= c_f) – symbolisiert wird, ist das betriebliche Gesamtkapital wie folgt definiert, wobei der runde Klammerausdruck das gewinnberechtigte und der eckige Klammerausdruck das Gesamteigenkapital darstellt:

$$C = [(c_{e11} + c_{e12}) + c_{e2} + c_{e3}] + c_f,$$

Der Eigenfinanzierungsgrad im Sinne dieser Studie kann dann durch die folgende Formel wiedergegeben werden:

$$\text{Eigenfinanzierungsgrad} = c_{e11}*100/C$$

Da es im Hinblick auf die Massenwohlstandssicherung aber zweckmäßig sein kann, *strategische Partnerschaften* einzugehen und diese mit gegenseitigen Beteiligungen zu unterlegen, muß für diese Beteiligungen ein gewisses Beteiligungsausmaß möglich sein. Daher sollte es im Hinblick auf die Massenwohlstandssicherung für die Anreize zur Herstellung einer breit gestreuten Eigenfinanzierung genügen, wenn vom außenfinanzierten gewinnberechtigten Eigenkapital 51 % des betrieblichen Gesamtkapitals kleinbetragsfinanziert sind. Es steht dann bei einer 20 %igen Fremdfinanierung und einer ebenso hohen Innenfinanzierung noch ein Spielraum von mindestens 9 % des betrieblichen Gesamtkapitals – bzw wenn auf eine Fremdfinanzierung und/oder auf eine Innenfinazierung ganz oder teilweise verzichtet wird, entsprechend mehr – für die Beteiligung strategischer Partner zur Verfügung. Wegen der Massenwohlstandssicherung muß allerdings dafür gesorgt werden, daß die Vorteile aus dem Betreiben des Betriebes nur über offene Gewinnausschüttungen erlangt werden können.

6.4.2.4.3.3. Der zu überwindende Antagonismus

Wenn die Betriebe ausreichend breit gestreutes gewinnberechtigtes Eigenkapital erlangen sollen, dann muß sowohl auf die *Notwendigkeiten der Betriebe* als auch auf die *Wünsche und Erwartungen der Kapitalbeisteller* (= der Financiers) Rücksicht genommen werden. Das ist insbesondere dann der Fall, wenn das *breite Publikum* als Kapitalbeisteller angesprochen werden soll. Wie schon dargelegt wurde, sind für eine Eigenkapitalbeistellung auf breiter Basis neben der *Haftungsbeschränkung* und der *leichten Wiederzugeldmachungsmöglichkeit* auch noch *hohe Beteiligungserträge* notwendig. Denn es sollte in der Zeit, in der die einzelnen Sparer noch über Arbeitsplätze verfügen bzw noch nicht auf Transfereinkommen angewiesen sind, ein so großer Kapitalstock angespart werden können, daß bei Verlust des Arbeitsplatzes oder insbesondere bei Pensionsantritt ein ausreichendes Kapitaleinkommen bezogen werden kann.

Damit die Betriebe hohe Gewinne erzielen und ausschütten können, muß in einer sich robotisierenden Wirtschaft eine Lösung gefunden werden, die den Betrieben zur Überlebenssicherung und Verbesserung ihrer Wettbewerbssituation *möglichst billiges und langfristiges Kapital* zur Verfügung stellt, das während der Lebenszeit des Betriebes möglichst *keine feste Zinsenbelastung* und *keine Rückzahlungspflicht* auslöst, den Sparern aber *hohe Entgelte* für die Kapitalzurverfügungstellung zufließen läßt und gleichzeitig bei größtmöglicher Sicherheit vor Kapitalverlust die *jederzeitige Verwertbarkeit* ihrer Ersparnisse sichert.

Die Widersprüchlichkeit (= den Antagonismus) dieser Situation zeigt die folgende Tabelle, die die Erfordernisse der Betriebe und der Sparer einander gegenüberstellt, wobei die Frage der Sicherheit vor Kapitalverlusten noch ausgeklammert bleibt:

	Betriebe	Sparer
Entgelthöhe	niedrig	hoch
Fristigkeit	langfristig	kurzfristig

Da alle diese Faktoren durch die Wahl einer bestimmten *Unternehmungs- und Finanzierungsform* entscheidend beeinflußt werden, ist im folgenden zunächst zu untersuchen, welche Unternehmungs- und Finanzierungsformen sich für die Überwindung dieses Antagonismus' besonders eignen und welche nicht.

6.4.2.4.3.4. Exkurs: Die Ursachen der geringen Beliebtheit einer breit gestreuten Eigenfinanzierung

Beteiligungen an Betrieben (und damit die Zurverfügungstellung von Risikokapital) waren (und sind) bisher in vielen Ländern bei der breiten Bevölkerung nicht sehr beliebt. Man schrieb (und schreibt) ihnen seitens der breiten Bevölkerung größere Nachteile als Vorteile zu. Als wichtigster *Nachteil* galt (und gilt) die Tatsache, daß Beteiligungen an Betrieben mit dem *Risiko* behaftet sind, daß sich die Betriebe nicht so entwickeln, wie das im Interesse der Beteiligten wünschenswert wäre. Wenn sich die Kapitalanlagen für die Massenwohlstandssicherung eignen sollen, ist es daher notwendig, dieses *Risiko* für die breite Bevölkerung nicht nur *zu minimieren*, sondern diese Minimierung auch *erkennbar* zu machen. Denn nur so kann die breite Bevölkerung die Scheu vor solchen Kapitalanlagen verlieren. Dazu müssen *vier Bedingungen* erfüllt sein. Es muß erstens dafür gesorgt werden, daß die Betriebe „*gut*" (= *effizient*) geführt werden. Zweitens dürfen die von einem Betrieb erwirtschafteten Gewinne nur über *offene Gewinnausschüttungen* erlangbar sein. Drittens darf sich die überwiegende Anzahl der Kapitalbeisteller an einem Betrieb nur mit *wenig Kapital* beteiligen und an einem Betrieb nur *eine Klein-* oder noch zweckmäßiger nur *eine Kleinstbeteiligung* erwerben. Die an einer Einkommensumstrukturierung interessierten Kapitalbeisteller müssen ihr Kapital auf *viele Betriebe* aufteilen. Denn eine Aufteilung des anzulegenden Kapitals auf viele Betriebe bietet erfahrungsgemäß die Chance, die Verluste, die bei einem Betrieb auftreten, durch die Gewinne, die bei anderen Betrieben erzielt werden, nicht nur auszugleichen, sondern sogar *überzukompensieren*[251]. Viertens müssen die Betriebe die *Gewinne auch ausschütten* und dürfen sie nicht zur Selbstfinanzierung verwenden.

Als weiterer wichtiger Nachteil der Eigenfinanzierung gilt bei der breiten Bevölkerung auch der Umstand, daß Klein- und vor allem Kleinstbeteiligungen *keinen Einfluß auf die Geschäftsführung* erlauben. Die Erfahrung zeigt, daß die Geschäftsführer bei den meisten Unternehmen von den Großbeteiligten ausgewählt werden und diese Geschäftsführer die Unternehmen auch im Interesse dieser Großbeteiligten führen. Die Eigentümer von Klein- und Kleinstbeteiligungen müssen sich aus diesem Grunde sehr häufig mit niedrigen Beteiligungsrenditen zufrieden geben, wenn sie nicht überhaupt durch die Nichtausschüttung von Gewinnen „ausgehungert" und zum Verkauf ihrer Anteile gezwungen werden. Letzteres ist insbesondere dann der Fall, wenn für die Beteiligung eine höhere Vermögenssteuer zu bezahlen ist als die Gewinnausschüttungen betragen. Dieser Nachteil kann – wie schon mehrfach ausgeführt wurde – dadurch beseitigt werden, daß dafür gesorgt wird, daß Vorteile aus einem Betrieb *nur* über die *offenen Gewinnausschüttungen* erlangt werden können. Denn wenn anders die Vorteile aus dem Betreiben eines Betriebes nicht erlangt werden können und die offenen Gewinnausschüttungen entsteuert sind, sind auch die Großbeteiligten an offenen Gewinnausschüttungen interessiert. Sie werden dadurch zu Verbündeten der Kleinbeteiligten. Darauf wird noch ausführlich einzugehen sein.

Als Nachteil einer Beteiligung an Betrieben gilt auch, daß man – vor allem bei Klein- und Kleinstbeteiligungen – nicht die Möglichkeit hat, das ersparte Kapital *jederzeit flüssig* zu machen, wenn Bargeld benötigt wird. Auf diesen Nachteil wird noch einzugehen sein.

Diesen Nachteilen stehen aber auch sehr gewichtige *Vorteile* gegenüber. Der größte Vorteil der Eigenfinanzierung besteht für die Eigenkapitalbeisteller vor allem darin, daß die Eigenkapitalbeisteller *Anspruch auf die Rationalisierungs-*

---

251 sd MARKOWITZ H. M.: Portfolio Selection. Efficient Diversification of Investments, Blackwell 1998;

gewinne haben, die Fremdkapitalbeisteller hingegen nicht. Dadurch können die Eigenkapitalbeisteller in dem Ausmaß, in dem es gelingt, den Betriebsprozeß zu rationalisieren, durch die mit der Beteiligung verbundene Partizipation an den Rationalisierungsgewinnen zu höheren Entgelten für die Kapitalüberlassung kommen als die nicht an den Rationalisierungsgewinnen partizipierenden Fremdkapitalbeisteller. Dadurch können auch *Verluste*, die die Eigenkapitalbeisteller bei einzelnen Betrieben erleiden, durch überdurchschnittlich gute Ergebnisse bei anderen Betrieben *ausgeglichen* werden, was bei der vom Betriebserfolg unabhängigen Fremdfinanzierung nicht möglich ist. Dieser „*Verlustkompensationseffekt*" ist allerdings nur bei einer *breiten Streuung* der Kapitalanlagen möglich, weil es nur bei einer solchen zu einer ausreichenden Ertrags- und Risikomischung der Kapitalanlagen kommen kann (und kommt)[252]. Darüber hinaus partizipieren die Eigenkapitalbeisteller auch an eventuellen Auslagerungen von Betrieben in Niedriglohnländer, weil ihnen dann die höheren Gewinne, die von den ausgelagerten Betrieben in den Niedriglohnländern erzielt werden, zugute kommen, was bei der Fremdfinanzierung nicht der Fall ist.

Eng verbunden mit dem Verlustkompensationseffekt ist ein weiterer Vorteil: die *Wertbeständigkeit* eines Beteiligungsportefeuilles. Zwar können (und werden) die Werte einzelner Beteiligungen vorübergehend – uU auch für dauernd – sinken, dafür aber werden die Werte anderer Beteiligungen steigen, so daß das Portefeuille als ganzes seinen Wert behält. Das wird vor allem dann der Fall sein, wenn bei den einzelnen Betrieben ein *erheblicher Druck* nicht nur auf *Rationalisierung* (und damit auf Kostensenkung), sondern auch auf *Gewinnausweis* und *-ausschüttung* ausgeübt wird. Diesen Druck zu erzeugen ist vor allem die Aufgabe der in dieser Studie dargestellten Prämien, was besonders im zweiten Teils dieser Studie noch mehrfach sehr ausführlich dargelegt werden wird.

6.4.2.4.3.5. Die Mobilisierung der Finanzierung als notwendige Bedingung einer breiten Streuung

Wenn infolge des technischen Fortschritts Arbeitsplätze wegrationalisiert und deswegen zur Aufrechterhaltung des Massenwohlstandes Arbeitseinkommen durch Kapitaleinkommen zunächst ergänzt und später auch ersetzt werden müssen, dann muß dafür gesorgt werden, daß die Kapitaleinkommen denjenigen zufließen, deren Arbeitseinkommen sich im Laufe der Zeit vermindern. Wenn diese Kapitaleinkommen Leistungseinkommen sein sollen, macht das eine *Änderung der betrieblichen Finanzierung* notwendig. Es darf das Kapital, das die Betriebe benötigen, nicht mehr nur von *einigen wenigen Kapitalbeistellern* oder als *Fremdkapital* von den Banken hereingenommen werden, sondern es muß auf

---

252 sd MARKOWITZ H. M.: Portfolio Selection. Efficient Diversification of Investments, aaO;

breiter Basis – dh in kleinen Beträgen gestückelt – im *Beteiligungsweg* von denen aufgebracht werden, die zur Zeit noch ein Arbeitseinkommen beziehen, dieses aber in Zukunft wegen des technischen Fortschritts verlieren werden.

Da außerdem die Wettbewerbsfähigkeit der Betriebe zu stärken und ihr Überleben zu sichern ist, ist – wie schon mehrfach erwähnt wurde – die Aufnahme von Fremdkapital *unzweckmäßig*. Denn in den herkömmlichen Formen aufgenommenes Fremdkapital belastet die Betriebe in schlechten Zeiten mit *festen Zinsen* und *festen Rückzahlungsbeträgen*. Die Finanzierung muß variabilisiert werden, was – wie noch darzulegen sein wird – vor allem durch *Eigenkapitalaufnahme* geschehen kann. Denn Eigenkapital belastet die Betriebe weder mit festen Zinsen noch mit Rückzahlungsverpflichtungen, weil es durch Gewinnausschüttungen verzinst wird und erst im Liquidationsfall aus dem Liquidationsüberschuß zurückgezahlt werden muß. Darauf wird noch einzugehen sein.

Da die Aufnahme von klein gestückeltem Kapital für die Betriebe mit größerem Verwaltungsaufwand verbunden ist als Kapitalaufnahmen in größeren Beträgen (wie das zB bei der Kreditfinanzierung üblich ist), muß den Betrieben für die Aufnahme klein gestückelten Eigenkapitals ein *Anreiz* – bzw eine *Belohnung* – geboten werden.

Wenn die Betriebe ausreichend Eigenkapital erlangen sollen, muß – wie schon dargelegt wurde – außerdem auf die Wünsche und Erwartungen der Financiers Rücksicht genommen werden. Das ist insbesondere dann der Fall, wenn das *breite Publikum* als Kapitalbeisteller angesprochen werden soll. Denn dieses will (und braucht) eine *hohe Verzinsung*, damit in der Zeit, in der bei der überwiegenden Mehrheit der Bevölkerung die Arbeitsplätze noch gesichert sind, ein so großer Kapitalstock angespart werden kann, daß beim Verlust der Arbeitsplätze bzw beim Übertritt in den Ruhestand ein ausreichendes Kapitaleinkommen bezogen werden kann. Das breite Publikum muß aber auch die Möglichkeit haben, das ersparte und in Beteiligungen an Betrieben oder Kapitalanlagegesellschaften angelegte Kapital *jederzeit flüssig* zu machen, wenn dies notwendig ist und Bargeld benötigt wird.

Damit steht man vor dem schon angesprochenen Problem, eine Lösung zu finden, bei der die Betriebe zur Überlebenssicherung und Verbesserung ihrer Wettbewerbsfähigkeit *möglichst billiges und langfristiges Kapital* erhalten, das während der Lebenszeit des Betriebes möglichst *keine feste Zinsenbelastung* und *keine Rückzahlungspflicht* auslöst, den Sparern aber *hohe Entgelte* für die Kapitalzurverfügungstellung zufließen läßt und gleichzeitig die *jederzeitige Verwertbarkeit* der Ersparnisse sichert.

Dieser Widerspruch zwischen den betrieblichen Erfordernissen und den Notwendigkeiten der Sparer läßt sich durch *Unternehmungsformen* überbrücken, die eine „*mobile*“ *Finanzierung* zulassen. Eine solche Finanzierungsmobilität ist am einfachsten durch eine *Finanzierung auf Wertpapierbasis* zu erreichen, weil diese Finanzierung gegenüber dem Betrieb *unkündbar* ausgestattet werden kann, vom Sparer das Wertpapier jedoch durch *Verkauf* jederzeit wieder zu Geld gemacht werden kann. Der Sparer verfügt daher trotz Unkündbarkeit gegenüber dem Betrieb über eine jederzeitige Realisierungsmöglichkeit. Um formale Schwierigkeiten bei einem Verkauf der Wertpapiere (und damit beim Ein- und Austritt als Gesellschafter) zu vermeiden, müssen die Wertpapiere allerdings *Inhaberpapiere* sein, die formlos übertragen werden können. Auch ist dafür vorzusorgen, daß eine *Institution* geschaffen wird, die die jederzeitige Verkaufs- und Kaufmöglichkeit dieser Wertpapiere sichert. Darauf wird im 7. Abschnitt dieses Halbbandes noch einzugehen sein.

Als zweite große Möglichkeit für mobile Finanzierungen bieten sich die schon erwähnten „*Treuhandlösungen*" an. Bei diesen faßt ein Treuhänder, der auch eine juristische Person sein kann, im Innenverhältnis viele kleine Kapitalanlagen der Sparer zu einer einzigen Kapitalanlage zusammen, mit der er sich (im Außenverhältnis) an einem Betrieb beteiligt. Dadurch können die einzelnen Sparer ihre Kapitalanlagen verkaufen (und dadurch wieder zu Geld machen), ohne daß bei den Betrieben eine Änderung in der Beteiligung eintritt, weil sich der Verkauf nur im Innenverhältnis der Treuhandschaft abspielt, das Beteiligungsverhältnis jedoch unverändert bleibt. Der Treuhänder sucht für die ausgeschiedenen Sparer neue Anleger und/oder er tritt selbst als Anleger ein. Diese Treuhandlösungen spielen vor allem bei Kapitalanlage- und Pensionsfonds eine wichtige Rolle[253].

6.4.2.4.3.6. Die für eine breit gestreute Eigenfinanzierung geeigneten Unternehmungsformen

6.4.2.4.3.6.1. Die wichtigsten Eignungskriterien

Die Haftungsbeschränkung

Schon eine kurze Überlegung zeigt, daß offensichtlich nicht alle Unternehmungsformen, die heute zur Verfügung stehen, für die Sicherung des Massenwohlstandes und damit für eine Finanzierung mit breit gestreutem Eigenkapital geeignet sind. So scheidet zunächst ex definitione die *Einzelunternehmung* aus, weil bei ihr (definitionsgemäß) das Eigenkapital des Betriebes von einer einzigen Person aufgebracht wird, zur Sicherung des Massenwohlstandes aber möglichst viele Personen das betriebliche Eigenkapital aufbringen müssen, damit möglichst viele Personen ein Kapitaleinkommen als Leistungseinkommen beziehen können.

Für die Massenwohlstandssicherung eignen sich daher nur *Gesellschaften*. Aber auch bei den Gesellschaften scheiden alle diejenigen aus, bei denen die

---

253 sd BÜSCHGEN H. E.: Investmentgesellschaften, in: HWB, 4. Aufl., aaO, Sp 2019 f;

Eigenkapitalbeisteller *unbeschränkt für die Schulden des Betriebes haften* [wie das bei der Offenen Handelsgesellschaft (OHG) der Fall ist]. Denn es sind zwar viele Kapitalbesitzer bereit, einen kleinen Teil ihres Kapitals dem Verlustrisiko auszusetzen, wenn ihnen dafür als Äquivalent ein höherer Ertrag als bei sichereren Kapitalanlagen in Aussicht gestellt wird. Die unbeschränkte Haftung für alle Schulden eines Betriebes wird aber in aller Regel jemand nur dann übernehmen, wenn er im Unternehmen mitarbeitet und daher nicht nur über die im Betrieb gegebene Risikosituation genau Bescheid weiß, sondern auch zu große Risiken durch ein Vetorecht verhindern[254] oder sich durch eine Freizeichnungsmöglichkeit vom Risiko befreien kann (= Schad- und Klagloshaltung durch die Mitgesellschafter, die das riskante Geschäft durchführen wollen)[255]. Die Nichtbereitschaft der meisten Financiers, eine unbeschränkte Haftung für die Schulden eines Betriebes zu übernehmen, schränkt daher die für die Massenwohlstandssicherung zur Verfügung stehenden Unternehmungsformen auf solche ein, die die *Haftung auf einen bestimmten Geldbetrag beschränken.*

Eine solche auf einen bestimmten Geldbetrag beschränkte Haftung läßt sich auf zweifache Weise erreichen: Das Kapital kann entweder als klein gestückeltes Fremdkapital oder als klein gestückeltes, aber nur mit der Einlage haftendes Eigenkapital aufgebracht werden.

Klein gestückeltes Fremdkapital könnte entweder über *Treuhandkredite* (bei denen ein Treuhänder viele kleine aus dem Außenverhältnis stammende Kredite im Innenverhältnis für einen Betrieb zu einem großen Kredit zusammenfaßt, oder) über *Teilschuldverschreibungen* (oder ähnliche Wertpapiere) aufgebracht werden. Da aber Fremdkapital den Betrieb mit *festen Zinsen* und terminisierten Rückzahlungen belastet, ist die Fremdfinanzierung in der herkömmlichen Form für die Sicherung des Massenwohlstandes *nicht* zweckmäßig. Wenn diese Nachteile vermieden werden sollen, bedarf es bei der Fremdfinanzierung heute eher ungebräuchlicher Methoden (wie partiarischer Darlehen oder einer Mezaninfinanzierung), auf die noch einzugehen sein wird. Eine Finanzierung mit Eigenkapital erfüllt die erforderlichen Bedingungen besser und ist daher aus vielen Gründen – wie schon dargelegt wurde und im folgenden noch genauer dargelegt werden wird – für die Sicherung des Massenwohlstandes zweckmäßiger.

---

254 sd KASTNER W./DORALT P./NOWOTNY C.: Grundriß des österreichischen Gesellschaftsrechts, aaO, S 91;

255 sd KASTNER W./DORALT P./NOWOTNY C.: Grundriß des österreichischen Gesellschaftsrechts, aaO, S 90 ff;

Die Möglichkeit der raschen Wieder-zu-Geld-Machung der Beteiligung als Eignungskriterium

Für eine breit gestreute Eigenfinanzierung eignen sich aber auch diejenigen Unternehmungsformen nicht besonders gut, bei denen der Ein- und Austritt von Gesellschaftern *formal* deshalb schwierig ist, weil – von Treuhandlösungen abgesehen – jeweils *Gesellschaftsvertragsänderungen* erforderlich sind. Da eine „Wieder-zu-Geld-Machung" der Beteiligung durch den Verkauf der Beteiligung erfolgt, bedeutet ein solcher Verkauf einen Gesellschafterwechsel. Es tritt ein neuer Gesellschafter an die Stelle des bisherigen. Für ein rasches „Wieder-zu-Geld-Machen-können" einer Beteiligung muß ein solcher Gesellschafterwechsel leicht und ohne jede formale Schwierigkeit möglich sein. Vor allem darf es nicht notwendig werden, einen neuen Gesellschaftsvertrag schließen zu müssen.

Die Notwendigkeit eines neuen Gesellschaftsvertrages bei einem Gesellschafterwechsel ist bei der Kommanditgesellschaft, bei der Stillen Gesellschaft und bei der Gesellschaft mit beschränkter Haftung gegeben, weil diese Gesellschaften noch personenbezogen sind. Es steht bei ihnen das Zusammenwirken bestimmter Personen und (noch) nicht der Kapitalanteil im Vordergrund, so daß es im Falle eines Gesellschafterwechsels eines neuen Gesellschaftsvertrages bedarf. Das erfordert nicht nur Zeit und Mühe, sondern verursacht – wegen der anfallenden Gebühren – auch Kosten[256]. Da die Übertragung des Gesellschaftsrechts von einer Person auf eine andere keinerlei Schwierigkeiten bereiten soll, um eine möglichst breit gestreute Eigenfinanzierung der Betriebe zu gewährleisten, sind – wie noch gezeigt werden wird – *Aktiengesellschaften* am besten für diese Zwecke *geeignet*. Allerdings ist die Möglichkeit der Ausgabe von *Namensaktien nicht* sinnvoll und zielführend, weil bei diesen eine Übertragung der Rechte nicht ohne weiteres möglich sondern mit einem Verwaltungsaufwand verbunden ist.

Die Verbriefung (= „Securisation")

Statt von einem „leichten Gesellschafterwechsel" kann man auch von einer *„mobilen Finanzierung"* sprechen. Für eine solche mobile Finanzierung eignet sich am besten eine Finanzierung auf Wertpapierbasis (= „Securisation")[257], wenn eine jederzeitige Verkaufsmöglichkeit für Wertpapiere besteht. An sich sind zur Erreichung einer Finanzierungsmobilität verschiedene Wertpapierarten geeignet. So könnte zB ein *„Beteiligungsschein"* geschaffen werden. Auch ge-

---

256 sd KASTNER W./DORALT P./NOWOTNY C.: Grundriß des österreichischen Gesellschaftsrechts, aaO, S 441;

257 sd SPREMANN K.: Wirtschaft, Investition und Finanzierung, 5. Aufl., München/Wien 1996, S 96.

gen Entgelt ausgegebene *„Genußscheine“* wären ebenso möglich wie von den Betrieben ausgegebene *Schuldscheine* und *Teilschuldverschreibungen* (wie zB Industrieobligationen), um nur einige Beispiele anzuführen.

6.4.2.4.3.6.2. Die Aktie als am besten geeignetes betriebliches Finanzierungsinstrument für eine breit gestreute Eigenfinanzierung

Für die Betriebe ist es allerdings am zweckmäßigsten, auf die *Aktie* als Mobilisierungspapier zurückzugreifen, weil die *Aktie* nicht nur ein Eigenkapitalpapier ist, das weder eine feste Zinsenbelastung noch während des Bestehens des Betriebes eine Rückzahlungspflicht mit sich bringt, sondern weil bei der Aktie auch die für die Mobilität erforderliche Infrastruktur bereits geschaffen und auch dem breiten Publikum einigermaßen bekannt ist. Daher ist bei einer Finanzierung mit Aktien keine langwierige Aufklärung der breiten Bevölkerung mehr notwendig. Es kann mit kurzen Aufklärungskampagnen das Auslangen gefunden werden.

Für die breite Bevölkerung (nicht hingegen für die Betriebe) können (und sollen) *Anteile an Investment-* und *Kapitalanlagefonds* ebenso wie *Pensionsfonds* den Aktien gleichgestellt werden, weil sich durch den Erwerb von derartigen Anteilen die für die Absicherung gegen Kursrisiken erforderliche *breite Streuung* der Kapitalanteile *leichter erreichen läßt*, als wenn der Sparer selbst die Aktien hält. Allerdings müssen diese Fonds bestimmte Bedingungen, auf die noch einzugehen sein wird, erfüllen. Wenn daher im folgenden von „Aktien“ gesprochen wird, gilt dies nur für die Finanzierung der Betriebe. Denn diese emittieren die Aktien, die von Fonds erworben werden. Für die breite Bevölkerung umfaßt der Begriff „Kapitalanteile“ auch (und sogar stärker) Anteile an solchen Fonds, die die noch zu besprechenden sonstigen Bedingungen erfüllen.

Da die Aktie das für Betriebe bei der Massenwohlstandssicherung geeignetste Finanzierungsinstrument ist und die breitest gestreute Eigenkapitalaufbringung ermöglicht, könnte man die „Neue Vision“ – die daher gar nicht so neu ist[258] – aus der Sicht der Betriebe auch dahingehend formulieren, daß aus einem „Volk von Arbeitern“ ein *„Volk von Aktionären“* werden soll. Es soll dadurch – wenn auch auf eine ganz andere Weise – der Zustand erreicht werden, der Karl Marx für die Zeit nach der Überwindung des Kapitalismus vorschwebte: Keine „Lohnabhängigen“ mehr, denen der von ihnen geschaffene Mehrwert vorenthalten wird, sondern nur noch „Kapitalisten“, die sich den vor allem von Robotern geschaffenen Mehrwert aneignen und dadurch in den vollen Genuß des Arbeitsertrages kommen. Denn nach der „Neuen Lösung“ gehört zwar jeder Betrieb nur

---

258 sd die umfangreiche Literatur über den „Volkskapitalismus“ wie zB EHGARTNER P.: Die Volksaktie als Instrument der Privatisierung in Österreich seit 1945, Dip.Arb. Univ. Wien, Wien 1994; HIRCHE K.: Das Experiment der Volksaktie, aaO;

einer *begrenzten Zahl von (privaten) Eigentümern*, die sich seine Effizienz angelegen sein lassen, und doch – in toto betrachtet – gehören alle Betriebe dem ganzen Volke, weil *alle* an Betrieben beteiligt und dadurch Kapitalisten geworden sind, die von den Kapitalerträgen dieser Betriebe leben. Dadurch, daß auf *privatwirtschaftlicher Basis* erreicht wird, daß *alle* Betriebe insgesamt gesehen *allen* gehören, weil jeder an verschiedenen Betrieben beteiligt ist und sich um die Effizienz dieser Betriebe kümmert, können die Fehlentwicklungen vermieden werden, die mit einer Verstaatlichung verbunden sind und an denen das Modell von Karl Marx gescheitert ist.

6.4.2.4.3.6.3. Die verschiedenen Formen der Aktiengesellschaft und ihre Eignung für die Sicherung des Massenwohlstandes

Aber auch dann, wenn man von den Betrieben aus auf die *Aktie* als Eigenkapitalaufbringungsinstrument abstellt, sind noch mindestens zwei Grundlösungen möglich. Da bei einer dieser Grundlösungen jedoch zwei Sublösungen möglich sind, stehen de facto *drei Möglichkeiten* zur Verfügung. Die beiden Grundlösungen sind die *„normale"* *Aktiengesellschaft* und die *Kommanditgesellschaft auf Aktien* (die in Österreich zur Zeit nicht zulässig ist und daher erst wieder zulässig gemacht werden müßte). Bei der Kommanditgesellschaft auf Aktien gibt es jedoch zwei mögliche Spielarten – eine mit einer oder mehreren *natürlichen Personen* als Volllhafter (= *personalistische Kommanditgesellschaft auf Aktien*) und eine mit einer *Kapitalgesellschaft* als Vollhafter (= *kapitalistische Kommanditgesellschaft auf Aktien*), so daß zusammen mit der „normalen Aktiengesellschaft" tatsächlich drei Arten zur Verfügung stehen.

Die *Kommanditgesellschaft auf Aktien* mit einer oder mehreren *natürlichen Personen* als Vollhafter ist für Betriebe, die bisher als Einzelunternehmung oder als OHG geführt wurden und die nunmehr für die Massenwohlstandssicherung optieren und Eigenkapital auf breiter Basis aufnehmen wollen, deshalb eine *sehr geeignete Unternehmungsform*, weil bei ihr die bisherigen Betriebseigentümer auch weiterhin einen gewichtigen Einfluß auf die Betriebsführung nehmen können und auch eine „feindliche Übernahme" nicht so einfach durchzuführen ist wie bei einer reinen Aktiengesellschaft. Für die Aktionäre bietet die unbeschränkte Haftung der Vollhafter dann einen gewissen Schutz vor einer nichteffizienten Betriebsführung, wenn das schon dargelegte und für weitere Bereiche noch darzulegende Anreizsystem für eine effiziente Betriebsführung eingerichtet und auch noch dafür gesorgt wird, daß Vorteile aus dem Betrieb nur über *offene Gewinnausschüttungen* erlangt werden können. Da darauf noch einzugehen sein wird, darf hier der Hinweis genügen. Eine Kommanditgesellschaft auf Aktien mit einer *Kapitalgesellschaft* – etwa einer GmbH – als Vollhafter empfiehlt sich vor allem für die *Aufnahme strategischer Partner*, die auf diese Weise besser eingebunden werden können als reine Aktionäre. Aber auch hier muß gelten, daß Vorteile aus dem Betrieb nur über offene Gewinnausschüttungen erlangt werden können.

Diese Vision einer Kapitalaufbringung auf breiter Basis erscheint zwar in Anbetracht der bisherigen Fehlschläge als einigermaßen utopisch. Sie ist das aber nicht, wie als Beispiele die Entwicklung der Vereinigten Staaten von Amerika und der Schweiz zeigen. Diese beiden Volkswirtschaften steuern heute schon erkennbar auf einen derartigen Zustand zu. Es ist bekannt, daß heute schon ein erheblicher Teil der US-Industrie über die großen Pensionsfonds der breiten US-Bevölkerung gehört und diese Entwicklung steigende Tendenz aufweist. Auch in der Schweiz weist die Zahl der Aktiengesellschaften eine steigende Tendenz auf. Es gibt in ihr bereits mehr als 107.200 Aktiengesellschaften[259] gegenüber rund 800 in Österreich[260] und etwa 3.900 in der BRD[261].

6.4.2.4.3.7. Die Publikumsaktiengesellschaft als für die Massenwohlstandssicherung am besten geeignete Unternehmungsform

Die Ursachen der besonderen Eignung

Da Kommanditgesellschaften auf Aktien trotz ihrer guten Eignung für die Massenwohlstandssicherung heute beim Publikum noch nicht genug „beliebt" sind, um Kapital auf breiter Basis aufzubringen, und es noch einer längeren Erfahrung bedürfen wird, bis sich eine ausreichende Beliebtheit einstellt, ist die *Publikumsaktiengesellschaft* zur Zeit (noch) die geeignetste Unternehmungsform, wenn zurückgehende Arbeitseinkommen durch (aus Risikogründen breit gestreute) Kapitaleinkommen ersetzt werden sollen und dieser Ersatz nicht durch Transfereinkommen, sondern durch *Leistungseinkommen* erfolgen soll (weil nur letztere auf Dauer finanzierbar sind). Es muß dann aber nicht nur dafür gesorgt werden, daß diese Gesellschaften gut (= effizient) geführt werden und hohe Gewinne ausschütten können, sondern auch dafür, daß ständig *neue Kapitalanlagemöglichkeiten mit hohen Erträgen* für die breite Bevölkerung zur Verfügung stehen, damit die Sparer durch Erwerb dieser Kapitalanlagemöglichkeiten ihren Kapitalstock in der erforderlichen Weise ausweiten können. Das setzt wiederum voraus, daß die Betriebe das für die Investitionen benötigte Kapital weder durch Selbstfinanzierung noch durch Kreditaufnahme, noch durch „Pa-

---

259 sd STATISTIK SCHWEIZ. BUNDESAMT FÜR STATISTIK: Betriebszählung 1998, Informationsmail vom 15. 5. 2002 (Datei: Ast.Rechtsformen, CH, Noga 2.xls);

260 sd STATISTIK AUSTRIA: Statistisches Jahrbuch 2001, Wien 2001, S 441;

261 sd STATISTISCHES BUNDESAMT: www.statistik-bund.de/download/fist/fistdow3.htm, 6. 11. 2001;

ketemissionen“, sondern durch Ausgabe *breit gestreuter Eigenkapitalanteile* (insbesondere Aktien) aufbringen.

Kapitalaufbringung mit breit gestreutem Eigenkapital ist heute bei den Betrieben nicht besonders beliebt. Um die Betriebe zu einer solchen Politik breit gestreuter Eigenkapitalaufnahme zu veranlassen, muß eine solche Finanzierungsform für die Betriebe *günstiger* sein als die Innenfinanzierung (wie insbesondere die Gewinnthesaurierung und/oder die Cash-Flow-Finanzierung) und/oder als Finanzierungsformen, bei denen das Kapital in großen Beträgen von einigen wenigen Financiers aufgebracht wird (= Großbetragsfinanzierung). Eine solche Begünstigung muß – wie noch zu zeigen sein wird – in solchen *Anreizen* bestehen, die nur für diejenigen Betriebe Vorteile bringen, die die Bedingungen der Massenwohlstandssicherung bereits voll oder doch überwiegend erfüllen oder die sie in Zukunft verpflichtend erfüllen wollen (= optionale massenwohlstandssichernde Betriebe). Nichtmassenwohlstandssichernde Betriebe dürfen diese Begünstigungen nicht erlangen können. Es muß für die Betriebseigentümer vorteilhafter sein, mit ihren Betrieben an der Massenwohlstandssicherung mitzuwirken und mit breit gestreutem Eigenkapital zu finanzieren als wie bisher financierseitig beschränkt zu finanzieren. Diese Anreize müssen vor allem bewirken, daß möglichst viele Betriebe solche Unternehmungsformen wählen, die eine Eigenkapitalaufbringung auf breiter Basis erlauben, wie dies die Aktiengesellschaft und die personalistische und die kapitalistische Kommanditgesellschaft auf Aktien und die Publikumsaktiengesellschaft tun.

Zusätzliche Voraussetzungen für die Eignung

Damit die Publikumsaktiengesellschaft die für die Massenwohlstandssicherung geeignetste Unternehmungsform wird, sind zu den schon genannten Bedingungen noch einige zusätzliche Voraussetzungen notwendig. So muß insbesondere die *Erwerbbarkeit* der Aktien nicht nur für die breite Bevölkerung, sondern auch für die verschiedenen in Frage kommenden Fonds erleichtert werden. Dazu ist es notwendig, nicht nur den Erwerb möglichst *gebührenfrei* zu gestalten, sondern auch *niedrige Nominale* zu wählen, wenn auch nicht soweit gegangen werden muß, daß „Geldeinheits-Aktien“ (wie zB die 1$-Shares) ausgegeben werden. Zweckmäßiger wäre es, Nominale von 50 Euro zu wählen, weil diese Beträge für die Sparer noch relativ leicht erschwinglich sind. Denn die von der Zahl der Aktien abhängigen Kosten (wie z.B. die Kuponeinlösungskosten) sind zwar insgesamt schon höher als bei höheren Nominalen (weil bei höherem Nominale für das gleiche Aktienkapital eine geringere Stückzahl an Aktien emittiert werden muß), dafür ist aber die Zahl der Aktionäre und insbesondere die notwendige *breite Streuung* des Kapitals leichter erreichbar ist als mit hohen Nominalen.

Da die die Massenwohlstandssicherung bewirkenden Aktien normalerweise nicht schon bei der Gründung eines Unternehmens, sondern erst später zur Finanzierung des Ausbaus und der Erweiterung des Betriebes ausgegeben werden, könnten sie nicht nur als normale Stammaktien, sondern auch als *stimmrechtslose Vorzugsaktien* ausgegeben werden. Diese Vorzugsaktien müßten zum Ausgleich für die Stimmrechtslosigkeit mit einem höheren Dividendenanspruch ausgestattet werden. Allerdings wird durch die Stimmrechtslosigkeit die noch darzustellende Kontrolle des Anteilsbesitzes der einzelnen Gesellschafter erschwert. Auch müßte bei stimmrechtlosen Vorzugsaktien eine *Stimmrechtsauflebung* vorgesehen sein, die dann wirksam wird, wenn durch eine bestimmte, nicht zu große Zahl von Jahren (zB durch drei Jahre hindurch) kein für eine marktgerechte Verzinsung des gewinnberechtigten Eigenkapitals ausreichender Gewinn erwirtschaftet bzw ausgeschüttet wird. Beide Sachverhalte lassen stimmrechtslose Vorzugsaktien für die Massenwohlstandssicherung als *nicht* so zweckmäßig erscheinen, wie es zunächst den Anschein hat. Aus diesen Gründen ist für die Massenwohlstandssicherung die Finanzierung mit stimmberechtigten Stammaktien zu präferenzieren.

Eine *breite Eigenkapitalstreuung* erfordert zunächst eine *betragsmäßige Beschränkung* der Zahl derjenigen Kapitalanteile, die eine (natürliche oder juristische) Person erwerben kann (= *Kleinbetragsfinanzierung* zum Unterschied von der *Großbetragsfinanzierung*). Diese Beschränkung kann schon bei der Zeichnung der Aktien vorgesehen werden. Diese für die Kleinbetragsfinanzierung notwendige Beschränkung der Höhe der Eigenkapitaleinlage eines Kapitalbeistellers ist auch in der Folge bei denjenigen Finanzierungsalternativen relativ leicht einhaltbar, bei denen die Financiers (Gesellschafter und/oder Kreditgeber) dem zu finanzierenden Unternehmen *namentlich* bekannt sind. Das ist bei direkter Beteiligung als Kommanditist an einer Kommanditgesellschaft und als Gesellschafter bei einer Stillen Gesellschafter und einer Gesellschaft mit beschränkter Haftung und/oder als persönlicher Kreditgeber eines Unternehmens der Fall, weil hier mit den einzelnen kapitalanlegenden Personen *Beteiligungs-* und/oder *Kreditverträge* abgeschlossen werden müssen.

Bei einer *indirekten Beteiligung* (= über Treuhänder) als Gesellschafter und/oder als Kreditgeber muß der Treuhänder der Gesellschaft gegenüber eine (rechtsverbindliche) Erklärung abgeben, daß bei der Höhe der einzelnen Kapitaleinlagen, die er zur Großeinlage zusammengefaßt hat, die satzungsmäßige Begrenzung eingehalten wurde, wenn er den Kapitalanlegern die für breit gestreute Kapitalanlagen vorgesehenen steuerlichen Vorteile, auf die noch einzugehen sein wird, zukommen lassen will. Eine Nichtbekanntgabe sollte die Geltendmachung aller Vorteile verhindern, die massenwohlstandssichernden Betrieben eingeräumt werden. Eine solche Nichtbekanntgabe würde für den Treuhänder einen Haftungsfall darstellen, weil er die Interessen seiner Treugeber mit der Sorgfalt eines ordentlichen Treuhänders zu wahren hat und dazu ohne Zweifel auch die Pflicht gehört, für den Treugeber mögliche Vorteile auch auszunützen, auch wenn dazu die Bekanntgabe der für eine Vorteilslukrierung erforderlichen Daten notwendig ist, es sei denn, ein Treugeber hätte dies untersagt, weil er auf diese Vorteile verzichten will.

Schwieriger wird der Nachweis der Kapitalstreuung bei einer Finanzierung auf Wertpapierbasis nach der Gründungsphase. Denn bei der Zeichnung kann zwar, wie schon oben erwähnt, eine *Beschränkung der Zahl der zuzuteilenden Anteile* vorgenommen werden, es kann aber in der Folge nicht mehr ohne Schwierigkeiten festgestellt werden, wie viele Wertpapiere jemand nach der Zeichnung im Laufe der Zeit noch dazu erworben hat. Nur bei Wertpapieren, die Eigentumsrechte am Betrieb und daher *Stimmrechte* in der Gesellschafterversammlung verkörpern, ist auf dem Umweg über *Stimmrechtsbeschränkungen* noch eine gewisse, allerdings auch nicht sehr sichere Kontrolle möglich. Bei Wertpapieren, die kein Stimmrecht verschaffen (wie das bei Teilschuldverschreibungen der Fall ist), ist eine solche Kontrolle de facto fast unmöglich, was – wie schon erwähnt wurde – einen weiteren Grund für die schon dargelegte und noch darzulegende Präferenzierung der Eigenfinanzierung mit stimmberechtigten (und nicht mit stimmrechtslosen) Kapitalanteilen darstellt.

Die für die Massenwohlstandssicherung notwendigen Kriterien der Publikumsaktiengesellschaft

Nach der herkömmlichen Definition liegt eine Publikumsaktiengesellschaft dann vor, wenn die Zahl der Stimmen, über die ein Gesellschafter (Aktionär) in der Gesellschafterversammlung verfügt, de facto oder in der Satzung beschränkt ist und kein Gesellschafter über mehr als 5 % der Stimmrechte verfügt[262]. Für die Sicherung des Massenwohlstandes ist diese Definition jedoch aus zwei Gründen unzweckmäßig. Einerseits kann für die Betriebe in einer globalisierten Wirtschaft der Abschluß *strategischer Allianzen*, die ein größeres Beteiligungsausmaß erfordern, eine Überlebensnotwendigkeit sein und andererseits soll die eine Außenfinanzierung darstellende Eigenfinanzierung gefördert werden. Um diese beiden Ziele zu erreichen, muß für die Sicherung des Massenwohlstandes der Begriff der „Publikumsgesellschaft" *strenger* definiert werden.

Eine Publikumsgesellschaft sollte für die Zwecke der Massenwohlstandssicherung dann vorliegen, wenn

1) das insgesamt in der Gesellschaft vorhandene *Eigenkapital* langfristig mindestens *80 %* des in der Gesellschaft investierten Gesamtkapitals beträgt (also langfristig höchstens 20 % des gesellschaftlichen Gesamtkapitals Fremdkapital sind) und ein höherer

---

262 sd UNILEVER: Unilever Annual Report & Accounts 2001, www.unilever.com/Images/3_3971.pdf, 3. 6. 2002, S 110 f;

Fremdkapitalsatz nur für die Zeit Platz greift, die benötigt wird, um Kredite, die zu einer aus Zeitgründen nicht anders finanzierbaren Kapitalaufstockung aufgenommen wurden, durch langfristiges Eigenkapital zu ersetzen und die Einleitung entsprechender Umfinanzierungsmaßnahmen nachgewiesen werden kann,

2) das *gewinnberechtigte Eigenkapital* mindestens *60 %* des Gesamtkapitals beträgt (also neben 20 % Fremdkapital die offenen und stillen Rücklagen zusammen höchstens 20 % des in der Gesellschaft investierten Gesamtkapitals betragen dürfen),
3) das gewinnberechtigte Eigenkapital in *Kapitalanteile* mit einem Nominale von höchstens 50 Euro *zerlegt* ist und jedem Kapitalanteil eine Stimme zusteht,
4) Personen, die direkt oder indirekt mehr als *3 %* des gewinnberechtigten Eigenkapitals der Gesellschaft halten, als *Großgesellschafter* zu gelten haben, die dies ebenso wie alle Veränderungen in ihrem Beteiligungsausmaß bei sonstigem Verlust des über einen Eigenkapitalanteil hinausgehenden Stimmrechtes der Gesellschaft und der Hauptversammlung, in der sie ihr Stimmrecht ausüben wollen, offen legen müssen,
5) das Stimmrecht aller Großgesellschafter zusammen auf insgesamt 9 % des Gesamtkapitals oder, wenn aus wirtschaftlichen Gründen ein höheres Beteiligungsausmaß für Großgesellschafter erforderlich ist, auf höchstens 24 % des stimmberechtigten Eigenkapitals beschränkt wird (so daß bei Abstimmungen, die eine qualifizierte Mehrheit erfordern, mindestens für 1 % des stimmberechtigten Eigenkapitals Stimmen der Kleingesellschafter benötigt werden) und
6) das *Stimmrecht* eines Gesellschafters, der kein Großgesellschafter gem Zi 4) ist, auf *höchstens 1 % des gewinnberechtigten Eigenkapitals* beschränkt wird und zwar auch für Personen, die mehr als 1 %, aber weniger als 3 % des gewinnberechtigten Eigenkapitals halten. Diese Personen gelten als *Kleingesellschafter.* Soweit Kleingesellschafter ihre Eigenkapitalanteile von dafür befugten Institutionen (Pensionsfonds, Aktienfonds usw) verwalten lassen, beträgt deren Stimmrecht die Summe der Prozentsätze der von ihnen vertretenen Kleingesellschafter, höchstens jedoch (um auch bei diesen Institutionen eine angemessene Risikostreuung zu erreichen) 15 % der bestehenden Stimmrechte,
7) offen gelegt werden muß, welche Personen als Vertrauenspersonen welcher Großgesellschafter in leitender Stellung in der Gesellschaft tätig sind, (damit die Politik der Gesellschaft durchsichtiger wird).

Eine so strukturierte Publikumsgesellschaft stellt diejenige Unternehmungsform dar, die für die Massenwohlstandssicherung am besten geeignet erscheint und daher anzustreben ist. Für eine solche Gesellschaft sollten die schon dargelegten und noch darzulegenden steuerlichen Vorteile *ohne* besonderen Antrag, also *ex lege* gelten.

6.4.2.4.3.7. Gewinnausschüttung als notwendige Bedingung

Wenn an die Stelle von Arbeitseinkommen Kapitaleinkommen treten sollen, dann müssen die Kapitaleinkommen aber auch *zufließen*, weil sonst kein Geld zunächst für die Ansparung des Kapitalstockes und später für den Kauf der benötigten Produkte zur Verfügung steht. Damit die Kapitaleinkommen zufließen können, müssen nicht nur Gewinne *erzielt*, sondern diese auch im Jahresabschluß *ausgewiesen* und – vor allem – auch *ausgeschüttet* werden. Denn nur dadurch kommen konsumierbare Masseneinkommen zustande, die an die Stelle der Arbeitseinkommen treten können. Viele Unternehmen goutieren Gewinnausschüttungen aber nicht. Sie betreiben zu Selbstfinanzierungszwecken lieber Gewinnthesaurierung. Um einen Anreiz zu einer Gewinnausschüttung anstatt zu einer Gewinnthesaurierung zu geben, müssen *Gewinnausweis* und – vor allem – *Gewinnausschüttung* für die Betriebe und die Betriebseigentümer *günstiger* sein als Nichtausweis und Nichtausschüttung. Die Gewinne dürfen nicht thesauriert werden, weil Gewinnthesaurierung keine Einkommen schafft. Es ist daher als *dritte Dimension* auch noch ein möglichst hoher *Gewinnausschüttungsgrad* notwendig.

6.4.2.4.3.8. Exkurse

1. Exkurs: Das Problem der Auflösung bisheriger Rücklagen

Wenn für eine Publikumsaktiengesellschaft festgelegt wird, daß die offenen und stillen Rücklagen (= Reserven) zusammen nur 20 % des in der Gesellschaft investierten Gesamtkapitals betragen dürfen[263], so muß zu zwei weiteren Fragen Stellung genommen werden: zur Auflösung bisheriger offener Rücklagen und zur Behandlung der sogenannten automatischen stillen Rücklagen, weil viele Gesellschaften Teile dieser Rücklagen zugunsten des gewinnberechtigten Eigenkapitals werden auflösen wollen, was erleichtert werden sollte, weil dadurch neue Kapitalanlagemöglichkeiten geschaffen werden.

Bei den *offenen Rücklagen* ist in diesem Zusammenhang zwischen versteuerten und nicht versteuerten Rücklagen zu unterscheiden. *Versteuerte offene Rücklagen* sollten – einen entsprechenden Gesellschafterbeschluß vorausgesetzt

263 sd S 178, Punkt 2);

– mittels *Gratisaktien* erfolgssteuerfrei in gewinnberechtigtes Eigenkapital umgewandelt werden können, weil sie schon versteuert sind. *Unversteuerte offenen Rücklagen* sollten demgegenüber bei einer eventuellen Umwandlung in gewinnausschüttungsberechtigtes Eigenkapital mit einem niedrigen Steuersatz (zB einem Drittel des Normalsatzes) nachversteuert werden müssen. Ein solcher stark ermäßigter Steuersatz sollte zur Anwendung kommen, um einen Anreiz zu geben, nicht versteuerte offene Rücklagen ebenfalls in gewinnberechtigtes Eigenkapital umzuwandeln.

Von *automatischen stillen Rücklagen* spricht man, wenn diese Rücklagen aufgrund der für die Bilanz geltenden Bewertungsbestimmungen entstehen und daher bei der Erstellung einer den Grundsätzen ordnungsmäßiger Bilanzierung entsprechenden Bilanz unvermeidlich sind. Sie entstehen durch die Gültigkeit des Anschaffungswertprinzips dann, wenn nach der Anschaffung eines Vermögensgegenstandes eine Preissteigerung eintritt, diese Vermögensgegenstände aber in der Bilanz weiterhin mit dem historischen Anschaffungswert bzw mit dem auf den historischen Anschaffungswert zurückgehenden fortgeschriebenen Anschaffungswert bewertet werden müssen[264]. Die von diesen Positionen in die Gewinn- und Verlustrechnung zu übernehmenden Beträge (insbesondere die Abschreibungen und der Wareneinsatz) sind dann gegenüber aktuell richtigen Beträgen zu niedrig und ergeben, wie Fritz Schmidt überzeugend nachgewiesen hat, *Scheingewinne*[265].

Für die Massenwohlstandssicherung werfen diese automatischen stillen Rücklagen bei Publikumsaktiengesellschaften zwei Probleme auf. Zum ersten ist zu entscheiden, ob sie bei der Berechnung der Verhältnisse von gewinnberechtigtem und nicht gewinnberechtigtem Eigenkapital zum Gesamtkapital in die Berechnung einzubeziehen sind oder nicht. Da sich große stille Reserven uU in einem höheren Wert (= Kurs) der Aktien niederschlagen, ist zum zweiten zu prüfen, wie solche Kurssteigerungen – die zu einem „Zu-schwer-werden" der Aktien führen – verhindert werden können.

Beim ersten Problem (Berücksichtigung oder Nichtberücksichtigung beim nicht gewinnberechtigten Eigenkapital) ist die Lösung relativ einfach. Solange in einem Lande eine Tageswertbilanzierung nicht zulässig ist, sind die automatischen stillen Rücklagen ebenso wie die bewußt gebildeten stillen Rücklagen bei der Errechnung des Ausmaßes, das das nicht gewinnberechtigte Eigenkapital bei Publikumsaktiengesellschaften erreichen darf, weder in das nicht gewinnberech-

---

264 sd FRICK W.: Bilanzierung nach der Rechnungslegungsreform, 6. Aufl., Wien 1999, S 227; LECHNER K./EGGER A./SCHAUER R.: Einführung in die Allgemeine Betriebwirtschaftslehre, 18. Aufl., Wien 1999, S 666;

265 sd SCHMIDT F.: Die organische Tageswertbilanz, Leipzig 1929; SCHMIDT F.: Die organische Bilanz im Rahmen der Wirtschaft, aaO;

tigte Eigenkapital noch in das Gesamtkapital einzubeziehen. Bei Tageswertbilanzierung gibt es ex definitione keine automatischen stillen Rücklagen, sondern nur solche, die bewußt gebildet wurden, und diese sind bei Publikumsaktiengesellschaften weder bei der Errechnung des gewinnberechtigten Eigenkapitals noch bei der Errechnung des Gesamtkapitals einzurechnen.

2. Exkurs: Zum „Zu-schwer-werden" der Aktien

Schwieriger ist das Problem der Verhinderung des „*Zu-schwer-werdens*" der Aktien zu lösen. Die automatischen stillen Rücklagen bewirken, daß das in der Bilanz ausgewiesene Eigenkapital gegenüber dem in einem Unternehmen realiter vorhandenen Eigenkapital zu niedrig ausgewiesen wird. Da die Aktionäre im Liquidationsfall aber nicht nur auf das bilanzielle, sondern auf das *vorhandene reale Eigenkapital* Anspruch haben, drückt sich dieser über das Nominale hinausgehende Liquidationsanspruch in den meisten Fällen im Kurs der Aktien aus. Dieser wird in der Regel umso höher, je mehr bei guter Ertragslage stille Rücklagen in einem Unternehmen vorhanden sind. Wenn daher bei Neuemissionen die bisherigen Aktionäre nicht benachteiligt werden sollen, müßten bei gut rentierenden Gesellschaften neue (= junge) Aktien mit einem entsprechenden *Agio* emittiert werden, was die Papiere nicht nur teurer und damit für die breite Bevölkerung schwerer erschwinglich macht, sondern auch bewirkt, daß eine an das nominelle Grundkapital gebundene Dividende keine ausreichende Effektiv(= Real-)verzinsung mehr ergibt.

Das Zu-schwer-werden der Aktien ließe sich am einfachsten durch die Ausgabe von *Gratisaktien* vermeiden. Dies stößt jedoch in der Praxis auf Schwierigkeiten, da die Geldentwertungen in den hochentwickelten Industriestaaten in aller Regel keine solchen Größenordnungen erreichen, daß eine Ausgabe von Gratisaktien ohne Spitzenproblem lösbar wäre. Denn bei einer Inflationsrate von durchschnittlich 2 % dauert es immerhin fast 35 Jahre, bis eine Aktie über Scheingewinne voll ausbezahlt ist.

Eine brauchbarere Lösung würde sich ergeben, wenn die *Scheingewinne*[266] als *Anzahlung auf junge Aktien* bereitgestellt würden und die bisherigen Aktionäre nur mehr den nach Berücksichtigung dieser Anzahlung verbleibenden Restbetrag auf das Nominale bzw auf den Emissionskurs als Kaufpreis für die jungen Aktien bezahlen müßten. Wenn man der (nicht zu recht bestehenden) Ansicht ist, daß diese Lösung gegen das für Aktien geltende Unter-pari-Emissions-Verbot verstößt, könnte man zunächst eine andere Wertpapiertype – etwa Genußscheine – emittieren, die nach Volleinzahlung gegen Aktien umgetauscht werden könnten.

---

266 sd SCHMIDT F.: Die organische Tageswertbilanz, aaO; SCHMIDT F.: Die organische Bilanz im Rahmen der Wirtschaft, aaO;

3. Exkurs: Die Aufgliederung der Kapitalarten im Jahresabschluß als Kapitalstreuungsnachweis

Um zu verhindern, daß Betriebe, die sich *nicht* durch *breit gestreute Kleinbetragsfinanzierung* an der Bildung von Ersatzeinkommen an der Masssenwohstandssicherung beteiligen, ebenfalls die für die massenwohlstandssichernden Betriebe vorgesehenen Vorteile ausnützen, sollte für die Ausnützung der Vorteile, die den massenwohlstandssichernden Betrieben gewährt werden, ein *Kapitalstreuungsnachweis* erforderlich sein.

Auch für die Kapitalbeisteller ist ein solcher Nachweis notwendig, damit sie überprüfen können, ob ihnen die im zweiten Teil dieser Studie noch zu besprechende *Kapitalstreuungsprämie* zusteht oder nicht. Dafür müssen ihnen die entsprechenden Daten zur Verfügung stehen. Diese Zurverfügungstellung der erforderlichen Daten kann entweder durch eine entsprechende Gliederung der Bilanz oder im Anhang erfolgen. Da der Anhang aber nicht die gleiche Publizitätswirkung hat wie die Bilanz, sollte der Kapitalstreuungsnachweis in der Bilanz durch eine geeignete Gliederung erfolgen.

Dazu muß das betriebliche Kapital in der Bilanz nicht nur nach außenfinanziertem und innenfinanziertem Eigenkapital, sondern auch nach *gewinnberechtigtem* und *nicht gewinnberechtigtem Kapital* und darüber hinaus auch noch nach *kleinbetrags*- und *großbetragsfinanziertem Kapital* getrennt ausgewiesen werden. Die erstangeführte Trennung erfolgt zum Teil bereits in den derzeitigen Bilanzen dadurch, daß das von außen eingezahlte gewinnberechtigte Eigenkapital und die Kapitalrücklagen von den Gewinnrücklagen als innenfinanziertem Eigenkapital getrennt ausgewiesen werden, wobei zum innenfinanzierten Kapital neben den Gewinnrücklagen vor allem auch noch die Bewertungsreserve, das Jahresergebnis und allfällige Ergebnisvorträge sowie Wertberichtigungen zu rechnen sind.

Nicht befriedigend ist hingegen die derzeitige Ausweissituation beim *Fremdkapital* und auch bei der *Aufgliederung* des Eigenkapitals *in kleinbetrags- und großbetragsfinanziertes gewinnberechtigtes Eigenkapital* gelöst. Eine klare Trennung des *von außen eingezahlten* und *des aus der Durchführung des Betriebsprozesses* entstandenen Kapitals – und zwar sowohl des *Eigen*- wie des *Fremdkapitals* – wäre für die Massenwohlstandsicherung zweckmäßig. Beim Eigenkapital ist dieser Ausweis für die Überprüfung notwendig, ob die für massenwohlstandssichernde Betriebe vorgesehenen Vorteile zustehen oder nicht. Er könnte in den Vorspalten vorgenommen werden.

Wenn auch beim Fremdkapital eine eventuelle Berechtigung zur Vorteilsausnützung wegen breiter Streuung ins Auge gefaßt werden sollte, wäre auch beim Fremdkapital die betragsmäßige Aufgliederung nach den dafür geeigneten – heute bei Klein- und Mittelbetrieben eher noch ungebräuchlichen – Fremdfinanzierungsvarianten (wie zB Industrieobligationen, Gewinnobligationen usw) notwendig. Beim Fremdkapital dürfen allerdings weder Kundenanzahlungen noch Lieferantenkredite oder die aus bereits verursachten, aber noch nicht zu Ausgaben gewordenen Aufwendungen stammenden Verbindlichkeiten (insbesondere Rückstellungen) in das kleingestückelte Fremdkapital eingerechnet werden. Die notwendigen Trennungen könnten in der Bilanz durch eine Kombination eines zeilen- und spaltenmäßigen Ausweises durchgeführt werden. So könnte die Trennung des außenfinanzierten gewinnberechtigten und nicht gewinnberechtigten sowie des innenfinanzierten Kapitals durch eine abschnittsweise (= vertikale) Gliederung der Bilanz und die Trennung in Groß- und Kleinbetragsfinanzierung in den Vorspalten vorgenommen werden.

6.4.2.4.4. Exkurs: Die Problematik der Mitarbeiterbeteiligung

Die Notwendigkeit des *Risikoausgleichs* ist auch der Grund dafür, daß Beteiligungen der Mitarbeiter an dem Betrieb, in dem sie tätig sind (= *Mitarbeiterbeteiligungen*), – die wegen der größeren Identifikation der Mitarbeiter mit dem Betrieb von der *Kostenseite her sehr wünschenswert* sind – wenn überhaupt, dann nur in *engen Grenzen* gefördert werden sollen. Denn wenn der Betrieb, an dem die Mitarbeiterbeteiligung besteht, nicht reüssiert und zugrunde geht, ist nicht nur der Arbeitsplatz, sondern sind auch die Ersparnisse, die die Zukunft sichern sollen, verloren. Die Mitarbeiter müssen aus diesem Grunde angehalten werden, kleine Beteiligungen an möglichst vielen anderen Betrieben zu erwerben, um auf diese Weise das mit Beteiligungen verbundene Risiko zu minimieren.

6.4.3. Die Kostenvariabilisierung als notwendige Bedingung

Da die durch den technischen Fortschritt ausgelöste Rationalisierung in den Betrieben im wesentlichen darin besteht, menschliche Arbeit durch die Leistung technischer Apparaturen zu ersetzen, wird, wie schon dargelegt wurde, eine *Änderung der betrieblichen Kostenstruktur* von überwiegenden Arbeitskosten zu überwiegenden Kapitalkosten hin eintreten. Die *Arbeitskosten* werden in Zukunft *abnehmen*, da infolge des Verfahrensfortschrittes für die Herstellung der Produkte immer weniger menschliche Arbeit benötigt werden wird. Die *Kapitalkosten* werden hingegen wegen der Investitionen, die zur Realisierung des technischen Fortschrittes notwendig sind, *zunehmen*, wie das auf Seite 141 f gebrachte Beispiel zeigt, bei dem die Arbeitskosten jeweils durch Abschreibungen und Zinsen ersetzt wurden. Zwar verursachen insbesondere die Sachanlagen auch noch andere Kosten als Abschreibungen und Zinsen, die teils vom Vorhandensein (= Bestand) und teils vom Ausmaß der Tätigkeit (= der Beschäftigung) dieser Anlagegüter abhängen. So gibt es zB in vielen Ländern (bestandsabhängige) Vermögenssteuern. Vom Ausmaß der Beschäftigung hängen vielfach die Reparaturkosten ab. Da aber diese anderen Kosten nicht so erheblich sind wie Abschreibungen und Zinsen, werden in dieser Studie unter dem Terminus Kapitalkosten nur die Abschreibungen und die Zinsen zusammengefaßt.

Kapitalkosten werden heute in der Regel als *fixe Kosten* behandelt. Denn bei den *Abschreibungen* sind zur Zeit meist *zeitabhängige Abschreibungen* üblich, die keinen Bezug zum Ausmaß der Beschäftigung haben. Bei den *Zinsen* werden in der Buchführung in der Regel nur die *Fremdkapitalzinsen* verbucht. Diese hängen ihrerseits nur von der *Höhe* des in Anspruch genommenen Fremdkapitals und vom *Zinssatz*, aber ebenfalls nicht von der betrieblichen Beschäftigung ab.

Diese heute übliche Behandlung der Kapitalkosten als *fixe Kosten* erschwert die Anpassung der Betriebe an Konjunkturschwankungen. Schon geringfügige Umsatzrückgänge können im Jahresabschluß zu *Verlusten* führen. Das setzt die Betriebe – und hier wiederum insbesondere Betriebe mit breit gestreutem Eigenkapital – allen negativen Folgen solcher Verlustabschlüsse aus. Wenn die Betriebe bei der steigenden Bedeutung der Kapitalkosten nicht nur überleben, sondern auch weiterhin wettbewerbs- und eigenkapitalaufnahmefähig bleiben sollen, muß neben der Höhe der Kapitalkosten auch ihrer kostenmäßigen Behandlung besondere Aufmerksamkeit gewidmet werden. Wenn man die bisherige Bedhandlung der Kapitalkosten als fixe Kosten vermeiden will, dann muß untersucht werden, ob – und wenn ja wie – eine Verrechnung der Kpitalkosten als *variable Kosten* (= Variabilisierung der Kapitalkosten) möglich ist und wie die Betriebe veranlaßt werden können, von dieser Möglichkeit Gebrauch zu machen.

Leser, die an den genaueren betriebswirtschaftlichen Details der Anreize und Maßnahmen für die Variabilisierung der Kosten interessiert sind, dürfen auf den Abschnitt 2.3. des zweiten Teils dieser Studie verwiesen werden.

6.4.4. Eine „Schütt-aus-hol-zurück-Politik“ als notwendige Bedingung

Wie in den vorhergehenden Abschnitten schon mehrfach dargelegt wurde, muß zur Sicherung des Massenwohlstands dafür gesorgt werden, daß die Vorteile aus dem Betreiben eines Betriebes nur über *offene Gewinnausschüttungen* erlangt werden können. Die erzielten Gewinne müssen daher voll ausgeschüttet werden. Es dürfen keine stillen Reserven gebildet und keine Innenfnanzierung betrieben werden, weil das die Einkommensmöglichkeiten der sich zur Einkommenssicherung an den Betrieben beteiligenden breiten Bevölkerung verringert. Wenn dazu auch noch die Abschreibungen als Wiederfreisetzung des investierten Kaitals ebenfalls an die Kapitalbeisteller zurückgezahlt werden sollen und daher auch eine Cash-Flow-Finanzierung nicht mehr möglich ist, steht den Betrieben kein innenfinanziertes Kapital mehr zur Verfügung. Sie müssen dann alles Kapital, das sie benötigen, durch *Eigenfinanzierung von außen* beschaffen. Sie müssen das Kapital, das sie als Prämien, offene Gewinnausschüttungen und Abschreibungsrückzahlungen hinausgezahlt haben, wieder zurückholen und daher eine „*Schütt-aus-Hol-zurück-Politik*" betreiben.

Bei dieser Zurückholung des Kapitals stehen die Betriebe jedoch in Wettbewerb mit anderen Betrieben, die ebenfalls Kapital benötigen und dieses hereinholen wollen. Gerade dieser Wettbewerb ist es, der die Schütt-aus-Hol-Zurück-Politik für die Massenwohlstandssicherung so zweckmäßig und die Selbstfinanzierung so unzweckmäßig macht. Denn es werden nur diejenigen Betriebe das erwünschte Kapital erlangen, die für die Kapitalbesitzer die günstigsten Bedingungen – insbesondere das beste Verhältnis aus Ertrag und Sicherheit – bieten. Die Betriebsführungen werden sich für die Erfüllung dieser Bedingungen mehr anstrengen müssen als sie dies tun müßten, wenn ihnen ausreichendes innenfinanziertes Kapital zur Verfügung stünde, denn dann wären sie diesem Wettbewerb um die Kapitalwiedererlangung nicht in gleichem Maße ausgesetzt.

Es ist daher leicht einzusehen, daß die Geschäftsführungen eine solche Schütt-aus-Hol-zurück-Politik, bei der die Betriebe dem „*Kapitalwiedererlangungsrisiko*" ausgesetzt sind, nicht besonders goutieren. Sie werden eine Schütt-aus-Hol-zurück-Poliltik nur dann durchführen, wenn diese Politik gegenüber der heute üblichen Finanzierungsvariante [= überwiegende Großbetrags-Fremdfinanzierung in Kombination mit Selbstfinanzierung und ergänzender (eher geringfügiger) Großbetrags-Eigenfinanzierung] deutliche Vorteile bietet. Die in den vorhergehenden Abschnitten angeführten Anreize zur Eigenfinanzierung reichen aber mit großer Wahrscheinlichkeit nicht aus, die Geschäftsführungen dazu zu veranlassen, das auf einer Schütt-aus-Hol-zurück-politik lastende, schon erwähnte *Kapitalwiedererlangungsrisiko* auf sich zu nehmen. Dazu bedarf es eines noch stärkeren Anreizes.

Dieser noch stärkere Anreiz könnte in einer *Schütt-aus-Hol-zurück-Prämie* bestehen. Diese sollte dann geltend gemacht werden können, wenn nicht nur die *Abschreibungen zurückgezahlt*, sondern auch die *erwirtschafteten Gewinne voll ausgeschüttet* werden und dem Betrieb daher kein wie immer geartetes innenfinanziertes Kapital zur Verfügung steht.

Leser, die an den genaueren betriebswirtschaftlichen Details der Anreize und Maßnahmen für eine Schütt-aus-Hol-zurück-Politik interessiert sind, durfen auf den Abschnitt 2.4. des zweiten Teiles dieser Studie verwiesen werden.

6.4.5. Eine Interessenvertretung der Kleinbeteiligten als notwendige Bedingung

6.4.5.1. Notwendigkeit und Arten der Abschlußprüfung

Die Erfahrung hat gezeigt, daß bei Betrieben, die wegen einer breiten Eigenkapitalstreuung sehr viele nicht mehr im Betrieb mitarbeitende Betriebseigentümer (= Kapitalbeisteller) haben, eine von der Geschäftsführung unabhängige Instanz zur Kontrolle der Ordnungsmäßigkeit des Betriebsprozesses nicht nur zweckmäßig, sondern notwendig ist. Aus dieser Erfahrung heraus ist schon sehr frühzeitig die Prüfung des Jahresabschlusses durch unabhängige Wirtschaftsprüfer – die sogenannte *Abschlußprüfung* – entstanden[267]. Diese wurde im Laufe der Zeit bei Aktiengesellschaften sogar verpflichtend vorgeschrieben[268]. Dabei wurde der Schwerpunkt der Prüfungstätigkeit vor allem auf die *Überprüfung der Ordnungsmäßigkeit des betrieblichen Rechnungswesens* gelegt[269]. Man ging dabei von der Überlegung aus, daß Aktionäre über das Wissen verfügen, das nötig ist, um aus einem ordnungsmäßig aufgestellten Jahresabschluß die für die Entwicklung und die Lage der Gesellschaft sowie für das eigene (Investitions-)Verhalten richtigen (und nötigen) Schlußfolgerungen zu ziehen.

Es zeigte sich aber bald, daß bei *Unternehmungen mit vielen nicht im Betrieb mitarbeitenden* und nur *mit kleinen Beträgen beteiligten Eigentümern* eine Prüfung, die nur die Ordnungsmäßigkeit des Rechnungswesens überprüfte, nicht ausreichte. Solche Unternehmungen waren vor allem die *Genossenschaften*, die noch dazu vielfach auch von nicht sehr sachkundigen Geschäftsführern geführt wurden. Man verpflichtete daher die Genossenschaften nicht nur zu einer jährlichen Überprüfung der Ordnungsmäßigkeit ihres Rechnungswesens durch unabhängige Prüfer, sondern erweiterte die Prüfung auch auf die *Überprüfung der Ordnungsmäßigkeit der Geschäftsführung*[270]. Um die Kosten dieser Prüfung niedrig zu halten, schuf man die Möglichkeit, diese Prüfungen durch (ebenfalls

---

267 sd LOITLSBERGER E.: Treuhand- und Revisionswesen, 2. Aufl., Stuttgart 1966, S 13 f; LOITLSBERGER E.: Geschichte der Prüfung, in: HWRP, 3. Aufl., Stuttgart 2002, Sp 938 f;

268 sd LOITLSBERGER E.: Treuhand- und Revisionswesen, aaO, S 14;

269 sd DÖRNER D.: Prüfungsansatz, risikoorientierter, in: HWRP, 3. Aufl., aaO, Sp 1751; LOITLSBERGER E.: § 269 – Gegenstand und Umfang der Prüfung, in: KOFLER H./NADVORNIK W./PERNSTEINER H./VODRAZKA K. (Hrsg): Handbuch Bilanz und Abschlußprüfung, Loseblattausgabe, Wien Stand 2000 (3. Teillieferung), Rz 11;

270 sd LAURINKARI J.: Genossenschaftswesen. Hand- und Lehrbuch, München/Wien 1990, S 214 ff;

auf Genossenschaftsbasis errichteten) *Revisionsverbänden* durchführten zu lassen[271]. Die Prüfer mußten nicht nur der Versammlung der Genossenschafter (= der Generalversammlung) über das Ergebnis ihrer Prüfung berichteten[272], sondern auch entsprechende Empfehlungen unterbreiteten, wobei diese Empfehlungen nicht nur Vorschläge zur Verbesserung des Betriebsprozesses beinhalten mußten, sondern bis zu Vorschlägen zur Abberufung des Managements reichen konnten.

6.4.5.2. Die Notwendigkeit einer Interessenvertretung der Kleingesellschafter

Schon eine sehr oberflächliche Überlegung zeigt die Ähnlichkeit der Situation von Genossenschaften mit Gesellschaften mit breit gestreutem Eigenkapital, bei denen die Eigentümer nicht mehr im Betrieb mitarbeiten. In beiden Fällen sind *viele* Eigentümer vorhanden, von denen die Mehrheit – was die Betriebsführung betrifft – nicht sehr sachkundig und daher auch nicht in der Lage ist, aus einem ordnungsmäßig aufgestellten Jahresabschluß die richtigen und notwendigen Schlüsse zu ziehen und in richtige Entscheidungen umzusetzen. Aber es gibt auch *gewichtige Unterschiede* zu den Genossenschaften. Diese bestehen vor allem darin, daß bei Genossenschaften das Stimmrecht nach *Köpfen* ausgeübt wird, bei den massenwohlstandssichernden Gesellschaften hingegen nach *Kapitalanteilen*. Aus diesem Grund sind bei den massenwohlstandssichernden Gesellschaften nochmals mehrere Arten zu unterscheiden.

Als erstes drängt sich eine Unterscheidung nach der Größe auf. Es kann zwischen *kleinen* und *großen Gesellschaften* unterschieden werden, wobei kleine Gesellschaften solche mit einem betrieblichen Gesamtkapital bis 10 Mio Euro sein sollen. In aller Regel kann eine große Gesellschaft die Kosten, die eine Abschlußprüfung verursacht, leichter tragen als eine kleine Gesellschaft, weil sich diese Kosten bei großen Gesellschaften auf mehr Kapitalanteile verteilen als bei kleinen Gesellschaften. Da es aber auch möglich ist, daß kleine Gesellschaften sehr große Gewinne haben und daher Kosten der Abschlußprüfung leicht tragen können, sollte auch hinsichtlich der Abschlußprüfung ein *Wahlrecht* eingeräumt werden. Die Gesellschaften sollten wählen können, ob sie die für die Abschlußprüfung derzeit geltenden Bestimmungen beibehalten oder ob sie für die noch darzustellende Form der Abschlußprüfung votieren wollen. Denn für kleine Gesellschaften und für Gesellschaften, an denen viele Kleinbeteiligte an der Willensbildung und an der Kontrolle nicht teilhaben können, sollten nicht nur billigere, sondern auch umfassendere und den Interessen der

---

271 sd LAURINKARI J.: Genossenschaftswesen. Hand- und Lehrbuch, aaO, S 427 f;

272 sd LAURINKARI J.: Genossenschaftswesen. Hand- und Lehrbuch, aaO, S 218 f;

Kleinbeteiligten besser Rechnung tragende Lösungen nicht nur gesucht, sondern auch ermöglicht werden.

Die Möglichkeit der Teilnahme an der Willensbildung und an der Kontrolle einer Gesellschaft führt zur zweiten Unterscheidung. Diese ergibt sich daraus, ob Gesellschafter mit einem so großen Eigenkapitalanteil vorhanden sind, daß es sich für sie lohnt, an der Willensbildung und der Kontrolle der Gesellschaft teilzunehmen und einen Druck auf eine ordnungsmäßige Geschäftsführung auszuüben. In diesem Falle muß nur dafür gesorgt werden, daß alle Gesellschafter *gleich* behandelt werden und *einseitige Vorteilszuwendungen* an die Großgesellschafter unterbleiben. Es müssen insbesondere *verdeckte Gewinnausschüttungen*[273] unmöglich bzw durch steuerliche Zuschläge so teuer gemacht werden, daß sie sich nicht lohnen.

Da beide Unterscheidungsmerkmale zusammentreffen können, ergeben sich vier Typen von Gesellschaften, die sich in einer Tabelle wie folgt darstellen lassen:

	Größe der Gesellschaft	
Großaktionäre vorhanden	klein	groß
nein	11	12
ja	21	22

Es ist ohne weitere Beweisführung einleuchtend, daß bei Gesellschaften mit Großgesellschaftern die Großgesellschafter Druck in Richtung einer ordnungsmäßigen Geschäftsführung ausüben, wenn auch sie auf *keine andere Weise* zu Vorteilen aus der Gesellschaft kommen können als durch offene Gewinnausschüttungen. Es muß daher in diesem Falle nur dafür gesorgt werden, daß die Großgesellschafter richtig über die Entwicklung und die Lage des Unternehmens informiert werden. Die Abschlußprüfung kann sich daher bei den Gesellschaftstypen 21 und 22 auf die Prüfung der Ordnungsmäßigkeit des Rechnungswesens beschränken. Für eine ordnungsmäßige Geschäftsführung werden unter der Bedingung, daß anders eine Vorteilserlangung nicht möglich – bzw zu teuer – ist, die Großgesellschafter sorgen.

Anders ist dies bei den Gesellschaftstypen 11 und 12. Hier sind keine Großaktionäre vorhanden, die sich aus eigenem Interesse um die Entwicklung und die Lage der Gesellschaft kümmern. Die Kleingesellschafter können dies in der Regel auch nicht tun, weil die daraus für sie entstehenden Kosten in aller Regel größer sind als die Erträge aus der betreffenden Beteiligung.

Ein Beispiel darf diesen wichtigen Sachverhalt verdeutlichen. Ein in Wien wohnhafter Kleinaktionär solle von einer Vorarlberger Aktiengesellschaft mit Sitz in Dornbirn 20 Aktien

---

273 sd DORALT W./RUPPE H. G.: Grundriß des österreichischen Steuerrechts, Bd 1, 5. Aufl., Wien 1994, S 269 ff;

à Euro 10.- – also ein Gesamtnominale von Euro 200.- – besitzen. Die Gesellschaft möge eine Dividende von 30 % ausschütten. Der Wiener Kleinaktionär bekommt daher aus diesen Aktien insgesamt Euro 60.- Dividende ausbezahlt. Wenn die Reisekosten von Wien nach Dornbirn Euro 90.- betragen, würde eine Teilnahme an der Hauptversammlung einen Verlust von Euro 30.- verursachen, der aus dem übrigen Einkommen abgedeckt werden müßte. Bei rationalem Verhalten wird daher der Wiener Kleinaktionär an der Hauptversammlung nicht teilnehmen. Wenn er sein Stimmrecht trotzdem geltend machen will, muß er dies mittels einer Stimmrechtsübertragung (zB an seine Depotbank) tun.

Daher muß die Wahrung der Interessen der Kleingesellschafter bei Gesellschaften vom Typ 11 bzw 12 von anderen Personen wahrgenommen werden. Primär wäre dafür der Aufsichtsrat prädestiniert. In der Praxis werden sehr häufig die Depotbanken mit der Stimmrechtsausübung beauftragt. Sowohl der Aufsichtsrat als auch die Depotbank sind aber auf die Informationen angewiesen, die ihnen die Geschäftsführung zukommen läßt. Über bessere Informationen verfügt in der Regel der Abschlußprüfer. Daher müßte der Abschlußprüfer gemeinsam mit dem Aufsichtsrat die Aufgabe der Interessenwahrung der Kleingesellschafter übernehmen. Der Abschlußprüfer muß daher bei Publikumsgesellschaften nicht nur die Ordnungsmäßigkeit des Rechnungswesens prüfen, sondern auch, ob die Interessen der Kleingesellschafter verletzt worden sind oder nicht. Er muß über dieses Prüfungsergebnis den Aufsichtsrat und unter Umständen auch die Kleingesellschafter darüber informieren, daß die Geschäftsführung nicht mit der Sorgfalt eines ordentlichen Geschäftsführers durchgeführt wurde und/oder die Gleichberechtigung aller Gesellschafter dadurch verletzt wurde, daß Großgesellschaftern im Wege einer verdeckten Gewinnausschüttung Vorteile zugeschanzt wurden, die den Kleingesellschaftern vorbehalten wurden. Diese Aufgaben erfordern vom Abschlußprüfer nicht nur Kenntnisse im Prüfungswesen, sondern auch gründliche Kenntnisse der Betriebswirtschaftslehre, weil die Betriebswirtschaftslehre diejenige wissenschaftliche Disziplin ist, die die Gesetzmäßigkeiten, die die Existenz und die Entwicklung der Betriebe bestimmen, erforscht und erlernbar macht.

Leser, die an den genaueren betriebswirtschaftlichen Details zur Herstellung einer Interessenvertretung für die Kleingesellschafter interessiert sind, dürfen auf den Abschnitt 2.5. des zweiten Halbbandes dieser Studie verwiesen werden.

6.5. Exkurs: Die zu erwartenden Realisierungsgrade der „Neuen Lösung"

6.5.1. Die sich ergebenden Betriebstypen

Es zeigt sich, daß hinsichtlich der Realisierung der für die Massenwohlstandssicherung notwendigen Bedingungen, die auf Seite 125 f dieser Studie dargestellte Typisierung der Betriebe von drei auf fünf Typen erweitert werden muß. Diese Typen sollen im folgenden kurz dargelegt werden.

6.5.1.1. Die den Massenwohlstand indirekt sichernden Betriebe

Weniger in der Realität als in den betriebswirtschaftlichen Publikationen spielt ein Betriebstyp eine Rolle, der ausschließlich im Interesse *einiger weniger* Betriebseigentümer geführt wird[274] und der in dieser Studie als „privatkapitalistischer Betrieb" bezeichnet wurde[275]. Es wird Gewinnmaximierung durch Kostenminimierung angestrebt. Dabei wird bei den Kosten *kein* Unterschied zwischen *Arbeitskosten* und *Nichtarbeitskosten* gemacht. Solche Betriebe müßten eigentlich – der Zielfunktion dieser Betriebe gemäß – dann, wenn wegen niedrigerer Kosten – insbesondere niedrigerer Arbeitskosten – in einem anderen Land höhere Gewinne möglich sind, in dieses Land verlegt werden[276]. Der sich aus diesen Rationalisierungen ergebende Rationalisierungsgewinn wird bei diesen Betrieben dann an einige *wenige* Betriebseigentümer ausgeschüttet.

Die Frage, ob nach dem Selbstverständnis der Betriebswirtschaftslehre den Betrieben tatsächlich eine solche verabsolutierte Gewinnmaximierungsvorstellung – dh eine *Gewinnmaximierung ohne ethische Nebenbedingungen* – zugrunde liegt und die Betriebe daher letztendlich die gleiche Zielvorstellung haben wie *Diebe* und *Räuberbanden* (die ebenfalls Gewinnmaximierer ohne ethische Nebenbedingungen sind), wird in dieser Richtung der Betriebswirtschaftslehre nicht nur nicht diskutiert, sondern nicht einmal angerissen[277], obwohl nach die-

---

[274] sd RIEGER W.: Einführung in die Privatwirtschaftslehre, aaO; FRIEDMAN M.: The social Responsibility of Business is to increase ist Profits, aaO;

[275] sd S 125 f dieser Studie;

[276] sd Die Presse, 1. 3. 1999: „Silicon Alps" ersetzen die Wörthersee-Idylle. Kärntner Wirtschaft sucht neue Standbeine;

[277] sd LOITLSBERGER E.: Grundkonzepte der Betriebswirtschaftslehre, aaO, S 58 ff; LOITLSBERGER E.: Paradigmenwechsel und Notwendigkeit eines neuen Paradigmas in der Betriebswirtschaftslehre, in: JfB 2002, S 5;

ser Zielvorstellung eine Auslagerung der Betriebe in kostengünstigere Länder mit zwingender Logik erfolgen müßte.

Da die neue Lösung auf Freiwilligkeit beruht, wird es immer Betriebe geben, die die neue Lösung nicht mitmachen wollen. Auch diese Betriebe müssen gut geführt werden, wenn sie – mit realistischeren Zielvorstellungen, als sie in den betriebswirtschaftlichen Publikationen vielfach anzutreffen sind – ausreichende Arbeitseinkommen zahlen und hohe Gewinne ausschütten wollen. Daher müssen auch für diese Betriebe ebenfalls einige – wenn auch nicht alle – derjenigen Vorteile erlangbar sein, die für die Betriebe vorgesehen sind, die sich an der Masssenwohlstandssicherung beteiligen.

6.5.1.2. Die den Massenwohlstand direkt, aber eingeschränkt sichernden Betriebe

6.5.1.2.1. Die laboristischen Betriebe

Wie schon auf Seite 125 f dieser Studie dargelegt wurde, werden in der Realität in vielen Betrieben auch die Intreressen der *Mitarbeiter* berücksichtigt, weil die Mitarbeiter über ihre Vertreter nicht nur in die *betrieblichen Entscheidungen* eingebunden sind[278], sondern sie auch durch eine *produktivitätsbezogene Lohn- und Gehaltspolitik* und den *freiwilligen Sozialaufwand* an den Rationalsierungsgewinnen partizipieren[279]. Bei diesen „*laboristischen Betrieben*“ können nochmals zwei Subarten unterschieden werden: unfreiwillig und freiwillig laboristische Betriebe.

Bei den *unfreiwillig laboristischen Betrieben* erfolgt die Beteiligung der Mitarbeiter an den Produktivitätsfortschritten (= Rationalisierungsgewinnen) durch die von den Gewerkschaften in den *Kollektivvertragsverhandlungen* erreichten Lohn- und Gehaltserhöhungen, wobei diese Lohn- und Gehaltserhöhungen vielfach nur durch Androhung gewerkschaftlicher Kampfmaßnahmen erreicht werden.

Bei den *freiwillig laboristischen Betrieben* räumen die Betriebseigentümer den Mitarbeitern ohne Druck der Gewerkschaften eine Partizipation an den Produktivitätsfortschritten in Form höherer Löhne (= Lohndrift)[280] oder gar von

---

278 sd LOITLSBERGER E.: Grundkonzepte der Betriebswirtschaftslehre, aaO, S 359 ff;

279 sd ROTHSCHILD K. W.: Lohntheorie, Berlin/Frankfurt 1963, S 29;

280 sd EDELMÜLLER W.: Wesen und Entstehung der Lohndrift. Eine Fallstudie über einige Komponenten der Bruttolohndrift; Dip.Arb. Univ. Wien, Wien 1976, S 9; KLAUS J.: Die Veränderungen der Lohnstruktur. Theoretische Ansatzpunkte für die Erklärung der Nivellierungs- und Differenzierungsvorgänge innerhalb der Entlohnung von Fach- und Hilfsarbeitern, Berlin 1959;

Partnerschaften ein[281]. Dieser Einräumung können allerdings auch gewisse egoistische Motive der Betriebseigentümer zugrunde liegen, weil die Betriebseigentümer ,davon ausgehen, daß in einem solchen Betrieb die Mitarbeiter besser motiviert sind als in einem Betrieb, der nur Minimallöhne und -gehälter zahlt und alle Rationalsierungsgewinne nur einigen wenigen Betriebseigentümern zukommen läßt.

6.5.1.2.2. Die optional massenwohlstandssichernden Betriebe

Schon ein kurzer Überblick über die meisten in der Realität anzutreffenden Betriebe zeigt, daß die überwiegende Anzahl dieser Betriebe die für die Massenwohlstandssicherung notwendigen Bedingungen nur insoweit erfüllt, als sie benötigte Produkte herstellen und auch Arbeitseinkommen bilden. Wegen der Belohnungen (= Vorteile), die für die Teilnahme am – die neue Lösung charakterisierdenden – Einkommensumstrukturierungsprozeß vorgesehen sind, wird es jedoch viele Betriebe geben, die wegen der Vorteile, die eine direkte Teilnahme an der Massenwohlstandssicherung bietet, bei ihrer zukünftigen Geschäftspolitik die Realisierung dieser für die Massenwohlstandssicherung notwendigen Bedingungen anstreben. Da die Massenwohlstandssicherung nur dann gelingen kann, wenn sich möglichst viele – am besten alle – Betriebe an dieser Einkommensumstrukturierung beteiligen, sollte auch diesen Betrieben die Möglichkeit eingeräumt werden, *Verbesserungsprämien* lukrieren zu können, wenn sie sich zu einer stärkeren Beteiligung am Einkommensumstrukturiernungsprozeß verpflichten und auch mit der Durchführung dieser Maßnahmen nachweislich beginnen.

Den Betrieben, die die Bedingungen der Massenwohlstandssicherung noch nicht voll erfüllen, können die für die Massenwohlstandssicherung vorgesehenen Vorteile nicht ex lege gewährt werden. Die Gewährung muß für diese noch eingeschränkt massenwohlstandssichernden Betriebe vielmehr über einen *Antrag* (= optional) erfolgen. In diesem Antrag müssen sich diese Betriebe verpflichten, ab dem Zeitpunkt des Antrages ihre Geschäftspolitik auf die Realisierung der notwendigen Bedingungen der Massenwohlstandssicherung auszurichten und dazu auch einen diesbezüglichen Zeitplan vorlegen. Über die Stellung des Antrags ist zunächst von der Gesellschafterversammlung zu entscheiden. Da es im wesentlichen um steuerliche Vorteile geht, ist dieser Beschluß dann beim zuständigen Finanzamt einzureichen. Dieses hat nach Prüfung des Antrages über die Zuerkennung des Status eines *„optional massenwohlstandssichernden Betriebes“* zu entscheiden.

281 sd LOITLSBERGER E.: Grundriß der Betriebswirtschaftslehre, aaO, S 128;

6.5.1.2.3. Die überwiegend massenwohlstandssichernden Betriebe

Wie schon im vorangegangenen Abschnitt angedeutet wurde, sind in der Realität – allerdings ebenfalls nur in geringer Anzahl – auch Betriebe anzutreffen, bei denen die Zahl der Stimmen, über die ein Gesellschafter verfügt, beschränkt ist (zB auf 5 %)[282]. Da aber bei diesen Betrieben hinsichtlich der anderen für die Massenwohlstandssicherung notwendigen Bedingungen explizite Regelungen fehlen (so insbesondere über die Zulässigkeit der Rücklagenbildung und andere Arten der Selbstfinanzierung sowie über das Ausmaß der Fremdfinanzierung), können diese Betriebe – wie schon erwähnt wurde – nur der Klasse der *überwiegend massenwohlstandsssichernden Betriebe* zugerechnet werden. Denn ein überwiegend massenwohlstandssichernder Betrieb liegt dann vor, wenn zwar die meisten, aber noch nicht alle für die Sicherung des Massenwohlstandes notwendigen Bedingungen erfüllt werden.

Da diese Betriebe **zwar** nicht in vollem Ausmaß, aber doch in erheblich größerem Umfang als die meisten anderen Betriebe zur Massenwohlstandssicherung beitragen, sollten ihnen die steuerlichen Vorteile *ex lege* und *ohne* besonderen Antrag zustehen.

6.5.1.3. Die voll massenwohlstandssichernden Betriebe

6.5.1.3.1. Die Struktur

Diejenigen Betriebe, die die für die Massenwohlstandssicherung notwendigen Bedingungen in *vollem Umfang* erfüllen, könnten in Anlehnung an die in der betriebswirtschaftlichen[283] (und mikroökonomischen[284]) Preistheorie verwendeten Bezeichnungen als „*vollkommene*" oder „*ideale Massenwohlstandssicherungsbetriebe*" bezeichnet werden. Für die weitere Unterscheidung von den Betrieben, die den Massenwohlstand ebenfalls sichern wollen, ist die Bezeichnung „*voll massenwohlstandssichernde Betriebe*" zweckmäßiger, weil sie die Aufgabe klarer zum Ausdruck bringt als die vorher genannte Bezeichnung. Daher wird in dieser Studie die zuletzt gebrachte Bezeichnung „voll massenwohlstandssichernde Betriebe" verwendet werden.

In der Realität sind diese Betriebe nach den Erfahrungen des Verfassers allerdings (noch) nicht anzutreffen – zumindest sind dem Verfasser solche Betrie-

---

282 sd UNILEVER: Unilever Annual Report & Accounts 2001, www.unilever.com/Images/3_3971.pdf, 3. 6. 2002, S 110 f;

283 sd LOITLSBERGER E.: Grundriß der Betriebswirtschaftslehre, aaO, S 291 ff;

284 sd STREISSLER E./STREISSLER M.: Grundzüge der Volkswirtschaftslehre für Juristen, aaO, S 164 ff;

be nicht bekannt. Denn eine genauere Analyse der sogenannten Publikumsgesellschaften – insbesondere der Publikumsaktiengesellschaften – zeigt, daß viele dieser Gesellschaften tatsächlich noch nicht der Klasse der voll massenwohlstandssichernden Betriebe, sondern nur der Klasse der überwiegend massenwohlstandssichernden Betriebe zuzurechnen sind.

Denn nach der herkömmlichen Definition liegt eine *Publikumsgesellschaft* (insbesondere eine *Publikumsaktiengesellschaft*) dann vor, wenn die Zahl der Stimmen, über die ein Gesellschafter (Aktionär) in der Gesellschafterversammlung verfügt, in der Satzung beschränkt wird und kein Gesellschafter (Aktionär) über mehr als 5 % der Stimmrechte verfügt[285]. Für die Sicherung des Massenwohlstandes ist diese Definition aber aus zwei Gründen *unzweckmäßig*. Denn einerseits kann für die Betriebe in einer globalisierten Wirtschaft der Abschluß *strategischer Allianzen*, die ein größeres Beteiligungsausmaß erfordern, eine Überlebensnotwendigkeit sein und andererseits soll die – eine Außenfinanzierung darstellende – *Eigenfinanzierung gefördert* werden. Um diese beiden Ziele zu erreichen, mußte für die Sicherung des Massenwohlstandes der Begriff der Publikumsgesellschaft *strenger* definiert werden. Da darauf später noch ausführlicher einzugehen sein wird, darf hier der Hinweis genügen.

6.5.1.3.2. Der voll massenwohlstandssichernde Betrieb als künftig anzustrebender Betriebstyp

Es ist ohne lange Beweisführung einleuchtend, daß dann, wenn der Massenwohlstand gesichert werden soll, der voll massenwohlstandssichernde Betrieb der anzustrebende Betriebstyp sein muß. Welche Maßnahmen im Detail notwendig sind, damit möglichst viele – am besten *alle* – Betriebe voll massenwohlstandssichernde Betriebe werden, ist im zweiten Teil dieser Studie darzulegen.

6.5.2. Der Zeitrahmen für die Realisation

Eine weitere Frage stellt auch noch der Zeitrahmen dar, in dem sich die Realisierung der neuen Lösung vollziehen wird (bzw soll).

Hier muß vorangeschickt werden, daß in den bisherigen Wohlstandsländern eine Umstellung der Masseneinkommen von Arbeitseinkommen auf Kapitaleinkommen auf jeden Fall notwendig werden wird, wenn der Massenwohlstand gesichert und ein Abgleiten bisheriger Wohlstandsgesellschaften in Armutsgesellschaften verhindert werden soll. Denn die Robotisierung und die Globalisierung

---

285 sd UNILEVER: Unilever Annual Report & Accounts 2001, www.unilever.com/Images/3_3971.pdf, 3. 6. 2002, S 110 f;

werden weiter fortschreiten und sowohl Transfereinkommen als auch Umlageverfahren größeren Ausmaßes unmöglich machen.

Aber schon eine kurze Analyse zeigt, daß eine sofortige vollständige Durchführung aller Maßnahmen, die für die Sicherung des Massenwohlstands notwendig sind, vor allem wegen der Auswirkungen auf das Steueraufkommen nicht möglich sein wird. Die Realisierung dieser Maßnahmen wird vielmehr in Etappen vor sich gehen müssen. In der ersten Etappe werden aus Gründen der Schonung des Steueraufkommens nur die in den Abschnitten 2.1.1.1. und 2.2.2. des zweiten Teils dieser Studie dargelegten Maßnahmen (= Maßnahmen für Ausbildung und Auswahl des Führungspersonals und die Einführung einer dreidimensionalen Ausschüttungsrenatabilitätssteuer) sowie die in Abschnitt 2.5. des zweiten Teils dieser Studie dargestellten Maßnahmen für die Interessenvertretung der Kleingesellschafter realisiert werden können, weil diese Maßnahmen das Steueraufkommen relativ wenig belasten.

In einem auf die Realisierung der ersten Etappe folgenden Hochkonjunkturzyklus wird man als zweite Etappe die in Abschnitt 2.2.3. des zweiten Teiles dieser Studie für die Streuung der Eigenfinanzierung dargelegten Maßnahmen in Angriff nehmen und die Wahlrechte einräumen können, die eine breite Streuung des Eigenkapitals ermöglichen sollen. Diese Wahlrechte werden das Steueraufkommen stärker reduzieren als die Maßnahmen der ersten Verwirklichungsetappe.

In einer dritten Etappe wird man die in den Abschnitten 2.1.1.3 und 2.1.1.4 sowie 2.1.2. des zweiten Teils dieser Studie dargelegten Anreize realisieren können. Die im Abschnitten 2.3. des zweiten Teils dieser Studie dargelegten Maßnahmen werden wohl als letzte realisiert werden, weil sie die Betriebe dem Kapitalwiedererlangungsrisiko aussetzen und daher ihre Realisierung nur möglich sein wird, wenn die Betriebe bereits Erfahrungen mit breit gestreuter Eigenkapitalaufnahme gemacht haben werden.

7. Die die breite Bevölkerung betreffenden notwendigen Bedingungen

7.1. Ein breit gestreutes Beteiligungssparen als notwendige Bedingung

Da es bei der Sicherung des Massenwohlstandes darum geht, Arbeitseinkommen durch Kapitaleinkommen zu ersetzen, müssen diejenigen, die ausschließlich oder überwiegend von Arbeitseinkommen leben und die daher durch zukünftige Rückgänge der Arbeitseinkommen am schwersten betroffen sind, veranlaßt werden, Teile ihres derzeitigen Arbeitseinkommens in Beteiligungen anzulegen. Es muß daher denjenigen, die noch Arbeitseinkommen beziehen, ermöglicht werden, relativ leicht direkt oder indirekt Beteiligungen an Betrieben zu erwerben. Es muß das „*Beteiligungssparen der Arbeitnehmer*" gefördert werden.

Dazu müssen die Arbeitnehmer zunächst aus ihren Ersparnissen (oder auf Kredit) Beteiligungen – insbesondere Aktien oder Anteile an Kapitalanlagefonds – zeichnen und den Zeichnungsbetrag einzahlen, um dividendenberechtigt zu werden. Die Betriebe können mit diesen Beträgen neue Investitionen tätigen und ihre Wettbewerbsfähigkeit steigern. Da jedoch von der breiten Bevölkerung zur Zeit andere Sparformen präferenziert werden, muß sie durch gezielte Maßnahmen dazu veranlaßt werden, ihre Ersparnisse nicht in den herkömmlichen Sparformen, sondern in Beteiligungen an Betrieben – insbesondere in durch Wertpapiere verbriefte wie Aktien, Anteilen an Kapialanlagefonds usw – anzulegen.

Wie schon dargelegt wurde, zeigt eine Analyse des Volksaktienexperimentes, daß hinsichtlich der breiten Bevölkerung *vier Klassen von Bedingungen* erfüllt werden müssen, wenn die neue Lösung nicht mißlingen soll. Die erste Klasse der Bedingungen ist notwendig, damit das *Verhalten* der breiten Bevölkerung im Hinblick auf ein Beteiligungssparen verändert wird (= *verhaltensändernde Bedingungen*). Eine zweite Klasse von Bedingungen muß erfüllt werden, wenn die breite Bevölkerung dazu befähigt werden soll, die Verhaltensänderung auch *materiell zu realisieren* (= *Realisationsbedingungen*). Damit die breite Bevölkerung Beteiligungen erwerben und bei Geldbedarf auch wieder verkaufen kann, ist eine dritte Klasse von Bedingungen zu erfüllen (= *Marktbedingungen*). Um schließlich das durch die neue Lösung entstehende Freizeitproblem zu lösen, bedarf es einer vierten Klasse von Bedingungemn (= *Freizeitbewältigungsbedingungen*).

7.2. Die zur Verhaltensänderung notwendigen Bedingungen

7.2.1. Sparpläne als notwendige Bedingung

Wenn Einkommen für einkommensschwache Zeiten – insbesondere für die Altersversorgung – nicht mehr über Transfereinkommen finanziert werden können, ist es notwendig, in den Zeiten, in denen noch ein Einkommen erzielt wird, Teile dieses Einkommens für Versorgungszwecke auf die Seite zu legen und zu sparen, damit die einkommensschwachen Zeiten mit Hilfe der Erträge dieser Ersparnisse überbrückt bzw durchgehalten werden können. Da Sparen aber Konsumverzicht bedeutet, fällt es vielen Personen schwer, dies zu tun. Da es sich außerdem beim Sparen für die Altersvorsorge um ein in weiter Ferne liegendes Sparziel handelt, sind die Anreize zum Sparen hier nicht so unmittelbar wirksam, wie das beim Sparen für kurzfristigere Zwecke (etwa für den Kauf eines Autos) der Fall ist. Es muß daher das Verhalten der breiten Bevölkerung dahingehend verändert werden, daß das *langfristige Vorsorgesparen* gegenüber dem kurzfristigen Kaufsparen *präferenziert* wird.

Eine solche Verhaltensänderung setzt aber voraus, daß *Vorsorgesparen* und *Kaufsparen* klar unterschieden werden können. Das kann am leichtesten dadurch geschehen, daß das langfristige Vorsorgesparen anhand eines *„Sparplanes“* erfolgt. In diesem Sparplan muß erstens das *Sparziel* angegeben werden. Das sollte vor allem die Sicherung der Altersversorgung sein. Weiters müßte im Sparplan angegeben werden, welche Beträge in welcher Frist gespart werden sollen und wie diese Beträge angelegt werden sollen. Dabei muß die Anlage der Ersparnisse so erfolgen, daß eine *Überprüfung der Einhaltung* des Sparplanes möglich ist. Schließlich muß der Sparplan auch angegeben, unter welchen Bedingungen eine *Entnahme* der ersparten Kapitalien möglich ist. Dabei sollten Vermögensumschichtungen nicht als Entnahmen gelten, um die ersparten Kapitalien leichter geänderten Umständen anpassen zu können.

Da die Sparpläne notwendige Bedingung für die Inanspruchnahme der noch zu besprechenden *Kleinbeteiligungsprämie* und der (noch zu besprechenden) *Kredite* zum Erwerb der Kleinbeteiligungen sind, müssen sie auch dem für die Einkommensteuerveranlagung des Beteiligungssparers *zuständigen Finanzamt* zur Kenntnis gebracht werden. Dabei sind *zwei Arten* dieses „Zur-Kenntnisbringens“ zu unterscheiden. Diese hängen davon ab, ob der Beteiligunssparer die angesparten Beteiligungen (= Wertpapiere) *selbst verwaltet* oder von einer zur *Vermögensverwaltung zugelassenen Institution* verwalten läßt.

Die *Selbstverwaltungsmethode* hat nicht nur den Vorteil, dem Beteiligungsparer ein andauerndes „Sparerlebnis“ zu verschaffen, sondern auch den der *geringsten Kosten.* Sie hat aber auch einen gravierenden *Nachteil.* Eine ordnungsmäßige Verwaltung eines breit gestreuten Portefeuilles setzt nicht nur gewisse Fachkenntnisse voraus (über die die meisten Menschen nicht verfügen), sondern erfordert auch den Einsatz von Zeit, Arbeit und Aufmerksamkeit, damit insbesondere keine Termine übersehen und Umschichtungen rechtzeitig vorgenommen werden. Bei der *Selbstverwaltung* der angesparten Beteiligungen muß der Sparer dem zuständigen Finanzamt sowohl den *Sparplan* als auch eine *jährliche Aufstellung* des Beteiligungs- (= Wertpapier)bestandes überreichen. Eine Unterlassung dieser Mitteilung nach Nichtausnutzung einer entsprechenden Nachfrist muß den Verlust der steuerlichen Begünstigungen der in diesem Zeitraum eingezahlten Beträge nach sich ziehen.

Da die Nachteile eines selbst gehaltenen Portefeuilles mit großer Wahrscheinlichkeit die Vorteile übertreffen, empfiehlt es sich, die breite Streuung *indirekt* dadurch zu erreichen, daß *Anteile an Kapitalanlagefonds* (insbesondere an „Pensionsfonds“ und/oder Investmentfonds) erworben werden, die nicht nur die Bedingungen eines breit gestreuten Beteiligungssparens erfüllen, sondern auch ausreichende Sicherheit gegen eine mißbräuchliche Verwendung der ersparten Kapitalien bieten. Insbesondere müssen Fondsverwaltung, Vermögensumschichtung und Depotbank getrennt sein. Kauf und Verkauf von vom Fonds gehaltenen Papieren müssen so ausgegliedert sein, daß ein sich bei einer Transaktion ergebender Mißerfolg den Fonds nicht trifft, sondern vom Eigenkapital der Fondsverwaltungsinstitution aufgefangen werden muß. Erfolge sollten hingegen abzüglich einer Provision für die Tätigkeit der Fondsverwaltung dem Fonds zugute kommen. Eine derartige Regelung vermindert zwar die Möglichkeit von Spekulationsgeschäften, verhindert aber auch auf der anderen Seite große Verluste am Fondsvermögen. Des weiteren müssen strenge Regelungen Insidergeschäfte unmöglich machen. Eine geeignete Regelung dafür wäre, daß erfolgreiche Insidergeschäfte als für den Fonds abgeschlossen gelten, Verlustgeschäfte hingegen zu Lasten der das Geschäft durchführenden Insider gehen.

Bei Verwaltung der erworbenen Kleinbeteiligungen durch eine zur Vermögensverwaltung zugelassene Institution oder bei *Erwerb von Anteilen von Kapitalanlagefonds*, die die Vorschriften über eine breite Streuung der Kapitalanlagen erfüllen, muß der Sparplan der Fondsverwaltung übermittelt werden. Diese übernimmt damit die Verpflichtung, die Einhaltung des Sparplanes zu überwachen und bei Nichteinhaltung das zuständige Finanzamt zu verständigen und ohne Zustimmung des Finanzamtes dann keine Verfügungen des Beteiligungssparers mehr durchzuführen.

7.2.2. Die Entsteuerung der Sparbeträge als notwendige Bedingung

Da nicht nur die Unternehmer, sondern auch die breite Bevölkerung steuerallergisch sind und auf Steuerbegünstigungen intensiver reagieren als auf andere

Anreize, ist eine weitere notwendige Bedingung für eine Verhaltensänderung der breiten Bevölkerung zugunsten des Beteiligungssparens die *Entsteuerung der Sparbeträge.* Bei Vorliegen und Einhaltung eines Sparplanes sollten die Beträge, die im Rahmen des Sparplanes dem anzusparenden Kapitalstock zugeführt werden, von der Bemessungsgrundlage der Einkommensteuer – bzw im Falle von Arbeitnehmern von der Bemessungsgrundlage der Lohnsteuer – abgezogen werden können und damit von diesen Steuern *befreit* sein. Denn erfahrungsgemäß ist die steuerliche Absetzbarkeit von Beträgen auch für die breite Bevölkerung ein sehr starker Anreiz, diese Absetzmöglichkeit auszunützen. Darüber hinaus sollten die Erträge, die der Kapitalstock selbst erzielt, ebenfalls *steuerfrei* sein, um einen rascheren Aufbau eines ausreichenden Kapitalstockes zu ermöglichen.

Entnahmen aus dem Kapitalstock sollten dann nachversteuert werden müssen, wenn sie nicht zur Abwehr erheblicher Nachteile (wie schwere Krankheit, Dauerarbeitslosigkeit usw) getätigt werden müssen. Für eine Nachversteuerung sollten aber nur der Nennbetrag des entnommenen Kapitals und die darauf entfallenden Zinsen zugrunde gelegt und von Zuschlägen anderer Art Abstand genommen werden, um den Anreiz zu einem Vorsorgesparen nicht durch derartige Zuschläge abzuschwächen.

Für die Berechnung der Zinsen sollte das Fifo-Prinzip gelten, so daß die zuerst angesparten Beträge auch als zuerst entnommen gelten und die Zinsen daher ab dem Zeitpunkt zu rechnen sind, in dem das entnommene Kapital angespart (bzw in dem Sparplan einbezogen) wurde.

7.2.3. Eine „Kleinbeteiligungsprämie“ als notwendige Bedingung für eine breite Beteiligungsstreuung

Da Betriebe zugrunde gehen können, sind Beteiligungen an Betrieben *risikogefährdeter* als andere Sparformen (wie etwa die Anlage von Kapitalien auf Sparbüchern). Dieses Risiko kann allerdings durch eine *breite Streuung* der Papiere stark herabgesetzt werden, weil es bei Beteiligungen immer vorkommt, daß Betriebe, an denen Beteiligungen bestehen, sehr gut reüssieren, während andere hinter diesen Erfolgen zurückbleiben oder gar zugrunde gehen. Es muß daher getrachtet werden, die Ersparnisse *nicht* nur in einer einzigen oder in wenigen, dafür aber größeren Beteiligungen, sondern *breit gestreut* in kleinen Beteiligungen anzulegen.

Eine solche bereite Streuung kann am einfachsten dadurch erreicht werden, daß durch die Gewährung einer *Kleinbeteiligungsprämie* nur diejenigen Erwerbe von Beteiligungen gefördert werden, die höchstens *ein Prozent* des in der Bilanz ausgewiesenen stimm- und gewinnberechtigten Eigenkapitals der Gesellschaft umfassen, an der die Beteiligung erworben wird (= Beteiligungsgesellschaft).

Beteiligungserwerbe, bei denen zwar jeder einzelne Erwerb kleiner ist als ein Prozent des stimm- und gewinnberechtigten Eigenkapitals der Beteiligungsgesellschaft, durch die aber an der Beteiligungsgesellschaft in Summe ein Beteiligungsausmaß von mehr als einem Prozent des in der Bilanz ausgewiesenen stimm- und gewinnberechtigten Eigenkapitals der Beteiligungsgesellschaft erreicht oder überschritten wird, sollten *nicht* mehr gefördert werden, um Druck auf eine breite Streuung der Beteiligungen auszuüben.

Diese Kleinbeteiligungsprämie sollte in einem Betrag bestehen, den sich der Beteiligungsparer von der Steuerbemessungsgrundlage der Einkommen(bzw Lohn-)steuer dann absetzen kann, wenn er die für den begünstigten Erwerb vorgesehenen Bedingungen erfüllt. Sie sollte in der *Höhe*, mit der sie von der Bemessungsgrundlage der zu zahlenden Einkommen(= Lohn-)steuer abgesetzt werden kann, durch *drei Determinanten* bestimmt werden. Der Betrag sollte einerseits von der *Höhe des zu versteuernden Einkommens* und andererseits von dem in Prozent ausgedrückten *Verhältnis der Beteiligung zum stim- und gewinnberechtigten Eigenkapital* der Beteiligungsgesellschaft abhängen. Die Prämie sollte weiters umso höher sein, je höher der Betrag ist, den der Beteiligungsparer im *Verhältnis zu seinem Einkommen* für den Erwerb der Beteiligung ausgelegt hat. Ab einer bestimmten Einkommensgrenze sollte jedoch keine Prämie mehr zustehen.

Leser, die an den Details der Maßnahmen, die zur Realisierung der Kleinbeteiligungsprämie notwendig sind, interessiert sind, dürfen auf den Abschnitt 3.2.2. des zweiten Teils dieser Studie verwiesen werden.

7.3. Die Realisationsbedingungen

7.3.1. Eine „Beitragsumwandlung“ als notwendige Bedingung

Da die Einkommen derer, für die die neue Lösung geschaffen werden muß, eher niedrig als hoch sind und die potentiellen Beteiligungssparer daher von ihrem Einkommen nur niedrige Beträge für das Beteiligungssparen aufbringen können, ist eine weitere notwendige Bedingung die Umwandlung (zumindest eines Teils) der vom Arbeitnehmer zu tragenden Sozialabgaben (insbesondere vom Pensionsbeitrag) in einen „*Selbstvericherungsbeitrag*“, wenn diese Beträge in den Sparplan einbezogen und entsprechend veranlagt werden. Im Falle einer vorzeitigen Entnahme aus dem angesparten Kapitalstock müßten diese entnommenen Beträge an diejenige Institution, die bei einer Nichtaufteilung der entsprechenden Abgaben Anspruch auf diese Beträge gehabt hätte, rückwirkend eingezahlt werden.

Leser, die an den Details der Maßnahmen interessiert sind, die zur Beitragsumwandlung erforderlich sind, dürfen auf den Abschnitt 3.2.2. des zweiten Teils dieser Studie verwiesen werden.

7.3.2. Die Gewährung eines staatlichen Zuschusses als notwendige Bedingung

Verstärkt könnte die Förderung des Beteiligungssparens durch einen *staatlichen Zuschuß* nach Art des „*Bausparens*" werden (= „*Beteiligungserwerbs-Zuschuß*"). Allerdings sollte dieser staatliche Zuschuß nur gewährt werden, wenn die erworbene Beteiligung höchstens *ein Prozent* des stimm- und gewinnberechtigten Eigenkapitals der Gesellschaft beträgt (= Kleinbeteiligung). Der Erwerb von Großbeteiligungen (= Beteiligungen, die entweder schon selbst oder als Summe der an einer Gesellschaft erworbenen Beteiligungen über ein Prozent des gewinnberechtigten Eigenkapitals der Beteiligungsgesellschaft hinausgehen), sollten durch staatliche Zuschüsse *nicht* gefördert werden.

Leser, die an den Details der Maßnahmen interessiert sind, die zur Realisierung des Kleinbeteiligungserwerbs-Zuschusses erforderlich sind, dürfen auf den Abschnitt 3.2.2. des zweiten Teiles der Studie verwiesen werden.

Wenn aus budgetären Gründen nicht so stark gefördert werden kann, daß dem Beteiligungssparer ähnlich der Bausparprämie vom Staat ein Beteiligungserwerbszuschuß gezahlt wird, sollte die Kleinbeteiligungsprämie (die die Beteiligungssparer zum Unterschied vom Beteiligungserwerbszuschuß allerdings nicht von der öffentlichen Hand ausbezahlt bekommen, sondern selbst aus ihrem Einkommen aufbringen müssen), entsprechend erhöht – am besten verdoppelt – werden. Allerdings nützt diese Erhöhung der Kleinbeteiligungsprämie nur den besser verdienenden Arbeitnehmern, weshalb aus Gründen der Massenwohlstandssicherung ein Beteiligungserwerbs-Zuschuß einer höheren Kleinbeteiligungsprämie vorzuziehen ist.

Da die Möglichkeit der Kreditinanspruchnahme für den Beteiligungserwerb Einfluß auf das Ausmaß der erwerbbaren Beteiligungen hat, soll ein Beispiel, aus dem die Anwendung der Kleinbeteiligungsprämie ersehen werden kann, erst im folgenden Abschnitt über die Kreditmöglichkeiten zum Beteiligungserwerb gebracht werden.

7.3.3. Die Schaffung von Kreditmöglichkeiten zum Beteiligungserwerb als notwendige Bedingung

Da es bei der hier vorgeschlagenen Lösung der Wohlstandssicherung darum geht, daß diejenigen, deren Arbeitseinkommen zurückgehen werden, diesen Rückgang durch Beteiligungseinkommen ausgleichen können, müssen diese Personen direkt oder indirekt Beteiligungen an Betrieben erwerben können. Ein sehr großer Teil dieses Personenkreises wird aber selbst dann nicht über genügend Geld für den Erwerb dieser Beteiligungen verfügen, wenn ein Teil der Arbeitsentgelte und der Sozialabgaben für diesen Zweck entsteuert wird. Daher ist es notwendig, *günstige Kreditmöglichkeiten* zu schaffen, die den Erwerb solcher Beteiligungen ermöglichen. Wenn der private Kreditapparat wegen der niedrigen Verdienstchancen sich außerstande sehen sollte, diese Kreditgewährungen vorzunehmen, dann sollte zweckmäßigerweise vom Staat ein eigener Fonds geschaffen werden, der diese Kreditgewährungen – sich selbst erhaltend – übernimmt.

Diese Kredite müßten eine *hohe Beleihungsgrenze* haben und so *niedrig verzinslich* und so *langfristig* sein, daß aus den *zugeflossenen Dividenden* nicht nur die *Zinsen*, sondern auch die *Rückzahlung* dieser Kredite bestritten werden kann. Es sollten dazu die Gewinnausschüttungen aus den mit den aufgenommenen Krediten erworbenen Beteiligungen herangezogen werden. Der eine Teil der Gewinnausschüttungen sollte zur Verzinsung und der andere Teil zur Tilgung der aufgenommenen Kredite verwendet werden. Der Dividendenanteil, der auf die eigenfinanzierten erworbenen Beteiligungen (bzw Beteiligungsteile) entfällt, sollte, solange das Beteiligungseinkommen noch nicht benötigt wird (weil noch ein Arbeitseinkommen zur Verfügung steht), für zusätzlichen Erwerb von Beteiligungspapieren verwendet werden.

Werden zB 90 % des Nominales der Beteiligung als Beleihungsgrenze für einen mit 5 % pa zu verzinsenden Kredit und monatlich Euro 30.- als aus dem Einkommen zu finanzierende Sparquote festgelegt, so könnten schon mittels der Kredite und ohne Kleinbeteiligungsprämie monatlich 3 Aktien mit einem Nominale von je Euro 100.- erworben werden:

$$\begin{array}{rcr} 3 * 10.- & = & 30.- \\ \underline{3 * 90.-} & \underline{=} & \underline{270.-} \\ 100.- & & 300.- \end{array}$$

Beträgt die Gewinnausschüttung zB 8 % vom Nominale der Beteiligung, so könnten 8 % von Euro 300.- (= Euro 24.-) gemäß Tilgungsplan zur Verzinsung und Rückzahlung des Kredites verwendet werden. Davon würden

$$\begin{array}{rl} 270.- * 0{,}05 = 13{,}50 & \text{für die Verzinsung und} \\ \underline{10{,}50} & \text{für die Tilgng} \\ 24.-- & \end{array}$$

zur Verfügung stehen. Es könnten dann Euro (3 * 10.- =) 30.- zusammen mit einem weiteren Kredit von Euro (3 * 90.- =) Euro 270.- zum Erwerb neuer Beteilgungen im Ausmaß von Euro 300.- verwendet werden.

Würde der Beteiligungssparer ein Monatseinkommen von Euro 1400.- haben, so würe er 20 % von 3 * 100.- = Euro 6.- Kleinbeteiligungsprämie erhalten und daher de facto für den Beteiligungserwerb statt Euro 30.- nur Euro 24.- aufwenden müssen.

Die erworbenen Beteiligungen sollten zusammen mit dem Sparplan bei der kreditgewährenden Stelle hinterlegt und unter Sperre gestellt werden. Dadurch könnten sie der kreditgewährenden Stelle gleichzeitig als *Kreditbesicherung* dienen. In Fällen nachweislich dringenden unvorhergesehenen Geldbedarfs sollte die Sperre aufgehoben und der angesparte Eigenkapitalanteil ausbezahlt werden können. Normalerweise sollten jedoch die nach Tilgung der Kredite anfallenden Dividenden erst dann als Ergänzungs- bzw Ersatzeinkommen dienen, wenn kein Arbeitseinkommen mehr erzielt wird.

7.4. Die Marktbedingungen

7.4.1. Die Notwendigkeit von Regionalbörsen

Wie schon erwähnt wurde, sollen bei der neuen Lösung die (Klein- und Kleinst-)Beteiligungen nicht zu Spekulationszwecken, sondern *ihrer Ertragsfähigkeit wegen* gehalten werden. Da sich aber trotzdem immer wieder die Notwendigkeit ergeben wird, daß einzelne Beteiligungssparer Beteiligungen werden verkaufen müssen, um zu Geld zu kommen, und andererseits auch immer wieder Personen solche Beteiligungen werden erwerben wollen, muß dafür gesorgt werden, daß derartige Käufe und Verkäufe jederzeit möglich sind. Das macht die Errichtung von Institutionen notwendig, die die Durchführung solcher Käufe und Verkäufe ermöglichen. Da man solche Institutionen gewöhnlich als „*Börsen*“ bezeichnet, könnte man auch von der Notwendigkeit sprechen, solche Börsen zu errichten. Da sich diese Börsen vor allem mit den Käufen und Verkäufen von Beteiligungen an Betrieben beschäftigen, die in ihrer Region domizilieren und weniger mit international tätigen Unternehmen, kann man von „Regionalbörsen“ sprechen.

7.4.2. Die Ausgestaltung der Regionalbörsen

Diese Regionalbörsen müssen zunächst keine großen Institutionen sein. Es würde genügen, wenn sich eine Regionalbank zum jederzeitigen An- und Verkauf von Beteiligungen ihrer Region und zur Veröffentlichung der Kurse, zu denen diese Geschäfte abgewickelt wurden, verpflichtet. Hinsichtlich der genaueren Details darf auf den Abschnitt 3.2.2.3. des zweiten Teils dieser Studie verwiesen werden.

Selbständige Institutionen sollten die Regionalbörsen erst werden, wenn sich der Geschäftsumfang so ausgeweitet hat, daß er über die Möglichkeit einer Abwicklung durch eine Bank hinausgeht und die Kosten einer selbständigen Institution durch niedrige An- und Verkaufsgebühren abgedeckt werden können.

7.5. Die Freizeitbewältigungsbedingungen

7.5.1. Das Freizeitproblem und die daraus erwachsenden nicht beruflichen Bildungsnotwendigkeiten

Wenn in nicht allzu ferner Zukunft die Einkommen von Arbeitseinkommen auf Kapitaleinkommen umgestellt und die meisten repetitiven Arbeiten von Robotern übernommen sein werden, sodaß nur mehr Forschungs- und Entwicklungs- sowie Planungsarbeiten von Menschen ausgeführt werden müssen, wird ein sehr großer Teil der Menschen über ein erheblich größeres Ausmaß an *Freizeit* verfügen als heute. Überspitzt könnte man sagen, daß sich in nicht allzu ferner Zukunft ein großer Teil der Menschen schon „ab Geburt in Pension" befindet und nicht mehr zu arbeiten braucht, um sich den Lebensunterhalt zu verdienen. Obwohl es auch dann noch genügend Arbeit geben wird (zB in der Kinderpflege, in der Altenbetreuung usw) muß man erfahrungsgemäß davon ausgehen, daß nur ein keiner Teil der Bevölkerung aus freien Stücken derartige Arbeiten verrichten wird.

Es ist – leider – auch eine Erfahrungstatsache, daß es einer Gesellschaft nicht zum Besten gereicht, zahlreiche Menschen einfach einer „großen Freizeit" zu überlassen, ohne ihnen entsprechende sinnvolle Angebote für die Nutzung dieser Freizeit zu bieten. Vielen Personen wird dann langweilig. Etliche dieser Personen werden sich eine – meist wenig sinnvolle – Betätigung (wie Vandalismus usw) suchen, um diese Langeweile (Fadesse) zu überwinden und das Leben spannend zu machen. Wenn man daher die Arbeitseinkommen – notgedrungen wegen des technischen Fortschrittes und der Nicht-mehr-Finanzierbarkeit anderer Transfereinkommensvarianten – durch Kapitaleinkommen ersetzt, entsteht auch die Notwendigkeit, für eine große Zahl von Menschen *sinnvolle Freizeitbeschäftigungsmöglichkeiten* zu schaffen.

Für eine solche sinnvolle Freizeitbeschäftigung kommen erfahrungsgemäß vor allem zwei Bereiche in Frage: *Sport* und *Kultur*. Der Sport zieht heute große

Teile der breiten Bevölkerung in seinen Bann, wobei allerdings nur ein kleiner Teil der „Sportbegeisterten“ aktiv Sport betreibt, während der größere Teil nur passiv als Zuschauer daran teilnimmt. Es wird daher in Zukunft nötig werden, vermehrt Sportgelegenheiten zu schaffen – und zwar auch solche, an denen man passiv (also als Zuschauer) teilnehmen kann.

Für den Teil der breiten Bevölkerung, dem der Sport für eine sinnvolle Lebensgestaltung nicht ausreicht, wird das *Kulturangebot* ausgeweitet werden müssen. Dieses Kulturangebot sollte nicht nur das umfassen, was man die „*Schönen Künste*“ nennt, sondern sollte auch Aus- und Weiterbildungsmöglichkeiten in denjenigen Fächern umfassen, die den Schönen Künsten zugrunde liegen. Um das Verständnis dieser Kulturbereiche zu fördern (wie Musiktheorie, Musiksoziologie, Ästhetik usw), sollten auch solche Disziplinen ausgebaut werden, die sich mit der Entwicklung der Kunst im allgemeinen (zB Kunstgeschichte) oder in Teilbereichen (wie etwa Numismatik, Heraldik usw) beschäftigen. Diese Disziplinen, die man häufig als „*Orchideenfächer*“ bezeichnet und die sich heute bei denen, die für die Kosten dieser Disziplinen aufkommen müssen, keiner großen Beliebtheit erfreuen, werden in Zukunft erhebliche Bedeutung gewinnen. Denn es sind dies diejenigen Fächer, die der *Humanisierung der Menschen* dienen und die mithelfen können (und müssen), daß in den zu erwartenden Zeiten größerer Freizeit ein erheblicher Teil der Menschen nicht in Fadesse und den aus dieser folgenden (negativen) Erlebnismöglichkeiten versinkt.

7.5.2. Die Auswirkungen auf Universitäten und Betriebswirtschaftslehre

Die Universitäten sind von dieser Entwicklung entscheidend betroffen. Denn sie haben in Zukunft nicht nur Vorkehrungen dafür zu treffen, daß durch die Einheit von Forschung und Lehre ständig das *neueste Wissen* zur Verfügung steht und erweitert wird, sondern auch dafür, daß mittels der *Akademischen Freiheit* Persönlichkeiten herangebildet werden, die ohne Aufpasser im Rücken aus eigener Einsicht das Notwendige tun. Die Universitäten werden aber auch dafür zu sorgen haben, daß diejenigen Fächer, die nicht der Berufsaus- und -fortbildung, sondern der *Humanisierung* der Menschen dienen, in einem Umfang und einer Form angeboten werden, daß diese Aufgabe erfüllt werden kann.

Die Betriebwirtschaftslehre ist von dieser Entwicklung insoferne betroffen, als sie nicht nur der Erforschung und Erlernbarmachung derjenigen Gesetzmäßigkeiten, die die Existenz und die Entwicklung der herkömmlichen Produktions- und Dienstleistungsbetriebe bestimmen, weiterhin große Aufmerksamkeit und ein großes Gewicht wird beilegen müssen, sondern daß sie sich auch mit den Gesetzmäßigkeiten, die die Existenz und die Entwicklung der *Kulturbetrie-*

be bestimmen, stärker als sie dies heute tut, wird auseinandersetzen müssen. Denn die Kulturbetriebe werden, je mehr die Robotisierung der Produktion und mit ihr die Umwandlung von Arbeitseinkommen in Kapitaleinkommen fortschreitet, aus den schon dargelegten Gründen eine immer größere Bedeutung erlangen.

2. Teil

Die zur Realisierung der notwendigen Bedingungen erforderlichen Maßnahmen

1. Die zur Realisierung der Massenwohlstandssicherungsbedingungen erforderlichen Maßnahmen im allgemeinen

1.1. Die Notwendigkeit einer konzertierten Aktion und die Ebenen ihres Einsatzes

Die Erfahrung zeigt, daß sich Visionen nicht von selbst verwirklichen. Es ist dafür ein *ganzes System aufeinander abgestimmter Maßnahmen* – eine sogenannte „*konzertierte Aktion*" – notwendig. Das gilt auch für die in dieser Studie vorgetragene neue Lösung. Wenn ein Fehlschlag à la Volksaktienexperiment vermieden werden soll, müssen für die Realisierung der neuen Lösung *auf vier Ebenen* – Staat, Betriebe, Breite Bevölkerung und Umwelt – solche *Maßnahmen* gesetzt werden, die in ihrem *Zusammenwirken* eine Lösung ergeben, die die im ersten Teil dieser Studie dargelegten Bedingungen erfüllt.

Der *Staat* hat, wie schon erwähnt wurde, mittels *Gesetzen* und/oder *Verordnungen* vor allem die geeigneten *Rahmenbedingungen* – insbesondere die für die Massenwohlstandssicherung erforderlichen *steuerlichen Begünstigungen* der Betriebe und der Breiten Bevölkerung – zu schaffen.

Damit auf die für die Massenwohlstandssicherung notwendigen Maßnahmen durchgeführt werden, bedarf es bei denjenigen Betrieben, die die Bedingungen der Masssenwohlstandssicherung erfüllen, neben einer *partiellen Entsteuerung* der Gewinne auch noch weitere *Vorteilsbringer* in Form von *Steuerermäßigungen* für die ausgezahlten „*Belohnungen*" (= *Prämien*). Diese sollen die Betriebe zu einem noch massenwohlstandssicherndérem Verhalten anreizen, als dies durch die partielle Entsteuerung der Gewinne schon geschieht. Die von den Betrieben ausgezahlten Prämien sollten auch bei den *Empfängern steuerfrei* oder doch wenigstens *steuerbegünstigt* sein, weil sie bei den durch diese Prämien Belohnten Einkommen sind und deshalb ohne Begünstigung normalsteuerpflichtiges Einkommen wären. Dies trifft nicht nur auf die Prämienteile zu, die an die mit der Geschäftsführung betrauten Personen gehen, sondern vor allem auf die Prämienteile, die an die nicht im Betrieb mitarbeitenden Eigentümer der Betriebe ausbezahlt werden.

Auf der *betrieblichen Ebene* sind *Art und Höhe der Anreize*, die in Form von steuerbegünstigten – am besten steuerfreien – *Prämien* gewährt werden, festzulegen. Diese Prämien müssen es – neben der partiellen Gewinnentsteuerung – sowohl für die Betriebe als auch für die Geschäftsführungen und die Betriebseigentümer vorteilhafter machen, sich massenwohlstandssichernd bzw sogar massenwohlstandssteigernd zu verhalten als nur massenwohlstandsneutral.

Um Geschäftsführungen von massenwohlstandsschädigendem Verhalten abzuhalten, sollten auch *„negative Anreize"* (= *Sanktionen*) in Form von Geldzahlungen des Managements an die Betriebe überlegt werden. Denn es besteht auch von Seiten der Betriebseigentümer ein Interesse daran, daß das Management Vorteile, die dem Betrieb und/oder den Betriebseigentümern zukommen können, auch ausnützt und Maßnahmen, die für den Betrieb und/oder die Betriebseigentümer nachteilig sind, vermeidet.

Auf der *Ebene der breiten Bevölkerung* sind schließlich Maßnahmen notwendig, die es den bisherigen Arbeitnehmern auch finanziell möglich machen, von den Betrieben angebotene Beteiligungen zu erwerben. Diese Maßnahmen sind besonders dann notwendig, wenn für Arbeitnehmer der Erwerb von Beteiligungen an Betrieben – oder von Anteilen von Kapitalanlagefonds – aufgrund ihrer derzeitigen Arbeitseinkünfte finanziell nicht möglich wäre.

Auf der vierten Ebene – der *Ebene der Umwelt* – ist dafür vorzusorgen, daß die Umwelt nicht geschädigt wird und nicht erneuerbare Ressourcen durch unverbrauchliche oder doch wenigstens micht umweltschädigende ersetzt werden, wie schon im Abschnitt 6.4.1.3 des ersten Teiles dieser Studie dargelegt wurde.

1.2. Die Inhalte der konzertierten Aktion

Aus den bisherigen Ausführungen ist ersichtlich, daß für die Massenwohlstandssicherung *zwei inhaltlich verschiedene Maßnahmensysteme* notwendig sind. Da sowohl die meisten Betriebe wie die breite Bevölkerung dem Erwerb von klein gestückelten Beteiligungen bisher nicht freundlich gegenüberstehen, sind erstens Maßnahmen nötig, die das *Verhalten* der Betriebe und der *Breiten Bevölkerung ändern* und sie *„kleinbeteiligungsfreundlicher"* machen. Diese Maßnahmen können als *„verhaltensändernde Maßnahmen"* bezeichnet werden.

Die Erfahrung zeigt aber auch noch, daß eine Verhaltensänderung – die bei den Betrieben zur Präferenzierung einer breit gestreuten hohen Eigenfinanzierung und bei der Breiten Bevölkerung zu einer solchen eines breit gestreuten Beteiligungssparens führt – allein nicht genügt, dem Beteiligungssparen bei der Breiten Bevölkerung zum Durchbruch zu verhelfen. Denn heute ist eine Finanzierung mit Kleinbeteiligungen weder bei den Betrieben noch bei der breiten Bevölkerung beliebt. Darüber hinaus ist es sehr vielen Arbeitnehmern wegen ihres relativ niedrigen Arbeitseinkommens auch *nicht möglich*, neben der Bestreitung des Lebensunterhaltes noch größere Beträge für den Erwerb von Beteiligungen aufzuwenden. Mit den relativ niedrigen Beträgen, die ohne unterstützende Maßnahmen von den meisten Arbeitnehmern für den Erwerb von Beteiligungen ausgegeben werden könnten, kann in der in der Regel zur Verfügung stehenden Zeit weder von den Betrieben eine auseichend hohe Eigenfinanzierung, noch von den Arbeitnehmern ein eine ausreichende Alterversorgung ermöglichender Kapitalstock aufgebaut werden. Es sind daher Maßnahmen notwendig, die die *finanzielle Basis* dafür schaffen, daß auch Arbeitnehmer mit relativ niedrigen Einkommen noch ausreichend Beteiligungen erwerben können. Diese zweite Art der Maßnahmen kann als *„beteiligungserwerbsunterstützende Maßnahmen“* bezeichnet werden.

Bevor jedoch auf diese beiden Arten von Maßnahmen im zweiten Abschnitt dieses zweiten Teiles der Studie im Detail eingegangen wird, sind noch diejenigen Probleme genauer zu erörtern, die sich aus der *Berechnung* der verhaltensändernden Maßnahmen ergeben.

1.3. Die Berechnung der für die Realisation der verhaltensändernden Bedingungen erforderlichen Maßnahmen

1.3.1. Notwendigkeit und Inhalt von Anreizen

Wie schon im ersten Teil dieser Studie dargeleget wurde, sind, um das Verhalten sowohl der Betriebe wie der Breiten Bevölkerung zu ändern, *Anreize* notwendig. Diese Anreize müssen *Belohnungen* für eine Verhaltensänderung sein. Da solche Belohnungen gewöhnlich als „Prämien“ bezeichnet werden, soll auch in dieser Studie der Terminuns „Prämien“ für sie verwendet werden.

Da sowohl die Betriebe wie die breite Bevölkerung steuerallergisch sind, sollten diese Belohnungen in möglichen *Steuerersparnissen* bestehen, die sich daraus ergeben, daß die als Belohnung zustehenden Beträge bei den Betrieben von der Bemessungsgrundlage der erfolgsabhängigen Steuern und bei der breiten Bevölkerung von der Bemessungsgrundlage der Einkommensteuer abgezogen werden können. Diese „Belohnungen“ (= Prämien) müsen sich die Betriebe daher selbst vedienen. Sie werden nur durch eine Steuerersparnis belohnt. Dadurch unterscheiden sich in dieser Studie die Prämien von den *„Zuschüssen“*, die die Betriebe und/oder die Personen, die die Bedingungen der Massenwohlstandssicherung erfüllen, vom Staat ausbezahlt erhalten und sich nicht selbst verdienen müssen.

1.3.2. Die Notwendigkeit einer mehrstufigen Berechnung

1.3.2.1. Die mathematische Struktur der Maßnahmen

Die für ein massenwohlstandssicherndes Verhalten gewährten *Belohnungen*, die sich als *Anreizprämien* darstellen, sind ebenso wie die für ein massenwohlstandsschädigendes Verhalten vorgesehenen *Nachteile* ein (mathematisches) Produkt, das sich aus einem mit einem (positiven oder negativen) *Prämiensatz multiplizierten Basisbetrag* errechnet. Die Ermittlung des Basisbetrages erfolgt in mehreren Stufen und kann, wie im folgenden zu zeigen ist, *direkt* oder *indirekt* erfolgen.

1.3.2.2. Ein Vergleich als erste Stufe der Berechnung

Um das Ausmaß, in dem die Bedingungen der Massenwohlstandssicherung erfüllt werden, zu errechnen, müssen – wie schon dargelegt wurde – die für die Massenwohlstandssicherung notwendigen – und damit erwünschten – Sachverhalte *quantifiziert* werden. Diese quantifizierten Sachverhalte stellen die *Sollzustände* dar, deren Realisierung durch Prämiengewährung und/oder partielle Gewinnentsteuerung belohnt werden soll. Dieser Sollzustand muß für die Entscheidung, ob eine Prämie zu gewähren ist oder nicht, mit dem tatsächlichen Zustand – dem *Istzustand* – verglichen werden. Wenn der Istzustand mit dem Sollzustand übereinstimmt oder ihn übertsteigt, ist die Prämie zu gewähren, wenn nicht, dann nicht.

Diese Berechnung kann entweder in *absoluten Geldbeträgen*, die sich direkt aus dem betrieblichen Rechnungswesen ergeben, oder in *Verhältniszahlen* erfolgen, bei denen zwei oder mehrere aus dem Rechnungswesen ersichtliche Sachverhalte zueinander in Beziehung gesetzt werden.

Bei einer indirekten Ermittlung der Basisbeträge sind noch weitere Stufen notwendig. Auf diese wird bei der Darstellung der indirekten Ermittlung noch genauer eingegangen.

1.3.3. Zur Prämienbasis und ihrer Errechnung im besonderen

1.3.3.1. Die direkte Errechnung

Wie in den vorhergehenden Ausführungen gezeigt wurde, könnten *diejenigen quanifizierten Sachverhalte*, die von den Betrieben zur Sicherung des Massenwohlstandes realisiert werden müssen, als *direkte Berechnungsbasis* für die

Berechnung der verschiedenen Prämien und Zuschläge herangezogen werden. Sie sind bei der direkten Prämienerrechnung mit den betreffenden Prämiensätzen zu multiplizieren; das (mathematische) Produkt ist die jeweilige Prämie.

Ein Beispiel darf die direkte Errechnung erläutern. Wenn bei einem Betrieb 51 % des Gesamtkapitals über breit gestreute Kleinbeteiligungen aufgebracht wurden, dann soll diesem Betrieb eine Prämie in Höhe von 5 % des Kleinbeteiligungskapitals zustehen. Die Betriebe A und B mögen jeweils 10 Mio GE Gesamtkapital ausgewiesen haben. Bei Betrieb A mögen 65 % und bei Betrieb B 30 % des Gesamtkapitals breit gestreute Kleinbeteiligungen sein. Betrieb A würde in diesem Falle eine Prämie von 5 % von 5,1 Mio GE (= 0,255 Mio GE) und Betrieb B keine Prämie zustehen.

Für die weiteren in dieser Studie gebrachten Berechnungsbeispiele darf darauf hingewiesen werden, daß das Multiplikationszeichen (= „mal") durch den in der EDV üblichen hohen Stern (= *) ausgedrückt werden wird.

1.3.3.2. Die indirekte (= mittelbare) Errechnung

1.3.3.2.1. Die Zweckmäßigkeit der indirekten Berechnung

Da es bei der Massenwohlstandssicherung darum geht, die Arbeitseinkommen durch Kapitaleinkommen zu ersetzen und die Kapitaleinkommen aus den schon dargelegten Gründen *offene Gewinnausschüttungen* sein sollen, erscheint es jedoch in den meisten Fällen zweckmäßiger, als *Basis für die Berechnung* der möglichen Prämien den an die Betriebseigentümer *auszuschütttenden Gewinn* und nicht unmittelbar (= direkt) den quantifizierten erwünschten Sachverhalt heranzuziehen.

Da in vielen Ländern nur derjenige Gewinn ausgeschüttet werden kann, der im handelsrechtlichen Jahresabschluß als Reingewinn *ausgewiesen* ist[1], kann vereinfachend bei der Berechnung der Anreize (= Prämien) von dem *im Jahresabschluß ausgewiesenen Gewinn* ausgegangen werden. Dieser muß allerdings für die Massenwohlstandssicherung auch *ausgeschüttet* werden, was dadurch sicherzustellen ist, daß sowohl die partielle Gewinnentsteuerung als auch die steuermindernden Prämien im Nichtausschüttungsfall nicht anerkannt werden. Für die folgenden Ausführungen wird daher immer – wenn sich aus dem Kontext nichts anderes ergibt – die *volle Ausschüttung* des im Jahresabschluß ausgewiesenen Gewinns unterstellt.

Wird der ausgewiesene (und damit ausschüttbare) Gewinn nicht oder nicht voll ausgeschüttet, dürfen aus den schon dargelegten Gründen weder die Prämienbeträge an die Prämienberechtigten ausbezahlt noch die partielle Gewinnentsteuerung in Anspruch genommen werden. Sollten trotz Nichtausschüttung

---

[1] sd zB PERNSTEINER H.: § 231 Abs 2 Z 29 – Bilanzgewinn/Bilanzverlust, in: KOFLER H./NADVORNIK W./PERNSTEINER H./VODRAZKA K. (Hrsg): Handbuch Bilanz und Abschlußprüfung, Loseblattausgabe, Wien Stand 2000 (3. Teillieferung), Rz 5;

des Gewinnes die partielle Gewinnentsteuerung in Anspruch genommen und/oder die Prämien ausgezahlt worden sein, sind sie zurückzuzahlen. Im Jahresabschluß enthaltene Steuerersparnisse und/oder Prämienbeträge sind daher im Fall der Nichtausschüttung des ausgewiesenen Gewinns entweder wieder zu stornieren oder – wenn sie schon ausbezahlt wurden – als Forderungen bzw die zu unrecht geltend gemachten Steuerersparnisse als Verbindlichkeiten einzubuchen. Wenn der Jahresabschluß von einem Wirtschaftsprüfer geprüft werden mußte, bedingt daher der Nichtausschüttungsfall wegen der damit verbundenen Berichtigung des Jahresabschlusses eine Wiederaufnahme der Abschußprüfung[2].

1.3.3.2.2. Die sich bei der indirekten Errechnung der Prämienbasis ergebende Mehrstufigkeit der Prämienberechnung

Um den ausschüttbaren Gewinn als Berechnungsbasis heranziehen zu können, ist in der Regel ein mindestens *zweistufiges Berechnungsverfahren* notwendig, bei dem jede Stufe in mehreren Schritten abläuft.

In der *ersten Stufe* muß – wie schon in Abschnitt 1.3.1.2. dieses Teiles der Studie dargelegt wurde – als erster Schritt der erwünschte Sachverhalt *quantifiziert* und in einem zweiten Schritt seine *Bedeutung* für die Massenwohlstandssicherung analysiert werden. Dann muß in einem dritten Schritt untersucht werden, welche Bedeutung dem erwünschten Sachverhalt im Rahmen des handelsrechtlich auschüttbaren Gewinns beizulegen ist. In einem vierten Schritt muß schließlich der dieser Bedeutung entsprechende *Prämiensatz* als Prozentsatz des ausschüttbaren Gewinns festgelegt werden.

In der *zweiten Stufe* muß in einem ersten Schritt der jeweilige *Istzustand festgestellt* werden. In einem zweiten Schritt wird dann der Istzustand -dem erwünschten Zustand (= *Sollzustand) gegenübergestellt.* In einem dritten Schritt muß dann untersucht werden, ob zwischen Sollzustand und Istzustand so weit *Übereinstimmung besteht*, daß die Prämie zu gewähren ist. Falls eine derartige Übereinstimmung besteht und die Prämie zu gewähren ist, kann in einem vierten Schritt die Prämie *berechnet*, in einem fünften Schritt im Jahresabschluß *ausgewiesen* und in einem sechsten Schritt auch *ausgezahlt* werden.

Ein Beispiel darf den Vorgang verdeutlichen. Um den Massenwohlstand zu sichern, ist es, wie schon dargelegt wurde, wünschenswert, daß das breit gestreute gewinnberechtigte Eigenkapital mindestens 51 % des betrieblichen Gesamtkapitals beträgt (= Sollzustand). Wenn das in einer Periode der Fall ist, soll eine – steuerfreie – Prämie in Höhe von 5 % des ausschüttbaren Gewinns gewährt werden. Wenn der Betrieb einen Gewinn von 2 Mio GE ausweist, würde die Prämie daher 5 % von 2 Mio GE = 100.000.- GE betragen. Wenn hinge-

[2] sd LOITLSBERGER E.: § 269 – Gegenstand und Umfang der Prüfung, Rz 18 ff in: KOFLER H./NADVORNIK W./PERNSTEINER H./VODRAZKA K. (Hrsg): Handbuch Bilanz und Abschlußprüfung, Loseblattausgabe, aaO;

gen in einer Periode, für die die Prämie zu berechnen ist, das kleinbetragesfinanzierte Eigenkapital nur 30 % des betrieblichen Gesamtkapitals beträgt (= Istzustand), ist der Istzustand kleiner ist als der Sollzustand. Es besteht keine Übereinstimmung zwischen Sollzustand und Istzustand, so daß die Prämie in dieser Periode nicht zu gewähren ist.

Das Beispiel zeigt aber auch die *Schwäche* eines einheitlichen (= nicht aufgespaltenen) linearen Prämiensatzes. Denn auch wenn in der Folgeperiode die Quote des gewinnberechtigten Eigenkapitals von 30 % auf 50 % und das breit gestreute kleinbetragsfinanzierte Eigenkapital auf 40 % des betrieblichen Gesamtkapitals gesteigert wird, kann die Prämie noch nicht gewährt werden, weil der erwünschte Zustand (= Sollzustand; = 51 %) noch nicht erreicht wurde, obwohl es eine große Annäherung an ihn gegeben hat, die durchaus mit einer Prämie belohnt werden könnte und sollte.

1.3.4. Die Zweckmäßigkeit einer weiteren Prämienaufspaltung

Eine Analyse der Realität zeigt daher, daß eine Aufspaltung der Anreize in *zwei Arten* zweckmäßig ist. Da die meisten Betriebe in der Realität die für die Massenwohlstandssicherung notwendigen Bedingungen noch nicht voll erfüllen, sind *Anreize* notwendig, die die Betriebe veranlassen, diese noch unbefriedigende Situation durch geeignete Maßnahmen zu verbessern und die Betriebe dadurch an die volle Erfüllung der für den Massenwohlstand notwendigen Bedingungen heranzuführen. Diese Anreize können als *„Verbesserungsanreize"* bzw als *„Verbesserungsprämien"* bezeichnet werden. Würden aber nur Verbesserungsprämien gewährt werden, dann würden diejenigen Betriebe, die die notwendigen Bedingungen der Massenwohlstandssicherung bereits erfüllen, von dieser Erfüllung keinen Vorteil haben. Sie könnten daher versucht sein, die volle Erfüllung dieser Bedingungen wieder einzuschränken, um wieder „verbessern" zu können und dadurch wieder in den Genuß der Verbesserungsanreize zu kommen. Daher sind auch *„Belohnungen"* bzw *„Belohnungsprämien"* notwendig, die gewährt werden, wenn die notwendigen Bedingungen der Massenwohlstandssicherung voll erfüllt werden. Diese Belohnungsprämien müssen deutlich höher sein als die Verbesserungsprämien, damit die Betriebe veranlaßt werden, die Bedingungen der Massenwohlstandssicherung voll und nicht nur annähernd zu erfüllen. Auf diese Sachverhalte wird bei der genaueren Besprechung der Prämiensätze im zweiten Abschnitt dieses Teiles der Studie noch zurückzukommen sein.

1.3.5. Zu den Prämiensätzen im besonderen

1.3.5.1. Die Zweckmäßigkeit von Prämiensatzvektoren und Matrixprämiensätzen

Wie schon dargelegt wurde, ergibt eine Analyse der Realität, daß ein einheitlicher, nicht aufgespaltener (= linearer) Prämiensatz die Aufgaben, die für die Massenwohlstandssicherung notwendig sind, meist *nicht* erfüllen kann. Denn einheitliche (= nicht aufgespaltene, lineare) Prämiensätze können in aller Regel die verschiedenen für die Massenwohlstandssicherung und -steigerung erreichten positiven und negativen Veränderungen, die auf *bewußt eingeleiteten Maßnahmen* beruhen, nicht ausreichend berücksichtigen. Es sind dazu *mehrfach gespaltene (= mehrdimensionale) Pämiensätze* notwendig. Die für die Massenwohlstandssicherung und die Massenwohlstandssteigerung heranzuziehenden Präminensätze sind ihrer Struktur nach daher meist *„Prämiensatzvektoren"*, wenn nicht sogar *„Matrixprämiensätze"*, die sehr oft nicht nur zweidimensionale, sondern darüber hinausgehende mehrdimensionale Matrizen darstellen. Nur in seltenen Fällen kann mit einem linearen (= nicht aufgespaltenen) Prämiensatz das Auslangen gefunden werden.

Noch besser als Matrixprämiensätze wären für die Massenwohlstandssicherung und -steigerung *„funktionale Prämiensätze"* geeignet, bei denen die Prämien- und Zuschlagssätze *abhängige Variable* vom Ausmaß der bewußten (= vorsätzlichen) Veränderung des Istzustandes sind. Da solche funktionalen Prämiensätze aber in der Praxis schwer handhabbar sind, wird auch in den folgenden Ausführungen auf Prämiensatzvektoren und/oder Matrixprämiensätze zurückgegriffen.

Eine einfache Weiterführung des im vorhergehenden Abschnitt gebrachten Beispiels darf die Zweckmäßigkeit vektorieller Prämiensätze verdeutlichen. Um zB zu einer bewußten (= vorsätzlichen) Erhöhung des gewinnberechtigten Kapitals durch Umwandlung von bisher nicht gewinnberechtigtem (weil in Rücklagen gebundenem) Eigenkapital in gewinnberechtigtes Eigenkapital anzureizen und andererseits eine bewußte (= vorsätzliche) Verringerung des gewinnberechtigten Eigenkapitals nachteilig zu machen, ist ein Matrixprämiensatz zweckmäßig, der positive Änderungen des Istzustandes (= Vermehrung des gewinnberechtigten Eigenkapitals) mit von der Bemessungsgrundlage abziehbaren Prämien belohnt und negative Veränderungen durch einen Zuschlag zur Bemessungsgrundlage (oder auch durch eine entsprechende Zahlung des Top-Managements an den Betrieb) bestraft (wobei die Prämiensätze auch andere Größen aufweisen können, aber die gleiche Struktur haben sollten) (Prämiensatzvektoren fett gedruckt):

Ausmaß der positiven Änderung des Istzustandes	Prämiensatz	Ausmaß der negativen Änderung des Istzustandes	Zuschlagssatz
+ 10 %	**1 %**	- 10 %	**2 %**
+ 50 %	**2 %**	- 50 %	**5 %**
+ 80 %	**3 %**	- 80 %	**10 %**
Sollzustand	**6 %**	-100 %	**30 %**

1.3.5.2. Die Art der Festlegung

Die Festlegung der – meist vektoriellen oder matrizenmäßigen – Prämiensätze kann entweder – wie noch darzulegen sein wird in allerdings nur wenigen Fällen – vom *Staat* im Gesetzes- oder *Verordnungswege* oder (meistens) von den *Betriebseigentümern* im *Gesellchaftsvertrag* (= in der Satzung) vorgenommen werden. Es sind aber auch Festlegungen in den *Geschäftsführerverträgen* oder, wo dies rechtlich möglich ist, durch *Anweisung* an die Geschäftsführer möglich. Die Festlegung in der Satzung oder in den Geschäftsführerverträgen oder durch Anweisungen hat den Nachteil, die steuerliche Behandlung der – insbesondere den Betriebsinhabern zufließenden – Prämienteile nicht regeln zu können. Daher ist bei diesen Festlegungsarten die *staatliche Anerkennung* dieser Festlegungen notwendig.

Diese Anerkennung könnte dadurch erreicht werden, daß die von einem Betrieb zur Massenwohlstandssicherung vorgesehenen Prämien und deren Berechnungsbasis beim zuständigen *Finanzamt angezeigt* werden. Das Finanzamt sollte die so berechneten Prämien dann als Betriebsausgaben und bei den Empfängern als steuerbegünstigte Einkommensteile anerkennen müssen, wenn die vorgesehenen Prämien bei wirtschaftlicher Betrachtungsweise als für die Massenwohlstandssicherung geeignet erscheinen.

Die Prämiensätze sollen so hoch sein, daß sie einen ausreichenden Anreiz für die Durchführung derjenigen Maßnahmen darstellen, für die die Prämie gewährt wird. Auf Details wird im Verlauf der Studie im zweiten Abschnitt dieses Teiles der Studie noch einzugehen sein.

1.4. Zu den Verfahren der Prämienberechnung im besonderen

1.4.1. Die möglichen Verfahren und ihre Bedingungen

Da – wie oben ausgeführt – die Prämien zweckmäßigerweise den ausgeschütteten Gewinn als Berechnungsbasis haben, läßt sich die Höhe der einzelnen Prämien entweder *progressiv* (vom *erwirtschafteten Gewinn* ausgehend) oder *retrograd* (vom *Ausschüttungssatz* ausgehend) berechnen. In beiden Fälölen kann die Berechnung entweder mittels eines *Gleichungssystems* oder einer *Iterationrechnung* erfolgen.

Für die Betriebe, die sich direkt an der Massenwohlstandssicherung beteiligen, wird das *progressive Verfahren in Form der Iterationsrechnung* die größere Bedeutung erlangen, weil wegen der zahlreichen Prämien der ausschüttbare Gewinn nicht ohne weiteres abschätzbar und das diesbezügliche Gleichungssystem für mathematisch nicht Geschulte schwer zu formulieren ist. Dieses *progressive iterative Berechnungsverfahren* ist vor allem dann anzuwenden, wenn die aufgrund des erwirtschafteten Gewinns *höchstmögliche* (= *maximale*) *Ausschüttung* errechnet werden soll. Es wird dabei im ersten Schritt die sich unter Berücksichtigung der direkt errechneten Prämien aus dem erwirtschafteten Gewinn ergebende (vorläufige) erfolgsabhängige *Steuer* errechnet.

Da die Prämien die steuerlichen Bemessungsgrundlage mindern, ergibt die erste Berechnung eine zu hohe Steuerbelastung. Wenn die Lösung einer Gleichung mit vielen Unbekannten vermieden werden soll, muß in der Folge eine *Iterationsrechnung* durchgeführt werden. Mit dieser können der endgültig ausschüttbare Gewinn und damit auch die endgültige Prämienbasis für die indirekt zu errechnenden Prämien sowie die endgültigen Prämien selbst errechnet werden. Ein Beispiel zur Verdeutlichung des Berechnungsvorgangs beim progressiven wie beim retrograden Verfahren findet sich im Abschnitt 1.4.2.2. dieses Teiles der Studie.

Beim *retrograden Berechnungsverfahren* wird hingegen zunächst mittels eines von den Betriebseigentümern in der Gesellschafterversammlung beschlossenen (bzw erwünschten) *Ausschüttungssatzes* (= *Dividendensatzes*) der auszuschüttende Gewinnbetrag ermittelt. Dann werden sowohl die direkt zu errechnenden Prämien als auch die einzelnen indirekt zu errechnenden Prämien vom auszuschüttetenden Gewinn durch eine Von-Hundert-Rechnung berechnet. Die so errechneten Prämienbeträge werden dann ebenso wie der auszuschüttende Betrag und die zu zahlenden erfolgsabhängigen Steuern vom erwirtschafteten Gewinn abgezogen. Ein allenfalls noch verbleibender Gewinnrest wird dann entweder auf neue Rechnung vorgetragen oder den Rücklagen zugeführt. Reicht der erwirtschaftete Gewinn nicht aus, die Summe aus erfolgsabhängigen Steuern, auszuschüttendem Gewinn und Prämienbeträgen abzudecken, müssen der auszuschüttende Gewinn und (mit ihm) die indirekt zu errechnenden Prämienbeträge entsprechend vermindert werden, was ein progressives iteratives Berechnungsverfahren notwendig macht.

1.4.2. Erläuterndes Beispiel der Berechnungsverfahren mit drei Prämien

1.4.2.1. Zur Symbolik

Ein Beispiel darf die Ansätze für das progressive und das retrograde iterative Berechnungsverfahren zeigen. Dabei sollen die gleichen Symbole wie bisher verwendet werden und drei Prämien auszuzahlen sein. Die erste (y_1) möge *direkt* zu berechnen sein und einen Betrag von 30.000.- ergeben. Die beiden anderen Prämien sollen *indirekt* zu errechen sein. Bei y_2 möge der Prämiensatz 10 % des ausschüttbaren Gewinns (= x) ($y_2 = 0{,}1x$) und bei y_3 20 % des ausschüttbaren Gewinnes ($y_3 = 0{,}2x$) betragen. Der erwirtschaftete Gewinn (= x_0) möge 500.000.- und der Körperschaftssteuersatz wie bisher 34 % betragen.

1.4.2.2. Das progessive iterative Verfahren

Da die Prämien y_2 und y_3 vom ausschüttbaren Gewinn (= x) berechnet werden, muß dieser zuerst ermittelt werden. Für die Berechnung ist dabei vom erwirtschafteten Gewinn (= x_0) auszugehen. Von diesem sind zunächst die direkt zu errechnenden Prämien und die erfolgsbhängigen Steuern abzuziehen, was folgende zwei Rechnungen ergibt:

(1a) (500.000.- - 30.000.-) * 0,34 = 159.800.-

(1b) 500.000.- - (30.000.- + 159.800.-) = 310.200.-

Der um die direkt errechneten Prämien und die erfolgsabhängigen Steuern (= s) verminderte Gewinn (= Gewinn nach direkten Prämien und Steuern, = x_s) stellt die Ausgangsbasis für die Errechnung der indirekt zu errechnenden Prämien und des ausschüttbaren Gewinns dar. Dazu muß zunächst in allgemeinen Zahlen die Summe aus Prämiensätzen und auszuschüttendem Gewinn errechnet werden. Das ergibt für das vorliegende Beispiel die folgende Rechnung:

(2a) $0{,}1\,x + 0{,}2\,x + x = 1{,}3\,x$

Das Ergebnis der Gleichung (2a) (= 1,3 x) ist der Divisor, mit dem der nach Abzug der direkt errechneten Prämien und der Erfolgssteuern verbleibende Gewinn (= x_s) zu dividieren ist, um den auszuschüttbaren Gewinn zu errechnen:

(2b) 310.200.- / 1,3 = 238.615,38

Aus dem ausschüttbaren Gewinn können dann durch einfache (Von-Hundert-)Prozentrechnungen die ersten (vorläufigen) Ansätze der einzelnen indirekt zu errechnenden Prämien errechnet werden:

(3a) y_2 = 238.615,38 * 0,1 =	23.861,54
(3b) y_3 = 238.615,38 * 0,2 =	47.723,08
vorläufige Prämiensumme der indirekt zu errechnenden Prämien	71.584,62

Diese Lösung ist jedoch dann noch *nicht* die endgültige Lösung, wenn die Prämien von der KöSt-Bemessungsgrundlage *abzugsfähig* sind (was wegen der Massenwohlstandssicherung der Fall sein sollte und daher auch in dieser Studie angenommen wird). Denn dann sind sowohl die KöSt als auch der auschüttbare Gewinn und die indirekt zu berechnenden Prämien noch *unrichtig* ausgewiesen (die KöSt zu *hoch* und die indirekt zu berechnenden Prämien und der ausschüttbare Gewinn zu *niedrig*). Wenn die Formulierung weiterer Gleichungen vermieden werden soll, ist die endgültige Lösung iterativ zu errechnen, wie das im Abschnitt 1.4.2.4. dieses Teiles der Studie gezeigt wird.

1.4.2.3. Das retrograde (iterative) Verfahren

Beim nachfolgenden Beispiel einer *retrograden iterativen Berechnung* soll davon ausgegangen werden, daß das gewinnberechtigte Eigenkapital (= Grundkapital; = GK) 2,000.000.- beträgt und eine Dividende (= D) von 10 % ausgeschüttet werden soll. Wie im obigen Beispiel sollen drei Prämien (y_1 30.000.-, y_2 10 % und y_3 20 % des ausschüttbaren Gewinns) auszubezahlen sein. Der erwirtschaftete Gewinn möge wie oben 500.000.- betragen. Ein eventuell verbleibender Gewinnrest soll der Freien Rücklage zugeführt werden. Es ergibt sich bei steuerlicher Abzugsfähigkeit der Prämien folgende Rechnung:

(1)	D = GK *0,1 = 2,000.000.- * 0,1 = x =	200.000.-
(2)	y_1 = 30.000.-	
(3)	y_2 (0,1x) = 20.000.-	
(4)	y_3 (0,2x) = 40.000.-	90.000.-
Zwischensumme (= Ausschüttungsbetrag)		290.000.-
(5)	x_s = (500.000.- - 90.000,-) * 0,34 =	139.400.-
Zwischensumme (= Aussschüttung und Steuer)		429.400.-
(6)	Rücklagendotation	70.600.-
(7)	erwirtschafteter Gewinn (x_0)	500.000.-

Die retrograde Berechnung ergibt hinsichtlich des ausschüttbaren Gewinns und der Prämien dann sofort die richtige Lösung, wenn der erwirtschaftete Gewinn die Summe aus auszuschüttendem Gewinn, Prämien und erfolgsabhängigen Steuern abdeckt. Eine Iterationsrechnung ist in diesem Falle nicht notwendig. Die variable Größe ist hier die Rücklagendotation, mit der die Verbindung zum erwirtschafteten Gewinn hergestellt wird.

Eine Iterationsrechnung wird bei der retrograden Berechnung jedoch ebenfalls notwendig, wenn der erwirtschaftete Gewinn die Summe aus auszuschüttendem Gewinn, Prämien und erfolgsabhängigen Steuern nicht abdeckt und der auszuschüttende Gewinn und die indirekt errechneten Prämien entsprechend verringert werden müssen. In der Praxis wird die retrograde Lösung wegen ihrer Einfachheit dann angewandt, wenn ein Teil des Gewinnes nicht ausgeschüttet werden soll, was allerdings im Hinblick auf die Massenwohlstandssicherung nicht optimal ist.

1.4.2.4. Durchgerechnetes (progressives) Iterationsbeispiel

Ein einfaches Beispiel mit den bisherigen drei Prämien darf zum besseren Verständnis der in den folgenden Abschnitten dieser Studie gemachten Aussagen den *progressiven Berechnungsvorgang mittels Iterationsrechnung* bis zur endgültigen Lösung erläutern. Ein *Berechnungsbeispiel in Gleichungsform* mit allen in dieser Studie vorgeschlagenen Prämien findet sich im Anhang diesesTeiles der Studie.

Beim folgenden iterativen Beispiel wird ein erwirtschafteter Gewinn von 300.000.-, ein Körperschaftsteuersatz von 34 % und für die direkt errechnete Prämie y_1 der Betrag von 30.000.- und für die beiden indirekt zu berechnenden Prämien y_2 ein Prämiensatz von 10 % und für die Prämie y_3 ein solcher von 20 % vom ausgewiesenen (= ausschüttbaren) Reingewinn angenommen. Wenn auch die gleichen Symbole wie bisher verwendet werden, ergeben sich folgende Iterationsschritte:

Die Ausgangsbasis

(1) s = (300.000.- - 30.000.-)*0,34 =		91.800.-
(2) x = (300.000.- - (30.000.- + 91.800.-) / 1,3 =		137.077.-
(3) y_2 = 137.077,- * 0,1 =	13.707.-	
(4) y_2 = 137.077.- * 0,2 =	27.414.-	41.121.-
		269.998.-

1. Iterationsschritt

(1) s = [300.000.- - (30.000.-+ 13.707.- + 27.414.-)] * 0,34 =		77.819.-
(2) x = (300.000.- - 77.819.-) / 1,3 =		170.908.-
(3) y_2 = 170.908.- * 0,1 =	17.091.-	
(4) y_3 = 174.134.- * 0,2 =	34.182.-	51.273.-
		300.000.-

2. Iterationsschritt

(1) s = [(300.000.- - (30.000.- + 51.273.-)] * 0,34 =		74.367.-
(2) x = (300.000.- - 74.367.-) / 1,3 =		173.564.-

(3) y_2 = 173.564.- * 0,1 =	17.356.-	
(4) y_3 = 173.564.- * 0,2 =	34.713.-	52.069.-
			300.000.-

3. Iterationsschritt

(1) s = [300.000.- - (30.000.- + 52.069.-)] * 0,34 =		74.097.-
(2) x = (300.000.- - 74.097.-) / 1,3 =		173.772.-
(3) y_2 = 173.772.- * 0,1 =	17.377.-	
(4) y_3 = 173.772.- * 0,2 =	34.754.-	52.131.-
		300.000.-

4. Iterationsschritt (zugleich endgültige Lösung)

(1) s = [300.000.- - (30.000.- + 52.131.-)] * 0,34 =		74.075.-
(2) x = (300.000.- - 74.075.-) / 1,3 =		173.788.-
(3) y_2 = 173.788.- * 0,1 =	17.379.-	
(4) y_3 = 173.788.- * 0,2 =	34.758.-	52.137.-
		300.000.-

5. Iterationsschritt (Verprobung der endgültigen Lösung)

(1) s = [300.000.- - (30.000.- + 52.137,-) * 0,34 =		74.073.-
(2) x = (300.000.- - 74.073.-) / 1,3 =		173.790.-
(3) y_2 = 173.790.- * 0,1 =	17.379.-	
(4) y_3 = 173.790.- * 0,2 =	34.758.-	52.137.-
		300.000.-

Nach dem vierten Iterationsschritt ergibt sich in diesem sehr einfachen Beispiel die endgültige Lösung. Denn dieser Iterationsschritt ergibt die *gleichen Prämienbeträge* wie der fünfte Iterationsschritt und zeigt damit an, daß weitere Iterationsschritte keine nennenswerte Verbesserung der Prämienbeträge mehr bringen und die Iteration daher beendet werden kann.

1.4.3. Exkurs: Die Reihenfolge der Darstellung der Anreizberechnungen

Bei der Darstellung der für die Sicherung des Massenwohlstandes notwendigen Anreize ist es naheliegend, zuerst die Maßnahmen zur *Sicherung einer ausreichenden Güterversorgung* darzulegen. Denn es muß durch geeignete Maßnahmen veranlaßt werden, daß die Geschäüftsführungen der Betriebe noch mehr Produkte zu niedrigeren Kosten erzeugen und billiger anbieten, als dies ohne diese Maßnahmen der Fall wäre.

Im Anschluß an die Darstellung der eine ausreichende Güterversorgung sichernden Maßnahmen müssen dann diejenigen Maßnahmen dargestellt werden, die die *Sicherung ausreichender Masseneinkommen* bewirken. Es muß insbesondere erreicht werden, daß die betriebliche Finanzierung und die betriebliche

Gewinnverwendungspolitik so geändert werden, daß die Betriebe nicht nur eine hohe und breit gestreute Eigenfinanzierung anstreben, sondern die erwirtschafteten Gewinne auch ausschütten. Denn beides ist für die Massenwohlstandssicherung nicht nur notwendig, sondern zweckmäßig.

2. *Die in den Betrieben zur Erfüllung der Massenwohlstandssicherungsbedingungen erforderlichen Maßnahmen*

2.1. Die Maßnahmen zur Sicherung einer ausreichenden Güterversorgung

2.1.1. Die Maßnahmen zur Sicherung einer guten (= effizienten) Betriebsführung

2.1.1.1. Die Maßnahmen für die Heranbildung der für eine gute Betriebsführung geeigneten Personen

2.1.1.1.1. Die Ausweitung der Akademischen Freiheit

Wie schon in den Abschnitten 6.4.1.1.2.1. – 6.4.1.1.2.3. des ersten Teiles dieser Studie dargelegt wurde, werden für das Top-Management Personen benötigt, die neben dem für eine erfolgreiche Betriebsführung erforderlichen Wissen auch die Fähigkeit besitzen, künftige Entwicklungen, die sich erst in schwachen Signalen ankündigen, zu erkennen und in ihren Auswirkungen auf den Betrieb analysieren zu können. Diese Personen müssen aber auch über große Selbstdisziplin und ein *ausgeprägtes Humantätsbewußtsein* verfügen. Es wurde in den o.a. Abschnitten auch aufgezeigt, daß es seit jeher Aufgabe der Universitäten ist, mittels der Einheit von Forschung und Lehre und der Akademischen Freiheit solche Personen heranzubilden. Wie ebenfalls dargelegt wurde, ist jedoch besonders die Erziehung zur Selbstdisziplin durch die Verschulung der Universität bedroht, so daß Gegensteuerungsmaßnahmen notwendig sind.

Als erste dieser *Gegensteuerungsmaßnahmen* ist die *Ausweitung der Akademischen Freiheit* notwendig. Alle Vorschriften, die den Studierenden zwingen, bei Lehrveranstaltungen anwesend zu sein, sind aufzuheben. Dies gilt nicht nur für die neuerdings eingeführten „Universitätskurse“[3], sondern auch für die „Übungen“, für die schon vor Einführung der Universitätskurse Anwesenheitszwang bestand, der in vielen Fällen auch mit Hilfe von Anwesenheitslisten

[3] sd zB STUDIENKOMMISSION BETRIEBSWIRTSCHAFT: Studienplan vom 11. 9. 2001 für das Studium der Internationalen Betriebswirtschaftslehre an der Universität Wien;

überprüft wurde. Derartige Maßnahmen sind im Hinblick auf die Erziehung zur Selbstdisziplin kontraprodutiv. Der Studierende muß frei entscheiden können, ob er eine Lehrveranstaltung besucht oder nicht.

Ebenso sind im Hinblick auf die Erziehung zur Selbstdisziplin *Lehrveranstaltungsschlußprüfungen* und *Semestralprüfungen kontraproduktiv.* Der Studierende muß selbst bestimmen können, wann er zu einer Prüfung antreten will. Die Freiheit, den Prüfungstermin selbst bestimmen zu können, ist ein Herzstück der Akademischen Freiheit[4]. Es sind daher in den Studienvorschriften (= Studienordnungen und Studienplänen) alle Vorschriften zu beseitigen, die das studentische Recht einschränken, jeden Prüfungstermin selbst und unabhängig von einer bestimmten Lehrveranstaltung zu bestimmen.

Dieser *Ausweitung* der Akademischen Freiheit wird entgegengehalten werden, daß sie die Drop-out-Rate erhöht, weil sich erfahrungsgemäß ein Großteil der Studierenden nicht genügend disziplinieren kann, um ohne den Druck einer kommenden Prüfung zu lernen. Dieses Argument ist zweifellos richtig. Dem ist aber entgegenzuhalten, daß die Betriebe, wenn sie sich gut entwickeln sollen, an ihrer Spitze Personen benötigen, die über genügend *Selbstdisziplin* verfügen, um ohne Antreiber im Rücken aus eigener Erkenntnis das Notwendige zu tun. Gegenüber der Außerachtlassung dieses – für die Massenwohlstandssicherung – wichtigen Sachverhalts ist eine hohe Drop-out-Rate das kleinere Übel. Sie muß in Kauf genommen werden, wenn der Massenwohlstand gesichert werden soll. Personen, die sich nicht disziplinieren können, sollen schon an der Universität und nicht erst in den Betrieben scheitern, weil das Scheitern einer Person an der Universität im Gegensatz zum Scheitern im Betrieb noch keine Arbeitsplätze kostet und damit den Massenwohlstand weniger beeinträchtigt.

2.1.1.1.2. Die Eliminierung von Zwischenprüfungen und die Beibehaltung von kommissionellen Diplomprüfungen als notwendige Bedingung

Eng mit der Akademischen Freiheit hängt auch die *Art der Prüfungen*, die im Laufe des Studiums abzulegen sind, zusammen. Hier hat sich in letzter Zeit das System der Lehrveranstaltungsabschlußprüfungen und das Semestralprüfungssystem gegenüber dem Diplomprüfungssystem durchgesetzt[5]. Bei Lehrveranstaltungsabschlußprüfungen wird die Prüfung am Ende der Lehrveranstal-

---

4 sd LOITLSBERGER E.: Diplomprüfungs- oder Credit-point-System als betriebswirtschaftliche Ausbildungsvarianten, aaO;

5 sd LOITLSBERGER E.: Diplomprüfungs- oder Credit-point-System als betriebswirtschaftliche Ausbildungsvarianten, aaO;

tung abgehalten und das Fach später nicht mehr geprüft. Beim Semestralprüfungssystem werden die Lehrveranstaltungen eines Semesters abgeprüft. Erst nach erfolgreichem Abschluß aller Semestralprüfungen können die Lehrveranstaltungen des nächsten Semesters besucht werden.

Beide Verfahren haben für die Studierenden den Vorteil, zum Lernen anzuhalten, weil der Prüfungstermin nicht hinausgeschoben werden kann. Beide Systeme haben jedoch *zwei entscheidende Nachteile.* Sie erziehen erstens nicht – oder doch nur sehr vermindert – zur Selbstdisziplin und sie zwingen zweitens den Studierenden nicht, zu einem bestimmten Zeitpunkt ein alle entscheidenden Fächer umfassendes Wissen parat zu haben. In der betrieblichen Praxis ist jedoch bei fast jeder Entscheidung ein solches umfassendes Wissen notwendig. Auch hier wiegen für die Massenwohlstandssicherung die Nachteile schwerer als die Vorteile für die Studierenden.

Es sollten daher in den Studienvorschriften *möglichst wenig* – am besten *keine – Zwischenprüfungen* vorgesehen werden. Am besten wäre es, erst am Ende der Studienzeit eine alle Disziplinen umfassende strenge Diplomprüfung abzuhalten und während der ganzen Studienzeit keine Prüfungen vorzusehen[6]. Eine solche Prüfungsregelung würde vom Studierenden ein *Maximium an Selbstdisziplin* und *an Bereithaltung eines umfassenden Wissens* verlangen und daher den Bedingungen der Massenwohlstandssicherung am besten entsprechen.

Auch hier ist zuzugeben, daß diese Regelung die Drop-out-Rate fördert. Denn nur wenige Studierende werden die Selbstdisziplin aufbringen, in der langen prüfungslosen Zeit trotzdem ordentlich mitzulernen. Aber auch hier gilt, daß die Drop-out-Rate gegenüber einem Versagen im Betrieb das *kleinere Übel* ist. Personen, die sich nicht disziplinieren können, müssen eben auf Institutionen (wie Fachhochschulen) ausweichen, die für das mittleren und untere Management ausbilden, weil auf diesen Managementstufen nicht mehr soviel Selbstdisziplin und Humanitätsbewußtsein erforderlich sind wie auf der Stufe des Top-Managements, für die die Universitäten ausbilden.

2.1.1.1.3. Die Einbindung von erfahrenen Praktikern bei der Festlegung von Studienordnungen und Studienplänen

Eine weitere wichtige Maßnahme, eine universitäre Ausbildung sicherzustellen, wie sie für eine gute Betriebsentwicklung notwendig ist, besteht darin, bei der Festlegung der die betriebswirtschaftlichen Studien regelnden Vorschriften – insbesondere also der Studienordnungen und Studienpläne – neben den an der Universität in der Lehre tätigen Personen auch erfahrene seit längerer Zeit in der

---

6 sd LOITLSBERGER E.: Diplomprüfungs- oder Credit-point-System als betriebswirtschaftliche Ausbildungsvarianten, aaO;

Praxis tätige Absolventen heranzuziehen. Diese wären zweckmäßigerweise in die mit der Festlegung der Studienvorschriften befaßten Institutionen (insbesondere in die „Studienkommissionen") zu kooptieren und hätten vor allem darauf zu achten, daß auch solche Fächer in den Kanon der Ausbildungsfächer aufgenommen werden, die nicht direkt Betriebswirtschaftslehre sind, aber für die Betriebsführung benötigt werden.

2.1.1.1.4. Die Einbindung erfahrener Praktiker bei der Vergabe von Diplomarbeiten und Dissertationen

Da Diplomarbeiten und Dissertationen diejenigen Objekte sind, an denen der Studierende das *Forschen* „lernt", ist es wichtig, daß für derartige Arbeiten auch Probleme zur Untersuchung vorgeschlagen werden, die unmittelbar die betriebliche Praxis betreffen. Solche Probleme sollten von der Praxis an die betriebswirtschaftlichen Lehrstühle herangetragen und von diesen bearbeitet werden. Da für solche Arbeiten vielfach ein Entgelt bezahlt werden kann, würde auf diese Weise nicht nur die Verbindung zwischen Wissenschaft und Praxis intensiviert, sondern es könnten dadurch auch „Drittmittel" aufgebracht und ein Beitrag zur Universitätsfinanzierung geleistet werden. Um solche Verbindungen nicht dem Zufall zu überlassen, sollten sie organisatorisch verstetigt werden.

2.1.1.2. Maßnahmen zur Sicherung einer ausreichenden Weiterbildung der betrieblichen Führungskräfte

2.1.1.2.1. Eine lineare Weiterbildungsprämie als einfachster Anreiz

Wie schon im Abschnitt 6.4.1.1.3. des ersten Teiles dieser Studie dargelegt wurde, genügt es nicht, nur im Zeitpunkt des Eintritts in das Top-Mangement eine gute Ausbildung zu haben. Zum Zwecke der Massenwohlstandssicherung muß auch dafür gesorgt werden, daß sich die Führungskräfte ständig weiterbilden, um immer auf dem letzten Stand des Wissens zu sein. Dazu sind Anreize nötig.

Diese Anreize bestehen im einfachsten Fall in einer im Weiterbildungsjahr vom Betrieb bezahlten *Weiterbildnungsprämie* (= y_1, zB 0,5 % vom ausgewiesenen Gewinn). Diese Weiterbildungsprämie sollte bei den sich weiterbildenden Geschäftsführern steuerfrei belassen werden. In Verlustjahren, in denen eine Weiterbildung besonders notwendig ist, sollte die Weiterbildungsprämie in einem festen Betrag (zB € 500.-) bestehen.

Ein Beispiel darf den vorgeschlagenen Errechnungsvorgang erläutern. Ein Geschäftsführer hat für seine Weiterbildung in einer Periode Euro 3.000.- aufgewendet. Der Betrieb habe im Weiterbildungsjahr bei Variante A einen Gewinn von 2 Mio, bei Variante B einen solchen von 0,09 Mio und bei Variante C einen Verlust von 0,01 Mio ausgewiesen. Wenn die Weiterbildungsprämie neben den dem Geschäftsführer zu ersetzenden Weiterbildungskosten 0,5 % des im Jahresabschluß ausgewiesenen (und ausgeschütteten) Gewinnes und in Verlustjahren 500.- beträgt, dann errechnet sich die Weiterbildungsprämie (= y_1) bei den einzelnen Varianten wie folgt:

	Variante A	Variante B	Variante C
Weiterbildungskosten	3.000.-	3.000.-	3.000.-
0,5 % vom ausgew. Gewinn	10.000.-	450.-	- 50.-
Weiterbildungsprämie (y_1)	10.000.-	450.-	500.-

Den Druck zu permanentem Lernen könnte man noch vergrößern, wenn man in den Anstellungsverträgen des Führungspersonals festlegen würde, daß eine Führungskraft, die innerhalb von (zB) vier Jahren keine Weiterbildungsaktivitäten nachweisen kann, einen „*Nichtweiterbildungszuschlag*“ an den Betrieb bezahlen muß. Dieser Nichtweiterbildungszuschlag sollte in gleicher Weise - nur mit umgekehrtem Vorzeichen - errechnet werden wie die Weiterbildungsprämie und auch nicht von der Einkommensteuer abgesetzt werden können. Die Frist von vier Jahren sollte mit Ablauf des Jahres beginnen, in dem die letzte Weiterbildungsmaßnahme durchgeführt wurde.

Durch ein derartiges Prämien- und Zuschlagssystem könnte bewirkt werden, daß es im eigenen Interesse der Führungskräfte liegt, sich entsprechend weiterzubilden. Dem Fiskus würde einerseits dadurch, daß die Weiterbildungsinstitutionen ihre Geschäftstätigkeit ausweiten könnten und dadurch mehr Steuern zahlen würden, und andererseits die Betriebe effizienter geführt würden, wahrscheinlich mehr Steuern zufließen, als ihn die Weiterbildungsprämien „kosten“ würden. Darüber hinaus hat eine solche lineare Weiterbildungsprämie den Vorteil, legistisch sehr einfach formulierbar zu sein.

2.1.1.2.2. Eine vektorielle Weiterbildungsprämie als betriebswirtschaftlich zweckmäßigerer Anreiz

Schon eine kurze Analyse zeigt jedoch, daß eine solche lineare Weiterbildungsprämie betriebswirtschaftlich deshalb nicht voll befriedigt, weil sie nicht berücksichtigt, in welchen *Führungsbereichen* sich die Betriebsführung – bzw ihre Mitglieder – weiterbilden. Der Weiterbildungsbedarf ist aber in den unterschiedlichen Führungsbereichen, mit denen die Betriebsführung konfrontiert ist, deshalb verschieden groß, weil sich Änderungen, die einen neuen Wissensstand erfordern, in den verschiedenen Führungsbereichen unterschiedlich schnell vollziehen. Der Fortbildungsbedarf ist besonders groß in den Bereichen, in denen sich „revolutionäre Änderungen“ vollziehen[7] (wie zB im Rechnungswesen beim Übergang vom HGB-geprägten Rechnungswesen auf ein IAS-geprägtes Rechnungswesen[8]). Er ist in den Bereichen geringer, in denen der Wissensfortschritt in kleinen Schritten nach der Popper'schen Falsifikationstheorie erfolgt[9].

Um beurteilen zu können, in welchen Führungsbereichen revolutionäre und in welchen Führungsbereichen nur falsifikatorische Wissensfortschritte erzielt werden, muß das betriebswirtschaftliche Schrifttum verfolgt werden.

Diese Überlegungen ergeben eine (mindestens) *dreifach aufzuspaltende Weiterbildungsnotwendigkeit* und damit auch eine (mindestens) *dreifach aufgespaltene Weiterbildungsprämie*. Die niedrigste Weiterbildungsprämie wird für das nachweislich regelmäßige Studium der betriebswirtschaftlichen Literatur zu gewähren sein (zB 0,5 % des ausgeschütteten Gewinns). Eine höhere Prämie wird für die Weiterbildung bei falsifikatorischen Änderungen zu gewähren sein (zB 1 % des ausgeschütteten Gewinns). Die höchste Prämie sollte für die Weiterbildung bei revolutionären Wissensänderungen gezahlt werden (zB 2 % des ausgeschütteten Gewinns).

2.1.1.2.3. Eine Matrixprämie als betriebswirtschaftlich zweckmäßigster Anreiz

Betriebswirtschaftlich befriedigt aber auch eine vektorielle Weiterbindungsprämie noch nicht voll, weil sie zwar die *Dringlichkeit* der Weiterbildung, aber noch *nicht ihre Intensität* einbezieht. Da die Erfahrung beweist, daß auch die Intensität der Weiterbildung für den betrieblichen Erfolg eine große Rolle spielt, muß auch diese bei der Bemessung der Weiterbildungsprämie berücksichtigt werden.

Hinsichtlich der Intensität der Weiterbildung sind in der Realität (mindestens) drei Stufen beobachtbar. Die erste – und niedrigste – Stufe ist das „*Allein-Lernen*“, bei dem sich jemand im „stillen Kämmerlein“ durch Literaturstudium weiterbildet. Dieses Lernen hat den Nachteil, daß es nur auf einer visuellen und noch nicht auf einer auditiv-visuellen Lernmethode beruht und mit keiner Kommunikation mit anderen sich Weiterbildenden verbunden ist.

Diesen Nachteil beseitigt eine „*kommunikative Weiterbildung*“ (= zB Besuch eines Weiterbildungskurses), bei der es zu einer Kommunikation (= Gedanken-

---

7 sd KUHN T. S.: Die Struktur wissenschaftlicher Revolutionen, 13. Aufl., Frankfurt/Main 1996;

8 sd AUER K. V.: IAS versus HGB. Ein Vergleich für Einzel- und Konzernabschluß, 2. Aufl., Wien 2000;

9 sd POPPER K. R.: Logik der Forschung, 10. Aufl., Tübingen 1994;

und Erfahrungsaustausch) mit anderen sich Weiterbildenden kommt, das erworbene Wissen aber noch nicht durch eine *Prüfung* vor einer sachverständigen Prüfungsinstanz nachgewiesen werden muß. Diese zuletzt genannte Art der Weiterbildung (zB Universitätskurs) ist erfahrungsgemäß diejenige, bei der die Weiterbldung am *intensivsten* ist und die daher auch mit der höchsten Weiterbildungsprämie belohnt werden soll.

Betriebswirtschaftlich ist es daher am zweckmäßigsten, *Dringlichkeit und Intensität* der Weiterbildung *gemeinsam* zu berücksichtigen, was in einer Matrix erfolgen kann. In dieser werden die *Zeilen* von der Dringlichkeit der Weiterbildung (laufend, falsifikatorisch, revolutionär) und die *Spalten* von der Intensität der Weiterbildung (allein, kommunikativ, kommunikativ mit Prüfung) gebildet. In die Felder sind die jeweils festgelegten Sätze der Weiterbildungsprämie einzutragen. Die Matrix hat daher mit angenommenen Prämiensätzen folgendes Aussehen, wobei die die eigentliche Matrix bildenden Prämiensätze fett gedruckt sind:

	allein	kommunikativ ohne Prüfung	kommunikativ mit Prüfung
laufend	**0,5 %**	**1 %**	**2 %**
falsifikatorisch	**1 %**	**2 %**	**3 %**
revolutionär	**2 %**	**3 %**	**4 %**

Nachteilig ist an dieser – betriebswirtschaftlich zweckmäßigsten – Weiterbildungsprämienart ihre legistisch schwierigere Formulierungsmöglichkeit, die aber überwindbar erscheint und daher kein Grund dafür sein sollte, diese Weiterbildungsprämienart nicht für die Massenwohlstandssicherung zu nutzen.

2.1.1.3. Maßnahmen zur Sicherung einer ausreichenden Planung und Kontrolle

Wie schon in Abschnitt 6.4.1.1.5. des ersten Teiles dieser Studie dargelegt wurde, ist auch eine ausreichende Planung und Kontrolle ein Erfordernis einer guten Geschäftsführung.

2.1.1.3.1. Eine lineare Prämie als einfachster Anreiz

Betriebswirtschaftlich und legistisch am einfachsten ist es, auch im Bereich der Planung und Kontrolle die Einrichtung und Durchführung einer ihre Einhaltung kontrollierenden Planung mit einer vom ausgeschütteten Gewinn abhängigen *linearen Prämie* zu belohnen (= y_2). Eine solche Prämie könnte zB 1 % vom ausgeschütteten Gewinn betragen.

Nachteilig ist an einer solchen linearen Planungs- und Kontrolllprämie, daß sie die Planungs- und Kotrollerfordernisse nicht umfassend genug berücksichtigt.

2.1.1.3.2. Eine vektorielle Planungs- und Kontrollprämie als betriebswirtschaftlich zweckmäßigere Lösung

Eine Analyse zeigt, daß eine funktionsfähige Planung und Kontrolle (Sub-)Maßnahmen erfordert. Einige von ihnen wurden bereits in den vorhergehenden Abschnitten erwähnt. Der Betriebsführung muß ein *Plan* zugrunde liegen, der aus einer eher verbal formulierten längerfristigen *strategischen Planung*, einer mittelfristigen *taktischen Planung* und aus einer kurzfristigen betragsmäßig fixierten (= quantitativen) *operativen Planung* – am besten in Form eines *Budgets* – besteht. Dabei sind die strategische und die taktische Planung im wesentlichen *Entscheidungsplanungen*, die Geschäftsfelder und Organisation des Betriebes festlegen. Die operative Planung ist hingegen vor allem eine *Ablaufplanung*, bei der der Ablauf (= die Durchführung) der einzelnen im Betrieb ablaufenden Prozesse geplant und budgetär festgehalten wird. Darüber hinaus müssen den budgetierten Beträgen laufend die tatsächlich *erwirtschafteten bzw angefallenen Beträge* gegenübergestellt und die *Abweichungen* ermittelt werden.

Zu diesen Maßnahmen muß die Geschäftsführung durch eine Prämie angehalten werden. Diese muß strategische, taktische und operative Planung - in Form jeweiliger „Budgets" - unterscheiden. In allen drei Fällen muß laufend die Errechnung allfälliger Abweichungen durchgeführt werden. Es ergibt sich dadurch ein *Prämienvektor* von folgendem Aussehen (mit beispielhaften Prämiensätzen):

Art der Planung	*Prämiensatz*
strategische Planung	**0,5 %**
taktische Planung	**0,5 %**
operative Planung	**1,0 %**

Da eine solche Aufspaltung der Planungs- und Kontrollprämie die Betriebe vor allem zu der für das Überleben der Betriebe wichtigen strategischen und taktischen Planung anhält, aber auch die operative Planung einbezieht, ist sie betriebswirtschaftlich einer linearen Prämie, die diese Unterscheidungen nicht macht, vorzuziehen.

Betriebswirtschaftlich nachteilig ist an dieser vektoriellen Prämie aber noch, daß die Intensität der Kontrolle nicht explizit berücksichtigt wird: Diesen Nachteil kann eine Matrix-Prämie beseitigen.

2.1.1.3.3. Eine Matrix-Planungs- und Kontrollprämie als betriebswirtschaftlich zweckmäßigste Lösung

2.1.1.3.3.1. Unterschiedliche Kontrollsysteme als beobachtbarer Sachverhalt

Die Erfahrung zeigt, daß bei Gesellschaften, bei denen die Kapitalbeisteller nicht im Unternehmen mitarbeiten – und hier wiederum insbesondere bei Gesellschaften mit breit gestreutem Eigenkapital – die für eine gute Entwicklung der Gesellschaften notwendigen Kontrollen häufig nicht ausreichend vorgenommen werden. Man begnügt sich vielfach mit „*Okularkontrollen*", mit denen zwar sichtbare Unwirtschaftlichkeiten im Produktionsprozeß, aber keine – meist nur im Rechnungswesen und/oder an sonstigen Daten – erkennbaren negativen Entwicklungen festgestellt werden können. Es überrascht in diesen Fällen auch nicht, wenn die Geschäftsführungen ihre eigenen Interessen in den Vordergrund stellen und die Unternehmungen so führen, wie es für sie und nicht für die Betriebseigentümer am vorteilhaftesten ist (= Principal-Agent-Problem[10]).

Betriebswirtschaftlich besser für die Kontrolle der im Betrieb ablaufenden Prozesse ist einen *Kombination* aus Okularkontrolle und Kontrolle durch das Rechnungswesen (= Ok + Rewe), wie das etwa die Kontrolle durch eine Plankostenrechnung[11] oder noch umfangreicher durch eine mehrdimensionale Buchführung[12] darstellt). Denn durch eine Kontrolle durch das Rechnungswesen können auch Abweichungen ermittelt werden, die durch Okularkontrollen nicht ermittelbar sind. Nachteilig ist an dieser Kombination von Okularkontrolle und Kontrolle durch das Rechnungswesen, daß sie für gewöhnlich erst mit Zeitverzögerung wirksam wird, weil sie insbesondere auf Abschlüssen des Rechnungswesens und häufig auch auf manipulierten Unterlagen (= Belegen) aufbaut.

Betriebswirtschaftlich betrachtet ist daher ein Planungs- und Kontrollsystem, das *ohne Zeitverzögerung* wirkt (= synchrones Planungs- und Kontrollsystem)

---

[10] sd LOITLSBERGER E.: Grundkonzepte der Betriebswirtschaftslehre, aaO, S 143 und 155 ff;

[11] KILGER W.: Flexible Plankostenrechnung und Deckungsbeittragsrechnunng, 9. Aufl., aaO; KLOOCK J., SIEBEN G., SCHILDBACH T.: Kosten- und Leistungsrechnung, 7. Aufl., aaO;

[12] sd LOITLSBERGER E.: Die traditionellen (nicht-integrativen) Lösungen der Mehrdimensionalität des Rechnungswesens und ihre Vor- und Nachteile, in: JfB 1975, S 197 – 202;

für eine effiziente Betriebsführung noch zweckmäßiger. Denn es ist betriebswirtschaftlich unbefriedigend, wenn erst nachträglich bei der Analyse von Zwischenabschlüssen (oder gar erst bei der des Jahresabschlusses) festgestellt werden kann, daß die Betriebsführung nicht effizient war und die Entwicklung des Betriebes nicht gut verlaufen ist. Zweckmäßiger ist es, bereits die Entstehung von Fehlern und die damit verbundenen Kosten zu verhindern. Aus diesem Grunde empfiehlt es sich, in den Betrieben ein den Betriebsprozeß bzw Teile dieses Prozesses *begleitendes* (= *synchrones*) *Kontrollsystem* einzurichten[13]. Dieses den Betriebsprozeß begleitende Kontrollsystem soll bewirken, gemachte Fehler schon während des Ablaufs des betreffenden Betriebsprozesses aufzudecken und zu beseitigen oder, wenn eine Beseitigung der Fehler nicht mehr möglich ist, keine weitere Bearbeitung an den fehlerhaften Stücken mehr vorzunehmen, um wenigstens weitere unnütze Kosten zu ersparen.

Solche synchrone Planungs- und Kontrollsysteme machen daher ein aus *zwei Subsystemen* bestehendes Kontrollsystem notwendig. Das erste dieser beiden Subsysteme muß vor allem die *Qualität der zu erzeugenden Produkte* und die *Ordnungsmäßigkeit der betrieblichen Abläufe* kontrollieren und ist daher vor allem für die Kontrolle der im Betrieb ablaufenden *repetivien Vorgänge* zuständig. Das zweite Subsystem muß vor allem darauf hinwirken, daß die richtigen Entscheidungen getroffen und die materiellen und immateriellen Vermögenswerte des Unternehmenes geschützt werden. In diesem zweiten Subsystem muß auch überprüft werden, ob die *Planvorgaben* eingehalten sowie die Erlös- und Kostenentwicklung im Griff behalten werden. Diese beiden Subsysteme sind im folgenden näher darzustellen, ehe auf die für ihre Einrichtung notwendigen Anreize eingegangen werden kann.

In der Betriebswirtschaftslehre bezeichnet man dieses den Ablauf des Produktionsprozesses kontrollierende synchrone Subsystem als „*Internes Kontrollsystem*" (= *IKS*)[14]. Es wird für so wichtig gehalten, daß es bei der Prüfung des Jahresabschlusses zu einer Paradigmaänderung geführt hat. Denn nach den neueren Grundsätzen ordnungsmäßiger Abschlußprüfung hat der Abschlußprüfer vor allem dieses Interne Kontrollsystem zu prüfen und dort weitere Prüfungshandlungen anzusetzen, wo dieses Interne Kontrollsystem Schwächen auf-

---

13 sd LEFFSON U.: Wirtschaftsprüfung, 2. Aufl., Wiesbaden 1980, S 236;

14 sd WYSOCKI K. v.: Grundlagen des betriebswirtschaftlichen Prüfungswesens. Prüfungsordnungen, Prüfungsorgane, Prüfungsverfahren, Prüfungsplanung und Prüfungsbericht, 3. Aufl., aaO, S 2;

weist[15]. Man ist in der Wirtschaftsprüfung daher vom „Fehleraufdeckungskonzept" zum „*Fehlerverhütungskonzept*" übergegangen, weil dieses nicht nur besser geeignet ist, weniger Fehler enthaltendende Jahresabschlüsse zu erstellen, sondern auch vermeidbare Kosten einsparen hilft[16].

Das IKS besteht im wesentlichen in einer *geeigneten Arbeitsteilung*. Es sollen die wichtigsten Abläufe im Betrieb nicht vom Anfang bis zum Ende von einer einzigen Person allein durchgeführt werden. Der Prozeßablauf soll so zwischen Personen aufgeteilt werden, daß der nachfolgende Bearbeiter die vom Vorgänger geleistete Arbeit (bzw erbrachte Teilleistung) nur dann weiterbearbeitet, wenn diese keine Fehler aufweist[17].

Das IKS sorgt zwar dafür, daß mit großer Wahrscheinlichkeit in den repetitiven betrieblichen Abläufen und in den vom Betrieb erzeugten Endprodukten keine Fehler enthalten sind. Es kann aber nicht verhindern, daß einerseits in Betriebsbereichen, die nicht in das IKS einbezogen sind und andererseits bei Entscheidungen der Betriebsführung Fehler gemacht werden, die vermeidbare Kosten verursachen und die sich im Jahresergebnis des Betriebes negativ niederschlagen. Daher genügt das IKS allein für eine gute Betriebsführung noch nicht. Es muß vielmehr um ein System ergänzt werden, das Informationen darüber liefert, ob der Betriebsprozeß ausreichend geplant wird und ob die *Planvorgaben* realistisch waren und auch *eingehalten* worden sind. Ebenso ist darauf zu achten, ob die Erlöse und Kosten im Rahmen der betrieblichen Planung liegen oder nicht. Das IKS als eher stückbezogene Kontrolle ist daher durch ein *entscheidungsorientiertess auf die laufende Überprüfung der Einhaltung der Planvorgaben gerichtetes Kontrollsystem* zu ergänzen. Diese planungsbezogene Kontrolle erfolgt durch die „*Innenrevision*"(= IR), die diese laufenden Kontrollen mit Hilfe der mit der Budgetierung verbundenen Abweichungsanalsyse[18] durchführt. Die Innenrevision darf – wie schon im Abschnitt 6.1.1.3. des ersten Teiles dieser Studie ausgeführt wurde – zur Wahrung ihrer Unabhängigkeit der Betriebsführung nur formal, aber nicht materiell unterstellt sein. Sie muß ebenso wie das im Rechnungswesen tätige Personal materiell dem Leiter einer ebenfalls von der Geschäftsführung materiell unabhängigen Kontrollstelle zugeordnet sein. Die

---

15 sd LEFFSON U.: Wirtschaftsprüfung, aaO, S 235 ff; LOITLSBERGER E.: Paradigmenwechsel in der Prüfungstheorie, in: FISCHER T. R./HÖMBERG R.: Jahresabschluß und Jahresabschlußprüfung. Probleme, Perspektiven, internationale Einflüsse. Festschrift zum 60. Geburtstag von Jörg Baetge, Düsseldorf 1997, S 690 ff;

16 sd LOITLSBERGER E.: Paradigmenwechsel in der Prüfungstheorie, aaO, S 692 f;

17 sd LEFFSON U.: Wirtschaftsprüfung, aaO, S 236 ff;

18 sd zB LECHNER K./EGGER A./SCHAUER R.: Einführung in die Allgemeine Betriebwirtschaftslehre, 18. Aufl., aaO, S 811 ff und 828 ff;

Kombination dieser beiden Kontrollmechanismen soll im folgenden durch IKS + IR symbolisiert werden

2.1.1.3.3.2. Der Aufbau der Matrix

Da die Arten der Planung und der Kontrolle für die Sicherung des Massenwohlstandes *gemeinsam* berücksichtigt werden müssen, muß der anzuwendende Prämiensatz der Planungs- und Kontrollprämie einer Matrix entnommen werden. Die Zeilen dieser Matrix werden von den Planungsarten und die Spalten von den Kontrollarten gebildet. In den Feldern sind die *Prämiensätze* vorzugeben, die beim Zusammentreffen einer Planungsart mit einer bestimmten Kontrollart anzuwenden sein sollen. Diese Matrix könnte daher mit beispielhaft angenommenen Prämiensätzen folgendes Aussehen haben, wenn für die Okularkontrolle wegen deren Unkontrollierbarkeit noch keine Prämie gewährt wird:

	Kontrollart	
Planungsart	Ok + Rewe	IKS + IR
strategisch	**0,5 %**	**1,0 %**
taktisch	**1,0 %**	**2,0 %**
operativ	**2,0 %**	**3,0 %**

2.1.1.4. Die Maßnahmen zur Schaffung eines Erfolgsbeteiligungssystems für die betrieblichen Führungskräfte

2.1.1.4.1. Eine lineare Gewinnbeteiligung als einfachste Maßnahme

Wie schon in Abschnitt 6.1.1.4. des ersten Teiles dieser Studie dargelegt wurde, wird in der Literatur mehrfach empfohlen, das Top-Management mit einem bestimmten Prozentsatz am Gewinn zu beteiligen, um einen Anreiz zu einer sparsamen und effizienten Betriebsführung zu geben.

Eine solche Gewinnbeteiligung hat zwei Vorteile und einen wichtigen Nachteil. Von Vorteil ist, daß eine lineare Gewinnbeteiligung leicht legistisch zu formulieren und praktisch zu handhaben ist. Nachteilig ist, daß sie nicht berücksichtigt, ob von der Geschäftsführung - nach Verrechnung der Fremdkapitalzinsen - nur eine *marktmäßige Verzinsung* des gewinnberechtigten Eingalpitals oder ein *darüber hinausgehender* Gewinn erwirtschaftet wurde.

2.1.1.4.2. Eine Mehrengagementprämie als betriebswirtschaftlich zweckmäßigerer Anreiz

2.1.1.4.2.1. Begriff und Zweckmäßigkeit einer Mehrangagement(= Übergewinn-)prämie

Wie ebenfalls schon in Abschnitt 6.1.1.4. des ersten Teils dieser Studie dargelegt wurde, ist die Erzielung eines über die bloße Marktverzinsung hinausgehenden „guten" Betriebsergebnisses in aller Regel nur durch einen überduchschnittlichen Einsatz der Geschäftsführung möglich. Um einen solchen überdurschnittlichen Einsatz zu erreichen, bedarf es eines Anreizes.

Einer der wirksamsten und wichtigsten Anreize besteht erfahrungsgemäß darin, die Entlohnung der Geschäftsführer in ein (*relativ niedriges*) *Fixum* und einen (größeren) *erfolgsabhängigen Teil* aufzuspalten. Die Entlohnung der Geschäftsführer muß umso höher sein, je effizienter die Betriebsführung und je höher der dadurch erzielte Gewinn ist. Dabei kann davon ausgegangen weren, daß die Erzielung eines Gewinns in Höhe der marktmäßigen Verzinsung des Eigenkapitals noch zu den normalen Aufgaben des Managements gehört, daß aber für die Erzielung eines Gewinns, der über die marktmäßige Verzinsung des gewinnberechtigten Eigenkapitals hinausgeht, eine gesonderten Belohnung in Form einer *Mehrengagementprämie* (= y_3) zweckmäßig ist.

2.1.1.4.2.2. Die Berechnung der Mehrengagementprämie

Die Berechnung der Mehrengagementprämie y_3 sollte in etwas modifizierter Form mit der aus der Unternehmensbewertung bekannten „Übergewinnformel" erfolgen[19]. Dabei sollte, um die noch genauer zu besprechende Eigenfinanzierung zu fördern, zum Unterschied von der Unternehmenswertberechnung, bei der der Übergewinnerrechnung der Substanzwert des Betriebes zugrunde gelegt wird[20], bei der Mehrengagementprämienberechnung derjenige Gewinnanteil als Übergewinn gelten, der *über die marktmäßige Verzinsung des in der Bilanz ausgewiesenen gewinnberechtigten Eigenkapitals hinausgeht*. Es darf bezüglich der Berechnung auf die Literatur[21] und auf das erläuternde Beispiel verwiesen werden.

---

[19] sd TICHY G. E.: Unternehmensbewertung. Grundlagen – Methoden – Praxis, Wien 1990, S 82 ff;

[20] sd TICHY G. E.: Unternehmensbewertung. Grundlagen – Methoden – Praxis, aaO, S 85;

[21] sd TICHY G. E.: Unternehmensbewertung. Grundlagen – Methoden – Praxis, aaO, S 90 ff; MATSCHKE M. J.: Der Entscheidungswert der Unternehmung, Wiesbaden 1975, S 149 ff;

Es wäre naheliegend, die Mehrengagementprämie als *prozentuellen Anteil* – zB 10 % vom Übergewinn – zu berechnen. Wegen der Sicherung des Massenwohlstandes muß aber auch diese Prämie in eine vom ausgeschütteten Gewinn errechnete Prämie umgewandelt werden, um Druck auf die Gewinnausschüttungspolitik zu erzeugen. Folgendes Beispiel darf die Möglichkeit einer solchen Umwandlung verdeutlichen:

Übergewinnprozentsatz	Prämie vom ausgeschütteten Gewinn
> 20 %	**8 %**
10 – 20 %	**6 %**
5 – 10 %	**4 %**
1 – 5 %	**2 %**

Die Mehrengagementprämie sollte aus den schon dargelegten Gründen ebenfalls zwischen der Geschäftsführung den und Betriebseigentümern aufgeteilt werden.

Der Anreiz zu einer effizienten Geschäftsführung könnte durch einen „*Minderengagmentzuschlag*“ noch weiter verstärkt werden. Dieser Minderengagementzuschlag, der ebenso wie die Mehrengagementprämie entweder in einer Verordnung fixiert oder in den Verträgen, die mit den Geschäftsführern abgeschlossen werden, geregelt werden müßte, könnte dann zur Anwendung kommen, wenn durch ein offensichtlich zu geringes Engagement der Geschäftsführung ein Jahresverlust verursacht worden ist, das zu geringe Engagement der Geschäftsführung aber für schwerere Sanktionen (wie zB Abberufung als Geschäftsführer) noch nicht ausreicht. Wenn ein solcher Zuschlag, der mit umgekehrtem Vorzeichen wie die Mehrengagementprämie zu berechnen wäre, von einem zu niedrigen Fixum der Geschäftsführerbezüge nicht abgebucht werden könnte, ohne die Lebensgrundlage der geschäftsführenden Personen zu gefährden, müßte er als Forderung gegen die Geschäftsführer auf neue Rechnung vorgetragen und gegen künftige Mehrengagementprämien aufgerechnet werden, damit ein zu geringes Engagement einer Geschäftsführung für diese auch über das Verlustjahr hinaus noch fühlbar bleibt. Mehrengagementprämien sollten jedenfalls erst dann ausbezahlt werden können, wenn vorhandene Minderengagementzuschläge voll aufgerechnet sind. In der Praxis wird ein solcher Zuschlag jedoch häufig auf die Schwierigkeit stoßen, das zu geringe Engagement der Geschäftsführung exakt und beweisbar festzustellen.

Verstärkt würde der Anreiz zu einer effizienten Geschäftsführung noch werden, wenn die Mehrengagementprämie auch steuerlich dadurch begünstigt wäre, daß sie nicht nur beim Betrieb als Betriebsausgabe, sondern auch bei den Empfängern entweder überhaupt *steuerfrei* gestellt oder doch wenigstens nur mit einem *niedrigeren Steuersatz* besteuert würde (zB mit der Hälfte des Steuersatzes, der ohne diese Begünstigung bei dem jeweiligen Gesamteinkommen der einzelnen in die Geschäftsführung involvierten Personen zur Anwendung kommen würde).

Ein Beispiel darf den Berechnungsvorgang dieser Mehrengagementprämie erläutern. Dabei solle die Mehrengagementprämie 2 – 6 % des ausgewiesenen Gewinns betragen. Die Betriebe sollen ein bilanzielles Gesamtkapital von je 20 Mio haben. Der Zinssatz für langfristige Kredite möge 5 % betragen. Der Betrieb A möge einen Gewinn von 4 Mio, der Betrieb B einen solchen von 1,2 Mio und der Betrieb C einen Verlust von 0,4 Mio im Jahresabschluß ausweisen. Die Gewinne sollen auch ausgeschüttet werden. Die Berechnung der Mehrengagementprämie stellt sich dann bei Heranziehung der oben angeführten Prämiensätze in folgenden Schritten dar (Beträge in TGE):

		Betriebe		
		A	B	C
A) Errechnung der Mehrengagementprämie				
	1) bilanzielles Gesamtkapital	20.000.-	20.000.-	20.000.-
	2) marktmäßige Gesamtkapitalverzinsung [5 % v. 1)]	1.000.-	1.000.-	1.000.-
	3) ausgewiesener Gewinn	4.000.-	1.200.-	- 400.-
	4) Übergewinn	3.000.-	200.-	- 1.400.-
	5) Übergewinnprozentsatz [4) * 100 / 1)]	15 %	1 %	- 7 %
	6) Mehrengagementprämiensatz lt. Tabelle	6 %	2 %	- 4 %
	7) Mehrengagementprämie [6 bzw 2 bzw –4 % v. 7)]	180.-	4.-	- 56.-
B) Anteile				
des Geschäftsführers				
	Mehrengagementprämie [0,5 v. 7)]	90.-	2.-	- 49.-
der Betriebseigentümer				
	Mehrengagementprämie	90.-	2.-	0.-
	Gewinnausschüttung	4.000.-	1.200.-	0.-
	Kapitaleinkommen	4.090.-	1.202.-	0.-

2.1.1.4.2.3. Eine Matrixprämie als betriebswirtschaftlich noch zweckmäßigerer Anreiz

Eine Mehrengagementprämie unterscheidet zwar schon zwischen einem nur eine marktmäßige Verzinsung des gewinnberechtigten Eigenkapitals und eine darüber hinausgehende Verzinsung. Sie läßt aber noch die Umweltzustände, in denen der Gewinn erzielt wurde, außer Ansatz. Dabei zeigt die Erfahrung, daß es relativ leicht ist, in der Zeit einer Hochkonjunktur einen Gewinn zu erzielen. Hingegen ist sehr schwer, in der Zeit einer Depression ausgeglichen zu bilanzieren oder gar einen Gewinn zu erwirtschaften. Eine lineare wie eine vektorielle

Erfolgsprämie trägt diesen Umständen keine Rechnung; das ist aber möglich mit einer Matrixprämie.

In dieser Matrix bilden die erwirtschafteten und in Prozenten vom gewinnberechtigten Eigenkapital ausgedrückten Gewinnsätze (= Eigenkapaitalrentabilitäten) die Zeilen und die Konjunktursituationen die Spalten. In den Feldern werden die beim Zusammentreffen einer bestimmten erwirtschafteten Eigenkapitalrentabilität und einer bestimmten Konjunktursituation vorgesehenen Prämiensätze eingetragen. Bei beispielhaft angenommenen Prämiensätzen sieht daher die Matrix wie folgt aus, wenn für die Zeilen die Unterteilung der vektoriellen Prämie und für die Umweltzustände Depression, Normalsituation und Hochkonjunktur unterschieden werden:

	Konjunktursituation		
Gesamtkapital-rentabilität	Depression	Normalsituation	Hochkonjunktur
1 – 5 %	**2 %**	**1 %**	**0 %**
5 – 10 %	**4 %**	**3 %**	**1 %**
10 – 20 %	**8 %**	**6 %**	**3 %**
> 20 %	**10 %**	**8 %**	**5 %**

Eine solche matrizenmäßige Mehrengagementprämie hat den Vorteil, den wirtschaftlichen Verhältnissen besser Rechnung zu tragen als eine vektorielle oder gar eine lineare Mehrengagementprämie. Nachteilig ist die schwierigere legistische Formulierung. Diese Schwierigkeit ist aber überwindbar, so daß es für die Massenwohlstandssicherung zweckmäßig wäre, diese Art der Erfolgsbeteiligung für das Top-Management zu wählen.

2.1.2. Die Schaffung von Anreizen zur Ausnützung des technischen Fortschritts

2.1.2.1. Die für die Massenwohlstandssicherung notwendigen Investitionsbedingungen

Wie in dieser Studie schon dargelegt wurde, müssen die Betriebe in Hochlohnländern den technischen Fortschritt immer voll ausnützen, um gegen die Niedriglohnländer wettbewerbsfähig zu bleiben. Da Investitionen, die den technischen Fortschritt immer voll ausnützen und/oder zur Entwicklung neuer oder zur Verbesserung bisheriger Produkte dienen, einem höheren Entwertungsrisiko unterliegen als Investitionen, die nicht immer auf dem letzten technischen Stand sein müssen, sollte der Anreiz für die Durchführung der den technischen Fortschritt immer voll ausnützenden Investitionen in einem *Wahlrecht* bestehen, das es den Betrieben erlaubt, eine *Investitionsprämie* (= IP, y_4) als Betriebsausgabe dann steuerlich geltend zu machen, wenn die Investitionen die für die Sicherung des Massenwohlstandes notwendigen *Bedingungen erfüllen* und die Investitionsprämie *je zur Hälfte an das Management und die Betriebseigentümer ausgeschüttet* wird. Die Ausschüttung an das Management ist – wie schon mehrfach ausgeführt wurde – nötig, um dieses zu rentablen Investitionen anzuhalten, die Ausschüttung an die Betriebseigentümer deshalb, weil nicht nur ein Mißlingen dieser Investitionen vor allem zu Lasten der Betriebseigentümer geht, sondern auch, damit von den Betriebseigentümern *Druck auf das Management* ausgeht, nur *rentable* und für die *Massenwohlstandssicherung notwendige* Investitionen zu tätigen. Neben der Auschüttung an Management und Betriebseigentümer müssen zur Massenwohlstandssicherung daher auch die im folgenden noch zu besprechenden Bedingungen *Rentabilitätsglaubhaftmachung, Bilanzausweis und Abweichungsfeststellung* als weitere Bedingungen für die steuerliche Abzugsfähigkeit der Investitionsprämie erfüllt sein.

Zur Sicherung des Massenwohlstandes müssen die Betriebe vor allem angehalten werden, *keine unrentablen Investitionen* (wie Anschaffung teurer Autos, Einrichtung von Luxusbüros usw), sondern nur möglichst umsatzausweitendende und/oder kostenminimierende (und damit *rentable*) Investitionen zu tätigen. Die Durchführung unrentabler Investitionen sollte wegen ihrer massenwohlstandsgefährdenden Wirkung keine Prämie, sondern im Gegenteil einen *Zuschlag* zur zu zahlenden Erfolgssteuer zur Folge haben. Dieser Zuschlag sollte in gleicher Weise errechnet werden wie die Prämie, die für rentable Investitionen gewährt wird, nur mit umgekehrtem Vorzeichen. Der Zuschlag sollte im Jahresabschluß auch gesondert ausgewiesen werden müssen, um die Betriebseigentümer davon zu unterrichten, daß unrentable Investitionen vorgenommen worden sind.

Die *Glaubhaftmachung der Rentabilität* (bzw der Unrentabilität) der Investition sollte durch die Vorlage eines ordnungsmäßigen *Investitionskalküls* auf Basis der *Internen Zinsfuß-* oder der *Annuitätenmethode*[22] erfolgen. In diesem Investitionskalkül sollten neben den (geschätzten) *Kosten*, die die Investition in Zukunft verursachen wird, nicht nur die etwaigen (geschätzten) *Mehrerlöse*, die mit der Investition erzielt werden können, sondern auch die (geschätzten) *Kosteneinsparungen*, die sich voraussichtlich aus der Investition ergeben werden, als Erträge anzusetzen sein. Es soll zum Unterschied von der klassischen Investitionsrechnung aber nicht mit den pagatorischen Größen Einnahmen und Aus-

22 sd LOITLSBERGER E.: Grundriß der Betriebswirtschaftslehre, aaO, S 176 ff;

gaben, sondern mit den periodisierten Größen Ertrag und Aufwand – bzw genauer: Ertrag und Kosten – gerechnet werden.

Eine weitere Bedingung für die Geltendmachung der Investitionsprämie sollte das Vorhandensein einer *Budgetierung* sein, damit die Richtigkeit der in der Rentabilitätsberechnung angesetzten Kosten und Erträge überprüft werden kann. Eine sich nachträglich herausstellende Unrentabilität einer Investition sollte aber nur dann zu einer Nichtanerkennung (und damit zur Zurückzahlung) der Investitionsprämie führen, wenn die kommende Unrentabilität schon im Zeitpunkt der Erstellung des Investitionskalküls erkennbar war, aber dabei nicht berücksichtigt wurde.

2.1.2.2. Die Zweckmäßigkeit der verschiedenen Investitionsprämienarten

2.1.2.2.1. Die lineare Investitionsprämie

Auch bei der Investitionsprämie zeigt die Erfahrung, daß lineare Investitionsprämien sowohl legistisch als auch praktisch am leichtetesten zu handhaben sind. Dabei soll unter dem Terminus „Investitionsprämien" jede Art von Investitionsbegünstigung verstanden werden, also auch die Möglichkeit der Dotierung von Investitionsrücklagen und/oder Sonderabschreibungen und nicht nur geldmäßige Zuschüsse zu Investitionen, auf die die Bedeutung des Begriffes in einigen Staaten eingeschränkt ist.

Bei einer linearen Investitionsprämie – bzw in allgemeinerer Terminolgie: bei einer linearen Investitionsbegünstigung – wird jede Investition, gleichgültig in welchem betrieblichen Bereich sie erfolgt, gleich begünstigt. Das hat – angeblich – den Vorteil, daß die Unternehmer nach rein wirtschaftlichen Gesichtspunkten investieren können (und werden). Dabei kommen in der Praxis allerdings mehrere Spielarten vor. Davon haben zwei eine besondere Bedeutung erlangt. Die erste Spielart ergibt sich daraus, ob die Investitionsprämie (= Investitionsbegünstigung) eine echte steuerliche Belohnung für eine durchgeführte Investition ist, weil die Investitionsprämie weder den Anschaffungswert der Investition noch die Abschreibungen mindert, oder nicht. Die ersten Investitionsbegünstigungen waren in einigen Staaten, darunter auch in Österreich, von dieser Art[23]. Allerdings gingen die meisten Staaten sehr bald dazu über, die Investitionsbegünstigungen nur als *Steuerstundung* und nicht mehr als endgültige Steuerbefreiung zu behandeln, weil die Investitionsbegüntigungen entweder anschaffungswertmindernd behandelt wurden oder über die Abschreibungen zu ver-

---

[23] sd die Regelung des Investitionsfreibetrags in § 10 EStG, der bis Ende 2000 gebildet werden konnte;

rechnen waren[24]. Die zweite Spielart ergab sich daraus, daß die Bereiche, für die eine Investitionsbegünstigung in Anspruch genommen werden konnte, eingeschränkt wurden. So wurde zB in Österreich die Anschaffung von PKW aus der Begünstigung herausgenommen. Man näherte sich dadurch einer sehr einfachen vektoriellen Prämie an. Diese Art ist im folgenden kurz darzustellen.

2.1.2.2.2. Die vektorielle Investitionsprämie

Wie schon erwähnt wurde, schlossen manche Staaten bestimmte Investitionen von den steuerlichen Begünstigungen aus. Es war aber auch zu beobachten, daß manche Investitionen stärker begünstigt wurden als andere. Diese Art der Investitionsbegünstigung bildet daher einen Vektor, der in den Zeilen die Begünstigungssätze aufweist, die für die verschiedenen Investitionsbereiche gewährt werden. Da bei der Matrixinvestitionsprämie noch darauf eingegangen wird, darf hier der Hinweis genügen.

Betriebswirtschaftlich hat diese Art der Investitionsbegünstigung den Nachteil, die Rentabilität der Investition nicht explizit zu berücksichtigen. Nun ist aber die Rentabiltität einer Investition – oder anders ausgedrückt ihr „interner Zinsfuß" – ein betriebswirtschaftlich sehr wichtiges Kriterium für eine Investition. Die Rentabilität der Investion kann erst mit einer Matrixprämie berücksichtig werden, welche im folgenden darzustellen ist.

2.1.2.2.3. Die Zweckmäßigkeit einer Matrixprämie für die Sicherung des Massenwohlstandes

2.1.2.2.3.1. Die Notwendigkeit einer Matrix

Da zum Zwecke der Massenwohlstandssicherung die Investitionsprämie (= IP, y_4) nur für den Betrieb *wichtige* und *rentable* Investitionen belohnen und nicht nur in einer Ausschüttung an das Management und die Betriebseigentümer bestehen, sondern auch eine Minderung der erfolgsabhängigen Steuern nach sich ziehen soll, ist bei den vom Staat festzulegenden Rahmenbedingungen für betriebliches Wirtschaften auch eine Investionsprämie als Anreiz vorzugeben.

Da die Erfahrung zeigt, daß die Investitionen in aller Regel unterschiedliche Betriebsbereiche mit unterschiedlicher Wichtigkeit betreffen, muß diese Prämie eine (uU mehrdimensionale) Matrix darstellen (= Prämiensatzmatrix), weil ein einheitlicher linearer Prämiensatz, wie er bei Investitionsprämien bisher vielfach üblich war (und ist), die bei der Massenwohlstandssicherung anfallenden Aufgaben *nicht* befriedigend erfüllen kann. Denn ein einheitlicher, linearer Pämien-

---

[24] sd die Regelung der Übertragungsrücklage in § 12 EStG;

satz kann die verschiedenen, für die Sicherung des Massenwohlstandes wichtigen Tatbestände nicht ausreichend genau berücksichtigen. Dazu ist eine *mindestens zweidimensionale*, noch besser aber eine *mehrdimensionale Prämiensatzmatrix* notwendig.

2.1.2.2.3.2. Die Dimensionen der Matrix

Die Art der Investition als erste Dimension der Matrix

Da für die Massenwohlstandssicherung nicht alle Arten von Investitionen gleich wichtig sind, ergibt sich die *erste Dimension* aus dem *Bereich* und damit aus der *Art der Investition*. Wegen der schon in dieser Studie mehrfach dargelegten Wichtigkeit der *Forschung* sollten für Investitionen in die *Forschung* (wozu auch die in der Forschung angefallenen Personalkosten gehören sollen) vom Staat der höchste Prämiensatz und für Investitionen in die (schon etwas weniger risikoreiche) *Entwicklung* ein etwas niedrigerer Prämienhöchstsatz (zB 80 % des Höchstsatzes) vorgesehen werden. Investitionen in das *Humankapital* (= Ausbildungsinvestitionen) und Aufwendungen zur *Erschließung neuer Märkte*, die auch bei Nichtaktivierung in der Bilanz als Investitionen gelten sollten, sollte der Staat im Rahmen der Besteuerung mit einem Pämiensatz von zB 50 % des Höchstsatzes, *Sachinvestitionen* in den Produktionsapparat (= Rationalisierungsinvestitionen) mit einem solchen von zB 40 % des Höchstsatzes und Investitionen in den der *Güterbeförderung* dienenden Fuhrpark mit einem solchen von zB 10 % des Höchstsatzes sowie Investitionen in den der *Personenbeförderung* dienenden Fuhrpark mit einem solchen von 5 % des Höchstsatzes belohnen.

Die Festlegung der Art der Investitionen und die Reihung nach ihrer Wertigkeit ergibt einen Vektor, der in den Zeilen die einzelnen Investitionsbereiche – gereiht nach ihrer durch die Präminensätze ausgedrückten Wertigkeit – aufweist.

Die glaubhaft gemachte Rentabilität als zweite Dimension

Da unrentable Investitionen das Überleben der Betriebe gefährden können, müssen, wenn der Massenwohlstand gesichert werden soll, die Betriebe in den Rahmenbedingungen betrieblichen Wirtschaftens vom Staat dazu angehalten werden, nur *rentable Investitionen* zu tätigen. Die verschiedenen (glaubhaft gemachten) Rentabilitäten, die Investitionen bei den einzelnen Betrieben aufweisen können, bilden daher die zweite Dimension des Investitionsprämienkalküls. In der Regel wird man bei den Rahmenbedingungen betrieblichen Wirtschaftens mit *vier Rentabilitätsklassen* auskommen. Die höchste Rentabilitätsklasse könnte von den Investitionen gebildet werden, die eine interne Rendite von über 20

% aufweisen. An diese Klasse könnte sich eine Klasse von Investitionen an schließen, deren interner Zinsfuß zwischen 20 % und 10 % liegt. Sehr viele Investitionen werden allerdings nur eine interne Rendite erreichen, die zischen 10 % und 0 % liegt. Investitionen, deren interner Zinsfuß kleiner ist als Null, sollten, wie schon erwähnt wurde, nicht mit einer steuerlich abzugsfähigen Prämie belohnt, sondern im Gegenteil mit einer *negativen Prämie* in Form eines Zuschlags zu den Erfolgssteuern „bestraft" werden, weil sie das Überleben des Betriebes gefährden.

Da ex ante die tatsächliche Rentabilität einer Investition noch nicht beurteilt werden kann, muß mit der *glaubhaft gemachten* und mit dem internen Zinsfuß-Kalkül[25] – bzw bei ungleicher Nutzungsdauer der Investitionen mit dem Annuitätenkalkül[26] – kalkulierten (wahrscheinlichen) Rentabiltät das Auslangen gefunden werden. Dabei besteht der Vorteil des internen Zinsfuß-Kalküls darin, die Wahl eines Kalkulationszinssatzes vermeiden zu können, weil ja der Zinssatz errechnet wird, der den Barwert der Erträge (= Einnahmen) und den Barwert der Aufwendungen (= Ausgaben) gleich groß und damit den Kapitalwert der Investition Null macht[27] Es muß dann nur dieser interne Zinssatz mit den Zinssätzen verglichen werden, die in der Investitionsprämienmatrix für die Investitionen vorgesehen sind.

Exkurs: Weitere Dimensionen

Die sich in der zweiten Dimension ergebenden Prämiensätze können die Berechnungsgrundlage für weitere Dimensionen bilden.

Erfahrungsgemäß hängt der Erfolg einer Investition auch von der Größe der Investition – präziser von der Höhe des investierten Betrages (= der Investitionssumme) – ab. Dies gilt insbesondere für Investitionen, mit denen immaterielle Güter erzeugt werden sollen (wie zB bei Forschung und Entwicklung, Erschließung neuer Märkte, Ausbildung), hingegen weniger bei Investitionen in den Sachgüterbereich, weil bei diesen die Preise der anzuschaffenden Investitionsgüter meist vorgegeben sind. Da jedoch die Investitionssumme, die notwendig ist, damit die Investition erfolgreich sein kann, von Investitionsart zu Investitionsart verschieden ist, läßt sich die notwendige Größe einer Investition nicht kardinal, sondern nur ordinal festlegen: Sie muß *„ausreichend groß"* sein. Für die steuerliche Belohnung von Investitionen bedeutet dies, daß eine Investitionsprämie

---

[25] sd PERIDON L./STEINER M.: Finanzwirtschaft der Unternehmung, 9. Aufl., München 1997, S 65 f;

[26] sd PERIDON L./STEINER M.: Finanzwirtschaft der Unternehmung, aaO, S 67 f;

[27] sd LOITLSBERGER E.: Grundriß der Betriebswirtschaftslehre, aaO, S 177;

nur für solche Investitionen zustehen sollte, bei denen die Investitionssumme ausreichend groß ist. Bagatellinverstitionen oder gar Scheininvestitionen, die nur deshalb vorgenommen werden, um in den Genuß der Investitionsprämie zu kommen, sollten steuerlich nicht begünstigt werden. Da die Investitionsprämie aber zum Zeitpunkt der Investition und damit zu einem Zeitpunkt geltend gemacht wird, zu dem der Erfolg der Investition noch nicht feststeht, muß man sich mit der Glaubhaftmachung der ausreichenden Größe der Investitionssumme begnügen. Zwar könnte man auch bei der ausreichenden Größe nochmals Zwischenwerte zwischen „sicher ausreichend" und „wahrscheinlich gerade noch ausreichend" unterschieden und für die zuletzt genannten Investionen entsprechende Abschläge von den Höchstsätzen vorsehen, doch soll dieser Sachverhalt in dieser Studie nicht weiter verfolgt werden. Auch in der Praxis sollte man in diesem Punkt die Erfahrungen abwarten.

Eine vierte Dimension könnte die *Umweltverträglichkeit* der Investition sein. Bei Investitionen, die die Umwelt nicht belasten, sollten bei den Höchstsätzen, die sich aus der Investitionsart und der glaubhaft gemachten Rentabilität ergeben, keine Abschläge vorgenommen werden. Bei Investitionen, die die Umwelt leicht belasten, sollten hingegen nur die halben Sätze zur Anwendung kommen. Für Investitionen, die die Umwelt schwer belasten, sollte nicht nur keine Prämie gewährt, sondern ein Zuschlag zu den zu zahlenden erfolgsabhängigen Steuern vorgesehen werden.

Darüber hinaus könnten noch weitere Sachverhalte als eigene Dimensionen berücksichtigt werden. So wäre zB eine auch von der *Betriebsgröße* abhängige Investitionsprämie für die Massenwohlstandssicherung nicht unzweckmäßig, weil eine Investition von 1,000.000.- Euro für einen Großbetrieb eine kleine und für einen Kleinbetrieb eine sehr große Investition sein kann und es die Klein- und Mittelbetriebe in der Regel schwerer haben als Großbetriebe, ständig auf dem letzten Stand der Technik zu bleiben. Dazu kommt, daß Klein- und Mittelbetriebe meist überdurchschnittlich viele Arbeitsplätze schaffen. Aus diesen Gründen könnten für Klein- und Mittelbetriebe die oben angeführten Höchstsätze durch gestaffelte Zuschläge erhöht werden.

Die Prämiensätze einer Investitionsprämie, die mehrere Dimensionen aufweist, könnten durch Indizes deutlich gemacht werden. Wenn s_I das Symbol für Investitionsprämie ist, könnte

s_{I1111} den Prämiensatz für eine Forschungsinvestition symbolisieren, die eine über 20 % hinausgehende interne Verzinsung erwarten läßt, die Umwelt nicht belastet und in einem Großbetrieb getätigt wird.

s_{I2322} den Prämiensatz für eine Investition im Entwicklungsbereich darstellen, die weniger als 10 % interne Verzinsung erwarten läßt, die Umwelt leicht belastet und von einem Kleinbetrieb durchgeführt wird.

Auf diese weiteren Dimensionen soll in dieser Studie jedoch nicht eingegangen werden. Diese Untersuchungen sollten einer Spezialstudie vorbehalten bleiben, wenn genügend Erfahrungen mit der hier vorgeschlagenen neuen Lösung gemacht worden sind.

2.1.2.2.3.3. Die Felder (= Skalare) der Prämiensatzmatrix

Das Ergebnis der bisherigen Überlegungen kann zunächst in einer zweidimensionalen Matrix dargestellt werden. Diese bei Einbeziehung auch der Größe der Investitionssummen dreidimensional werdende Matirx kann wegen ihres Inhalts als *Investitionsprämiensatzmatrix* bezeichnet werden. Bei der *zweidiensionalen Darstellung* wird die erste Dimension von den *Investitionsbereichen* und die zweite Dimension von den *Renatbilitätsklassen* gebildet. In den Feldern (= Skalaren) scheinen diejenigen Prämiensätze auf, die vom Staat bei einzelnen Investionen anerkannt werden.

Das folgende Beispiel darf eine solche Prämiensatzmatrix – mit beispielhaft angenommenen glaubhaft gemachten internen Rentabilitäten und Prämienhöchstsätzen – zeigen, wobei die Zeilen von den *Investitionsbereichen* und die Spalten von den mit R bezeichneten *glaubhaft gemachten Rentabilitäten* (= den glaubhaft gemachten internen Zinsfüßen) der beabsichtigten Investition symbolisiert und in den Feldern die Prämiensätze in Prozent des ausgeschütteten Gewinns ersichtlich sind (wobei jeweils eine „ausreichende" Investitionssumme angenommen wird):

Investition in	*R > 20 %*	*10 % < R < 20 %*	*0 % < R < 10 %*	*R < 0%*
Forschung	20 %	15 %	6 %	- 2 %
Entwicklung	15 %	12 %	5 %	- 4 %
Humankapital	10 %	8 %	4 %	- 6 %
Erschließung neuer Märkte	8 %	6 %	3 %	- 8 %
Maschinen	6 %	4 %	2 %	- 10 %
Fuhrpark	2 %	1%	0 %	- 20 %

2.1.2.2.3.4. Exkurs: Gesamt- und Teilinvestitionsprämien

Wird von einem Betrieb nur eine einzige Investition durchgeführt, ergibt sich hinsichtlich der Investitionsprämie kein Problem. Der für diese Investitionsart festgesetzte Höchstbetrag ist auch der Betrag, der steuerlich geltend gemacht werden kann.

Da jedoch in aller Regel für eine gute Entwicklung eines Betriebes in mehr als einem Bereich Investitionen durchzuführen sind, muß auch für diesen Fall ein Anreiz geschaffen werden. Dieser Anreiz kann darin bestehen, daß bei der Duchführung von rentablen Investitionen ausreichender Größe in mehr als einem einzigen Bereich ein *Gesamtinvestitionsprämiensatz* vorgesehen wird. Dieser Gesamtinvestitionsprämiensatz sollte insbesondere dann zur Anwendung kommen, wenn die Summe der Prämienbeträge der einzelnen Investitionen gleich groß oder größer ist als der ausschüttbare Gewinn, der für eine marktgerechte Verzinsung des gewinnberechtigten Eigenkapitals notwendig ist. Es soll damit für große, mehrere Bereiche umfassende Investitionen die Außenfinanzierung finanziell zweckmäßiger werden als die Selbstfinanzierung.

Für die Gesamtinvestitionsprämie sollte daher ein *Minimumprinzip* gelten. Ist die Summe der Prämienbeträge der einzelnen Investitionen größer als der mit dem Gesamtinvestitionsprämiensatz errechnete Prämienbetrag, kommt letzter zur Anwendung. Ist hingegen die Summe der Prämienbeträge, die sich aus den Prämienbeträgen der einzelnen Investitionen errechnen, niedriger als der mit dem Gesamtinvestitionsprämiensatz errechnete Prämienbetrag, kommt die Summe der Prämienbeträge der einzelnen Investitionen zur Anwendung.

2.1.2.2.3.5. Beispiel zur Errechnung der Investitionsprämie

Für die konkrete Errechnung der möglichen (= geltend zu machenden) Investitionsprämie wird eine weitere Matrix – die Prämienerrechnungsmatrix – benötigt. Die Zeilen dieser Matrix werden wie bei der Prämiensatzmatrix von den einzelnen Investitionsbereichen gebildet. Darüber hinaus ist noch eine Zeile für den Gesamtinvestitionsprämiensatz vorzusehen. Die Spalten werden durch die einzelnen Investitionsprojekte gebildet. In die Felder werden die bei dem jeweiligen Investitionsvorhaben zur Anwendung kommenden aus der Prämiensatzmatrix zu entnehmenden Teilinvestitionsprämiensätze eingetragen. Wenn – was die Regel ist – bei einem Investitionsprogramm gleichzeitig Investitionen in mehreren Bereichen durchgeführt werden müssen (wie zB in die Forschung, die Entwicklung, in die Ausbildung der Mitarbeiter und in die Erweiterung des Maschinenparks), muß eine Vergleichsrechnung durchgeführt werden.Es muß die Summe der Prämienbeträge mit dem Betrag verglichen werden, der sich bei Zugrundelegung des Gesamtprämiensatzes ergibt, um wegen der Anwendung des Minimumprinzips errechnen zu können, ob der Gesamtinvestitionsprämiensatz angesetzt werden kann (bzw muß) oder ob die Teilprämiensätze zur Anwendung kommen.

Ein Beispiel darf den Rechengang verdeutlichen. Ein Betrieb möge zwei Investitionsvorhaben (A_1 und A_2) durchführen können. Es solle jeweils in drei Bereiche und zwar in die Forschung und in die Entwicklung sowie in das Humankapital jeweils ausreichende Summen und zwar bei Variante A_1 mit einer internen Rendite von 25 % und bei Variante A_2 mit einer solchen von 7 % investiert werden müssen. Für diese Investitionen sind die in der oben dargestellten Prämiensatzmatrix ersichtlichen Teilinvestitionsprämiensätze vorgesehen. Als Gesamtinvestitionsprämiensatz sollen 70 % des ausgewiesenen Gewinnes festgelegt worden sein. In die Felder der folgenden Matrix können diese Teilinvestitionsprämiensätze eingetragen und die die für die einzelnen Vorhaben möglichen (vom ausgeschütteten Gewinn berechneten) Investitionsprämien errechnet werden:

Investitionsvariante	A_1	A_2	Summe
Investitionsrendite	25 %	7 %	
Investitionsart			
Forschung	20 %	6 %	26 %
Entwicklung	15 %	5 %	20 %
Humankapital	10 %	4 %	14 %
Summe der Teilinvestitionsprämien	**45 %**	**15 %**	**60 %**
Gesamtinvestitionsprämie			**70 %**

Für das Investitionsvorhaben A_1 kann der Betrieb wegen der hohen Rentabilität der Investition eine Investitionssprämie von 45 % des ausgewiesenen (und ausschüttbaren) Gewinns geltend machen, während sich für das Investitionsvorhaben A_2 wegen der niedrigen Rendite nur eine solche von 15 % des ausgewiesenen Gewinns zulässig ist. Bei einer Gesamtinvestitionsprämie von 70 % des ausgewiesenen Gewinnes kann der Betrieb daher 60 % (= 45 % + 15 %) des ausgewiesenen Gewinns als Investitionsprämie geltend machen. Sollte die Gesamtinvestitionsprämie jedoch mit 50 % des ausgewiesenen Gewinnes festgesetzt werden, dann könnte unser Betrieb statt der 60 %, die die Teilinvestitionsprämien ergeben, insgesamt nur 50 % des ausgewiesenen Gewinns als Prämie für die Investitionen geltend machen.

Wenn der Betrieb einen Gewinn von 4.000.- erwirtschaftet hat und neben einer Prämie von 10 % und einer zweiten von 20 % des ausgewiesenen Gewinnes auch noch für die oben angeführten Investionen eine Investitionsprämie von 60 % vom ausgewiesenen Gewinn ausschütten will, kann man diese Prämien bei progressiver Errechnungsmethode mittels folgender Gleichung errechnen (x_0 = erwirtschafteter Gewinn, s = Erfolgssteuersatz, x_s = Steuerbetrag, x = ausschüttbarer Gewinn):

$$(1) \qquad x_0 - x_s = x + 0{,}1x + 0{,}2x + 0{,}6x$$

Diese Gleichung kann wie folgt umformuliert werden, wobei zunächst die Abzugsfähigkeit der Prämien von den Erfolgssteuern noch nicht berücksichtigt wird, so daß x_s wie folgt definiert ist:

$$(2) \qquad x_s = s(x_0 - 0{,}9x)$$

Die Gleichung (1) kann dann nach Einsetzen des Ergebnisses der Gleichung (2) wie folgt umformuliert werden

$$(3) \qquad x_0 - s(x_0 - 0{,}9x) = 1{,}9x$$

und dann nach nach x aufgelöst werden. In einer Iterationsrechnung kann die Gleichung schließlich gelöst werden. Es darf auf die schon gebrachten Beispiele und die Iterationsrechnung am Schluß dieser Studie verwiesen werden.

2.1.3. Die Schaffung von Anreizen zur dynamischen Sparsamkeit

2.1.3.1. Das Nichtgenügen der statischen Sparsamkeit

Zum Unterschied von der dynamischen Sparsamkeit wird in sowohl in den Betrieben als auch in der Betriebswirtschaftslehre seit jeher auf die *statische Sparsamkeit* besonders geachtet. Diese besteht darin, bei einer gegebenen Kombination der Produktionsfaktoren – präziser: bei gegebener Produktionsfunktion – nur soviele Einsatzgüter zu verbrauchen, wie bei der gegebenen Kombination (= bei der gegebenen Produktionsfunktion) unbedingt notwendig sind. Der in der Betriebswirtschaftslehre für diese Art der Sparsamkeit übliche Terminus ist der der „*Wirtschaftlichkeit*"[28]. Für die langfristige Perspektive, die für die Sicherung des Massenwohlstandes erforderlich ist, ist aber – wie schon im Abschnitt 6.4.1.3.3. des ersten Teiles dieser Studie dargelegt wurde, mit der statischen Sparsamkeit allein wegen der Erschöpfung der „Verbrauchlichen nicht erneuerbaren Ressourcen" das Auslangen nicht möglich. Daher muß die dynamische Sparsamkeit mit entsprechenden Anreizen gefördert werden.

2.1.3.2. Eine dynamische Sparsamkeitsprämie als Anreiz

2.1.3.2.1. Eine lineare Prämie als einfachste Lösung

Auch bei den Anreizen zur dynamischen Sparsamkeit bietet sich als einfachste Lösung eine lineare Prämie an. Diese könnte gewährt werden, wenn der für eine Produkteinheit benötigte Verbrauch an nicht erneuerbaren Ressourcen um einen festzulegenden Prozentsatz nachhaltig gesenkt wird.

2.1.3.2.2. Eine vektorielle Prämie als für die Massenwohlstandssicherung betriebswirtschaftlich zweckmäßigere Lösung

Schon eine kurze Überlegung zeigt aber, daß eine lineare Prämie ein zu grobes Instrument ist, um den Erfordernissen der dynamischen Sparsamkeit zu genügen. Denn eine lineare Prämie kann nicht präzise genug zwischen den verschiedenen „Erneuerbarkeiten" unterscheiden. Die Prämie muß vielmehr der Tatsache Rechnung tragen, daß es für die Sicherung des Massenwohlstandes am

---

28 sd LÖFFELHOLZ J.: Wirtschaftlichkeit und Rentabilität, in: HWB, 4. Aufl., aaO, Sp 4461 ff;

zweckmäßigsten wäre, weniger Ressourcen zu verbrauchen (= *Ressourceneinsparung*) Schn weniger zweckmäßig ist, wenn eine Ressourceneinsparung technisch und/oder aus Kostengründen (noch) nicht möglich ist, „Umweltschädigende nicht erneuerbare Ressourcen" (= Typ 12) durch „nicht umweltschädigende unverbrauchliche Ressourcen" (= Typ 11), oder doch wenigstens durch „nicht umweltschädigende nicht erneuerbaren Ressourcen" (= Typ 12) zu ersetzen (= *Ressourceneersatz*).

Eine Beachtung dieser Sachverhalte verlangt mindestens eine *vektorielle Prämie*. In dieser werden die Zeilen des Vektors von den Prämiensätzen gebildet, die den verschiedenen Möglichkeiten, wie verbrauchliche Ressourcen erspart bzw ersetzt werden können, zugeordnet sind. Da diese Möglichkeiten auch die Zeilen einer Matrixprämie bilden, soll hier nicht weiter darauf eingegangen und auf die folgende Matrixdarstellung verwiesen werden.

Die vektorielle Prämie hat für die Massenwohlstandssicherung betriebswirtschaftlich noch den *Nachteil*, unterschiedliche Ersparnisausmaße nicht zu berücksichtigen. Sie behandelt große und kleine Ersparnisse in gleicher Weise, was betriebswirtschaftlich nicht zweckmäßig ist, weil der Anreiz zur Ausweitung der Ersparnisse über das für die Prämiengewährung erforderliche Mindestausmaß hinaus fehlt.

2.1.3.2.3. Eine Matrixprämie als für die Massenwohlstandssicherung betriebswirtschaftlich zweckmäßigste Prämienform

Um einen Anreiz zu geben, das Ausmaß dieser Einsparungen bzw Ersätze möglichst groß zu machen, sollte die Höhe der Prämie vor allem vom Ausmaß der Einsparungen bzw Ersätze an Ressourcen abhängen. Obwohl es am genauesten – und wohl auch am wirksamsten wäre – die Prämienhöhe in Form einer mathematischen Funktion vom Ausmaß der Ersparnis bzw des Ersatzes abhängen zu lassen, dürfte eine solche Ausgestaltung der Prämie für die praktische Handhabung zu kompliziert sein. Man wird sich daher mit *Ersparnis-* bzw *Ersatzklassen* zufrieden geben müssen. So könnten etwa jeweils drei Klassen gebildet werden: eine für Einsparungen bzw Ersätze unter 2 %, eine zweite für Einsparungen bzw Ersätze zwischen 2 % und 5 % und eine dritte für Einsparungen bzw Ersätze über 5 % des bisherigen relativen Verbrauchs an Ressourcen. Um nicht auch bei umatzbedingten Produktionsrückgängen, bei denen wegen der verringerten Produktion auch weniger Ressourcen verbraucht werden, bereits eine Prämie beanspruchen zu können, kann nicht der absolute, sondern nur der relative Verbrauch (= Verbrauch pro Produkteinheit) als Basis genommen werden.

Wie alle Prämien sollte auch die dynamische Sparsamkeitsprämie vom ausgeschütteten Gewinn berechnet werden, um den Druck auf den Gewinnausweis und die Gewinnausschüttung zu erhöhen. Für die Berechnung könnte vom ausgewiesenen Gewinn ausgegangen werden, weil anzunehmen ist, daß der ausgewiesene Gewinn auch ausgeschüttet werden wird, wenn zu viele negative Wirkungen von einer Nichtausschüttung ausgehen.

Unter diesen Prämissen könnte die *dynamische Sparsamkeitsprämie* (= y_5) daher wie folgt gestaltet werden, wenn die *Felder* der nachfolgenden Matrix die Prämiensätze anzeigen, die berechnet werden können, wenn entsprechende Einsparungen bzw Ersätze erfolgen. Ein Beispiel mit angenommenen Prämiensätzen darf dies verdeutlichen:

Ersparnisausmaß an	< 2 %	2 % - 5 %	> 5 %
Typ 11	4 %	6 %	10 %
Typ 21	3 %	4 %	5%
Typ 31	1 %	2 %	3 %
Ersatz von Typ 11			
durch Typ 12	3 %	4 %	5 %
durch Typ 22	4 %	5 %	6 %
durch Typ 32	5 %	6 %	7%
Ersatz von Typ 21			
duch Typ 22	3 %	4 %	5 %
duch Typ 32	5 %	6 %	7 %

Bei einem Ersatz von – aus der Sicht der Umweltbeeinflußung und der Erneuerbarkeit – höherwertigen Ressourcen durch niedrigerwertige Ressourcen sollte die Bemessungsgrundlage der erfolgsabhängigen Besteuerung um die negativen Prämien erhöht werden.

2.1.3.2.4. Erläuterndes Beispiel

Ein Beispiel darf den Sachverhalt verdeutlichen. Ein Betrieb möge bei einem ausschüttbaren Gewinn von 1000 GE bisher für eine Einheit eines Produktes 1 kg des Rohstoffes r_1 (= Erdöl) verbraucht haben. Durch eine Verfahrensverbesserung gelingt es dem Betrieb, bei gleichbleibenden Einsatzmengen der anderen Rohstoffe $r_2,...,r_R$ und gleichbleibendem Gewinn den Verbrauch des Rohstoffes r_1 auf 0,9 kg je Produkteinheit zu senken. Der Betrieb hat daher eine Einsparung von 10 % bei einem „Verbrauchlichen umweltschädigenden und nicht erneuerbaren Gut" (= Typ 11) erzielt, wofür ihm laut der oben gebrachten Tabelle eine dynamische Sparsamkeitsprämie von

10 % von 1.000.- = 100.-

zusteht. Sollte das neue Verfahren hingegen ein größeres Anlagevermögen erfordern und dadurch die Abschreibungen von 0,0010 GE auf 0,0015 GE je Produkteinheit erhöhen, so sollte für die Investition zwar die Investitionsprämie geltend gemacht werden können, die Kostendifferenz die dynamische Sparsamkeitsprämie aber entsprechend mindern:

$$(0{,}1000 - 0{,}0005) = 0.0995 * 1.000.- = 99{,}5 \text{ GE}$$

2.1.4. Die Anreize für eine Produktpreissenkung

2.1.4.1. Die Notwendigkeit

Wie schon im Abschnitt 6.4.1.3. des ersten Teiles dieser Studie dargelegt wurde, ist es eine Erfahrungstatsache, daß die Betriebsführungen dazu neigen, Preisanhebungsmöglichkeiten, die den mengenmäßigen Absatz nicht wesentlich zurückgehen lassen, auszunützen. Es muß daher ein Anreiz geboten werden, die Produktpreise nach Möglichkeit zu senken oder, wenn die Kosten eine Preissenkung nicht erlauben, wenigstens stabil zu halten. Ein solcher Anreiz könnte darin bestehen, für Preissenkungen eine *Preissenkungsprämie* (= y_6) zu gewähren. Diese könnte – ebenso wie auch die anderen im Zusammenhang mit der Massenwohlstandssicherung genannten Prämien – in einem Abschlag von den vom Betrieb zu zahlenden erfolgsabhängigen Steuern bestehen. Statt eines Abschlages sollte es zu einem Zuschlag zu den erfolgsabhängigen Steuern kommen, wenn von der Kostenseite her nicht notwendige Preiserhöhungen vorgenommen werden. Da erfahrungsgemäß schon die Einhaltung der Preisstabilität eine sehr kostenbewußte Betriebsführung verlangt, sollte auch schon für diese Einhaltung eine Prämie verrechnet werden können, die umso höher wird, je mehr die Preise im Verhältnis zu den Kosten unter Aufrechterhaltung einer marktüblichen Kapitalverzinsung gesenkt werden.

Die Preissenkungs- bzw Preisstabilisierungsprämie sollte je zur Hälfte dem Management und den Betriebseigentümern zufließen. Denn für Produktpreissenkungen bzw für Produktpreisstabilität ist in erster Linie das Management zuständig, weshalb es auch an dieser Prämie zur Hälfte beteiligt sein sollte. Die zweite Hälfte sollte den Betriebseigentümern zufließen, damit diese Druck auf das Management ausüben, die Produktpreise zu senken oder doch wenigstens stabil zu halten. Dieser Druck würde sich noch erhöhen, wenn wegen kostenmäßig nicht notwendiger Preiserhöhungen statt der Prämie ein *Zuschlag* gezahlt werden müßte. Sollte der Betrieb in einer Periode keine erfolgsabhängigen Steuern zu bezahlen haben, dann sollte der Preiserhöhungszuschlag trotzdem gezahlt werden müssen.

Um die Betriebseigentümer auf die Produktpreissituation aufmerksam zu machen, sollten sowohl die Prämie als auch der Zuschlag im Jahresabschluß in der noch zu besprechenden Gewinnverwendungsrechnung gesondert ausgewiesen werden müssen. Im Anhang sollten die für die Berechnung erforderlichen Daten anzugeben sein.

2.1.4.2. Die Unzweckmäßigkeit einer linearen und einer vektoriellen Preissenkungsprämie

Wie schon aus den bisherigen Ausführungen ersichtlich ist, ist auch bei der Preissenkungs- bzw Preisstabilisierungsprämie (= PSP, = y_6) ebenso wie bei den anderen massenwohlstandssichernden Prämien sowohl ein linearer als auch ein vektorieller Prämiensatz nicht zweckmäßig. Denn ein linearer Prämiensatz kann das *Ausmaß der Preissenkung* nicht ausreichend genau erfassen. Ein vektorieller Prämiensatz kann zwar das Ausmaß der Preissenkung, aber nicht die Veränderung der Kostensituation erfassen. Die Höhe der Prämie sollte aber einerseits vom Ausmaß der Preissenkung und andererseits von der *Veränderung der Kostensituation* abhängen. Der Prämiensatz muß umso höher sein, je stärker trotz gestiegener Kosten die Preise gesenkt werden.

2.1.4.3. Ein Matrixprämiensatz als die für die Massenwohlstandssicherung zweckmäßigste Lösung

Wegen dieser Zusammenhänge wäre es am exaktesten, die Höhe des *Prämiensatzes* mittels einer mathematischen Funktion zu berechnen. Da aber eine komplizierte mathematische Berechnung die Bereitschaft vieler Betriebe herabsetzen würde, die Prämie zu berechnen und damit auch der Anreiz für die Stabilhaltung bzw eine nur geringe Erhöhung der Preise wegfiele, muß auch bei dieser Prämie mit einer *Klassenbildung* das Auslangen gefunden werden. Sowohl bei den Preiserhöhungen wie bei den Kostensteigerungen könnte die Klasseneinteilung entsprechend der Inflationsrate vorgenommen werden. Noch einfacher – aber auch ungenauer – ist es, jeweils drei Klassen zu bilden. Bei den Preisen wäre dies eine Klasse für Preisstabilität (= Preiserhöhung 0 %), eine für Preiserhöhungen bis 2 % und eine dritte Klasse für Preiserhöhungen über 2 %. Ebenso sollten bei den Kostensteigerungen drei Klassen gebildet werden: eine Klasse für Kostenstabilität (= Kostensteigerung 0 %), eine zweite für Kostensteigerungen bis 2 % und eine dritte für Kostensteigerungen über 2 %. Mit einer derartigen Klassenbildung könnte wahrscheinlich auch der durchschnittlichen Geldentwertung angemessen Rechnung getragen werden.

Die Preis- und Kostenentwicklung sollte mittels eines Vergleichs der kontokorrentmäßig errechneten Durchschnittspreise und Durchschnittskosten des Produktes im Abschlußjahr mit dem kontokorrentmäßig errechneten Durchschnittspreis und den konntokorrentmäßig errechneten Durchschnittsstückkosten des vorangegangenen Jahres ermittelt werden. Es müßte dazu der mit einem Produkt in einer Periode erzielte Erlös (bzw die Gesamtkosten dieser Periode) durch die in dieser Periode abgesetzte Menge dividiert werden. Wenn mehrere Produkte erzeugt werden, müßten bei den einzelnen Produkten aus dem in der Periode erzielten Erlös durch Division durch die jeweils abgesetzen Mengen die jeweiligen Durchschnittspreise (bzw die jeweiligen duchschnittlichen Stückkosten) errechnet und mit der Zahl der Tage, die diese Duchschnittspreise (bzw diese Durchschnittskosten) gültig waren, multipliziert und aus der Summe dieser sich so ergebenden Nummern wiederum der Durchschnittspreis (bzw die Durchschnittskosten) errechnet werden. Dabei sollte die Durchschnittspreisermittlung mindestens auf Monatsbasis – nach Möglichkeit jedoch auf Basis eines noch kürzeren Zeitraumes – *kontokorrentmäßig* erfolgen, um zu vermeiden, daß kurzfristige Preissenkungen eine für die Verrechnung der Prämie taugliche Voraussetzung vortäuschen, obwohl die Preissenkung wegen ihres kurzen Gültigkeitszeitraumes von den Kunden praktisch nicht genützt werden konnte.

Sollte die Preiserhöhung größer sein als die relative Stükkostensteigerung, so sollte der sich errechnende Betrag als Zuschlag zu den erfolgsabhängigen Steuern zu bezahlen und im Jahresabschluß gesonderst auszuweisen sein.

Demnach würde die Preissenkungsprämie als Matrix in den Zeilen das Ausmaß der Peissenkung und in den Spalten das Ausmaß der Kostensteigerung ausweisen. In den Feldern der Matirx sind diejenigen Prämiensätze einzutragen, die für das Zusammentreffen zweier Situationen vorgesehen sind. Die folgende Matrix mit angenommenen Prämiensätzen darf dies zeigen:

Preiserhöhungen	Kostensteigerungen		
	0 %	< 2 %	> 2 %
0 %	1 %	2 %	3 %
< 2 %	- 1 %	0 %	1 %
> 2 %	- 3 %	- 1 %	0 %

2.1.4.4. Erläuterndes Beispiel

Ein Beispiel darf die Berechnung erläutern. Dabei wird folgende Entwicklung angenommen:

Der kontokorrentmäßig errechnete Duchschnittspreis bei dem zu untersuchenden Gut betrug im Vorjahr 200.-, das ebenso berechnte durchschnittliche Kostenniveau 180.-.

Das Abschußjahr zeigt folgende Situation:

Zeitraum	Erlös	Stückzahl	Durchschnittspreis	Tage	Nummern
1.1.-31.5.	100.000.-	500	200.-	150	30.000
1.6.-30.10.	102.500.-	500	205.-	150	30.750
1.11.-31.12.	42.000.-	200	210.-	60	12.600
	244.500.-	1.200		360	73.350

Der kontokorrentmäßig errechnete Durchschnittspreis des Abschlußjahres beträgt daher

73.350 : 360 = 203,75

Der nach der gleichen Vorgangsweise errechnete Durchschnittspreis des Vorjahres möge 187,50 betragen.

Die Preiserhöhung und die Kostensteigerung errechnen sich daher wie folgt:

	Durchschnittspreis	Durchschnittskosten
Vorjahr	200.--	180.--
Abschlußjahr	203,75	187,50
Preis-/Kostenerhöhung	3,75	7,50
in % des Vorjahres	**1,875 %**	**4,17 %**

Bei Zugrundelegung der in der o.a. Matrix angeführten Prämiensätze würde die Preissenkungsprämie im vorliegenden Fall 1 % des ausgewiesenen Gewinns betragen.

Würde hingegen folgende Situation gegeben sein:

	Durchschnittspreis	Durchschnittskosten
Vorjahr	200.--	180.--
Abschlußjahr	203,75	179.--
Preis-/Kostenerhöhung	3,75	- 1.--
in % des Vorjahres	**1,875 %**	**- 0,0055 %**

hätte der Betrieb unter Zugrundelegung der in der o.a. Matrix angeführten Prämiensätze bei den erfolgsabhängigen Steuern einen Zuschlag in Höhe von 3 % des ausgewiesenen Gewinns zu bezahlen.

2.2. Anreize und Maßnahmen zur Einkommenssicherung

2.2.1. Anreize für eine möglichst lange Arbeitsplatzerhaltung

2.2.1.1. Die Notwendigkeit einer Arbeitsplatzerhaltungsprämie

Das Bewußtsein, vor einer Mitarbeiterfreisetzung erst alle anderen Rationlisierungsmöglichkeiten auszuschöpfen, kann am besten durch eine *Arbeitsplatzerhaltungsprämie* (= y_7) begründet und vertieft werden. Diese Prämie sollte aus den schon dargelegten Gründen ebenfalls je zur Hälfte dem Management und den Betriebseigentümern als Belohnung zufließen, wenn trotz Rationalisierung und Kostensenkung die Zahl der Mitarbeiter unverändert geblieben ist.

2.2.1.2. Die Unzweckmäßigkeit einer linearen und einer vektoriellen Arbeitsplatzerhaltungsprämie

Wie schon in Abschnitt 6.4.2.1. des ersten Teils dieser Studie hingewiesen wurde, sollten zur Massenwohlstandssicherung Arbeitsplätze möglichst lange erhalten werden, damit die vom Arbeitplatzverlust Bedrohten noch einen möglichst hohen Kapitalstock ansparen können. Sowohl legistisch als auch in der praktischen Handhabung wäre auch hier eine lineare Prämie am einfachsten. Eine solche lineare Prämie kann aber nur die Veränderung der Zahl der Mitarbeiter in eine Richtung zum Ausdruck bringen, was für die Massenwohlstandssicherung nicht ausreicht, wie noch gezeigt werden wird.

Besser geeignet wäre für die Massenwohlstandssicherung schon ein vektorieller Prämiensatz. Denn dieser könnte die Veränderung in der Zahl der Mitarbeiter nach zwei Richtungen (Vergrößerung und Verminderung) zum Ausdruck bringen. Ein solcher Vektor hätte daher, wenn man keine genauere Unterteilung macht, mindestens drei Zeilen: Gleichbleiben, Vergößerung und Verringerung. Er kann aber noch nicht berücksichtigen, ob die Veränderung in der Zahl der Mitarbeiter mit einer Veränderung der Arbeitsbedingungen einhergeht oder nicht. Der Prämiensatz der Arbeitsplatzerhaltungsprämie muß daher mindesten *zwei Umständen* Rechnung tragen: der *Veränderung der Zahl der Mitarbeiter* auf Basis von Vollarbeitszeitplätzen und der *Veränderung der Arbeitsbedingungen*. Dabei ist es bei der Zahl der Vollarbeitszeitplätze wünschenswert, daß diese nicht nur gleichbleibt, sondern sogar erhöht wird. Nicht wünschenswert – wenn auch auf lange Sicht nicht zu verhindern – ist ihre Verringerung. Auch bei den Arbeitsbedingungen wäre es wünschenswert, wenn diese nicht nur gleichblieben, sondern verbessert werden könnten. Auch hier sollte wenigstens keine Verschlechterung eintreten. In der Realität ist auch manchmal eine Erhaltung der Arbeitsplätze durch Verzicht auf Lohnerhöhungen oder sogar durch Lohnkürzungen anzutreffen[29].

Dazu bedarf es einer weiteren Dimension. Damit zeigt sich ein Matrixprämiensatz als die für die Sicherung des Massenwohlstandes am besten geeignete Lösung.

---

[29] sd Die Presse, 31. 10. 2001: Traiskirchen von Schließung bedroht. Das Semperit-Werk in Traiskirchen könnte der Umstrukturierung im Conti-Konzern zum Opfer fallen;

2.2.1.3. Eine Matrix-Arbeitsplatzerhaltungsprämie als für die Massenwohlstandssicherung zweckmäßigste Lösung

Die beiden Sachverhalte (Veränderung der Mitarbeiterzal und Veränderung der Arbeitsberdingungen) lassen sich in einer *Matrix* kombinieren. In dieser Matrix bildet die *Veränderung der Zahl der Vollzeitarbeitsplätze die Zeilen*, wobei grob drei Klassen unterschieden werden können: Vermehrung, Gleichbleiben und Verringerung. Genauer wären prozentuelle Veränderungen, doch soll hier durch die drei groben Klassen nur die Struktur der Matrix angedeutet werden.

Gleiches gilt für die *Spalten* der Matrix. Diese stellen die *Veränderung in den Arbeitsbedingungen* dar. Auch hier sollen nur durch die groben Klassen Verbesserung, Gleichbleiben und Verschlechterung die Struktur der Matrix gezeigt werden. Auch hier wäre eine „funktionale Prämie" auf Basis der prozentuellen Veränderung eine noch genauere Lösung. Da eine solche funktionale Prämie aber mit großer Wahrscheinlichkeit schwieriger zu ermitteln und zu handhaben sein wird als eine Prämie auf Basis einer ordinalen Klassenbildung, ist letzterer trotz ihrer Ungenauigkeit der Vorzug zu geben.Denn es kommt vor allem auf das Signal an, das die Prämie geben soll.

Unter Zugrundlegung der in den vorhergehenden Absätzen dargelegten Bedingungen stellt sich die Matrix, aus der der Prämiensatz für die Arbeitsplatzerhaltungsprämie entnommen werden kann, wie folgt dar, wobei die negativen Prämiensätze Zuschläge zu den erfolgsabhängigen Steuern darstellen:

Veränderung der Zahl der Mitarbeiter	Veränderung der Arbeitsbedingungen		
	Verbesserung	Gleichbleiben	Verschlechterung
Vergrößerung	**14 %**	**10 %**	**0 %**
Gleichbleiben	**12 %**	**8 %**	**- 2 %**
Verringerung	**- 2 %**	**- 4 %**	**- 6 %**

Die Zuschläge sollten *nicht* zum Ansatz kommen, wenn eine Verringerung der Mitarbeiterzahl und/oder eine Verschlechterung der Arbeitsbedingungen *unvermeidlich* sind, weil alle anderen Rationalisierungsmöglichkeiten voll ausgeschöpft sind und der Betrieb nur überleben kann, wenn die Mitarbeiterzhal und/oder die Arbeitsbedingungen herabgesetzt

2.2.1.4. Erläuterndes Beispiel

Ein Betrieb möge bei einer Arbeitszeit von 32 Stunden/Woche bisher 100 vollzeitbeschäftigte Mitarbeiter haben, für die neben der tariflichen Entlohnung bei einem Gewinn von 1 Mio noch 0,4 Mio für freiwillige Sozialleistungen aufgewendet werden. Um sich besser an die geänderte Wirtschaftslage anzupassen, beschließt der Betrieb, 40 Vollzeitarbeitsplätze in Teilzeitarbeitsplätze à 20 Stunden/Woche umzuwandeln und gleichzeitig noch 10 Teilzeitbeschäftigte zusätzlich einzustellen. Die freiwilligen Sozialaufwendungen sollen um 0,1 Mio gekürzt werden.

Nach der Durchführung dieser Maßnahmen hat der Betrieb zwar die Kopfzahl seiner Mitarbeiter um 10 % erhöht, nach dem Beschäftigungsausmaß aber eine Einsparung von

	$100 * 32^h =$		3.200^h
auf	$60 * 32^h =$	1.920^h	
	$50 * 20^h =$	$\underline{1.000^h}$	$\underline{2.920^h}$,
also um			280^h

vorgenommen und damit (280 : 32 =) 8,75 Vollarbeitszeitplätze eingespart, was einen (neuen) Gewinn von 0,95 Mio ermöglichen soll. Da gleichzeitig der freiwillige Sozialaufwand vermindert wird, liegt nicht nur eine Verringerung der Zahl der Vollzeitarbeitsplätze, sondern auch eine Verschlechterung der Arbeitsbedingungen vor, was nach der obigen Tabelle einen *Zuschlag* von 6 % des neuen Gewinns auf die Bemessungsgrundlage der erfolgsabhängigen Steuern nach sich ziehen würde:

$$0{,}06 * 950.000.- = 57.000.-$$

2.2.2. Anreize und Maßnahmen zur Herstellung einer für die Massenwohlstandssicherung geeigneten Finanzierung

2.2.2.1. Die Mehrzahl der möglichen Varianten und die daraus folgende Notwendigkeit von Wahlrechten

Aufgrund der im Abschnitt 6.4.2. des ersten Teils dieser Studie dargelegten Umstände und Präferenzen ist es verständlich, daß es eines *Anreizes* bedarf, Geschäftsführungen und Betriebseigentümer zu veranlassen, Betriebe in hohem Ausmaß mit von außen in den Betrieb eingezahltem (= außenfinanziertem) gewinnberechtigten *Eigenkapital* zu finanzieren. Wenn die gewinnberechtigte Eigenfinanzierung auf breiter Basis gesteigert werden soll, muß es für die Geschäftsführung und die Betriebseigentümer vorteilhafter sein, den Betrieb mit außenfinanziertem gewinnberechtigten Eigenkapital zu finanzieren als mit innenfinanziertem oder gar mit Fremdkapital.

Für die Massenwohlstandssicherung genügt aber – wie ebenfalls im Abschnitt 6.4.2.4.3. des ersten Teiles dieser Studie nachgewiesen wurde – ein hoher Eigenfinanzierungsgrad allein noch nicht. Es muß auch dafür gesorgt werden, daß sich das Eigenkapital auf *viele Personen* verteilt. Es muß ein hoher Eigenfinanzierungsgrad zusammen mit einer Verteilung des Eigenkapitals auf *viele Personen* (= breite Streuung des Eigenkapitals; = Kapitalstreuungsgrad) verwirklicht werden. Wie im ersten Teil dieser Srtudie im Abschnitt 6.4.2.4.3.2. dargelegt wurde, bedeutet das, daß das Eigenkapital durch „*Kleinbeteiligungen*" aufgebracht werden muß.

Eine solche *dreidimensional wirkende Finanzierung* kommt – wie in den angeführten Abschnitten des ersten Teils dieser Studie nachgewiesen wurde - nicht von selbst zustande. Es bedarf dazu geeigneter Anreize. Auch diese Anreize sind nicht von selbst vorhanden. Sie müssen geschaffen werden. Da aber die einzelnen Anreize unterschiedlich gestaltet werden können und die verschiedenen Anreizgestaltungen für die Betriebe auch unterschiedlich vorteilhaft sein können, müssen den Betrieben auch bei den die Finanzerung betreffenden Anreizen *Wahlrechte* eingeräumt werden, die ihnen erlauben, die für sie günstigsten Anreize zu wählen.

2.2.2.2. Die Entdiskriminierung des Eigenkapitals als erste generelle Maßnahme

Wenn analysiert wird, welche Maßnahmen für die Erreichung einer hohen Eigenfinanzierung der Betriebe notwendig sind, dann zeigt sich als erste – und wichtigste – Maßnahme die *Beseitigung der Diskriminierung der Eigenfinanzierung*. Es ist der betriebswirtschaftlich widersinnige und jeder wirtschaftlichen Betrachtungsweise hohnsprechende Zustand zu beseitigen, daß das Entgelt für das Fremdkapital bei der steuerlichen Gewinnermittlung abzugsfähig ist, das Entgelt für das Eigenkapital hingegen nicht[30]. Denn durch diese Regelung wird das Kapital, das das Risiko trägt, schlechter gestellt als das nicht risikobereite Kapital. Das kann nach wirtschaftlicher Betrachtungsweise – die angeblich im Steuerrecht der BRD und Österreichs gilt – nur als *Perversion* angesehen werden. Denn dasjenige Kapital, das die größere Leistung erbringt (weil es das Risiko trägt und das Überleben der Betriebe sichert), wird dadurch bestraft, daß das für seine Zurverfügungstellung gezahlte Entgelt steuerlich nicht gewinnmindernd verrechnet werden kann, während das Entgelt für dasjenige Kapital, das die geringere Leistung erbringt (weil es kein Risiko trägt) steuermindernd verrechnet werden kann.

Ein Beispiel darf die Auswirkung dieses Sachverhaltes verdeutlichen. Ein körperschaftssteuerpflichtiger Betrieb solle eine Investition in Höhe von 20 Mio GE tätigen können. Mit

---

30 Ansätze zu einer steuerlichen Anerkennung einer „Eigenkapitalverzinsung", wie sie sich etwa im österreichischen Einkommensteuerrecht in § 11EStG 1988 idF BGBl I 1999/106 finden, sind wirtschaftlich nicht ausreichend, aber als erstes steuerliches Umdenken interessant.

der Investition solle vor Steuern eine Kapitalrentabilität von 12 % und damit ein Bruttogewinn von 2,4 Mio GE möglich sein. Für die Zurverfügungstellung des für diese Investition benötigten Kapitals solle der Betrieb 10 % Entgelt (= 2 Mio) bezahlen müssen. Bei der Prüfung der Frage, ob die Investition mit Eigen- oder Fremdkapital finanziert werden soll, ist zu berücksichtigen, daß nach der derzeitigen Rechtslage in vielen Ländern zwar die Entgelte für das Fremdkapital, nicht jedoch die für das Eigenkapital von der Körperschaftssteuer abgesetzt werden können. Das hat zur Folge, daß bei der Eigenfinanzierung für ein Entgelt von 10 % des benötigten Kapitals ein wesentlich höherer Bruttogewinn erforderlich ist als bei der Fremdfinanzierung, wie das folgende Beispiel zeigt, bei dem ein KöSt-Satz von 34 % zugrunde gelegt ist:

	Fremdfinanzierung	Eigenfinanzierung
erforderlicher Gewinn vor Zinsen und erfolgsabhängigen Steuern	2,400.000.-	3,430.303.-
erforderliche Zinsen	2,000.000.-	0.-
Gewinn nach Zinsen und vor Steuern	400.000.-	3,430.303.-
erfolgsabhängige Steuer (34 %)	136.000.-	1,166.3030.-
Gewinn nach Steuern und vor Entgelt f. EK	264.000.-	2,264.000.-
Ausschüttung	0.-	2,000.000.-
dem Betrieb verbleibender Gewinn	264.000.-	264.000.-

Es zeigt sich, daß der erforderliche Bruttogewinn (= Gewinn vor Zinsen und vor Steuern) bei der Eigenfianzierung in diesem Beispiel um 42,9293 % höher sein muß als bei Fremdfinanzierung. Da aber nur ein Bruttoergebnis von 2,4 Mio GE zu erwarten ist, ist nur die Fremdfinanzierung möglich. Wenn ein Bruttogewinn von 3,43 Mio GE möglich wäre, dann könnte bei steuerlicher Gleichbehandlung des Eigen- und Fremdkapitals statt einer Verzinsung von 10 % eine solche von 15,15 % gewährt werden. Das würde für den Massenwohlstand nicht nur ein höheres (Kapital-)Einkommen, sondern auch eine Verkürzung der für den Aufbau eines ausreichenden Kapitalstockes notwendigen Ansparzeit bedeuten.

Auf die Maßnahmen, die für die erfolgssteuerliche Entdiskriminierung des Eigenkapitals notwendig sind, wird – um Wiederholungen zu vermeiden – bei der Darstellung der Ausschüttungsrentabiltitätssteuer noch ausführlich eingegangen. Denn die Ausschüttungsrentabiltätssteuer entsteuert – wie noch gezeigt werden wird – eine marktmäßige Verzinsung des gewinnberechtigten Eigenkapitals einschließlich einer adäquaten Risikoprämie. Um einen möglichst hohen (und erfolgssteuerlich entdiskriminierten) Gewinn ausschütten zu können, ist jedoch auch noch eine Reihe anderer Anreize nötig. Diese sind zuerst noch darzustellen.

2.2.2.3. Die zur Herbeiführung einer dreidimensional wirkenden Finanzierung wichtigsten weiteren Maßnahmen im allgemeinen

Wie schon im ersten Teil dieser Studie nachgewiesen wurde, ist es für die Massenwohlstandssicherung zweckmäßig, wenn auch diejenigen Betriebe, die sich nur indirekt an der Masenwohstandssicherung beteiligen (= privatkapitalistische Betriebe) dadurch wettbewerbsfähig bleiben und in ihren Überlebenschancen gestärkt werden, daß sie mit möglichst wenig Fixkosten belastet werden. Sie können sich dadurch Beschäftigungsschwankungen mit geringerer Übrlebensgefährdung anpassen als bei hoher Fixkostenbelastung. Es müssen daher auch für diese Betriebe diejenigen Anreize, die einen hohen Eigenfinanzierungrad herbeizuführen imstande sind, ausnutzbar sein.

Für Betriebe, die sich *direkt* an der Massenwohstandssicherung beteiligen, sind – wie schon im ersten Teil dieser Studie dargelegt wurde – noch weitere Maßnahmen nötig. Denn es muß bei diesen Betrieben nicht nur ein hoher Einfinanzierungsgrad und ein hoher Gewinnausschüttungsgrad, sondern auch ein hoher Kapitalstreuungsgrad erreicht werden. Um eine solche dreifache Wirkung zu erreichen, müssen die Anreize entweder jeder für sich (= *nichtkombinative Lösung*) oder aber auch gemeinsam (= *kombinative Lösungen*) in Anspruch genommen werden können.

Von den kombinativen Lösungen sind zwei für die Herbeiführung einer solchen dreifchen Wirkung besonders gut geeignet. Das erste dieser Systeme besteht in einer *kombinativen Prämienlösung*, bei der zwar die Bemessungsgrundlage der erfolgsabhängigen Steuern auch um die für die Herbeiführung der gewünschten Wirkung verwendeten Prämien vermindert wird, aber der normale Körperschaftssteuersatz zur Anwendung kommt. Das zweite dieser Systeme verzichtet auf diejenigen Prämien, die die dargelegte Wirkung herbeiführen sollen, verwendet dafür aber ein von der herkömmlichen Körperschaftsbesteuerung *abweichendes Tarifsystem*. Diese Varianten sind im folgenden kurz darzustellen.

2.2.2.4. Die nichtkombinative Prämienlösung im besonderen

2.2.2.4.1. Anwendungsgebiet

Diese Lösung, bei der die noch zu besprechenden Prämien einzeln und uabhängig voneinder berechnet und angesetzt werden können, eignet sich besonders für Betriebe, die *privatkapitalistisch* geführt werden und sich nur *indirekt* an der Massenwohlstanddsicherung beteiligen, die aber zur *Überlebenssicherung* einen hohen Eigenfinanzierungsgrad, aber *keine* oder nur partiell eine breite Kapitalstreuung anstreben. Dieses Bemühen um Überlebenssicherung soll „belohnt" werden, weil dadurch Abeitsplätze gesichert werden.

Die für diese Betriebe vorzusehende „Belohnung“ besteht in der Möglichkeit, die Prämie, die einen *hohnen Eigenfinanzierungsgrad* belohnen soll, lukrieren zu können. Auf diese Prämie und ihre verschiedenen Varianten ist im folgenden kurz einzugehen.

2.2.2.4.2. Eine Eigenfinanzierungsprämie als Belohnungs- und Anreizelement

2.2.2.4.2.1. Die Varianten im allgemeinen

Für die Ausgestaltung dieser Prämie bieten sich *drei verschiedene Varianten* an. Jede dieser drei Varianten erreicht dadurch eine zweifache Wrkung, daß sie den *ausgeschütteten Gewinn* als Basis der Prämienberechnung heranziehen und dadurch nicht nur ein hoher Eigenfinanzierungsgrad, sondern auch ein hoher Gewinnauschüttungsgrad belohnt wird.

2.2.2.4.2.2. Eine lineare Eigenfinanzierungsprämie als erste Variante einer Belohnung im Besonderen

Über die Entdiskriminierung des Eigenkapitals hinaus wäre es für die Erhöhung des Eigenfinanazierungsgrades am einfachsten – wenn auch nicht am wirksamsten – ein *Wahlrecht* auf eine *lineare Eigenfinanzierungsprämie* (= EFP, = y_8) einzuräumen. Eine solche lineare Eigenfinanzierungsprämie sollte in Anspruch genommen werden können, wenn

1) das gewinn- und stimmberechtigte Eigenkapital (= c_{e1}) eines Betriebes eine bestimmte Höhe (zB 49 %) des in der Bilanz ausgewiesenen Gesamtkapitals erreicht (so daß höchstens 51 % der Bilanzsumme Fremdkapital und/oder nicht gewinnberechtigtes Eigenkapital sind) und
2) kein anderes auf Erhöhung des Eigenfinanzierungsgrades ausgerichtetes Wahlrecht in Anspruch genommen wird.

Eine solche lineare Eigenfinanzierungsprämie könnte zB 3 % des ausgeschütteten Gewinns betragen. Der ausgeschüttete Gewinn sollte wie bei allen zur Massenwohlstandssicherung notwendigen Anreizen deshalb als Basis gewählt werden, um im Interesse eventueller Kleinbeteiligter Druck auf eine eine ausreichende Realverzinsung des Eigenkapitals ergebende Gewinnausschüttung zu erzeugen.

Eine derartige lineare Prämie hat *zwei Vorteile* und auch *zwei Nachteile.* Der erste Vorteil besteht in der einfachen legistischen und praktischen Handhabung. Der Text der diesbezüglichen Vorschriften kann leicht formuliert werden. Die

Prämie ist auch leicht zu berechnen. Der zweite Vorteil ist die zunächst steueraufkommensschonende Wirkung. Da der hohe Eigenfinanzierungsgrad, der zum Prämienansatz berechtigt, in der ersten Zeit nach der Einführung dieser Prämie noch nicht von sehr vielen Betrieben erfüllt werden wird, wird eine solche lineare Eigenfinanzierungsprämie zunächst auch nur von wenigen Betrieben ausgenützt werden können. Daher wird in der ersten Zeit auch nur ein geringer Steuerausfall die Folge sein.

Der erste und wichtigste *Nachteil* ist, daß höhere Eigenfinanzierungsgrade nicht belohnt werden (obwohl sie wegen der Steigerung der Überlebenschancen des Betriebes wünschenswert sind). Zum zweiten verliert eine solche Eigenfinanzierungsprämie ihre Anreizwirkung, wenn der die Prämienbasis bildende Eigenfinanzierungsgrad aus nicht am Betrieb gelegenen Gründen (zB wegen allgemeiner Riskokapitalknappheit) nicht erreicht werden kann. Wegen der bei ihrer Einführung steueraufkommensschonenden Wirkung ist sie aber die geeignete Form, um mit dem Umbau der Arbeitseinkommen auf Kapitaleinkommen zu beginnen.

2.2.2.4.2.2. Eine vektorielle Eigenfinanzierungsprämie als zweite geeignetere Belohnungs- und Anreizvariante

Die Vorteile eines vektoriellen Prämiensatzes

Diese beiden o.a. Nachteile könnten durch eine *vektorielle Prämie* (= Staffelung der Prämie) vermieden werden, weil bei einer solchen nicht nur ein einziger, sondern mehrere unterschiedliche Eigenfinanzierungsgrade (= e_j; j = 1,2,...,J) berücksichtigt werden können. Bei einer solchen Staffelung ist zu berücksichtigen, daß die Höhe des Eigenfinanzierungsgrades von *fünf Faktoren* abhängt und zwar:

1) von der Höhe des im Betrieb vorhandenen Gesamtkapitals (= C),
2) von der Höhe des Fremdkapitals (= cf)
3) von der Höhe des außenfinanzierten gewinnberechtigten (= ce1) und
4) des außenfinanzierten nicht gewinnberechtigten Eigenkapitals (= ce2) sowie
5) von der Höhe des *innenfinanzierten Eigenkapitals* (= c_{e3}).

Da sich sowohl Fremdkapital (= c_f) als auch das nicht gewinnberechtigte außenfinanzierte (= c_{e2}) und das innenfinanzierte Eigenkapital (= c_{e3}) *nicht* zur Umstrukturierung der Arbeitseinkommen in Kapitaleinkommen eignen, sollten diese drei Kapitalarten insgesamt und das Fremdkapital wegen der Zinsen und Rückzahlungsbeträge im besonderen im Interesse der Massenwohlstandssicherung *möglichst niedrig* gehalten werden. Für die Eigenfinanzierungsprämie bedeutet das, daß sie um so höher sein muß, je geringer der Anteil des Fremdkapitals (= c_f / C = A_F) und des nicht gewinnberechtigten Eigenkapitals [= (c_{e2} + c_e) / C] am betrieblichen Gesamtkapital ist.

Wegen dieser Abhängigkeiten könnte die Höhe der Eigenfinanzierungsprämie am Besten mit einer Formel, die diese *funktionalen Abhängigkeiten genau berücksichtigt,* berechnet werden. Für die praktische Handhabung ist jedoch eine Berechnung der Eigenfinanzierungsprämie mittels solcher Formeln vor allem dann zu kompliziert, wenn als Basis der Prämie der ausgeschüttete Gewinn genommen wird. Man wird daher auch bei einer gestaffelten Eigenfinanzierungsprämie aus den oben dargelegten Gründen bei der Prämienberechnung zweckmäßiger eine *ordinale Klassenbildung* vornehmen müssen. Bei dieser Klassenbilldung sollen die verschiedenen Eigenfinanzierungsgrade (= e_j; J = 1,2,...,J) als *„unterschiedliche Verhältnisse des gewinnberechtigten Eigenkapitals zum betrieblichen Gesamtkapital"* (= c_{e1}/C) definiert werden. Das nicht gewinnberechtigte Eigenkapital (= c_{e2} + c_{e3}) braucht – und soll – nicht gesondert berücksichtigt zu werden, weil es zu keinem Kapitaleinkommen führt.

Wenn man davon ausgeht, daß es für die Massenwohlstandssicherung optimal ist, wenn ein Betrieb nur mit Eigenkapital finanziert ist (also kein Fremdkapital vorhanden ist) und vom betrieblichen Gesamtkapital höchstens 20 % nicht gewinnberechtigtes Eigenkapital sind, um Verluste auffangen zu können, müßte die Eigenfinanzierungsprämie daher bei einem Eigenfinanzierungsgrad von 80 % am höchsten sein. Sie müßte umso niedriger werden, je geringer bzw höher als 80 % der Eigenfinanzierungsgrad ist.

Da auch die vektorielle Eigenfinanzierungsprämie – um Druck auf die Gewinnausschüttung zu erzeugen – vom ausgeschütteten Gewinn (bzw von der Annahme ausgehend, daß der ausgewiesene Gewinn auch ausgeschüttet wird: vom ausgewiesenen Gewinn) berechnet werden muß, sind ihre Sätze in *Prozent des ausgewiesenen Gewinnes* festzulegen. Sie ist – wie alle Prämien, die für die Massenwohlstandssicherung von Bedeutung sind – vom erwirtschafteten Gewinn abzuziehen und schmälert den ausgewiesenen Gewinn selbst nicht, weil der ausgewiesene Gewinn bereits den auch um diese Prämie verringerten Betrag darstellt.

Unter diesen Annahmen lassen sich die jeweils anzuwendenden Prämiensätze in den Skalaren eines Vektors darstellen, dessen Zeilen das Verhältnis des gewinnberechtigten Eigenkapitals (= c_{e1j}) zum betrieblichen Gesamtkapital (= C) wiedergeben, wobei jede Zeile eine bestimmte rechtliche Möglichkeit darstellt. So gewähren zB bei österreichischen Aktiengesellschaften die nachfolgend dargestellten sechs – allerdings etwas anders als in dieser Studie definierten – Eigenfinanzierungsgrade folgende Rechte.

Wenn der Eigenfinanzierungsgrad (herkömmlich als Verhältnis eines bestimmten Anteils des stimmberechtigten Eigenkapitals zum gesamten stimmberechtigten Eigenkapital definiert)

1) weniger als 10 % beträgt, wird das Recht auf Beantragung einer *Sonderprüfung* noch *nicht* erreicht;
2) mehr als 10 %, aber weniger als 25 % beträgt, ist zwar bereits die Möglichkeit, eine Sonderprüfung zu beantragen, gegeben, es liegt aber noch *keine Sperrminorität* vor;
3) mehr als 25 %, aber weniger als 50 % beträgt, liegt zwar bereits eine Sperrminorität vor, es ist aber noch *nicht gesichert*, daß in der Hauptversammlung Anträge, die einer einfachen Mehrheit bedürfen, durchgebracht werden können;
4) mehr als 50 %, aber weniger als 75 % beträgt, können in der Hauptversammlung Anträge, die einer einfachen Mehrheit bedürfen, aber noch *keine Satzungsänderungen* durchgebracht werden;
5) mehr als 75 % beträgt, können auch *Satzungsänderungen* durchgebracht werden und
6) mehr als 90 % beträgt, können Anträge auf *Sonderprüfung abgelehnt* werden.

Die in dieser Studie verwendete und von der allgemein gebräuchlichen Definition etwas abweichende Definition des Eigenfinanzierungsgrades (= Verhältnis des außenfinanzierten gewinnberechtigten Eigenkapitals zum betrieblichen Gesamtkapital) weitert diese Spannen etwas aus, weil ein Proznt des betrieblichen Gesamtkapitals definitionsgemäß größer ist als ein Prozent des gesamten stimmberechtigtn Eigenkapitals. Da diese Spannenausweitung die Kleinbeteiligten begünstigt, ist sie für die Massenwohlstandssicherung zweckmäßiger als eine Spannenverengung. Daher wird die in dieser Studie verwendete Definition des Eigenfianzierungsgrades auch weiterhin beibehalten.

Wenn die für österreichische Aktiengesellschaften bespielhaft erwähnten rechtlichen Verhältnisse in einer (nicht zum Vektor gehörenden) Vorspalte ausgewiesen werden, könnte der Prämiensatzvektor wie folgt aussehen, wobei ein (außenfinanzierter) Eigenfinanzierungsgrad von 90 % und mehr nicht mehr gefördert werden sollte, um einen Puffer für das Auffangen von Verlusten zu haben und eventuelle Kleinbeteiligte nicht um die Möglichkeit der Beantragung einer Sonderprüfung zu bringen (Vektor fett gedruckt):

Eigenfinanzierungs-grad c_{el} *100 / C	Prämiensatz in Prozent
0 % - 10 %	**0**
11 % - 25 %	**1**
26 % - 50 %	**2**
51 % - 75 %	**3**
76 % - 90 %	**4**
90 % - 100 %	**0**

Erläuterndes Beispiel

Ein Beispiel darf die dargestellten Sachverhalte erläutern. Vier Betriebe sollen zwar den gleichen ausschüttbaren (und in der Folge auch ausgeschütteten) Gewinn von je 1 Mio, aber folgende unterschiedliche Eigenfinanzierungsgrade (im Sinne dieser Studie) haben: Betrieb A einen solchen von 80 %, Betrieb B einen solchen von 60 %, Betrieb C einen solchen von 40 % und Betrieb D einen solchen von 10 %.

Bei linearen Prämien

Wird nur eine lineare und ab einem Eigenfinanzierungsgrad von 51 % zustehende Prämie in Höhe von 4 % des ausgewiesenen (und ausgeschütteten) Gewinns festgelegt, würde sich folgende Prämiensituation ergeben:

	Betriebe			
	A	**B**	**C**	**D**
Gewinn	1,000.000.-	1,000.000.-	1,000.000.-	1,000.000.-
Eigenfinanzierungsgrad	80 %	60 %	40 %	10 %
Prämiensatz	4 %	4 %	0 %	0 %
lineare Prämie	40.000.-	40.000.-	0.-	0.-

Das gebrachte Beispiel zeigt sehr deutlich, daß eine lineare Eigenfinanzierungsprämie diejenigen Eigenfinanzierungsgrade, die über dem Mindesteigenfinanzierungsgrad (= derjeinige Eigenfinanzierungsgrad, der für die Gewährung der Prämie mindestens erreicht werden muß) liegen, nicht mehr belohnt und daher auch keinen Anreiz darstellt, den Eigenfinanzierungsgrad über den verlangten Mindesteigenfinanzierungsgrad hinaus zu erhöhen.

Bei vektoriellen Prämien

Zu einer Erhöhung des Eigenfinanzierungsgrades reizt hingegen eine Prämie, deren Sätze entsprechend des im vorhergehenden Abschnitt gebrachten Prämiemvektors gestaffelt sind. Mit einer so gestaffelten Prämie würden sich folgende Prämien ergeben, wenn der Vektor als Zeilenvektor dargestellt wird:

	Betriebe			
	A	**B**	**C**	**D**
Gewinn	1,000.000.-	1,000.000.-	1,000.000.-	1,000.000.-
Eigenfinanzierungsgrad	80 %	60 %	40 %	10 %
gestaffelte Prämie	4 %	3 %	2%	0 %
vektorielle Eigenfinanzierungsprämie	40.000.-	30.000.-	20.000.-	0.-

Eine vektoriell gestaffelte Eigenfinanzierungsprämie würde daher nicht nur den Druck auf die Erhöhung des Eigenfinanzierungsgrades, sondern auch auf Verbesserungen der Kapitalstruktur (zB von 50 % auf 60 %) belohnen und den Anreiz stärken, den Eigenfinanzierungsgrad zu erhöhen.

2.2.2.4.2.3. Eine Matrixeigenfinanzierungsprämie als dritte und noch zweckmäßigere Belohnungs- und Anreizvariante

Die Belohnung einer möglichst hohen Eigenfinanzierung könnte noch dadurch verstärkt werden, daß die Höhe der Eigenfinanzierungsprämie nicht nur vom (außenfinanzierten) Eigenfinanzierungsgrad, sondern auch noch vom Anteil des Fremdkapitals an dem *nicht* durch Eigenfinanzierung aufgebrachten (= restlichen) Kapital des Betriebes abhängig gemacht wird. Denn ein Betrieb ist umso überlebensfähiger, je geringer der Anteil des Fremdkapitals an dem nicht durch Eigenfinanzierung aufgebachten Kapital ist. Umgekehrt könnte der Sachverhalt auch so formuliert werden: Ein Betrieb wird umso überlebensfähiger, je kleiner der Anteil des Fremdkapitals und je größer neben dem außenfinanzierten

Eigenkapital der Anteil des außenfinanzierten nicht gewinnberechtigten und des innenfinanzierten Eigenkapitals am Gesamtkapital des Betriebes ist. Wenn die Eigenfinanzierungsprämie eine Belohnung dieser sich indirekt an der Masssenwohstandssicherung beteiligenden Betriebe sein soll, dann muß sie umso höher werden, je niedrieger der Anteil des Framdkapitals an diesem „Restkapital" und damit auch am Gesamtkapital des Betriebes ist.

Dieser Anteil des Fremdkapitals (= A_F) an dem nicht durch Eigenfinanhieung aufgebrachten Gesamtkapital des Betriebes (= „Restkapital") errechnet sich bei Verwenung der nisherigen Symbole nach der Formel

$$(1) \qquad A_F = c_F * 100 / (C - c_{el})$$

Auch hier werden mathematische Formeln, die die Höhe der Prämie in Abhängigkeit vom Eigenfinanzierungsgrad und vom „Restkapital" errechnen, in der Praxis zu wenig handhabbar sein. Mann wird sich auch hier mnit einer ordinalen *Klassenbildung* begrnügen müssen. Dabei wird man mit großer Wahrscheinlichkeit mit drei Klassen das Auslangen finden und zwar mit Anteilen des Fremdkapitals am „Restkapital" in Höhe 100 %, von 50 % und von 0 %. Bei einem Anteil des Fremdkapitals von 100 % am „Restkapital" besteht das betriebliche Gesamtkapital nur aus außenfinanziertem Eigenkapital und Fremdkapital. Ein innenfinanziertes Eigenkapital ist nicht vorhanden, was zwar den Vorteil hat, daß eine breite Basis für Kapitaleinkommen zur Verfügung steht, aber den Nachteil hat, daß auch kleine Verluste sofort auf das außenfinanzierte Eigenkapital druchschlagen, was hinsichtlich der Massenwohlstanddsicherung nicht zweckmäßig ist, weil es die breite Bevölkerung verunsichert und vom Erwerb von Beteiligungen abschreckt.

Dieser Nachteil könnte vermieden werden, wenn der Anteil des Fremdkapitals am „Restkapital" kleiner ist als 100 % und zB nur 50 % oder noch weniger beträgt. Denn dann besteht immerhin die Hälfte des „Restkapitals" aus nicht gewinnberechtigtem außenfinaziertem und/oder innenfinanziertem Eigenkapital, das kleinere Verluste auffangen kann. Noch günstiger wird die Verlustauffangfähigkeit, wenn der Anteil des Fremdkapitals am „Restkapital" Null % beträgt. Die Eigenfinanzierungsprämie muß für diesen Fall am höchsten sein.

Die auf diese Überlegungen zurückgehenden Prämiensätze können in einer *Matrix* dargestellt werden, deren *Zeilen* von den verschiedenen Eigenfinanzierungsgraden (= e) und deren *Spalten* von den verschiedenen Anteilen des Fremdkapitals am „Restkapiital" gebildet werden.Aus den *Feldern* können die einzelnen Prämiensätze wie folgt ersehen werden:

Eigenfinanzierungsgrad	Fremdkapanteil (am Restkapital)		
	100 %	50 %	0 %
0 % < e <10 %	**0 %**	**0 %**	**1 %**
10 % <e < 25 %	**0 %**	**0 %**	**2 %**
25 % < e < 50 %	**1 %**	**2 %**	**3%**
50 % < e < 75 %	**1 %**	**2 %**	**4%**
75 % < e < 90 %	**2%**	**3 %**	**5 %**
90 % < e < 100 %	**1%**	**2 %**	**2 %**

2.2.2.4.3. Eine Kapitalstreuungsprämie als Belohnung einer und als Anreiz für eine Kapitalstreuung

Es ist in der Realität oft beobachtbar, daß Betriebe zwar *einen (oder einige) Großbeteiligte* haben, aber zur Vermeidung (oder Umschuldung) einer Kreditfinanzierung breit gestreutes Kleinbetragseigenkapital aufzunehmen bereit sind. Diese Betriebe wirken damit, daß sie Kleinbetragseigenkapital auf breiter Basis aufnehmen, wenn auch nur indirekt, in einem höheren Ausmaß an der Massenwohlstandssicherung mit als Betriebe, die nur mit Großbetragskapital finanziert sind. Diese Mithilfe kann – und soll – noch verstärkt werden, wenn diese Betriebe für diese Kleinbetragseigenkapitalstreuung eine „Belohnung" in Form einer Kapitalstreuungsprämie beziehen können.

2.2.2.4.3.1. Die Berechnung des kleinbetragsfinanzierten Eigenkapitals

Da für die Maßnahmen zur Herstellung einer breit gestreuten Eigenfinazierung – und damit auch für die Berechnung der Eigenkapitalstreuungsprämie – das kleinbetragsfinanzierte Eigenkapital (= c_{e11}) zugrunde gelegt werden muß, ist zunächst darzulegen, wie dieses *kleinbetragsfinanzierte Eigenkapital* zu berechnen ist.

Vom Standpunkt der Errechnung des kleinbetragsfinanzierten Eigenkapitals aus kann dieser Sachverhalt wie folgt dargestellt werden:

betriebliches Gesamtkapital (= c_{e1})
– Fremdkapital (= c_f)
Gesamteigenkapital (= C_E)
– innenfinanziertes Eigenkapital (= c_{e3})
außenfinanziertes Eigenkapital (= C_{EA})
– großbetragsfinanziertes Eigenkapital (= c_{e2})
kleinbetragsfinanziertes Eigenkapital (= C_{EAK})
– nicht gewinnber. kleinbetragsfinanziertes Eigenkapital (= c_{e10})
= *gewinnberechtigtes kleinbetragsfinanziertes Eigenkapital* (= c_{e11})

2.2.2.4.3.2. Die Streuungsmaße

Wenn zur Vermeidung einer Kreditfinanzierung die Hereinnahme breit gestreuten gewinnberechtigten kleinbetragsfinanzierten Eigenkapitals angestrebt wrd, dann ist offensichtlich noch ein zweites Streuungsmaß notwendig. Denn es muß nicht nur zwischen klein- und großbetragsfinanziertem Eigenkapital, sondern auch noch zwischen *kleinbeteiligten* und *großbeteiligten Personen* unterschieden werden. Bei einer breiten Streuung kommt es nämlich darauf an, daß die Kleinbeteiligungen von *sehr vielen verschiedenen Personen* gehalten werden. Jede Person darf vom kleinbetragsfinanzierten gewinnberechtigten Eigenkapital nur einen sehr kleinen Teil halten.

Für die Vermeidung einer Kreditfinanzierung kann der diskutierte und in der Praxis realisierte Anteil von 5 % je Eigenkapitalbeisteller (= Unilever-Modell) ausreichend sein. Für eine Wohlstandssicherung auf breiter Basis ist eine solche Streuung noch zu gering. Denn bei dieser Streuung wäre eine Gesellschaft mit 20 Gesellschaftern möglich. Für die Massenwohlstandsicherung ist eine *viel größere Zahl* von Gesellschaftern nötig. Die Streuung muß daher auf höchstens *ein Prozent je Gesellschafter* herabgesetzt werden. Noch zweckmäßiger wäre eine Absenkung auf gar nur ein Zehntel Prozent oder noch weninger des kleinbetragsfinanzierten gewinnberechtigten Eigenkapitals, weil dann eine noch größere Zahl von Gesellschaftern möglich und wahrscheinlich wäre.

2.2.2.4.3.3. Der Anwendungsvoraussetzungen

Die Belohnung für eine solche Kleinbetragsfinanzierung kann am einfachsten in Form einer *Kapitalstreuungsprämie* (= KSP, = y_9) geboten werden. Die Betriebe, bei denen

1) das außenfinanzierte gewinnberechtigte kleinbetragsfinanzierte Eigenkapital mindestens 49 % des betrieblichen Gesamtkapitals beträgt und
2) das Beteiligungsausmaß eines Kleinbetrags-Eigenkapitalbeistellers auf höchstens 1 % des gewinnberechtigtem Eigenkapitals beschränkt wird,

sollten von den zu zahlenden erfolgsabhängigen Steuern eine Prämie in Abzug bringen können, die sich aus der Multiplikation des ausgewiesenen Gewinnes mit einem *Eigenkapitalstreuungsprämiensatz* ergibt.

2.2.2.4.3.4. Eine lineare Kapitalstreuungsprämie als erste und einfachste Variante

Die Prämienhöhe

Am einfachsten ist auch hier ein *linearer Prämiensatz* (zB 4 %), der ab einem gewissen Mindestausmaß der Eigenkapitalstreuung für alle höheren Eigenfinanzierungsgrade gleich bleibt. Diese Kapitalstreuungsprämie sollte dann zustehen, wenn mindestens 49 % des betriebichen Gesamtkapitals (= C) von Eigenkapitalbeistellern gehalten werden, von denen keiner über mehr als 1 % des gesamten außenfinanzierten gewinnberechtigten Eigenkapitals verfügt.

Diese *Kapitalstreuungsprämie* sollte – wie alle der Sicherung des Massenwohlstandes dienenden Prämien – je zur Hälfte an das Management und die Betriebseigentümer ausgeschüttet werden. Es soll diesen beiden Gruppen ein Vorteil geboten werden, der umso größer wird (und sein muß), je mehr die Finanzierung über Kleinbetragsbeteiligungen erfolgt. Ebenso sollte die Nichtausschüttung der Kapitalstreuungsprämie und/oder die Nichtausschüttung des ausgewiesenen Gewinnes die Nichtabzugsfähigkeit der Kapitalstreuungsprämie bei den vom Betrieb zu zahlenden erfolgsabhängigen Steuern zur Folge haben, um den Druck auf die Ausschüttung sowohl der Prämie als auch der erzielten Gewinne zu verstärken.

Vor- und Nachteile

Auch bei der *Kapitalstreuungsprämie* hat ein linearer Prämiensatz zwar die Vorteile der leichten legistischen Formulierung und der leichten Berechenbarkeit, aber den Nachteil, die verschiedenen in der Realität anzutreffenden Situationen nicht befriedigend erfassen zu können. Auch hier gilt, daß ein solcher einheitlicher lienearer Prämiensatz zwar in der legistischen und praktischen Handhabung am einfachsten und am Anfang auch steueraufkommensschonend ist, daß er aber höhere Kapitalstreuungsgrade nicht belohnt werden und daher keinen Anreiz geboten wird, die Eigenkapitalstreuung über das für die Gewährung der Prämie erforderliche Mindestausmaß hinaus auszudehnen. Das ist hingegen mit einem *gestaffelten Eigenkapitalstreungsprämiensatz*, der aus einem *Kapitalstreuungsprämienvektor* zu entnehmen ist, der auf das Ausmaß der Kapitalstreuung abgestellt ist, möglich.

Eine vektorielle Kapitalstreuungsprämie als zweite und zweckmäßigere Lösung

Der Aufbau des Vektors

Die vektorielle Kapialstreuungsprämie ist ein Ein-Spalten-Vektor. Aus diesem kann der anzuwendende Kapitalstreuungsprämiensatz entnommen werden. Die Zeilen dieses Ein-Spalten-Vektors werden von von den Streuungsverhältnissen gebildet, die das kleinbetragsfinanzierte Eigenkapital aufweist. Da, wie schon ausgeführt wurde, zwar bei der Ausgabe der Kapitalanteile eine Zuteilungsbeschränkung vorgenommen werden kann, später aber nicht mehr kontrollierbar ist, wieviele Kapitalanteile eine Person nach der Zeichnung noch dazu erworben hat, wird – wie in ersten Teil dieser Studie im Abschnitt 6.4.2.3.9. dargelegt wurde – wegen der nur beschränkten (präziser: praktisch Nicht-)Verwendbarkeit von Namensanteilen als Streuungmaß am besten die *Stimmrechtsbeschränkung* herangezogen. Dabei können für den kleinbetragsfinanzierten Teil des Eigenkapitals folgende Streuungmaße unterschieden werden: keine Stimmrechtsbeschränkung, Beschränkung auf 5 %, Beschränkung auf 1 % und Beschränkung auf 0,1 % und weniger. Wenn Großbeteiligte zur Kreditvermeidung Kleinbetragseigenkapital aufnehmen wollen, ist die Ausgabe zweiterlei Arten von Kapitalanteilen (= Aktien) zweckmäßig: solche, für die keine Stimmrechtsbeschränkung gilt (Typ A; = Stammaktien) und solche, für die eine Stimmrechtsbeschränkung gilt und denen für diese Beschränkung ein Gewinnvorteil eingeräumt wird (= Typ B; = Vorzugsaktien). Ein diesen Bedingungen genügender Vektor könnte daher folgendes aussehen haben:

Stimmrechtsbeschränkung	Prämiensatz in %
keine	0 %
auf 5 %	1 %
auf 1 %	2 %
auf 0,1 %	3 %

Hinweis auf ein erläuterndes Beispiel

Da ein solcher Prämiensatzvektor bei der im folgenden Abschnitt zu besprechenden Kapitalstreuungsprämiensatzmatrix die Zeilen bildet, darf wegen eines Beispiels auf diese Matrix verwiesen werden.

2.2.2.5. Die kombinativen Lösungen im besonderen

2.2.2.5.1. Die kombinative Lösung mit herkömmlicher Besteuerung

2.2.2.5.1.1. Die Vorteilhaftigkeit

Für diejenigen Betriebe, die sich nur *indirekt* an der Wohlstandssicherung beteiligen, die aber neben großbetragsfinanziertem Eigenkapital doch in größerem Umfang kleingesrtückelte Beteiligungen aufnehmen wollen, stellt die „kombinative Lösung mit herkömmlicher Besteuerung" eine noch zweckmäßigere Variante als eine vektorielle Prämie dar. Bei dieser Lösung werden *Eigenfinazierungsgrad und Eigenkapitalstreuungsgrad kombiniert* und die Prämiensätze einer *Matrix* entnommen, deren *Zeilen* von den unterschiedlichen Eigenfinanzierungsgraden und deren *Spalten* von den unterschiedlichen Kapitalstreuungsgraden des kleinbetragsfinanzierten Eigenkapitals gebildet werden, bei der aber noch die herkömmliche Körperschaftsteuer zur Anwendung kommt.

Der Vorteil dieser Lösung liegt darin, daß der Tatsache Rechnung getragen wird, daß die Hereinnahme breit gestreuten Kleinbetragseigenkapitals in aller Regel auch gleichzeitig eine Erhöhung des Eigenfinanzierungsgrades ist und bei dieser Variante diese Erhöhung gleichsam „automatisch" berücksichtigt wird. Bei dieser Variante wird dies sowohl der Geschäftsführung wie den Betriebseigentümern unmittelbar vor Augen geführt und erleichtert daher den Entschluß, breit gestreutes Kleinbetragseigenkapital zur Kreditvermeidung (bzw zur Entschuldung) hereinzunehmen.

2.2.2.5.2.2. Der Aufbau der Matrix

Bei dieser Matrix bilden die verschiedenen *Eigenfinanzierungsgrade* (= Verhältnis des außenfinanzierten gewinnberechtigten Kleinbetragseigenkapitals zum betrieblichen Gesamtkapital; = V_{1j}; j = 1,2,,...,J) die *Zeilen.* Die *Spalten* werden von den verschiedenen *Streuungsausmaßen* des außenfinanzierten gewinnberechtigten Kleinbetragseigenkapitals – gemessen an der Stimmrechtsbeschränkung - gebildet. Dabei wird von der (allerdings nicht immer zutreffenden) *Vermutung* ausgegangen, daß eine Stimmrechtsbeschränkung auch die Größe der Eigenkapitalanteile, die ein Kapitalbeisteller erwirbt, beschränkt.

In der folgenden beispielhaften Darstellung werden die diese Ausmaße wiedergebenden Verhältniszahlen zur Erleichterung der Auswahl in eigenen Vorzeilen bzw Vorspalten ausgewiesen. Diese Vorzeilen und Vorspalten sind jedoch keine eigentlichen Bestandteile der Matrix. Sie dienen nur zur Erleichterung der Auswahl bei dem später gebrachten Kapitalstreuungsprämien-Berechnungsbeispiel.

Um einen Anreiz zur außenfinanzierten gewinnberechtigten Kleinbetragsfinanzierung zu geben, müssen wie bei der im vorhergehenden Abschnitt dieser

Studie dargestellten nichtkombinativen Lösung die aus den *Feldern* der Matrix ersichtlichen Prämiensätze umso höher werden, je höher der Eigenfinanzierungsgrad und je stärker die Stimmrechtsbeschränkung ist, weil dadurch der Anteil des außenfinanzierten gewinnberechtigten Kleinbetragseigenkapitals am außenfinanzierten gewinnberechtigten Eigenkapital und damit auch am betrieblichen Gesamtkapital zunimmt.

2.2.2.5.1.3. Erläuterndes Beispiel

Für österreichische Aktiengesellschaften würde die Kapitalstreuungsprämiensatzmatrix beispielhaft daher wie folgt aussehen (Prämiensätze fett gedruckt und in aufsteigender Reihe geordnet):

	Stimmrechtsbeschränkung		
V_{1i}	5 %	1 %	0,1 %
0 % - 10 %	**2 %**	**5 %**	**6 %**
11 % - 25 %	**5%**	**7 %**	**8 %**
26 % - 50 %	**7 %**	**9 %**	**10 %**
51 % - 75 %	**9 %**	**11 %**	**12 %**
76 % - 90 %	**11 %**	**13 %**	**14%**
91 % - 100 %	**6 %**	**7 %**	**8 %**

Betriebe, die für das kleinbetragsfinanzierte Kapital keine Stimmrechtsbeschränkung oder eine solche, die größer ist als 5 %, vornehmen, sollten keine Kapitalstreuungsprämie verrechnen können.

2.2.2.5.2. Die kombinativen Lösungen mit anders gestalteter Erfolgsbesteuerung

2.2.2.5.2.1. Die stärkere Verhaltensbeeinflussung als Ursache dieser Lösungen und die Eignung der bisherigen Erfolgsbesteuerung

Die Erfahrung zeigt, daß steuerliche Erfolgsbegünstigungen das Verhalten vieler Personen stärker und nachhaltiger beeinflussen als die Gewährung von Prämien. Es ist daher naheliegend, diesen Sachverhalt auch als Belohnung und Anreiz zur Erhöhung des Eigenfinanzierungs-und des Kapitalstreunngs- sowie Gewinnausschüttungsgrades auszunützen. Da es für die Akkzeptanz von Massenwohlstandssicherungsmaßnahmen zweckmäßig ist, auf Bekanntes zurückzugreifen (weil man sich dadurch erhebliche Informationsarbeit erspart), ist zunächst die Eignung der wichtigsten bisher entwickelten Erfolgsbesteuerungssysteme zu untersuchen. Erst wenn diese Untersuchung ergeben sollte, daß keines der bisher entwickelten Systeme die für die Massenwohlstandssicherung voll geeignet ist, ist eine neue Lösung zu erarbeiten, die dieser Aufgabe besser entspricht.

2.2.2.5.2.2. Die Untersuchung der Eignung der wichtigsten bisher entwickelten Erfolgsbesteuerungssysteme

Die a priori ungeeigneten Systeme

In der Realität sind zunächst zwei grundsätzlich verschiedene Erfolgsbesteuerungssysteme feststellbar, bei denen jeweils wieder Subsysteme entwickelt wurden, auf die aber nicht weiter eingegangen werden soll.

In vielen Ländern wird bei Einzelunternehmen und Gesellschaften, die zwar eigene Rechtssubjekte, aber keine juristischen Personen sind und bei denen die Betriebseigentümer als „*Mitunternehmer*" gelten (wie das etwa in Deutschland und Österreich bei den Personengesellschaften der Fall ist), das betriebliche Ergebnis im Rahmen der *Einkommensteuer* der natürlichen Personen erfaßt[31]. Da aber, wie schon dargelegt wurde, diese Unternehmungsformen für die Massenwohlstandssicherung nicht besonders geeignet sind, braucht auf diese Betriebe und diese Art der betrieblichen Erfolgsbesteuerung nicht weiter eingegangen zu werden.

Für die weitere Untersuchung sind nur diejenigen Betriebe interessant, die *juristische Personen* sind und die im Interesse *nicht* im Betrieb *mitarbeitender* und nur *mit ihrer Einlage haftender Gesellschafter* betrieben werden. Der Erfolg dieser Betriebe wird in vielen Ländern mit einer eigenen erfolgsabhängigen Steuer, die meist „*Körperschaftssteuer*" genannt wird, besteuert. Bei dieser Steuer sind jedoch sehr verschiedene Ausgestaltungen beobachtbar, so daß zunächst zu untersuchen ist, ob sich eine dieser Varianten für die Massenwohlstandssicherung besonders eignet. Denn erst dann, wenn sich keine der bereits bestehenden Lösungen eignen sollte, wird zu überlegen sein, welche Ausgestaltung für die Massenwohlstandssicherung als besonders geeignet vorzuschlagen ist.

Die in die Untersuchung einzubeziehenden Systeme

Die Proportionalsteuerlösung und ihre Eignung

Untersucht man, wie die einzelnen Staaten die Besteuerung der betrieblichen Erfolge juristischer Personen geregelt haben, dann zeigt sich, daß am weitesten

---

[31] sd DORALT W./RUPPE H. G.: Grundriß des österreichischen Steuerrechts, Bd 1, 7. Aufl., Wien 2000, S 19 f;

verbreitet ein Verfahren ist, bei dem der erwirtschaftete Gewinn ohne Rücksicht auf seinen Ausweis und seine Verwendung mit einem *proportionalen (= einheitlichen) Satz* besteuert wird. Dieses System ist neben Österreich (wo der Körperschaftssteuersatz 34 % beträgt) auch noch in vielen anderen Ländern, so etwa in Belgien, China, Dänemark, Irland, Japan, Kanada, Luxemburg, den Niederlanden, Portugal, Schweden, Tschechien und den USA anzutreffen, wobei in manchen Staaten die Doppelbelastung der ausgeschütteten Gewinne durch Körperschaftssteuer und Einkommensteuer durch steuerliche Maßnahmen auf der Ebene der Anteilseigner gemindert wird[32]. So gab (bzw gibt) es ein *Teilanrechnungsverfahren* zB in Frankreich, Großbritannien, Japan, Kanada, Österreich, Spanien, Portugal und Irland, ein *Vollanrechnungsverfahren* in Deutschland (bis 31.12.2000), Italien, Finnland und Norwegen sowie ein *Dividendenfreistellungsverfahren* (bis 1991 und in etwas modifizierter Form ab 30.6.1992) in Griechenland[33].

Einer solchen proportionalen Körperschaftsteuer werden als *Vorteile* besonders die Entscheidungsneutralität, die Rechtsformneutralität, die Finanzierungsneutralität, die Investitionsneutralität und die Gewinnverwendungsneutralität zugeschrieben, weil eine proportionale Körperschaftsteuer alle diese Entscheidungen nicht beeinflußt. Die Unternehmen können daher ausschließlich nach ihren Zielvorstellungen ohne steuerliche Präferenzierung einzelner Entscheidungsvarianten entscheiden[34]. Gerade diese Neutralitäten sind aber ein *Nachteil* für die Massenwohlstandssicherung. Denn bei einer Proportionalsteuer zahlen Unternehmungen, die – auf den Gewinn bezogen – ein sehr kleines gewinnberechtigtes Eigenkapital haben, genauso viel Steuer wie Unternehmen mit einem hohen Eigenfinanzierungsgrad. Aus der Sicht der Betriebseigentümer (= Aktionäre) ist es bei einer Proportionalsteuer am besten, das vorhandene Eigenkapital auf mehrere Betriebe aufzuteilen und in jedem Betrieb nur ein kleines gewinnberechtigtes Eigenkapital zu haben und den Leverageeffekt[35] auszunützen. Bei den einzelnen Beteiligungen ergeben sich dann hohe Rentabilitäten, wie nachfolgendes Beispiel zeigt.

---

32 zB durch die Besteuerung mit einem niedrigeren als dem Grenzsteuersatz, sd etwa DORALT W./RUPPE H. G.: Grundriß des österreichischen Steuerrechts, aaO, S 280 ff;

33 sd SCHWÖDT A.: Probleme und Wirkungen unterschiedlicher Körperschaftsbesteuerungsansätze. Gängige Besteuerungsansätze vs. alternative Besteuerungssysteme, Diss. Univ., Wien 2001, S 59 ff;

34 sd KUSSMAUL H.: Betriebswirtschaftliche Steuerlehre. Arbeitsbuch, München/Wien 1998, S 139 f;

35 sd LOITLSBERGER E.: Grundriß der Betriebswirtschaftslehre, aaO, S 137;

In diesem Beispiel möge ein Kapitaleigentümer ein Kapital von 9 Mio haben, das er im Verhältnis 1 : 9 auf die Betriebe A und B aufteilt. Die Betriebe A und B mögen jeweils ein Gesamtkapital (= C) von 10 Mio und einen Gewinn von je 1 Mio haben. Betrieb A möge entsprechend der Aufteilung des Kapitals durch den Kapitaleigentümer ein gewinnberechtigtes Eigenkapital von nur 1 Mio, Betrieb B hingegen ein solches von 9 Mio aufweisen. Der KöSt-Satz möge 34 % betragen. Es ergeben sich bei einer Proportionalsteuer folgende Beteiligungsrenditen:

	Betrieb	
	A	**B**
Gesamtkapital	10,000.000.-	10,000.000.-
davon gewinnberechtigt	1,000.000.-	9,000.000.-
Eigenfinanzierungsgrad	10 %	90 %
Gewinn	1,000.000.-	1,000.000.-
KöSt	340.000.-	340.000.-
Gewinn nach KöSt	660.000.-	660.000.-
Beteiligungsrentabilität	66 %	7,33 %

Noch deutlicher wird die Unzweckmäßigkeit einer proportionalen Körperschaftssteuer, wenn berücksichtigt wird, daß die Höhe der Steuer auch von der *Gewinnverwendung unabhängig* ist, wie die nachfolgende Rechnung zeigt. Betrieb A möge eine Dividende von 60 % und Betrieb B nichts ausschütten und den gesamten Gewinn thesaurieren. Der KöSt-Satz solle wiederum 34 % betragen. Es ergibt sich folgende Rechnung:

	Betrieb			
	A		**B**	
Ausschüttung	600.000.-		0.-	
Gewinnthesaurierung	60.000.-	660.000.-	660.000.-	660.000.-
KöSt		340.000.-		340.000.-
Gewinn		1,000.000.-		1,000.000.-

Wie das Beispiel zeigt, begünstigt eine proportionale Körperschaftssteuer die für die Massenwohlstandssicherung nicht geeignete Selbstfinanzierung. Da eine Ausschüttung keine Vorteile bringt, regt eine proportionale Besteuerung auch nicht zu Ausschüttungen an.

Eine bereits ebenfalls realisierte Körperschaftssteuervariante besteht darin, den Gewinn in zwei (oder mehrere) Teile zu spalten und diese Teile *ungleich hoch* zu besteuern, die „Ertragsintensität“ (= die Eigenkapitalrentabiltität) aber *nicht* in die Steuerberechnung einzubeziehen. In der Realität waren (und sind) sind hier verschiedene Sublösungen anzutreffen, von denen das im Jahre 1993 in der BRD eingeführte und bis 1998 geltende Verfahren die größte Bekanntheit besitzt[36]. Dabei wurden sowohl der nicht ausgewiesene als auch der ausgewiesene, aber nicht ausgeschüttete Gewinn mit dem vollen (= 51 %) und der ausgeschüttete Gewinn mit einem ermäßigten KöSt-Satz (= 15 %) besteuert. Durch die Ausschüttung konnte daher eine wesentliche Körperschaftssteuerersparnis verwirklicht werden, wie das nachfolgenden Beispiel zeigt:

	Betrieb					
	A			**B**		
Ausschüttung	600.000.-			0.-		
davon 15 %		90.000.-	510.000.-		0.-	0.-
Nichtausschüttung	400.000.-			1,000.000.-		
davon 51 %		204.000.-			510.000.-	
Thesaurierung			196.000.-			490.000.-
Gewinn und Steuer	1,000.000.-	**294.000.-**	706.000.-	1,000.000.-	**510.000.-**	490.000.-

Diese Variante hat für die Massenwohlstandssicherung zwar den Vorteil, auf die Ausschüttung (und damit vorher auch auf den Ausweis) der Gewinne hinzuwirken, aber den Nachteil, daß die Höhe des Eigenkapitals nicht berücksichtigt wird. Das folgende Beispiel zeigt dies. Dabei möge Betrieb A 1 Mio und Betrieb B 9 Mio gewinnberechtigtes Eigenkapital und beide Betriebe einen Gewinn von je 1 Mio aufweisen. Bei einem gespaltenen Körperschaftssteuersatz (15 % für den ausgeschütteten und 51 % für den nicht ausgeschütteten Teil) er-

36 sd CATTELAENS H./GOTTSTEIN S./STEGMÜLLER H./ZENTHÖFER W.: Körperschaftsteuer, 11. Aufl., Stuttgart 1995, S 315 ff; LANGE J./REISS W.: Lehrbuch der Körperschaftsteuer, 8. Aufl., Herne/Berlin 1996, S 356 ff;

gibt sich bei dieser Körperschaftssteuervariante für jeden der beiden Betriebe folgende Steuerbelastung:

	Betrieb	
	A	B
Gesamtkapital	10,000.000.-	10,000.000.-
davon gewinnberechtigt	1,000.000.-	9,000.000.-
Eigenfinanzierungsgrad	10 %	90 %
Ausschüttung	600.000.-	0.-
Thesaurierung	196.000.-	490.000.-
KöSt	294.000.-	510.000.-
erwirtschafteter Gewinn	1,000.000.-	1,000.000.-

Die sehr unterschiedliche Ausstattung mit gewinnberechtigtem Eigenkapital der beiden Betriebe wirkt sich in der Körperschaftsbesteuerung bei diesem System *nicht* aus, wie die Übereinstimmung der Köst-Belastung in diesem Beispiel mit der Köst-Belastung im vorigen Beispiel zeigt. Die zu zahlende Körperschaftssteuer ist bei dieser Körperschaftssteuervariante nur vom Verhältnis der Höhe des ausgeschütteten Gewinns zur Höhe des nicht ausgeschütteten Gewinns, aber *nicht* von der Rentabilität des Eigenkapitals abhängig.

Die eigenkapitalrentabiltitäsabhängige Erfolgsgbesteuerung und ihre Eignung

In der Realität wurden auch Lösungen verwirklicht, bei denen die Höhe des Erfolgsbesteuerungssatzes von der im Betrieb erwirtschafteten *Eigenkapitalrentabilität* abhängig war (und ist). Dabei lassen sich wiederum verschiedene Sublösungen feststellen. So gibt es *eigenkapitalrentabiltätsabhängige Erfolgsbesteuerungssysteme*, bei denen der gesamte Gewinn mit einem von der Ertragsintensität (= Rentabilität) des Eigenkapitals abhängigen Satz besteuert wird (wie das zB in den Schweizer Kantonen Schwyz, Zug, Freiburg, Basel-Land und Basel-Stadt) der Fall ist. Es sind aber auch *ertragsintensitätsabhängige* (= eigenkapitalrentabilitätsabhängige) *Erfolgsbesteuerungssysteme* anzutreffen, die sich aus einem *proportionalen Grundsteuersatz* und einem oder mehreren *eigenkapitalrentabiltiätsabhängigen Zuschlägen* zusammensetzen. Eine solche Lösung war nicht nur die eidgenössische Bundesgewinnsteuer für Kapitalgesellschaften in den Jahren 1976 bis 1998, sondern ist auch in einigen Schweizer Kantonen anzutreffen. So haben fünf Kantone (Zürich, Glarus, Waadt, Wallis und Neuenburg) einen Dreistufentarif und vier Kantone (Uri, Solothurn, Aargau und Thurgau) einen Zweistufentarif.

Von besonderem Interesse ist in diesem Zusammenhang der 1998 erfolgte Übergang des schweizerischen Bundessteuertarifs von einem eigenkapitalrentabilitätsabhängigen System auf ein Proportionalsystem, weil dabei die Gründe, deretwegen der Übergang vorgenommen wurde, ausgiebig diskutiert wurden.

Der bis 1998 geltende Dreistufentarif der eidgenössischen Gewinnsteuer auf Bundesebene war wie folgt aufgebaut:

eine Grundsteuer von	3,63 %	auf den gesamten Gewinn,
ein Zuschlag von	3,63 %	auf den 4 % Rendite übersteigenden Teil des Gewinns,
ein Zuschlag von	4,84 %	auf den 8 % Rendite übersteigenden Teil des Gewinns,
höchstens jedoch	9,80 %	des Gewinns.

Ein Beispiel darf die Auswirkungen dieses Erfolgsbesteuerungssystems zeigen. Dabei sollen wiederum die Betriebe A und B jeweils 10,000.000.- Gesamtkapital und einen handels- und steuerrechtlichen Gewinn von je 1,000.000.- haben. Betrieb A möge 5,000.000.- Fremdkapital aufgenommen haben und daher nur über 5,000.000.- Eigenkapital (davon 4,000.000.- nicht gewinnberechtigtes Eigenkapital in Form offener Rücklagen) verfügen. Betrieb B möge kein Fremdkapital aufweisen.

Zum leichteren Verständnis der Steuerberechnung dürfen folgende Nebenrechnungen vorangestellt werden:

	Betrieb	
	A	**B**
Gesamtkapital	10,000.000.-	10,000.000.-
davon Fremdkapital	5,000.000.-	0.-
Eigenkapital	5,000.000.-	10,000.000.-
Gewinn	1,000.000.-	1,000.000.-
- 4 % des Eigenkapitals	200.000.-	400.000.-
Basis für 1. Zuschlag daher	*800.000.-*	*600.000.-*
- 8 % des Eigenkapitals	400.000.-	800.000.-
Basis für 2. Zuschlag daher	*600.000.-*	*200.000.-*

Die Steuerberechnung zeigt dann bei einem Gewinn von S 1,000.000.- folgende Beträge:

Grundsteuersatz	3,63 %	von 1,000.000.-	36.300.-		36.300.-
Zuschlag	3,63 %	von 800.000.-	29.040.-	von 600.000.-	21.780.-
Zuschlag	4,84 %	von 600.000.-	29.040.-	von 200.000.-	9.680.-
Gewinnsteuer			**94.380.-**		**67.760.-**

Der Vorteil dieses Gewinnbesteuerungssystems für die Sicherung des Massenwohlstandes liegt darin, daß umso weniger gewinnabhängige Steuer gezahlt werden muß, je größer der Anteil des Eigenkapitals am betrieblichen Gesamtkapital ist. Nachteilig ist an diesem System jedoch, daß *nicht* zwischen gewinnberechtigtem und nicht gewinnberechtigtem Eigenkapital unterschieden wird. Vielmehr wird das gesamte Eigenkapital in die Zuschlagsberechnung einbezogen. In diesem System kann man daher auch durch Nichtausschüttung und Zuführung des Gewinns zu offenen Rücklagen (= offene Gewinnthesaurierung) Steuern sparen. Es geht daher von diesem System zwar ein Druck auf die Erhöhung des Eigenkapitals, aber kein Druck auf die Gewinnausschüttung aus, so daß es vom Standpunkt der Massenwohlstandssicherung aus ebenfalls noch nicht voll befriedigt, auch wenn es von allen realisierten Systemen den Bedingungen der Massenwohlstandssicherung am meisten nahekommt.

Hier muß noch kurz zur Begründung des schweizerischen Bundesrates für den Übergang auf ein Proportionalsystem Stellung genommen werden. Vom schweizerischen Bundesrat wurde der Übergang vor allem damit begründet, daß das eigenkapitalrentabiltitätsabhängige Erfolgsbesteuerungssystem junge und arbeitsintensive Unternehmen benachteilige und den Mut junger Unternehmer, Risikokapital einzusetzen, steuerlich bestrafe[37]. Diese Argumentation ist in sich widersprüchlich und überzeugt nicht. Denn wenn junge Unternehmer Risikokapital (= Eigenkapital) einsetzen, genießen sie die Vorteile des eigenkapitalrentabilitätsabhängigen Tarifs. Diese Vorteile genießen sie dann nicht, wenn sie kein Risikokapital, sondern *Fremdkapital* einsetzen, was sie aber in der Anfangsphase wegen mangelnder Sicherheit vielfach auch nicht bekommen werden und auf Venture Capital-Finanzierungen angewiesen sind[38]. Darüber hinaus haben junge Unternehmer am Anfang auch wenig Gewinn, so daß sie nach der alten Regelung nur den Grundsteuersatz von 3,63 % bezahlen mußten, nach der Neuregelung aber unter den höheren Proportionaltarif fallen. Der Übergang war daher in Wahrheit rein fiskalisch begründet und sollte lediglich das Steueraufkommen erhöhen.

Die Nichteignung der bisherigen Systeme und die Notwendigkeit neuer Lösungen

Die vorangegangene Untersuchung hat gezeigt, daß keines der untersuchten Erfolgsbesteuerungssysteme die für die Massenwohstandssicherung notwendigen Wirkungen in vollem Umfang hervorbringt. Daher ist im folgenden zu untersuchen, wie ein für die Massenwohlstandssicherung besser geeignetes System

---

37 sd die Beratungsprotokolle des schweizerischen Parlaments der Aprilsession 1997 zum Thema der Reform der Unternehmensbesteuerung, www.parlament.ch/Poly/Suchen_amtl_Bulletin/cn97/sonde/UD7.HTM, 21. 5. 2002;

38 sd SPRINGER W.: Factbook Beteiligungskapital in Österreich. Gründungsberatung, Business Angels, Inkubatoren, Venture Capital, M & A, Börsegang, Mitarbeiterbeteiligung, Stock Options (Daten, Fakten und Namen), Wien 2000;

gestaltet sein muß. Dieses System muß dann nicht nur realsiert, sondern auch durch geeignete Informationen auf breiter Basis akkzeptabel gemacht werden.

Da sich die Betriebe aber *direkt oder indirekt* an der Massenwohlstandsssicherung beteiligen können, muß auch die im folgenden zu besprechende Wahlmöglichkeit entsprechend unterschiedlich gestaltet sein.

2.2.2.5.2.3. Eine Ausschüttungsrentabilitätssteuer als kombinative Lösung mit eigenem Tarifsystem für sich indirekt an der Massenwohlstandssicherung beteiligende Beriebe

Der Anwendungsbereich

Wie in dieser Studie schon dargelegt wurde, sind in der Reaalität viele Betriebe beobachtbar, die sich – allerdings nur *indirekt* – dadurch an der Massenwohlstandssicherung beteiligen, daß sie zur Überlebenssicherung zwar ihren Eigenfinanzierungsgrad,aber noch nicht die Eigenkapitalstreuung erhöhen wollen. Da diese Betriebe Arbeitsplätze sichern, sollte ihnen für die Gewinnbesteuerung das *Wahlrecht* eingeräumt werden, ihren Erfolg entweder bei Geltendmachung der *Eigenfinanzierungsprämie* mit *der herkömmlichen Erfolgsbesteuerung* oder einer – allerdings voll (=durchgerechneten) progressiven – *Ausschüttungsrentabiltätssteuer* besteuern zu lassen. Die Steuergesetzgebung müßte für das gewinnberechtigte Eigenkapital eine *marktmäßige Verzinsung* und eine *angemessene Risikoprämie erfolgssteuerfrei* belassen. Die Steuerbelastung sollte jedoch bei Gewinnausschüttungen, die über diesen Freibetrag hinausgehen, umso höher werden, je höher der Gewinnauschüttungssatz (= Dividendensatz) wird, um auch von dieser Seite Druck auf die Erhöhung des gewinnberechtigten Eigenkapitals auszuüben. Es muß für die Betriebe günstiger sein, den Gewinn mit einem niedrigeren Dividendensatz auf ein größeres gewinnberechtigtes Eigenkapital auszuschütten als mit einem hohen Gewinnausschüttungssatz auf ein kleines gewinnberechtigtes Eigenkapital.

Darüber hinaus sollte der Steuersatz für *ausgewiesene, aber nicht ausgeschüttete Gewinne* noch höher sein als der höchste Steuersatz, mit dem Gewinnausschüttungen besteuert werden. Am höchsten sollte derjenige Steuersatz sein, mit dem *verdeckte Gewinnausschüttungen* besteuert werden. Denn bei verdeckten Gewinnausschüttungen werden nicht nur die Gewinnanteile der übrigen Anteilseigner verkürzt, sondern es wird auch das Prinzip verletzt, daß Vorteile aus dem Betrieb nur über offene Gewinnausschüttungen erlangt werden können. Darüber hinaus kann bei verdeckten Gewinnausschüttungen auch die Qualität des Managements nicht mehr korrekt beurteilt werden. Es muß für den Betrieb und die Betriebseigentümer daher günstiger sein, die erwirtschafteten Gewinne *voll auszuweisen* und *offen auszuschütten*, als sie offen oder still zu thesaurieren oder gar verdeckt auszuschütten.

Der Aufbau der Matrix

Der Steuersatz, mit dem bei diesem System die Gewinne besteuert werden, muß neben hohen Eigenfinanzierungsgraden auch noch die Gewinnausschüttung begünstigen. Er muß daher aus schon dargelegten und noch darzustellenden Gründen mehrfach aufgespalten sein. Der Steuersatz muß deshalb einer *Matrix* entnommen werden. Die *Zeilen* dieser Matrix sollen durch die verschiedenen Eigenfinanzierungsgrade und die *Spalten* von den verschiedenen Gewinnausschüttungssätzen (= Dividendensätzen) gebildet werden. In den *Feldern* der Matrix sind die einzelnen Steursätze zu ersehen, die bei Zusammentreffen eines bestimmten Eigenfinanzierungsgrades und eines bestimmten Ausschüttungssatzes anzuwenden sind. Über die aus den Eigenfinanzierungsgraden folgenden Zeilen hinaus besitzt die Matrix auch noch die schon erwäbnten drei weitere Zeilen, in denen diejenigen Erfolgssteuersätze ausgewiesen sind, die (1) bei Nichtausschüttung und (2) bei Nichtausweis der Gewinne sowie (3) bei verdeckter Gewinnausschüttung zur Anwendung kommen sollen.

Dabei kann für die den Außeneigenfinanzierungsgrad anzeigenden Zeilen auf die (schon dargestellte) Eigenfinanzierungsprämie zurückgegriffen werden. Diese kann den ersten Teil der *Zeilen* der Matrix bilden. Die drei Zeilen für Nichtausschüttung, Nichtausweis und verdeckte ausschüttung biden den zweiten Teil der Matrixzeilen. Die verschiedenen Gewinnausschüttungssätze (= Dividendensätze) bilden die *Spalten* der Matrix.

Bei einem Eigenfinanzierungsgrad (= Verhältnis des gewinnberechtigten Eigenkapitals zum betrieblichen Gesamtkapital von 0 % - 10 % könnte zB der Erfolgssteuersatz bei einem Gewinnausschüttungssatz bis 10 % **30 %** betragen und bei Gewinnausschüttungssätzen zwischen 10 % und 15 % der Normalsteuersatz (= NS) zur Anwendung kommen, um Druck auf die Erhöhung des Eigenfinanzierungsgrades auszuüben. Wenn der Eigenfinanzierungsgrad zwischen 10 % und 25 % liegt, könnte beispielsweise der Erfolgssteuersatz bei einem Gewinnausschüttungssatz bis 10 % **20 %** und bei einem Gewinnausschüttungssatz von 11 % - 15 % **30 %** betragen. Für noch höhere Eigenfinanzierungsgrade sollte eine durchgerechnete Degression der Steuersätze beginnen, bis zwischen 75 % und 90 % bei 10 %iger Ausschüttung **keine** und bei einem Ausschüttungssatz zwischen 10 % und bei 15 % nur noch **6 %** Erfolgssteuer zu bezahlen sein sollen. Eigenfinanzierungsgrade (im Sinne dieser Studie) von 90 % und mehr sollten, wie schon dargelegt wurde, nicht mehr begünstigt sein, damit noch Rücklagen für das Auffangen von Verlusten gebildet werden und eventuellen Kleinbeteiligten das Recht auf Beantragung einer Sonderprüfung erhalten bleibt. Gewinnausschüttungssätze über 15 % sollten immer mit dem **Normalsteuersatz** besteuert werden.

Noch höher sollten ohne Rücksicht auf den Gewinnausschüttungssatz in der Bilanz *ausgewiesene aber nicht ausgeschüttete Gewinne* besteuert werden (zB mit 60 %). *In der Bilanz nicht ausgewiesene Gewinne* (= stille Reserven) sollten noch höher (zB mit 75 %) und verdeckte Gewinnausschüttungen am höchsten – und zwar mit 90 % – besteuert werden, um dem für die Massenwohlstandssicherung wichtigen Grundsatz Rechnung zu tragen, daß Vorteile aus einem Betrieb nur über offene Gewinnausschüttungen erreicht werden können.

Die sich aufgrund dieser (beispielhaften) Erfolgssteuersätze ergebende Matrix hat daher folgendes Aussehen, wenn die Steuersätze in aufsteigender Reihe geordnet und fett gedruckt werden:

Eigenfinanzierungsgrad	Dividendensatz 1 % - 10 %	Dividendensatz 11 % - 15 %
0 % < c_{el} < 10 %	**24 %**	**NS**
10 % < c_{el} < 25 %	**18 %**	**30 %**
25 % < c_{el} < 50 %	**12 %**	**24 %**
50 % < c_{el} < 75 %	**6 %**	**12 %**
75 % < c_{el} < 90 %	**0 %**	**6 %**
90 % < c_{el} < 100 %	**20 %**	**20 %**
ausgewiesen, aber nicht ausgeschüttet	**60 %**	**60 %**
nicht ausgewiesen und nicht ausgeschüttet	**75 %**	**75 %**
verdeckt ausgeschüttet	**90 %**	**90 %**

2.2.2.5.2.3. Exkurs: Die Wirkungen einer gespaltenen Ausschüttungsrentabilitätssteuer

Mit einer solchen vom Verhältnis des gewinnberechtigten Eigenkapitals zum betrieblichen Gesamtkapital und dem Ausschüttungssatz abhängigen *voll degressiven Ausschüttungsrentabilitätssteuer* würde nicht nur der Fiskus einen Teil der ihm durch die Entsteuerung der ausgeschütteten Gewinne entgehenden Steuern wieder hereinbringen, sondern es würde auch ein *starker Druck* dahingehend ausgeübt werden, das gewinnberechtigte Eigenkapital und *nicht* die Rücklagen auszuweiten. Dadurch würden laufend neue Kapitalanlagemöglichkeiten für das Publikum geschaffen. Es würde sich aber auch eine *bessere Beurteilungsmöglichkeit* des Managements ergeben, weil die *Ertragskraft der Betriebe* in den

Bilanzen *richtiger* zum Ausdruck gebracht würde. Denn das Management könnte sich nicht mehr darauf berufen, wegen der Besteuerung nur niedrige Gewinne ausgewiesen zu haben.

Dadurch würde auch erreicht werden, daß Beteiligungen – insbesondere die in Wertpapieren verbrieften Beteiligungen wie Aktien – *ihres Ertrages* und nicht der Spekulation *wegen* gehalten werden. Wenn die Sicherung des Massenwohlstandes durch den Umbau der Einkommen von überwiegenden Arbeitseinkommen auf überwiegende Kapitaleinkommen gelingen soll, dann muß das *Beteiligungssparen* (insbesondere das Aktiensparen bzw das „Fondsparen") trotz des Risikos, das diese Sparform aufweist, zur *vorteilshaftesten Sparform* für die Sparer werden.

Um in ertragsschwachen Jahren die Ausschüttung einer adäquaten Dividende zu ermöglichen, sollte neben der gesetzlichen Rücklage noch eine (einzige) freie Rücklage in Höhe von etwa drei durchschnittlichen Jahresgewinnen, höchstens aber bis zu dem für die bei Publikumsaktiengesellschaften vorgesehenen höchstmöglichen Rücklagensatz mit einem Steuersatz von 20 % gebildet werden dürfen. Darüber hinausgehende Rücklagendotationen sollten, wenn sie offen erfolgen, mit den für Nichtausschüttungen und wenn sie versteckt erfolgen mit dem für Nichtausweis vorgesehenen noch höheren Steuersätzen versteuert werden müssen.

Eine derartige Gewinnbesteuerung würde das Top-Management im Falle schlechter Ertragsausweise auch stärker als bisher der Befragung durch die Betriebseigentümer und der Rechtfertigung vor diesen [insbesondere vor den Aktionären bzw den Aktionärsvertreter(n)] aussetzen. Das Management wäre gezwungen, sich noch stärker als heute für eine ertragreiche Gestaltung des Betriebsprozesses einzusetzen. Der in der Betriebswirtschaftslehre als „Principal-Agent-Problem" bezeichnete Sachverhalt würde dadurch zufriedenstellender gelöst werden können, als dies bei der heutigen Ertragsbesteuerung möglich ist.

Schließlich würde bei einer derartigen Ausschüttungsrentabilitässteuer auch die steuerliche Betriebsprüfung zu einem *Verbündeten der Betriebseigentümer* werden. Da von der Betriebsprüfung aufgedeckte nicht ausgewiesene Gewinne sehr hoch besteuert werden, müßte sich in diesem Fall das Management vor den Betriebseigentümern für diesen (vermeidbaren) Schaden, der aus der höheren Besteuerung der nicht ausgewiesenen Gewinne resultiert, verantworten. Genau der gleiche Sachverhalt liegt beim Ausweis fiktiver Gewinne vor. Diese erhöhen entweder den Ausschüttungssatz oder, wenn sie nicht ausgeschüttet, sondern nur ausgewisen werden, den nicht ausgeschütteten Gewinn und damit auf jeden Fall den Steuersatz und die Steuerbelastung des Unternehmens. Auf die Frage der Auswirkungen auf die Abschlußprüfung wird noch zurückzukommen sein.

2.2.2.5.2.4. Eine „Erweiterte Ausschüttungsrentabilitätssteuer" als Wahlmöglichkeit für direkt massenwohlstandssichernde Betriebe

Der Nachteil einer Ausschüttungsrantabiltätssteuer

Es ist unmittelbar einsichtig, daß von einer Ausschttungsrentabilitätssteuer ein starker Druck auf die Erhöhung sowohl des Eigenfinanzierungsgrades wie auch des Gewinnausschüttungsgrades, aber kein Druck auf eine breite Kapitalsrtreuung ausgeht. Für die Sicherung des Massenwohlstandes ist aber auch eine breite Kapitalstreuung notwendig. Diese kann dadurch erreicht werden, daß die Ausschüttungsrentabiltätssteuermatrix noch um eine weitere Dimension – die Kapitalstreunng – erweitert wird. Bevor jedoch auf diese Erweiterung eingegangen wird, sind kurz die Wahlmöglichkeiten darzustellen, die den Betrieben, die sich *direkt* – sei es bereits effektiv oder noch optional – an der Massenwohlstandssicherung beteiligen, zur Verfügung stehen sollten.

Die den sich direkt an der Massenwohlstandssicherung beteiigenden Betieben zur Verfügung stehenden Wahlmöglichkeiten

Um nicht nur Druck auf die Erhöhung des Eigenfinanzierungs-, des Gewinnausweis- und des Gewinnausschüttungsgrades, sondern auch auf eine breite Streuung des gewinnberechtigten Eigenkapitals auszuüben, sollte den Betrieben, die die Bedingungen einer breiten Eigenkapitalstreuung erfüllen und daher als *„Publikumsgesellschaften"* anzusprechen sind, ex lege und den Betrieben, die für die Erfüllung der Bedingungen der Massenwohlstandssicherung *optiert* haben, über Antrag hinsichtlich der Gewinnbesteuerung folgende *Wahlrechte zur Verfügung stehen:* zwischen

a) *einer herkömmlichen Gewinnbesteuerung* mit Berücksichtigung einer Eigenfinanzierungs- und/oder Kapitalstreuungsprämie

oder

b) einer Kombination dieser beiden Prämien mit herkömmlicher Erfolgsbesteuerung

oder

c) einer Ausschüttungsrentabilitätsbesteuerung ohne Berücksichtigung der Kapitalstreueung

oder

d) unter Verzicht auf die Geltendmachung der Eigenfinanzierungs- und Kapitalstreuungsprämie (auch in einer Kombination) einer – allerdings *voll progressiven – „Erweiterten Ausschüttungsrentabiltätssteuer"*.

Die Steuersätze der „Erweiterten Ausschüttungsrentabilittssteuer"

Der Steuerssatz dieser „Erweiterten Ausschüttungsrentabilitätssteuer" sollte erstens in seiner Höhe vom *Ausmaß der Eigenfinanzierung* abhängen. Der Steuersatz sollte in einer vollen (= durchgerechneten) Degression [39] umso niedriger werden, je höher der Eigenfinanzierungsgrad ist, wobei allerdings Eigenfinanzierungade ab 90 % aus den schon dargelegten Gründen nicht mehr voll begünstigt sein sollen. Man kann hier auf die Ausgestaltung der Eigenfinazierungsprämie zurückgreifen. Diese können *die Zeilen der Matrix* der Steuersätze bilden.

Zum Zweiten muß die Höhe der Steuersätze auch vom Ausmaß der *Kapitalstreuung* abhängen. Da Kapitalgesellschaften (insbesondere Aktiengesellschaften) dann, wenn sie aus den schon dargelegten Gründen keine Namensanteile ausgeben wollen, nur bei der Emission die Möglichkeit haben, auf eine Kapitalstreuung hinzuwirken [indem sie bei der Emisson die Höhe der zu erwerbenden (= zu zeichnenden) Kapitalanteile limitieren], später aber keinen Einfluß mehr darauf haben, wie viele Kapitalanteile (insbesondere Aktien) jemand direkt oder indirekt (über andere natürliche oder juristische Personen) erwirbt, muß – wie schon mehrfach dargelegt wurde – auf das *Ausmaß der Stimmrechtsbeschränkung* zurückgegriffen werden. Denn wenn die Stimmrechte beschränkt werden, werden erfahrungsgemäß vor allem Großanleger davon abgehalten, mehr Kapitalanteile zu erwerben als die Stimmrechtsquote erlaubt. Daher müssen die *Spalten* der Matrix das *Ausmaß der Stimmrechtsbeschränkung* wiedergeben. Der Erfolgssteuersatz muß umso niedriger werden, je stärker die Stimmrechte beschränkt werden und je niedriger der Gewinnausschüttungssatz ist. Der Steuersatz muß hingegen umso höher werden, je weniger die Stimmrechte beschränkt sind und je höher der Dividendensatz ist.

Zum Dritten sollte der Erfolgssteuersatz umso höher werden, je höher der Gewinnauschüttungssatz (= Dividendensatz) über eine marktgerechte Verzinsung und Risikoprämie hinausgeht, um Druck auf die Vergrößerung der Gewinnausschüttungsbasis auszuüben. Es muß für die Betriebe steuerlich günstiger sein, eine Dividende von 10 % auf ein gewinnberechtigtes Eigenkapital bestimmter Größe auszuschütten als eine Dividende von 20 % auf die Hälfte dieses Eigenkapitals. Diese dritte Dimension kann in einer allgemein lesbaren Form nur durch eine Aufspaltung der Spalten in entsprechende *Subspalten* zum Ausdruck gebracht werden.

An die *Zeilen* der Matrix, die die für die ausgeschütteten Gewinne geltenden Steuersätze anzeigen und bei denen auf die Eigenfinanzierungsprämie zurückgegriffen werden kann, müssen – wie schon erwähnt wurde – noch drei Zeilen

---

39 zu den Progressionsarten s. RTISCHL H.: Finanzwissenschaft, in: HWB, 2. Aufl., aaO, Sp 1948;

für Steuersätze angehängt werden, die bei Nichtausschüttung, Nichtausweis und verdeckter Gewinnausschüttung gelten sollen, um diese für die Sicherung des Massenwohlstandes ungeeigneten bilanzpolitischen Varianten für die Betriebe unattraktiv zu machen. Der Steuersatz für *ausgewiesene, aber nicht ausgeschüttete Gewinne* muß höher sein als der höchste für Aussschüttungen geltende Steuersatz, damit es günstiger wird, Gewinne nicht nur auszuweisen, sondern auch auszuschütten. Noch höher muß der Steuersatz bei *Nichtausweis (und Nichtausschüttung) der Gewinne* sein, weil bei Nichtausweis der Gewinne die Leistung des Managements nicht richtig beurteilt werden kann. Noch höher (und damit am höchsten) sollte der Steuersatz für *verdeckte Gewinnausschüttungen* sein, weil dadurch der für die Massenwohlstandssicherung wichtige Grundsatz verletzt wird, daß Vorteile aus einem Betrieb nur über offene Gewinnausschüttungen erlangt werden können. Für den Betrieb und die Betriebseigentümer muß es günstiger sein, die Gewinne auszuschütten, als sie offen oder still zu thesaurieren oder gar verdeckt auszuschütten.

Beispielhafte Abstufung der Steuersätze

Da das die Gewinnausschüttung bei massenwohlstandssichernden Betrieben begünstigende Wahlrecht dreifach aufgespalten ist, muß der Steuersatz einer dreidimensionalen Matrix entnommen werden, deren *Zeilen* das *Ausmaß der gewinnberechtigten (Außen-) Eigenfinanzierung* und deren *Spalten* das *Ausmaß der Kapitalstreuung* (gemessen an der Stimmrechtsbeschränkung) und in deren *Subspalten* die *Dividendensätze* anzeigen. Bei den Zeilen der Matrix kann auf die Eigenfinanzierungsprämie zurückgegriffen werden. Bei den Spalten dürften für die praktische Durchführung drei ordinale Stimmrechtsbeschränkungs- und Gewinnausschüttungsklassen genügen, und zwar je eine Spalte für (1) *keine Stimmrechtsbeschränkung* (= derzeitiger Normalfall), (2) für eine *Stimmrechtsbeschränkung auf 5 %* (= Unilever-Modell) und (3) für eine *Stimmrechtsbeschränkung auf 1 %* (= Modell dieser Studie). Jede dieser Stimmrechtsbeschränkungsspalten benötigt ihrerseits wieder *Subspalten* für die Gewinnausschüttungssätze wie zB eine Subspalte für Gewinnausschüttungen bis 10 %, eine zweite für Gewinnausschüttungen von 10 % bis 15 % und eine dritte für Gewinnausschüttungssätze über 15 %, wobei Gewinnausschüttungssätze über 15 % nicht mehr begünstigt sein sollen. Bei ihnen sollte immer der Normalsteuersatz (= NS) angewandt werden.

Aus den schon mehrfach erwähnten Gründen müssen der Matrix im Interesse der Massenwohlstandssicherung noch je eine Zeile für ausgewiesene, aber nicht ausgeschüttete Gewinne, eine weitere für erzielte, aber weder ausgewiesene noch ausgeschüttete Gewinne und eine dritte für verdeckt ausgeschüttete Gewinne angefügt werden. In diesen Zeilen ist bei allen Spalten und Subspalten für alle Stimmrechtsbeschränkungs- und Eigenfinanzierungsgrade der gleiche

Steuersatz anzuführen. Eine solche Matrix könnte beispielsweise folgendes Aussehen haben:

	ohne Stimmrechtsbeschränkung			Stimmrechtsbeschränkung auf 5 %			Stimmrechtsbeschränkung auf 1 %		
Eigenfinanzierungsgrad	Ausschüttungssatz								
	0 – 11 %	11 – 15 %	>15 %	0 – 11 %	11 – 15 %	> 15 %	0 – 11 %	11 – 15 %	> 15 %
0 – 11 %	24	30	34	16	20	34	8	10	34
11 – 26 %	18	24	34	12	16	34	6	8	34
26 – 51 %	12	18	34	8	12	34	4	6	34
51 – 76 %	9	12	34	6	9	34	3	4	34
75 – 91 %	6	9	34	4	6	34	2	3	34
91 – 100 %	3	6	34	2	4	34	1	2	34
Nichtausschüttung	60	60	60	60	60	60	60	60	60
Nichtaus-	75	75	75	75	75	75	75	75	75
verdeckte Ausschüttung	90	90	90	90	90	90	90	90	90

Exkurs: Die Wirkungen einer Erweiterten Ausschüttungsrentabilitätssteuer

Mit einer solchen voll degressiven – und vom *Eigenfinanzierungsgrad* und von der *Kapitalstreuung* (präziser: der Stimmrechtsbeschränkung) sowie vom *Gewinnausschüttungssatz* abhängigen – Gewinnbesteuerung (= *Erweiterte Ausschüttungsrentabilitätssteuer*) würde ein *starker Druck* ausgeübt werden, sowohl die erwirtschafteten Gewinne auszuweisen und auszuschütten, als auch das gewinnberechtigte Eigenkapital auszuweiten und möglichst breit zu streuen. Dadurch würden laufend neue Kapitalanlagemöglichkeiten für das Publikum geschaffen. Es würde sich aber auch eine *bessere Beurteilungsmöglichkeit* des Managements ergeben, weil die *Ertragskraft der Betriebe* in den Bilanzen *richtiger* zum Ausdruck gebracht würde. Vor allem könnte sich das Management nicht mehr darauf berufen, wegen der Besteuerung nur niedrige Gewinne ausgewiesen zu haben.

Es würden aber auch alle diejenigen Vorteile erreicht werden, die schon bei der (einfachen) Ausschüttungsrentabilitätssteuer angeführt wurden.

Schließlich würde bei einer „*Erweiterten Ausschüttungsrentabilitätssteuer*“ ebenso wie bei der einfachen Ausschüttungsrentabiltätssteuer die steuerliche Betriebsprüfung zu einem *Verbündeten der Betriebseigentümer* werden. Da von der Betriebsprüfung aufgedeckte nicht ausgewiesene Gewinne am höchsten besteuert werden, aber auch fiktive Gewinnausweise und –ausschüttungen bei ihrer Aufdeckung zu einer höheren Steuerbelastung führen, müßte sich das Management vor den Betriebseigentümern für diesen (vermeidbaren) Schaden, der aus der höheren Besteuerung der nicht ausgewiesenen bzw fiktiven Gewinne resultiert, verantworten. Auf die Frage der Verantwortung der Abschlußprüfer wird noch zurückzukommen sein.

2.3. Die Kostenvariabilisierung

2.3.1. Die Variabilisierung der Abschreibungen

2.3.1.1. Die derzeitige Situation und die zugrunde liegenden Abschreibungstheorien

Für die Realisierung des technischen Fortschrittes müssen die Betriebe erhebliche Investitionen tätigen. Diese Investitionen führen kostenmäßig neben Zinsen vor allem zu Abschreibungen. Diese werden daher in Zukunft in den Gewinn- und Verlustrechnungen der Betriebe gewichtiger in Erscheinung treten als in der Vergangenheit.

Heute werden diese Abschreibungen in den meisten Ländern als *Absetzung für Abnutzung* (= *AfA*) angesehen[40]. Sie sind daher nur für *abnutzbare Wirtschaftsgüter* zugelassen, wobei vielfach auch noch nur eingeschränkte Formen – so zB in Österreich nur die *lineare* Abschreibung[41] – anerkannt werden. Da aber in der Realität bei fast allen Wirtschaftsgütern der tatsächliche Abnutzungsverlauf *nicht* bekannt ist, wird einfach eine lineare Abnutzung innerhalb einer konventionellen Nutzungsdauer unterstellt. Das muß aber in der Realität keineswegs der Fall sein. Daher wird tatsächlich *nicht* nach der Abnutzung abgeschrieben, sondern es werden einfach die Anschaffungsausgaben auf eine angenommene voraussichtliche (= konventionelle) Nutzungsdauer aufgeteilt. Es wird daher de facto nach der *Anschaffungsausgabenverteilungstheorie* abgeschrieben[42]. Auf-

---

[40] sd LOITLSBERGER E.: Grundriß der Betriebswirtschaftslehre, aaO, S 19;

[41] sd § 7 Abs 1 EStG;

[42] sd LOITLSBERGER E.: Grundriß der Betriebswirtschaftslehre, aaO, S 19;

grund dieser These müssen die Abschreibungen vom (historischen) *Anschaffungswert* aus berechnet werden.

Diese Regelung ist für die Anpassungsfähigkeit der Betriebe an die wirtschaftlichen Wechsellagen und damit für ihr Überleben *sehr ungünstig*. Denn diese Regelung belastet die Betriebe in schlechten Jahren mit *fixen Kosten* und führt zu Verlustausweisen, die uU realiter vielleicht gar nicht angefallen sind, weil wegen gesunkener Wiederbeschaffungspreise die gleichen Wirtschaftsgüter billiger nachgeschafft werden können. Es darf hier auf die Untersuchungen von *Fritz Schmidt* hingewiesen werden, die sich mit den Zusammenhängen zwischen Geldwertstabilität und Abschreibungen im Hinblick auf die Richtigkeit des Gewinnausweises und der Überlebensfähigkeit der Betriebe sehr ausführlich beschäftigt haben[43].

2.3.1.2. Die Abschreibungen als Wiederfreisetzung des Investitionskapitals

Aber auch die Überlegungen Fritz Schmidts tragen der wirtschaftlichen Betrachtungsweise noch nicht voll Rechnung. Denn bei *wirtschaftlicher Betrachtung* sind die Abschreibungen weder Absetzung für Abnutzung, noch Anschaffungsausgabenverteilung, sondern *Wiederfreisetzung* (= *Amortisation*) *des investierten Kapitals*[44]. Dies ergibt sich aus drei Überlegungen.

Erstens müssen die Abschreibungen häufig dann, wenn die abzuschreibenden Investitionen fremdfinanziert sind, zur *Rückzahlung dieses Fremdkapitals* verwendet werden. Denn Kreditrückzahlungen können nur aus demjenigen Teil des Erlöses getätigt werden, der bereits als Einnahme eingegangen ist und noch nicht durch Ausgaben wieder verbraucht wurde oder an die Betriebseigentümer ausgeschüttet worden ist. Dieser *Teil des Erlöses, der* zunächst *nicht ausgabenwirksam* wird, wird im betrieblichen Rechnungswesen durch solche *Aufwendungen* zurückgehalten, die unmittelbar keine Ausgaben sind und daher zwischenzeitig für Kreditrückzahlungen und/oder Investitionen verwendet werden können[45]. Wenn daher bei fremdfinanzierten Investitionen für die Kreditrückzahlungen keine finanziellen Reserven oder andere nicht ausgabewirksamen Aufwendungen (wie zB Pensions- und /oder Abfertigungsrückstellungen) zur Verfügung stehen, können die Kredite nur durch die in Geld eingegangenen Ab-

---

43 sd. SCHMIDT F.: Die Industriekonjunktur – ein Rechenfehler, Berlin 1927; SCHMIDT F.: Die organischeTageswertbilanz, aaO, S 139 ff;

44 sd LOITLSBERGER E.: Grundriß der Betriebswirtschaftslehre, aaO, S 160 f;

45 sd BUCHNER R.: Abschreibung, in: GROCHLA E./WITTMANN W. (Hrsg): HWB, 4. Aufl., aaO, Sp 114 f;

schreibungen oder aus durch Geld abgedeckten Gewinnen zurückgezahlt werden. Dieser Zusammenhang tritt in der Regel in den Betrieben deswegen nicht so klar in Erscheinung, weil meist noch andere nicht ausgabenwirksame Aufwendungen vorhanden sind und Kreditrückzahlungen nicht einzelnen Aufwandspositionen – und hier wiederum nicht insbesondere den Abschreibungen – zugerechnet werden. Das ist nur dann der Fall, wenn außer den Abschreibungen keine anderen nicht ausgabewirksamen Aufwendungen und auch keine Liquiditätsreserven vorhanden sind.

Zweitens kann von einem *Gewinn* bei wirtschaftlicher Betrachtungsweise erst dann gesprochen werden, wenn die Betriebe innerhalb ihrer *ganzen Lebensdauer* einen *Überschuß* über das in den Betrieb investierte Kapital hinaus erwirtschaftet haben (= *Totalgewinn* zum Unterschied vom Periodengewinn). Wird in einem Betrieb der in einem Jahr erfolgte Kapitalverbrauch nicht wieder erwirtschaftet und damit das *investierte Kapital nicht erhalten*, dann hat der Betrieb nach der heute maßgeblichen dynamischen (aber auch nach der organischen) Bilanztheorie in diesem Jahr *keinen* Gewinn, sondern einen *Periodenverlust* erzielt[46]. Er hat, wenn er in den Folgejahren die Verluste nicht mehr ausgleichen kann, aber auch *keinen Totalgewinn* erwirtschaftet. Er hat damit nach wirtschaftlicher Betrachtungsweise mit *Verlust* gearbeitet[47], weil die Periodenverluste im Totalgewinn keine Deckung finden. So lange daher Investitionen noch nicht voll abgeschrieben sind, kann man nicht sagen, ob das investierte Kapital wieder hereingebracht werden wird oder nicht und ob der Betrieb letztendlich Gewinn erzielt hat oder nicht. Wenn bei der jährlichen Erfolgsermittlung davon ausgegangen wird, daß ein (Perioden-)Gewinn erzielt worden ist, weil die Erlöse größer waren als der Aufwand (einschließlich der Abschreibungen), so unterstellt man, daß in den Folgejahren die Abschreibungen ebenfalls „verdient" werden, weil nur dann, wenn letztendlich nicht nur das während der ganzen Lebensdauer des Betriebes eingesetzte Kapital über die Erlöse wieder voll hereingebracht worden ist, sondern darüber hinaus auch noch ein Überschuß erwirtschaftet wurde, von einem „Gewinn" gesprochen werden kann, wie das nachfolgende Beispiel zeigt:

Ein Betrieb möge ein Wirtschaftsgut mit einem Anschaffungswert von 1.000 GE vier Jahre nutzen können. Einen Restwert weise das Wirtschaftgut nach diesem Zeitraum nicht mehr auf. In den ersten zwei Jahren möge dieser Betrieb über die Abschreibungen in Höhe von jeweils (1.000 : 4 =) 250 hinaus noch jeweils 100 GE Gewinn erzielen, in den folgenden beiden Jahren jedoch einen Verlust von jeweils 350 GE erleiden. Diese Situation läßt sich graphisch wie folgt darstellen:

---

46 sd RIEGER W.: Einführung in die Privatwirtschaftslehre, aaO, S 208;

47 sd SCHMALENBACH E.: Grundlagen dynamischer Bilanzlehre, in: ZfhF 1919, S 1 – 60 und S 65 – 101;

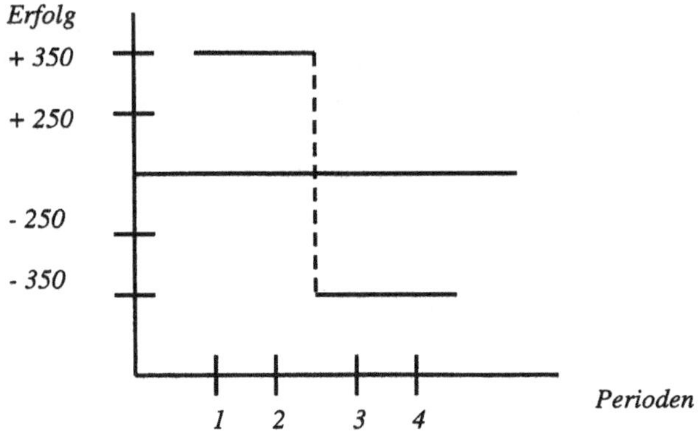

Abbildung 1

Von dem in diesem Betrieb eigesetzten Kapital wurden nur 2 x 350 = 700 durch die Erlöse wieder hereingebracht. Der Rest von 700 auf 1.000 GE (= 300 GE) ging verloren. Nach wirtschaftlicher Betrachtungsweise hat daher dieser Betrieb – trotz der Periodengewinne in den ersten beiden Jahren – keinen Totalgewinn und damit letztendlich auch keinen Gewinn im wirtschaftlichen Sinn erzielt. Um auch nach wirtschaftlicher Betrachtungsweise in den beiden ersten Jahren einen Gewinn von je 100 GE erwirtschaftet zu haben, hätten in den zwei letzten Jahren die restlichen Abschreibungen noch verdient werden müssen. Denn nur dann sind nach wirtschaftlicher Betrachtungsweise auch die „Gewinne" der beiden ersten Jahre ein Überschuß und nach wirtschaftlicher Betrachtungsweiswe tatsächlich „Periodengewinne" und nicht nur vermeintliche Gewinne, die aber im Totalgeweinn keine Deckung finden.

Daß die Abschreibungen nicht einfach Absetzung für Abnutzung sind, sondern Wiederfreisetzungen des investierten Kapitals, ergibt sich drittens auch daraus, daß sie dann, wenn sie verdient werden, *reinvestiert* werden können und einen *Kapazitätserweiterungseffekt* ergeben, wie in der betriebswirtschaftlichen Literatur überzeugend nachgewiesen worden ist[48]. Investitionen setzen Kapital voraus. Da bei der Reinvestition von Abschreibungen von außen kein Kapital zugeführt wird, muß das Kapital durch Freisetzung bisherigen Investitionskapitals im Betrieb selbst gebildet worden sein (= Selbstfinanzierung). Eine Reinvestition der Abschreibungen zu Kapazitätserweiterungszwecken wäre nicht möglich, wenn sie nicht wiederfreigesetztes Investitionskapital wären.

Wenn man Abschreibungen – *betriebswirtschaftlich richtig* – als *Wiederfreisetzung des investierten Kapitals* ansieht, dann folgt daraus, daß die Abnutzbarkeit eines Wirtschaftsgutes *keinen Einfluß* auf die Abschreibungsfähigkeit hat.

---

48 sd LOHMANN M., RUCHTI J.: Abschreibungen, was sie sind und was sie nicht sind, in: Der Wirtschaftsprüfer 1949; HAX K.: Finanzierungsarten, in: BÜSCHGEN H. (Hrsg): HWFinanzwirtschaft, Stuttgart 1976, Sp 432; BUCHNER R.: Das Problem der Finanzierung des Unternehmenswachstums aus Abschreibungen, in: ZfB 1968, S 71 – 100;

Denn das investierte Kapital muß auch bei *nicht abnutzbaren* Wirtschaftsgütern jeweils *aliquot* wieder freigesetzt werden, damit von einem Gewinn gesprochen werden kann.

Da man Investitionskapital aber nur dann wieder freisetzen kann, wenn man das wieder freizusetzende Kapital auch *verdient* hat (es also über die Erlöse als *Einnahme* eingegangen ist), folgt daraus, daß aus Abschreibungen *weder* Verluste entstehen, *noch* in Verlustjahren Abschreibungen verrechnet werden können und daß dann, wenn die Einnahmen nicht ausreichen, die Abschreibungen abzudecken, auch *keine Abschreibungen verrechnet* werden können. Die unterbliebenen Abschreibungen müssen in den folgenden Gewinnjahren erst *nachgeholt* werden, um zu einer dem Totalgewinnkonzept[49] entsprechenden Gewinnantizipation zu kommen. Nicht nur für die Betriebswirtschaftslehre, sondern auch für die wirtschaftliche Betrachtungsweise schlechthin ist daher für die Berechnung der Abschreibungen eine *Bewertungsfreiheit* wünschenswert[50]. Denn durch sie wird eine möglichst *genaue Anpassung* der Abschreibungen an die *Amortisation des Investitionskapitals* ermöglicht. Da die Abschreibungen gewinnmindernd wirken, sollen sie nicht zu hoch sein, sondern *möglichst genau* der Amortisationsmöglichkeit der Anlagen entsprechen. Wie ein solches Abschreibungsverhalten erreicht wird, wird noch darzulegen sein.

2.3.1.3. Die Zweckmäßigkeit der Abschreibungsrückzahlung für die Wohlstandssicherung

Da investiertes Kapital nur mit verdienten Abschreibungen wieder freigesetzt werden kann, können die Abschreibungen als wieder freigesetztes Investitionskapital auch an die Kapitalbeisteller *zurückgezahlt* werden, wenn sichergestellt ist, daß für die Finanzierung des notwendigen Ersatzes eines wirtschaftlich unbrauchbar gewordenen Wirtschaftsgutes die Aufnahme neuen Kapitals möglich ist.

Eine solche *Rückzahlung* des durch die Abschreibungen freigesetzten Investitionskapitals hätte für die Sicherung des Massenwohlstandes zwei Vorteile. Sie würde erstens für die Kapitalbeisteller das *Risiko des Kapitalverlustes* verringern und sie würde zweitens die zurückgezahlten Kapitalien der *Kontrolle des Kapitalmarktes* unterwerfen. Denn wenn Betriebe den Kapitalbeistellern zwar das zur Verfügung gestellte Kapital wieder voll zurückzahlen, aber kein darüber hinausgehendes Entgelt für die Zurverfügungstellung des Kapitals bezahlen,

---

49 sd SCHMALENBACH E.: Dynamische Bilanz, 10. Aufl., Bremen-Horn 1948;

50 sd LECHNER K.: Forderungen an eine moderne Bewertungstheorie und Bewertungspraxis, in: Wirtschaftlichkeit 1967, S 12 – 18;

werden die Kapitalbeisteller bei einem neuerlichen Kapitalbedarf diesen Betrieben kein Kapital mehr zur Verfügung stellen. Neues Kapital werden die Betriebe dann, wenn die Abschreibungen an die Kapitalbeisteller zurückgezahlt werden müssen, nur erlangen, wenn sie für das überlassene Kapital neben der ordnungsmäßigen Rückzahlung mindestens die marktmäßige Verzinsung bezahlen. Ertraglose Betriebe werden dann, wenn die Abschreibungen an die Kapitalbeisteller zurückgezahlt werden müssen, Ersatzinvestitionen nicht mehr durchführen können, weil sie sie nicht mehr finanzieren können. Das würde dazu führen, daß die einzelnen Branchen sehr viel schneller als heute von unrentablen Betrieben bereinigt würden, ohne daß es zu Kapitalverlusten für die Kapitalbeisteller kommt. Auch würde die „*Versteinerungswirkung*“ und die *Schaffung von Überkapazitäten*, die der Selbstfinanzierung erfahrungsgemäß innewohnen[51], beseitigt, weil die Kapitalbeisteller das wieder freigesetzte Investitionskapital nur gut rentierenden Betrieben zur Verfügung stellen werden und solche Betriebe eher in Wachstumsbranchen als in absterbenden Branchen zu finden sind.

2.3.1.4. Die erforderlichen Anreizmittel

Wenn die Abschreibungen als wieder freigesetztes Investitionskapital an die Kapitalbeisteller zurückgezahlt werden müssen, dann müssen die Betriebe das Kapital für die Ersatzinvestitionen durch Kapitalaufnahmen von außen beschaffen. Das ist mit einem *Risiko* verbunden, dem sich die Betriebe nur unterziehen werden, wenn es ein Anreizmittel gibt, das es als vorteilhaft erscheinen läßt, dieses *Risiko* auf sich zu nehmen. Es müssen daher denjenigen Betrieben, die die für die Massenwohlstandssicherung notwendigen Bedingungen zu erfüllen bereit sind, in diesem Zusammenhang *zwei Wahlrechte* eingeräumt werden.

2.3.1.4.1. Das Wahlrecht der Bewertungsfreiheit als erster Anreiz

Das erste Wahlrecht muß in der schon erwähnten *Bewertungsfreiheit* bestehen, die inhaltlich eine *Abschreibungsfreiheit*[52] ist. Es muß den Betrieben freistehen, bei Investitionen ohne Rücksicht auf ihre Abnutzbarkeit Abschreibungen vorzunehmen, die in ihrer Höhe zwischen einer *Vollabschreibung* und einer den

---

51 sd LOITLSBERGER E.: Grundriß der Betriebswirtschaftslehre, aaO, S 161;

52 sd LECHNER K.: Forderungen an eine moderne Bewertungstheorie und Bewertungspraxis, aaO; LOITLSBERGER E.: Bewertungsfreiheit als Notwendigkeit (betriebs-)überlebensermöglichender Bilanzierung, in: LOITLSBERGER E./EGGER A./LECHNER E. (Hrsg): Rechnungslegung und Gewinnermittlung. Gedenkschrift für Karl Lechner, Wien 1987;

Ausscheidungsverlust aliquot (= *periodengerecht*) *antizipierenden* Abschreibung liegen. Dabei soll die Vollabschreibung nicht nur im Anschaffungsjahr, sondern auch in jedem anderen Nutzungsjahr unter der Bedingung möglich sein, daß trotz Vornahme einer Vollabschreibung noch ein *Gewinn in Höhe der marktmäßigen Verzinsung des gewinnberechtigten Eigenkapitals* übrig bleibt. Es muß aber wegen der *Periodengenauigkeit* der Erfolgsermittlung in jedem Jahr mindestens eine den *Ausscheidungsverlust aliquot antizipierende Abschreibung* vorgenommen werden.

Bei Wirtschaftsgütern, bei denen kein Ausscheidungsverlust zu erwarten ist, besteht daher kein periodischer Abschreibungszwang, sondern volle Bewertungsfreiheit, nach der die Abschreibung dann und in dem Ausmaß vorgenommen werden kann, wie es die Ertragslage des Betriebes erlaubt. Insbesondere muß es den Betrieben, die sich bereit erklärt haben, die für die Massenwohlstandssicherung notwendigen Bedingungen zu erfüllen, gestattet sein, in einer Periode ihrer Wahl soviel abzuschreiben, daß nach Berücksichtigung aller übrigen Wahlrechte und der vertragsgemäßen Verzinsung des Fremdkapitals nur noch eine *marktgerechte Verzinsung des gewinnberechtigten Eigenkapitals und eine angemessene Risikoprämie* übrig bleibt.

2.3.1.4.2. Eine Abschreibungsrückzahlungsprämie als zweites Wahlrecht

2.3.1.4.2.1. Die Vorteile

Das zweite Wahlrecht – und damit der zweite Anreiz – muß darin bestehen, daß dann, wenn eine Rückzahlung der Abschreibungen an die Kapitalbeisteller erfolgt, eine Ermäßigung der zu zahlenden erfolgsabhängigen Steuern in Höhe einer „*Abschreibungsrückzahlungsprämie*" (= ARP; = y_{10}) beansprucht werden kann.

Für die Ausgestaltung dieser *Abschreibungsrückzahlungsprämie* (= y_{10}) gibt es mehrere Möglichkeiten, die allerdings unterschiedliche Auswirkungen auf die Sicherung des Massenwohlstandes haben und daher in Hinblick darauf gegeneinander abzuwägen sind. Scheinbar am nächstliegenden wäre es, die Höhe der Prämie von der *Höhe der verrechneten Abschreibungen* abhängen und die Prämie umso höher werden zu lassen, je höher die an die Kapitalbeisteller zurückgezahlte Abschreibung ist. Gegen diese Berechnungsvariante spricht, daß das *Risiko der Wiedererlangung* des für die Ersatzinvestitionen benötigten Investitionskapitals nicht nur davon abhängt, wie das Kapital in der Vergangenheit verzinst wurde, sondern vor allem davon, welche Verzinsung in Zukunft zu erwarten ist. Aus diesen Gründen ist das *Kapitalwiedererlangungsrisiko* für gut rentierende Betriebe *kleiner* als für Betriebe, die nur eine den Ausscheidungsverlust aliquot antizipierende Abschreibung zurückzahlen, aber keinen Gewinn ausschütten können. Diese Risikosituation läßt es zweckmäßig erscheinen, die Höhe der Abschreibungsrückzahlungsprämie *umgekehrt proportional* zur Höhe der Gewinnausschüttung festzulegen. Denn ein Betrieb, der für die Überlassung von Kapital einen über dem Marktzinssatz liegende Vergütung zahlen kann, wird das als Abschreibungsrückzahlung hinausgezahlte Kapital – unter Umständen allerdings von anderen Anlegern – leichter wieder erlangen können als ein Betrieb, der für das überlassene Kapital nur eine niedrigere Verzinsung als den Marktzinssatz bezahlen kann. Ein solcher, das gewinnberechtigte Eigenkapital *nicht* marktgerecht verzinsender Betrieb hat ein *größeres* Kapitalwiedererlangungsrisiko. Er wird daher die Abschreibungen nur dann zurückzahlen und sich dem hohen Kapitalwiedererlangungsrisiko aussetzen, wenn er überzeugend glaubhaft machen kann, daß die Ersatzinvestition rentabler sein wird als es die zu ersetzende Investition war und ihm außerdem darüber hinaus auch noch ein entsprechender Anreiz durch eine hohe Abschreibungsrückzahlungsprämie geboten wird.

Diese Überlegung muß noch mit einer anderen Überlegung ergänzt werden. Betriebe, die gut rentieren, werden bei Bewertungsfreiheit tendenziell hohe Abschreibungen verrechnen, um viel Investitionskapital freizusetzen. Sie sind aber an einer Rückzahlung des durch Abschreibungen freigesetzten Kapitals an die Kapitalbeisteller deshalb weniger interessiert, weil sie schon aufgrund ihrer hohen Gewinnausschüttung leicht Kapital erlangen können. Solche Betriebe könnten daher das durch Abschreibungen freigesezte Investitionskapital auch dazu benutzen, solche Investitionen zu finanzieren, für die bei einer Außenfinanzierung kaum Kapital zu erhalten ist, weil sie nicht nur keine Erträge bringen, sondern in Zukunft *nur Kosten verursachen* werden und daher einen *negativen Kapitalwert*[53] haben (wie die Einrichtung teurer Luxusbüros, die Anschaffung teurer Autos, aber auch übertriebener Sozialeinrichtungen usw). Diese in der Realität feststellbare Tatsache, die in der Betriebswirtschaftslehre als Teil der *„Principal-Agent-Theorie“*[54] abgehandelt wird, macht für gut rentierende Betriebe eine hohe Abschreibungsrückzahlungsprämie notwendig, um die Verwendung der durch die Abschreibungsverrechnung freigesetzten Investitionskapitalien für ertraglose und das Überleben der Betriebe gefährdende Luxusinvestitionen hintanzuhalten.

---

53 sd LOITLSBERGER E.: Grundkonzepte der Betriebswirtschaftslehre, aaO, S 106 f; LOITLSBERGER E.: Grundriß der Betriebswirtschaftslehre, aaO, S 175 f;

54 sd DECKER R.: Eine Prinzipal-Agenten-theoretische Betrachtung von Eigner-Manager-Konflikten in der Kommanditgesellschaft auf Aktien und in der Aktiengesellschaft, Bergisch Gladbach 1994; PRATT J./ZECKHAUSER R.: Principals and Agents: The Structure of Business, Boston 1991;

Wägt man die Verhaltensweisen, die hinsichtlich der Bewertungsfreiheit und der Abschreibungsrückzahlung in der Realität möglich sind, auf ihre Wirkung hinsichtlich der Sicherung des Massenwohlstandes ab, so wird man aufgrund der Erfahrung dazu kommen, dem Kapitalwiedererlangungsrisiko die größere Wirkung zuzuschreiben. Das macht eine zur Eigenkapitalrentabilität des Betriebes umgekehrt proportional abhängige Ausgestaltung der Abschreibungsrückzahlungsprämie notwendig.

2.3.1.4.2.2. Die Abschreibungsrückzahlungsprämie als Matrixprämie

Die bisherigen Überlegungen haben gezeigt, daß die Betriebe mit einer einfachen linearen Prämie wahrscheinlich nicht dazu veranlaßt werden können, die Abschreibungen an die Eigenkapitalbeisteller zurückzuzahlen und das *Kapitalwiedererlangungsrisiko* auf sich zu nehmen. Es scheint vielmehr notwendig, die *Höhe* der Abschreibungsrückzahlungsprämie einerseits von der Höhe der Abschreibungen und andererseits von der Höhe des ausgewiesenen (und damit ausschüttbaren bzw ausgeschütteten) Gewinns abhängen zu lassen. Da das Kapitalwiedererlangungsrisiko umso größer wird, je höher die Abschreibungen im Verhältnis zum gewinnberechtigten Eigenkapital sind und da umgekehrt das Kapitalwiedererlangungsrisiko umso niedriger wird, je mehr wegen einer guten Vergangenheit auch für die Zukunft auf ein gutes Verhältnis von Gewinnausschüttungen zum gewinnberechtigten Eigenkapital geschlossen werden kann, werden diese beide Größen bei der Berechnung der Abschreibungsrückzahlungsprämie gegenläufig zu berücksichtigen sein. Das kann am besten dadurch geschehen, daß die *Verhältniszahl*, die sich aus dem Verhältnis von Abschreibungsbetrag und gewinnberechtigtem Eigenkapital ergibt, durch die *Verhältniszahl*, die sich aus dem ausgewiesenen Gewinn zum gewinnberechtigten Eigenkapital errechnet, dividiert wird.

In mathematischer Notation errechnet sich daher die Abschreibungssrückzahlungsprämie (= ARP, y_{10}) durch folgende Gleichung, wenn D die Abschreibungssumme, c_{e1} das (außenfinanzierte) gewinnberechtigte Eigenkapital und G den ausgewiesenen und an die (Betriebs-) Eigentümer auszuschüttenden (Jahres-)Gewinn symbolisieren:

$$(1) \qquad ARP = (D / c_{e1}) / (G / c_{e1})$$

Als Ergebnis ergibt sich die *Abschreibungsrückzahlungsprämie in Prozent des ausgewiesenen Gewinns*, der ja für alle Prämien, die für die Massenwohlstandssicherung notwendig sind, die Berechnungsbasis bildet, um Druck auf das Gewinnauschüttungsverhalten zu bewirken. Um diesen Druck zu erhöhen, könnte man, wenn die so errechnete Abschreibungsrückzahlungsprämie als nicht ausreichend empfunden wird, den als Abschreibungsrückzahlungsprämie errechneten Prozentsatz noch durch Muliplikation mit einem Vervielfacher unter gleichzeitiger Begrenzung auf einen Höchstbetrag (zB 20 % des ausgewiesenen

Gewinns) erhöhen, um die Abschreibungsrückzahlung noch reizvoller zu machen.

2.3.1.4.2.3. Erläuterndes Beispiel

Zwei Beispiele dürfen die Errechnung der ARP zeigen. Dabei solle das außenfinanzierte gewinnberechtigte Eigenkapital (= c_{e1}) in beiden Beispielen und den sich aus den unterschiedlichen Gewinnausschüttungen ergebenden Subbeispielen immer 1000 GE und die Gewinnausschüttung (= G) bei Subbeispiel A 1 %, bei Subbeispiel B 5 % und bei Subbeispiel C 10 % betragen. Im ersten Beispiel möge die Abschreibungssumme 100 GE und im zweiten Beispiel 200 GE betragen. Es ergeben sich folgende Abschreibungsrückzahlungsprämien *in % des ausgewiesenen Gewinns*:

Beispiel 1:

Subbeispiel A		Subbeispiel B		Subbeispiel C	
(1)	D/c_{e1} = 100/1000 = 0,1	(1)	D/c_{e1} = 100/1000 = 0,1	(1)	D/c_{e1} = 100/1000 = 0,1
(2)	G/c_{e1} = 10/1000 = 0,01	(2)	G/c_{e1} = 50/1000 = 0,05	(2)	G/c_{e1} = 100/1000 = 0,1
(3)	0,1/0,01 = ARP = **10**	(3)	0,1/0,05 = ARP = **2**	(3)	0,1/0,1 = ARP = **1**

Beispiel 2:

Subbeispiel A		Subbeispiel B		Subbeispiel C	
(1)	D/c_{e1} = 200/1000 = 0,2	(1)	D/c_{e1} = 200/1000 = 0,2	(1)	D/c_{e1} = 200/1000 = 0,2
(2)	G/c_{e1} = 10/1000 = 0,01	(2)	G/c_{e1} = 50/1000 = 0,05	(2)	G/c_{e1} = 100/1000 = 0,1
(3)	0,2/0,01 = ARP = **20**	(3)	0,2/0,05 = ARP = **4**	(3)	0,2/0,1 = ARP = **2**

Es zeigt sich, daß die Abschreibungsrückzahlungsprämie umso höher wird, je höher die Abschreibungen und je niedriger der ausgewiesene Gewinn ist. Das ist auch einleuchtend. Denn ein Betrieb, der 10 % vom gewinnberechtigten Kapital und gleich viel an Abschreibungssumme wie Gewinn ausschüttet, hat ein viel kleineres Kapitalwiedererlangungsrisiko als ein Betrieb, der bei gleicher Abschreibungssumme nur eine Dividende von 1 % ausschüttet.

2.3.2. Die Variabilisierung der Kapitalüberlassungsentgelte

2.3.2.1. Zu den Begriffen

Die zweite Kostenpost, die wegen der für die Realisierung des technischen Fortschrittes notwendigen Investitionen eine noch größere Bedeutung erlangen wird als heute, sind die *Entgelte*, die von den Betrieben für die *Überlassung* des für die Investitionen benötigten Kapitals gezahlt werden müssen. Diese wurden in dieser Studie der allgemeinen Verständlichkeit wegen zunächst undifferenziert als „*Zinsen*" bezeichnet, weil mit diesem Begriff allgemein ein *Entgelt für die Überlassung von Kapital* verstanden wird.

In der Realität ist es heute in den meisten Ländern jedoch so, daß – zumindest handels- und steuerrechtlich – bei den Entgelten für die Kapitalüberlassung zwischen *Zinsen* als dem Entgelt für die Überlassung von nicht risikobereitem Kapital (= *Fremdkapital*) und den *Dividenden bzw Gewinnausschüttungen* als dem Entgelt für die Überlassung von risikobereites Kapital (= Risikokapital; = *Eigenkapital*) unterschieden wird.

Diese Unterscheidung ist eine Folge der seinerzeitigen statischen Bilanztheorie. Sie ist besonders ausgerpägt in dem das östereichsiche und deutsche Bilanzrecht beherrschenden *Gläubigerschutzgedanken*[55]. Sie ist aber auch in den anderen heutigen Bilanzrechten (wie in den *US-GAAP*[56] und den *UK-GAAP* sowie den *IAS*[57]), wenn auch nicht in der gleichen Bedeutung wie im HGB, anzutreffen. Als Entgelte für die Eigenkapitalüberlassung sollen keine Entnahmen getätigt werden können, die das den Gläubigern haftende Vermögen vermindern. Für die Überlassung des Eigenkapitals soll ebenso wie für die Mitarbeit des Betriebseigentümers nur dann ein Entgelt „bezahlt" werden, wenn der Betrieb einen *Überschuß* der Erträge über die Aufwendungen (einschließlich der Abschreibungen und Fremdkapitalzinsen) erwirtschaftet hat. Wurde ein solcher Überschuß nicht erzielt, dann hat der Betriebseigentümer eben sein Kapital *unentgeltlich* zur Verfügung gestellt und, wenn er im Betrieb mitgearbeitet hat, auch seine Arbeitsleistung *unentgeltlich* erbracht[58]. Da es aber für die Produktion *keinen* Unterschied macht, ob das erforderliche Kapital als Fremd- oder Eigenkapital zur Verfügung gestellt wird und auch die Mitarbeit einer leitenden Person (bzw eines solchen Teams) notwendig ist, werden der wirtschaftlichen Betrachtungsweise entsprechend in der *Kostenrechnung* diese Unterschiede *nicht* gemacht[59]. Vielmehr wird in die *kalkulaltorischen Zinsen* auch die *Verzin-*

---

55 sd LOITLSBERGER E.: Die Struktur des Gläubigerschutzes im Recht, in: Der österreichische Betriebswirt 1954, S 138 f;

56 sd BALLWIESER W.: US-amerikanische Rechnungslegung. Grundlagen und Vergleiche mit dem deutschen Recht, 4. Aufl., Stuttgart 2000; GRÜNBERGER D./GRÜNBERGER H.: IAS und US-GAAP 2002/2003. Ein systematischer Überblick, Wien 2002;

57 sd AUER K. V.: IAS versus HGB. Ein Vergleich für Einzel- und Konzernabschluß, 2. Aufl., Wien 2000; GRÜNBERGER D./GRÜNBERGER H.: IAS und US-GAAP 2002/2003, aaO;

58 sd LOITLSBERGER E.: Die Struktur des Gläubigerschutzes im Recht, aaO;

59 sd SEICHT G.: Moderne Kosten- und Leistungsrechnung. Grundlagen und praktische Gestaltung, 10. Aufl., Wien 1999, S 115 und 122;

sung des Eigenkapitals[60] und in den *kalkulatorischen Unternehmerlohn* auch das *Entgelt für die Mitarbeit des Unternehmers*[61] in die Kosten einbezogen.

Da in dieser Studie die handelsrechtlichen Regelungen die größere Bedeutung haben (weil von ihnen der ausschüttbare Gewinn abhängt), wird, wenn sich aus dem Kontext nichts anderes ergibt, entgegen der betriebswirtschaftlichen Terminologie in Übereinstimmung mit der handelsrechtlichen Betrachtungsweise mit dem Terminus *„Zinsen"* immer *die Summe der Entgelte für Fremdkapital* und unter den Termini *„Gewinnausschüttung"* bzw *„Dividenden"* immer die *Summe der Entgelte* für das außenfinanzierte *gewinnberechtigte Eigenkapital* verstanden.

2.3.2.2. Die Betriebsgefährdung durch nichtvariable (= fixe) Kapitalüberlassungsentgelte

Da die Betriebe diejenigen Institutionen sind, in denen direkt oder indirekt die Masseneinkommen gebildet werden, ist es notwendig, daß die Betriebe überleben. Dieses Überleben ist vielfach dann gefährdet, wenn die Betriebe mit Zahlungen belastet sind, die in unveränderter Höhe sowohl in guten als auch in schlechten Jahren zu leisten sind (=*fixe Zahlungen*). Denn in schlechten Jahren (Depressions- bzw Krisenjahren) werden die für diese Zahlungen erforderlichen finanziellen Mittel oft nicht verdient. Die Betriebe sind dann *zahlungsunfähig*, was sehr oft ihr Ende bedeutet.

Wenn zum Zweck der Sicherung der Masseneinkommen die Fähigkeit der Betriebe zu überleben *gestärkt* werden soll, dann müssen ebenso wie die Abschreibungen auch die *Kapitalüberlassungsentgelte variabilisiert* werden. Kapitalüberlassugsentgelte dürfen ebenso wie die Abschreibungen die Erfolgsrechnung – und in weiterer Folge auch die Liquidität der Betriebe – *nur* dann belasten, wenn sie nicht nur durch *Erträge*, die die Betriebe in dem betreffenden Zeitraum erwirtschaftet haben, abgedeckt – also *verdient* – worden sind, sondern auch als *Einnahmen* eingegangen sind. Denn nur in diesem Falle wird die Überlebensfähigkeit der Betriebe nicht gemindert. Das bedeutet, daß für die Massenwohlstandssicherung weder in Verlustjahren, noch in Jahren, in denen die Kapitalüberlassungsentgelte nicht als Einnahmen eingegangen sind, in der betrieblichen Erfolgsrechnung weder ausschüttbare Gewinne noch Zinsen verrechnet werden dürfen. Das bedeutet eine *zweifache Variabiliseirung* der Kapitalüber-

---

60 sd SEICHT G.: Moderne Kosten- und Leistungsrechnung. Grundlagen und praktische Gestaltung, aaO, S 115 ff;

61 sd SEICHT G.: Moderne Kosten- und Leistungsrechnung. Grundlagen und praktische Gestaltung, aaO, S 122;

lassungsentgelte: ihr Ansatz hängt einerseists von ihrer *Abdeckung durch Erträge* und andererseits von ihrem *Zufließen als Einnahme* ab.

2.3.2.3. Die Möglichkeiten der Kapitalüberlassungsentgeltvariabilisierng

2.3.2.3.1. Die Variabilisierung der Entgelte für die Eigenkapitalnutzung

Wie schon dargelegt wurde, läßt sich eine *Variabilisierung* der für die zur-Verfügungstellung von Kapital zu bezahlenden Entgelte am einfachsten durch eine *reine Eigenfinanzierung* des Betriebes erreichen. Denn wenn der Betrieb nur mit Eigenkapital finanziert ist, dann müssen nur in Gewinnjahren Entgelte für die Eigenkapitalüberlassung bezahlt werden. Da in Verlustjahren für die Eigenkapitalüberlasssung keine Entgelte bezahlt werden müssen, wird dadurch die Fähigkeit der Betriebe, Verlustzeiten zu überstehen, ohne Zweifel vergrößert. Man kann daher bei einer reinen Eigenfinanzierung von einer *Teilvariabilisierung* der Kapitalüberlasssungsentgelte und damit – wenn auch in übertragenem Sinn – im Hinblick auf die Überlebensfähigkeit der Betriebe von einer *„Idealfinanzierung"* sprechen.

Die Teilvariabilisierung wird zur *Vollvarabilisierung,* wenn die Gewinne auch durch *Einnahmen* und nicht nur durch Erträge abgedeckt sind. Da das Eigenkapital durch die *Gewinnausschüttungen* verzinst wird, sollten für die Sicherung des Massenwohlstandes Überschüsse der Erträge über die Aufwendungen nur dann als *Gewinne* ausgewiesen werden, wenn sie durch *Einnahmen,* die entweder bereits als Einnahme zugeflossen sein oder doch in naher Zukunft – also innerhalb der folgenden Gewinnermittlungsperiode – als Einnahme zufließen und die Ausschüttung daher durch einen kurzfristigen Kredit abgedeckt werden kann. Wenn das nicht der Fall ist (weil zB der Gewinn noch in längerfristigen Kundenforderungen steckt und der Geldeingang nicht durch einen Kredit antizipiert werden kann, weil er in Aktivierten Eigenleistungen steckt), sollte im Jahresabschluß *kein* „Gewinn", sondern nur ein *„Ertragsüberschuß"* ausgewiesen werden.

2.3.2.3.2. Die Möglichkeiten der Fremdkapitalzinsenvariabilisierung

2.3.2.3.2.1. Bei reiner Fremdfinanzierung

Die Erfahrung zeigt, daß auch von Betrieben, die sich um eine überwiegende Eigenkapitalfinanzierung bemühen, immer wieder Fremdkapital herangezogen werden muß, um Kapitalengpässe so lange zu überbrücken, bis sie durch Eigenfinanzierung beseitigt werden können. Dieser Sachverhalt hat den Nachteil, die Betriebe dann mit festen Zinsen und Rückzahlungen zu belasten, wenn keine „Sonderformen der Fremdfinanzierung" gewählt werden. Denn die „normale" Fremdfinanzierung, bei der Zinsen und Tilgungen meist in Annuitäten auf Grund eines Tilgungsplans unabhängig von der Ertragsituation des Betriebes geleistet werden müssen, wird in ertragsschwachen Zeiten das Überleben der Betriebe immer wieder gefährden. Daher müssen solche fixe Belastungen der Betriebe zur Sicherung des Massenwohlstandes nach Möglichkeit *vermieden* werden. Es muß getrachtet werden, auch bei den Entgelten für das Fremdkapital eine Variabilisierung zu erreichen.

Ein Mittel, auch beim Fremdkapital eine – wenigstens teilweise – Variabilisierung der für die Nutzung dieser Kapitalien zu zahlenden Zinsen zu erreichen, ist der *Kontokorrentkredit.* Der als Zinsen zu bezahlende Betrag hängt dabei von der Ausnutzung des Kreditrahmens ab. Es ist bei Vollausnutzung höher und bei Nichtausnutzung Null. Es muß als fixe Aufwandspost allerdings eine *Kapitalbereitstellungsprämie* gezahlt werden, die aber in der Regel wesentlich niedriger ist als Zinsen. Eine weitere Möglichkeit der Variabilisierung der Fremdkapitalzinsen könnte bei kleineren Beträgen *partiarische Darlehen* bzw *partiarische Kredite* sein. Da partiarische Kredite gewinnabhängig verzinst werden, wären für sie in Verlustjahren keine Zinsen zu bezahlen. Unterbliebene Verzinsungen müßten in folgenden Gewinnjahren jeweils aliquot soweit nachgeholt werden, daß trotz dieser aliquoten Nachholungen noch ein (ausschüttbarer) Restgewinn in Höhe einer marktmäßigen Verzinsung des gewinnberechtigten Eigenkapitals verbleibt.

Bei größeren Fremdkapitalbeträgen könnten *Nullkuponschudverschreibungen* (= Zero Bands), die vom Betrieb innerhalb ihrer Laufzeit zurückgekauft werden können[62] oder, wenn Nullkuponanleihen nicht ausgegeben werden können, Schuldverschreibungen mit einer *niedrigen Basisverzinsung* und einer *ergänzenden gewinnabhängigen Verzinsung* mit vom Betrieb bestimmbarer Rückkaufsmöglichkeit[63] die Erfordernisse einer Fremdkapitalzinsenvariabilisierung erfüllen.

Diese Möglichkeiten, die heute de facto nur den großen Betrieben zugänglich sind, müßten auch für kleinere Betriebe zugänglich gemacht werden. Denn wenn man auch die kleineren Betriebe Aktien emittieren läßt, müßte man ihnen logischerweise auch gestatten, die für die Kapitalbeisteller weniger riskanten partiarischen Kredite und/oder Gewinnschuldverschreibungen zu emittieren.

---

62 sd ROTH G. H.: Grundriß des österreichischen Wertpapierrechts, 2. Aufl., Wien 1999, S 141;

63 sd ROTH G. H.: Grundriß des österreichischen Wertpapierrechts, aaO;

2.3.2.3.2.2. Bei gemischter Finanzierung und nicht ausreichender Liquidität

Wenn Betriebe teils mit Eigen- und teils mit Fremdkapital finanziert sind (= gemischte Finanzierung) stößt die Variabilisierung der Kapitalkosten dann auf Schwierigkeiten, wenn die Liquiditätssituation für eine volle Auszahlung sowohl der Kapitalnutzungsentgelte für das Fremdkapital wie für das außenfinanzierte gewinnberechtigte Eigenapital nicht ausreicht.. Wenn es nicht gelingt, von den Gläubigern einen entsprechenden Zahlungsaufschub zu erreichen, kann die Lösung dieser Schwierigkeiten nur in der *Einhaltung einer Zahlungsrangordnung* bestehen. Da Kreditzinsen und Kreditrückzahlungen Zahlungsverpflichtungen gegenüber Dritten sind, die Abschreibungsrückzahlung und die Eigenkapitalverzinsung aber nur Verpflichtungen gegenüber den Betriebseigentümern, hat die Zahlungsverpflichtung gegenüber Dritten Vorrang vor der Abschreibungsrückzahlung und der Eigenkapitalverzinsung. Die beiden zuletzt genannten Ausgaben können daher bei nicht ausreichender Liquidität und Nichterlangung eines Zahlungsaufschubes durch die Gläubiger nur soweit vorgenommen werden, daß die Zahlungsverpflichtung gegenüber Dritten voll eingehalten wird. Nach Möglichkeit hat dann mit der restlichen Liquidität noch eine – allerdings nicht mehr marktgemäße – Verzinsung des gewinnberechtigten Eigenkapitals vorgenommen zu werden. Eine Abschreibungsrückzahlung findet in diesem Falle nicht statt.

2.3.2.4. Die Notwendigkeit und die Ausgestaltung von Anreizen

Die Erfahrung zeigt, daß die Finanzierung mit Fremdkapital, das überwiegend gewinnabhängig verzinst wird, weder bei den (kleineren) Betrieben noch bei den (über wenig Kapital verfügenden) Kapitalbeistellern beliebt ist. Diese Finanzierungsvarianten werden heute nur von den großen Betrieben, aber auch von diesen nicht auf breiter Basis angewendet. Für die Massenwohlstandssicherung ist es aber notwendig, daß alle Betriebe – oder doch wenigstens die meisten und nicht nur die größeren – Finanzierungsvarianten anwenden, die ihr betriebliches Überleben nicht gefährden und die auch für die Kapitalüberlasser eine *Teilnahme an den Rationalisierungsgewinnen* ermöglichen.

Um möglichst alle Betriebe – vor allem aber mittlere und kleinere – für eine Fremdkapitalfinanzierungsform zu gewinnen, die diese Bedingungen erfüllt, sind Anreize nötig. Diese könnten in einer *Fremdkapitalzinsenvariabilisierungsprämie* (= FKZVP, = y_{11}) bestehen.

2.3.2.4.1. Eine lineare Prämie als einfachster Anreiz

Auch hier wäre eine lineare Prämie am einfachsten zu handhaben. Sie könnte zB bei einer Variavilisierung von 60 % der Fremdkapitalsüberlassungsentgelte *gewährt werden.*

Auch die *Fremdkapitalzinsenvariabilisierungsprämie* sollte – wie alle der Massenwohlstandssicherung dienenden Prämien – vom ausgewiesenen Gewinn berechnet werden, um einen Druck auf die Gewinnausschüttung auszuüben. Auch bei dieser Prämie sind jedoch die gleichen Nachteile festzustellen, wie bei den anderen in dieser Studie erwähnten linearen Prämien. Sie geben keinen anreiz, den Anteil des zinsenvariabilisierten Fremdkapitls über den erforderlichen Mindestsatz hinaus zu erhöhen.

2.3.2.4.2. Eine vektorielle Prämie als zweckmäßigere Lösung

Diesen Nachteil kann eine vektorielle Prämie vermeiden. Bei dieser müßte der Prämiensatz von dem *Anteil* abhängen, den das zinsenvariabilisierte Fremdkapital am Gesamtkapital des Betriebes ausmacht. Auch hier würde daher eine (mathematische) Funktion, die die Abhängigkeit der Prämienhöhe von der Höhe des Anteils des zinsenvariabilisierten Fremdkapitals zum Gesamtkapital wiedergibt, den Sachverhalt am genauesten abbilden. Für die Handhabung in der Praxis würde aber eine solche Berechnung des Prämiensatzes zu kompliziert sein. Man muß sich daher auch bei dieser Prämie mit einer *klassenweisen Abstufung* der Höhe des Prämiensatzes begnügen.

Da die Erfahrung zeigt, daß mehrere Abhängigkeitsklassen zu bilden sind, stellen die Prämiensätze einen *Vektor* dar. In diesem Vektor würden die für die einzelnen Anteilsklassen festgelegten Prämiensätze die Zeilen bilden. Die einzelnen Anteilsklassen, die für die einzelnen Prämiensätze festgelegt worden sind, könnten wieder in einer Vorspalte festgehalten werden, um die Auswahl des richtigen Prämiensatzes zu erleichtern. Eine *Anteilsklasse* (= AK) errechnet sich nach folgender Formel:

AK = zinsenvariabilisiertes Fremdkapital * 100 / gesamtes Fremkapital

oder in mathematischer Notation, wenn das Zinsenvaribiliserte Fremdkapital durch c_{f0} symbolisiert wird und sonst die bisherigen Symbole verwendet werden:

$$AK = c_{f0} * 100 / C_F$$

Der Prämiensatz müßte – um einen Anreiz zur Erhöhung des ziinsenvariabilisierten Fremdkapitalanteils zu bieten – umso höher sein, je höher der Anteil des zinsenvariabilisierten Fremdkapitals am gesamten Fremdkapital ist. Denn je höher dieser Anteil ist, umso weniger Überlebensgefährdung besteht für den Betrieb. Wenn daher jeweils 25 % vom betrieblichen Fremdkapital eine eigene Anteilsklasse (= AK) des zinsenvariabilisierten Fremdkapitals bilden, würde der Vektor (fett gedruckt) folgendes Aussehen haben:

AK	Prämiensatz
0 % - 25 %	**2 %**
26 % - 50 %	**3 %**
51 % - 75 %	**4 %**
76 % - 100	**5 %**

2.3.2.4.3. Erläuterndes Beispiel

Zwei Betriebe mögen jeweils bei einem Gesamtkapital von 20 Mio 10 Mio Fremdkapital und einen ausgewiesenen Gewinn von 0,7 Mio haben. Bei Betrieb A mögen 2 Mio Fremdkapital und bei Betrieb B 5,5 Mio des Fremdkapitals zinsenvariabilisiert sein. Es ergibt sich aufgrund des im vorhergehenden Abschnitt gebrachten Prämienvektors folgende Prämienberechnung:

	Betrieb	
	A	**B**
Gesamtkapital	20,000.000.-	20,000.000.-
Fremdkapital	10,000.000.-	10,000.000.-
davon zinsenvariabilisiert	2,000.000.-	5,500.000.-
Fremdkapitalvariabilisierungsgrad	10 %	27,5 %
Prämiensatz	2 %	3 %
Prämienberechnung	700.000.- * 0,02	700.000.- * 0,03
Prämie	*14.000.-*	*21.000.-*

2.3.2.4.4. Eine Matrixprämie als zweckmäßigste Variante

Eine vektorielle Prämie hat zwar den Vorteil, unterschiedliche Fremdkapitalvariabilisierungsklassen zu berücksichtigen, aber den Nachteil, nicht darauf hinzuweisen, daß die Fremdfinanzierung für die Massenwohlstandssicherung wegen der Rückzahlungstermine unzweckmäßiger ist als die Eigenfinanzierung. Dieser Sachverhalt könnte durch eine Erweiterung der Matrix der Eigenfinanzierungsprämie zum Ausdruck gebracht werden. Bei dieser Matrix werden die Zeilen von den Eigenfinanzierungsgraden und die Spalten vom Anteil des zinsenvariabiliserten Fremdkapitals am Fremdkapital gebildet. Die Spalten dieser Matrix müssen die Anteile des zinsenvariabilsierten Fremdkapitals am Fremdkapital anzeigen. Dabei ist unmittelbar einsichtig, daß die Prämiensätze umso höher werden müssen, je höher der Eigenfinanzierungsgrad und der Anteil des zinsenvariabilisierten Fremdkapitals am Fremdkapital ist. Denn je größer der zinsenvariabiliserte Anteil des Femdkapitals am Fremdkapital ist, umso weniger überlebensgefährdet ist ein Betrieb.

Auch hier könnten diese Abhängigkeiten am genauesten durch eine mathematische Formel ausgedrückt werden. Für die Praxis wird man sich aber auch hier mit einer ordinalen Klassenbildung begnügen müssen. Zumindest sollte man die schon bei der vektoriellen Prämie angeführten vier Klassen bilden: Variabilsierungsgrade von 0 % - 25 %, 26 % - 50, 51 % - 75 % und 76 – 100 %. Die Matrix hat daher folgendes Aussehen:

Eigenfianzierungsgrad	Anteil des zinsenvariabiliserten Fremdkapitals			
	0 % - 25 %	26 % - 50 %	51 % - 75 %	76 % - 100 %
0 % < e < 10 %	**1 %**	**2 %**	**3 %**	**4 %**
10 % < e < 25 %	**2 %**	**3 %**	**4 %**	**5 %**
25% < e < 50 %	**3 %**	**4 %**	**5 %**	**6 %**
50 % < e < 75 %	**4 %**	**5 %**	**6 %**	**7 %**
75 % < e < 90 %	**5 %**	**6 %**	**7 %**	**8 %**
90 % < e < 100 %	**0 %**	**1 %**	**2 %**	**3 %**

2.4. Anreize für eine „Schütt-aus-hol-zurück-Politik“

2.4.1. Die Notwendigkeit

Im Abschnitt 6.4.4. des ersten Teils dieser Studie wurde schon darauf hingewiesen, daß es sowohl der Druck auf die Gewinnausschüttung als auch die Abschreibungsrückzahlung notwendig machen, das für die Betriebsführung benötigte Kapital über den *Kapitalmarkt* zurückzuholen. Das dadurch entstehende *Kapitalwiedererlangungsrisiko* werden die Betriebe aber nur dann auf sich nehmen, wenn ihnen ein entsprechender Anreiz geboten wird. Dieser Anreiz kann in einer „Schütt-aus-hol-Zurück-Prämie“ bestehen.

2.4.2. Die verschiedenen Prämienarten und ihre Vor- und Nachteile

2.4.2.1. Eine lineare Prämie als einfachste Lösung

Am einfachsten könnten Geschäftsführer und Eigentümer von Betrieben, die die für die Massenwohlstandssicherung notwendigen Prämien auszahlen und die Abschreibungsbeträge an die Kapitlbeisteller zurückzahlen sowie die erwirtschafteten Gewinne voll ausschütten, dadurch belohnt werden, daß ihnen dafür, daß sie das benötigte Kapital nicht zur Selbstfinanzierung im Betrieb zurückhalten, sondern es sich von *außen* beschaffen müssen, eine steuerfreie (oder doch niedriger besteuerte) lineare *„Schütt-aus-Hol-zurück-Prämie"* (= y_{12}) (zB 5 % des ausgewiesenen Gewinns) gewährt wird.

Eine solche lineare „Schütt-aus-Hol-zurück-Prämie" hätte den Vorteil, legistisch leicht formulierbar und praktisch einfach handhabbar zu sein. Diesen Vorteilen steht aber der Nachteil gegenüber, daß bei einer solchen Prämie kein Unterschied gemacht wird, ob das Kapitalwiederlangungsrisiko groß oder klein ist. Denn eine lineare Prämie nimmt auf die unterschiedliche Gewinnhöhe und damit auch auf das unterschiedliche Ausmaß des Kapitalwiedererlangungsrisikos keine Rücksicht. Das ist ein erheblicher Nachteil, weil auf diese Weise vor allem solche Betriebe nicht zur „Schütt-aus-hol-zurück-Politik" angehalten werden, die nur eine marktmäßige Verzinsung des Eigenkapitals und eine angemessene Risikoprämie, aber keine Übergewinne ausschütten können.

2.4.2.2. Eine vektorielle Prämie als die für die Massenwohlstandssicherung betriebswirtschaftlich zweckmäßigere Lösung

Da es darum geht, das Management zu ermutigen, das Kapitalwiedererlangungsrisiko auf sich zu nehmen, muß die Schütt-aus-hol-zurück-Prämie umso höher sein, je größer dieses Risko ist. Da – wie schon dargelegt wurde – dieses Risiko umso kleiner wird, je mehr der ausgeschüttete Gewinn über eine marktmäßige Verzinsung des Eigenkapitals hinausgeht, sollte die Höhe des Prämiensatzes von diesem Verhältnis (= der *Ausschüttungsrentabilität*) abhängen.

Das kann am bestem durch einen Vektor erreicht werden, dessen Zeilen von der Ausschüttungsrentabilität gebildet werden. Die Schütt-aus-hol-zurück-Prämie kann dabei um so niedriger werden, je höher die Ausschüttungsrentabiltität (= AR) ist. Es kann daher auf den schon dargelegten *Ausschüttungsrentabilitätsvektor* zurückgegriffen werden. Es müssen nur die Ausschüttungsrentabiltätsspannen etwas enger gemacht werden, weil das Kapitalwiedererlangungsrisiko bei Ausschüttungsrantabiltäten von 0 % - 5 % doch schon erheblich größer ist als bei solchen von 10% - 15% oder gar von 15 % - 20 %. Da bei Ausschüttungsrentabiltäten von über 20 % mit großer Wahrscheinlichkeit kein Kapitalwiedererlangungsrisiko mehr besteht, sollte für solche Ausschüttungsrentabilitäten keine Schütt-aus-hol-zurück-Prämie mehr gewährt werden. Die vektorielle Schütt-aus-hol-zurück-Prämie könnte daher folgendes Aussehen haben (Prämienvektor fett gedruckt):

AR	Prämie
> 20 %	**0 %**
15 % - 20 %	**2 %**
10 % - 15 %	**3 %**
5 % - 10 %	**6 %**
0 % - 5 %	**8 %**

2.4.2.3. Eine Matrixprämie als die für die Massenwohlstandssicherung betriebswirtschaftlich zweckmäßigste Prämie

2.4.2.3.1. Die Determinanten

Da die Größe des Kapitalwiedererlangungsrisikos aber nicht nur von der Höhe der bisherigen Gewinnausschüttungen, sondern auch noch – und vor allem – von der glaubhaft gemachten Rentabiltät der Verwendung der wieder hereingenommenen Kapitalien abhängt, muß die Schütt-aus-hol-zurück-Prämie auch dieser Risikodeterminante Rechnung tragen. Das macht eine Matrix erforderlich, weil das Kapitalwiedererlangungsrisiko einerseits durch die Ausschüttungsrentabiltät und andererseits auch durch die glaubhaft gemachte künftige Rentabiltät des wieder hereingenommenen Kapitals bestimmt wird. In dieser Matrix werden die Zeilen von der (auf engere Spannen zusammengezogenen) Ausschüttungsrentabilität und die Spalten von der glaubhaft gemachten künftigen Rentabilität des wieder hereingenommenen Kapitals gebildet. Dabei können bei den Spalten für die glaubhaft gemachten Rentabiltäten die bei der Berechnung der Investitionsprämie zugrunde gelegten Rentabilitätsstufen herangezogen werden. Die Matrix, aus der der Prämiensatz für die Berechnung der Schütt-aus-hol-zurück-Prämie entnommen werden kann, könnte daher beispielsweise folgendes Aussehen haben:

AS = g*100/C	Rentabilität der Investition			
	R> 20 %	10 % < R <20 %	5 % < R < 10 %	0 % < R < 5 %
0 % < AS < 5 %	**4 %**	**6 %**	**8 %**	**10 %**
5% > AS > 10 %	**2 %**	**4 %**	**6 %**	**8 %**
10 % < AS < 15	**1 %**	**2 %**	**3 %**	**4 %**
15% < AS < 20 %	**1 %**	**1 %**	**2 %**	**3 %**

2.4.2.4.2. Berechnungsbeispiel

Ein Beispiel darf die Berechnung der Prämie verdeutlichen. Die Betriebe A und B mögen jeder einen Gewinn von 1.000.000.- ausweisen und auch ausschütten. Betrieb A möge beabsichtigen, eine Dividende von 12 % zu zahlen und eine Investition mit einer glaubhaft gemachten Rentabiltät von 15 % durchzuführen. Betrieb B möge eine Dividende von 4 % ausschütten und eine Investition mit einer glaubhaft gemachten Rentabilität von 7 % durchführen wollen. Die Schütt-aus-hol-zurück-Prämie berechnet sich in diesen Fällen wie folgt, wenn die Prämiensätze der im vorhergehenden Abschnitt gezeigten Prämiensatz-Matrix entnommen wird:

	Betrieb A	Betrieb B
Dividendensatz	12 %	4 %
Investitionsrentabilität	15 %	8%
Prämiensatz lt. obiger Matrix	**2 %**	**8 %**
Prämie	20.000.-	80.000.-

2.5. Maßnahmen zur Wahrung der Interessen der Kleinbeteiligten durch die Abschlußprüfung

2.5.1 Die Notwendigkeit eines Wahlrechts

Wie in dieser Studie gezeigt werden konnte, müssen den Betrieben zur Sicherung des Massenwohlstands sehr viele in Steuerbegünstigungen bestehende Anreize geboten werden. Wenn verhindert werden soll, daß Betriebe diese Begünstigungen in Anpruch nehmen, ohne die dafür vorgesehehen Bedingungen zu erfüllen, ist eine *regelmäßige Prüfung* dieser Betriebe durch einen *externen Prü-*

fer notwendig. Bei Aktiengesellschaften ist diese Prüfung bereits gesetzlich vorgeschrieben.

Bei kleinen Gesellschaften mit (überwiegend) kleinen Gesellschaftern entsteht in aller Regel durch eine Abschlußprüfung ein zusätzliches *Kostenproblem*. Die Abschlußprüfung darf keine hohen Kosten verursachen, weil durch hohe Kosten der ausschüttbare Gewinn geschmälert wird.

Um eine sachkundige Abschlußprüfung mit niedrigen Kosten zu erreichen, gibt es *zwei* Möglichkeiten. Die eine wäre eine Prüfung durch einen *unabhängigen Revisionsverband*, wie dies bei der genossenschaftlichen Abschlußprüfung schon durchgeführt wird. Die Gesellschaften müßten hier einen Revisionsverband in der Rechtsform einer Genossenschaft oder auch einer (gemeinnützigen) Gesellschaft mit beschränkter Haftung gründen und diesen mit dem Prüfungsmandat betrauen. Eine zweite – noch kostengünstigere - Möglichkeit wäre eine *Kombination mit der steuerlichen Betriebsprüfung*. Denn bei den massenwohlstandssichernden Betrieben ist die steuerliche Betriebsprüfung *die Verbündete* der Kleingesellschafter. Die Kleingesellschafter sind daran interessiert, daß die Geschäftsführung ordnungsmäßig ist und weder Gewinnthesaurierungen – insbesondere keine stillen – noch verdeckte Gewinnausschüttungen vorgenommen, aber auch keine fiktiven Gewinne ausgewiesen werden. Die steuerliche Betriebsprüfung ist daran interessiert, Gewinnthesaurierungen und verdeckte Gewinnausschüttungen sowie fiktive Gewinne aufzudecken, weil diese bei der für massenwohlstandssichernde Betriebe geltenden Ausschüttungsrentabiltätssteuer - bzw Erweiterten Ausschüttungsrentbilitätssteuer - hoch besteuert werden und daher den Fiskus für den Steuerentgang aus der Nicht- oder Geringbesteuerung der ausgewiesenen und ausgeschütteten Gewinne entschädigen. Allerdings müßten die steuerlichen Betriebsprüfer noch besser, als sie dies heute schon sind, in Betriebswirtschaftslehre ausgebildet werden. Sie müßten primär nicht nach steuerlichen, sondern nach *betriebswirtschaftlichen Grundsätzen* prüfen, was bei massenwohlstandssichernden Betrieben aber *keinen Gegensatz darstellt*.

Die *Kosten*, die diese Prüfungen verursachen, könnten zwischen dem geprüften Unternehmen und dem Fiskus geteilt werden, was für beide Parteien von Vorteil wäre. Für die Gesellschaften würde die Prüfung verbilligt werden und der Fiskus würde schneller zu eventuellen Steuernachzahlungen kommen, als wenn die steuerliche Betriebsprüfung unabhängig von der Abschlußprüfung nur in längeren Zeitabschnitten vorgenommen wird. Allerdings müßte der Staat auch die (unbeschränkte) Haftung für solche Prüfungsfehler übernehmen, die einen Nachteil für die Kleingesellschafter ergeben. Wenn der Staat diese Haftung nicht übernehmen will, könnte auch vom *Fiskus* unter Kostenteilung ein *unabhängiger Wirtschaftsprüfer* mit der Prüfung beauftragt werden. Diese würde dann auch im Interesse des Finanzamtes durchgeführt werden. Den Gesellschaften müßte ein diesbezügliches *Wahlrecht* eingeräumt werden.

2.5.2. Eine Prüferauswahlverzichtsprämie als zusätzlicher Anreiz

Um die Gesellschaften zu einer *Kombination* der Abschlußprüfung mit der steuerlichen Betriebsprüfung zu veranlassen, sollte nicht nur eine *Kostenteilung* vorgesehen, sondern die Ermöglichung dieser Kombination auch noch mit einer *Prämie* belohnt werden. Diese für den Verzicht auf die alleinige Auswahl des Abschlußprüfers gewährte Prämie (= *Prüferauswahlverzichtsprämie*, = y_{13}) sollte in einem Prozentsatz des ausgeschütteten Gewinnes bestehen, ohne jedoch – wie alle der Massenwohlstandssicherung dienenden Prämien – diesen Gewinn zu schmälern.

Bei dieser Prämie kann mit einem *linearen Prämiensatz* das Auslangen gefunden werden, weil es sich um einen einfachen *Ja/Nein-Tatbestand* handelt. Um eine Signalwirkung zu erzielen, sollte sie wenigstens 6 % vom ausgeschütteten Gewinn betragen und im Verhältnis ein Drittel (Management) zu zwei Drittel (Gesellschafter) zwischen Management und Gesellschaftern aufgeteilt werden. Auf diese Prämie sollte auch Anspruch bestehen, wenn nicht zugunsten des Fiskus, sondern zugunsten einer anderen *gesellschaftsfremden* – externen – Institution (zB der Börsenaufsicht) auf die eigenständige Prüferauswahl verzichtet wird.

Sollten sich Gesellschaft und Fiskus (oder eine andere gesellschaftsfremde zur Prüferauswahl mitberechtigte Institution) nicht auf einen Prüfer einigen können, sollte das zuständige Gericht nach Anhörung der Parteien den Prüfer bestellen können. Die Kosten der Prüfung wären auch in diesem Falle hälftig zu teilen.

3. Die bei der breiten Bevölkerung zur Erfüllung der Massenwohlstandssicherungsbedingungen erforderlichen Maßnahmen

3.1. Die Ebenen der erforderlichen Maßnahmen

Damit die Beteiligungssparer als Belohnung für den Erwerb von Kleinbeteiligungen die verschiedenen Begünstigungen, die für diesen Erwerb gewährt werden, ausnützen können, sind Maßnahmen auf der *staatlichen* und der *betrieblichen Ebene* erforderlich.

3.2. Die Maßnahmen auf der staatlichen Ebene

3.2.1. Staatliche Maßnahmen zugunsten der Betriebe

3.2.1.1. Maßnahmen zur Entsteuerung der von den Betrieben festgelegten Prämien

3.2.1.1.1. Die Festlegung der Steuerfreiheit des Belohnungssystems

Wie bereits in Abschnitt 2 des zweiten Teils dieser Studie bei der Darstellung der zur Erfüllung der für die Massenwohlstandssicherung notwendigen betrieblichen Bedingungen gezeigt wurde und wie im dritten Abschnitt dieses zweiten Teiles nochmals gezeigt werden wird, ist für die Erfüllung dieser Bedingungen ein *ganzes System* von Prämien und Belohnungen notwendig. Damit dieses System seine Wirkung voll entfalten kann, ist es notwendig, daß diese Beträge bei den Betrieben als *Betriebsausgaben* und bei den Empfängern als *steuerfreie* – oder zumindest doch als *steuerbegünstigte – Einnahmen* anerkannt werden.

Es sind daher staatlicherseits sowohl in den Gesetzen, die die Erfolgsbesteuerung der Betriebe regeln, als auch in den Einkommensteuergesetzen, die für die Belohnungsempfänger gelten, entsprechende gesetzliche Bestimmungen für die Steuerbefreiung (bzw die Steuerbegünstigung) dieser Beträge vorzusehen.

3.2.1.1.2. Die Festlegung der Steuerfreiheit der Kleinbeteiligungsprämie

Wie ebenfalls schon in Abschnitt 7.2.2. des ersten Teils dieser Studie dargelegt wurde, sollte der Betrag, der als Kleinbeteiligungsprämie geltend gemacht werden kann, einerseits von der Höhe des Einkommens und andererseits vom Betrag, der für den Erwerb von Beteiligungen in einer Periode ausgegeben wird, abhängen. Wenn beispielsweise monatliche Beteiligungserwerbe und nachfolgende Einkommensstufen unterstellt sowie bei der Höhe des Beteiligungserwerbs vier Klassen gebildet werden, könnte der Prämiensatz der Kleinbeteiligungsprämie wie folgt festgelegt werden (Prämiensätze fett gedruckt):

	Anschaffungswert der Beteiligung			
Monatseinkommen	< 1.000.-	<2.000.-	<3.000.-	< 4.000.-
< 10.000.-	**10 %**	**20 %**	**35 %**	**50 %**
< 15.000.-	**8 %**	**15 %**	**25 %**	**40 %**
< 20.000.-	**6 %**	**12 %**	**16 %**	**30 %**
< 30.000.-	**4 %**	**7 %**	**11 %**	**20 %**
< 50.000.-	**2 %**	**4 %**	**7 %**	**10 %**
< 75.000.-	**0 %**	**2 %**	**4 %**	**5 %**
< 100.000.-	**0 %**	**0 %**	**1 %**	**2 %**

3.2.1.1.3. Kenntnisnahme und Überprüfung des Belohnungssystems

Da die Betriebe hinsichtlich der Ausnutzung dieser Belohnungen ein *Wahlrecht* haben, ist es notwendig, daß sie das Belohnungssystem nach der Beschlußfassung in den zuständigen betrieblichen Gremien, aber noch vor der Auszahlung dem *zuständigen Finanzamt nachweislich zur Kenntnis* bringen.

Das Finanzamt hat das von den Betrieben beschlossene Belohnungssystem auf seine *Zweckmäßigkeit für die Masssenwohlstandssicherung* zu überprüfen und seine Anerkennung bescheidmäßig festzustellen. Sollte das Finanzamt das vorgelegte Belohnungssystem für die Massenwohlstandssicherung nicht für geeignet halten, hat es dem einreichenden Betrieb unter Angabe der Mängel eine angemessene Nachfrist zur Mängelbehebung einzuräumen und nach der Mängelbehebung bescheidmäßig die Anerkennung auszusprechen.

3.2.1.1.4. Die Berücksichtigung bei der Steuerbemessung

In der Folge ist ein vom Finanzamt anerkanntes Belohnungssystem bei der Steuerbemessung zu berücksichtigen.

3.2.2. Staatliche Maßnahmen zugunsten der Kleinbeteiligungssparer

3.2.2.1. Steuerliche Maßnahmen

3.2.2.1.1. Maßnahmen zur Überprüfung und Genehmigung der Sparpläne

Wie in Abschnitt 7.2.1. des ersten Teils dieser Studie nachgewiesen wurde, ist zur Sicherung des Massenwohlstandes nicht nur die Einreichung von Sparplänen durch die Beteiligungssparer, sondern auch eine *Entsteuerung* der im Rahmen der Sparpläne gezahlten Beträge notwendig. Um eine solche Entsteuerung zu erreichen, müssen in die einschlägigen Steuergesetze – in den meisten Ländern in das *Einkommensteuergesetz* – entsprechende Bestimmungen eingefügt werden.

Im Detail sind es vor allen *drei Bestimmungen*, die hier von Bedeutung sind:

1) Eine Vorschrift, die die Finanzämter berechtigt und verpflichtet, die eingereichten Sparpläne daraufhin zu *überprüfen*, ob sie geeignet sind, die Umwandlung von Arbeitseinkommen in breit gestreute Kapitaleinkommen zu fördern und,
2) wenn dies der Fall sein sollte, die *Eignung der Sparpläne bescheidmäßig festzustellen* und in der Folge die im Rahmen dieser Sparpläne gezahlten Beiträge als *Abzugsposten* bei der Bemessungsgrundlage der Einkommensteuer der Beteiligungssparer anzuerkennen,
3) wenn aber die Sparpläne wegen schwerwiegender Mängel nicht anerkannt werden können, diese *bescheidmäßig unter Angabe der Mängel und Setzung einer ausreichenden Nachfrist zur Verbesserung* zurückzugeben. Diese Bescheide sollten mit den in den jeweiligen Ländern geltenden Rechtsmittelverfahren bekämpfbar sein.

Darüber hinaus müssen in diesen Vorschriften auch die Bedingungen festgelegt werden, die die Kapitalanlagefonds (Pensionsfonds, Investmentfonds usw) erfüllen müssen, damit die bei ihnen eingezahlten Beträge die Befreiung von der Einkommensteuer erlangen können.

3.2.2.1.2. Die Maßnahmen zur Entsteuerung der Sparbeträge

Auf staatlicher Ebene ist in den Einkommensteuergesetzen eine Bestimmung vorzusehen, daß die Beträge, die im Rahmen von Sparplänen für den Erwerb von Kleinbeteiligungen ausgegeben werden, von der Bemessungsgrundlage der Einkommensteuer der Beteiligungssparer dann abgezogen werden können, wenn

1) das Gesamtausmaß der vom Beteiligungssparer bei der betreffenden Beteiligungsgesellschaft erworbenen Beteiligung 1 % des Gesamtkapitals dieser Gesellschaft nicht übersteigt und
2) die Erfüllung dieser Bedingung vom Beteiligungsparer ordungsgemäß nachgewiesen wird.

3.2.2.1.3. Die Festlegung des Sozialbeitragsumwandlungssatzes

Soweit Beiträge für die Vorsorge zukünftiger Pensionen durch öffentlich-rechtliche Institutionen vorgeschrieben werden, bedarf die in Abschnitt 7.3.1. des ersten Teiles dieser Studie dargelegte Umwandlung eines Teiles dieser Beiträge in Selbstversicherungsbeiträge einer von der für die Beitragszahlungen an diese Institution zuständigen Stelle – die in den meisten Fällen der Staat sein wird – erlassenen Vorschrift, die

1) den Prozentsatz angibt, der in einen Selbstversicherungsgbeitrag umgewandet werden kann, und der
2) festlegt, auf welche Weise ungerechtfertigt entnommene Beträge rückwirkend einzuzahlen sind.

3.2.2.1.4. Die Festlegung der Höhe und Auszahlungsmodalitäten des Beteiligungserwerbszuschusses

Wie schon in Abschnitt 7.3.2. des ersten Teils dieser Studie dargelegt wurde, sollte vom Staat für den Erwerb von Kleinbeteiligungen ein Zuschuß nach Art der „Bausparprämie“ gewährt werden. Dabei ist allerdings terminologisch zu beachten, daß in dieser Studie der Terminus „Prämie“ immer für Auszahlungen benutzt wird, die vom Betrieb zu leisten und daher vorher von diesem zu verdienen sind, was bei der „Bausparprämie“ nicht der Fall ist, weil diese vom Staat gezahlt wird. Für derartige Zahlungen wird in dieser Studie der Terminus „*Zuschuß*“ verwendet, so daß nach dem Begriffskonzept dieser Studie korrekterweise von einem „Bausparzuschuß" statt von einer Bausparprämie gesprochen werden müßte.

Hinsichtlich der für die Auszahlung notwendigen gesetzlichen und sonstigen Vorschriften könnte auf die Vorschriften für die Bausparprämie als Vorlage zurückgegriffen werden. Es sollte allerdings der Satz für den Kleinbeteiligungserwerbszuschuß höher sein als die Bausparprämie, weil gesamtwirtschaftlich der Massenwohlstandssicherung in Zukunft *eine größere Bedeutung* zukommen wird als der Finanzierung von Bauvorhaben.

Wie die Prämien ist auch der Kleinbeteiligungserwerbszuschuß mathematisch ein Produkt einer Multiplikation einer *Basis* mit einem *Zuschußsatz.* Für die Massenwohlstandssicherung wäre es am zweckmäßigsten, wenn die *Berechnungsbasis* für den Zuschuß die *Anschaffungsausgaben* der in der betreffenden Periode erworbenen Kleinbeteiligungen wären. Wenn ein so hoher Zuschuß aber nicht finanzierbar sein sollte, kämen – allerdings nur mehr als zweitbeste Lösung – die vom Beteiligungssparer für den Beteiligungserwerb aufgewendeten *Eigenmittel* in Frage.

Abrechnungsmäßig wäre ein *linearer* Kleinbeteiligungserwerbszuschuß (zB 3 % der Anschaffungsausgaben der in der Periode erworbenen Beteiligungen) am einfachsten durchführbar. Wenn die Abrechnung mittels eines EDV-Programmes so gestaltet werden kann – was vor allem bei Kapitalanlagefonds der Fall sein wird –, daß ein vektorieller oder – noch zweckmäßiger – ein Matrixprämiensatz keine höheren Abrechnungskosten als ein linearer Prämiensatz verursacht und außerdem auf die vom Beteiligungssparer aufgewendeten Eigenmittel als Berechnungsbasis zurückgegriffen wird, wäre ein die *Einkommenshöhe* einerseits und den in der Periode erworbenen *Beteiligungbetrag* andererseits berücksichtigender Prämiensatz zur Förderung des Beteiligungssparens noch besser geeignet. Es könnte dazu auf die in Abschnitt 3.2. dieses Teiles der Studie festgelegten Prämiensätze zurückgegriffen werden.

Für die Massenwohlstandssicherung wäre es am zweckmäßigsten, wenn der Kleinbeteiligungserwerbszuschuß jeweils sofort beim Beteiligungserwerb auszubezahlen wäre, weil dadurch bei gleichen Eigenmitteln des Beteiligungssparers ein größerer Beteiligungsbetrag erworben werden könnte. Wenn der Kleinbeteiligungserwerbszuschuß nicht monatlich, sondern nur *einmal* am Ende eines Jahres für die während des abgelaufenen Jahres erworbenen Beteiligungen ausbezahlt wird, müßten die in Abschnitt 3.2. dieses Teiles der Studie dargelegten Monatssätze nur auf Jahressätze umgerechnet werden, was eine einfache Multiplikation erfordert.

Ein Beispiel darf die Berechnung des Kleinbeteiligungserwerbszuschusses verdeutlichen. Ein Beteiligungssparer mit einem Monatseinkommen von 1.400.- möge mit Hilfe eines Kredites in Höhe von 90 % des Anschaffungswertes der Beteiligung und einer im Sparplan festgelegten Sparquote von 30.- im Monat für 300.- Beteiligungen erwerben. Mit einem linearen Zuschuß von 10 %

ergibt sich bei den beiden Varianten (Anschaffungswertbasis und Eigenmittelbasis) folgender Zuschußbetrag:

Berechnungsbasis		Kleinbeteiligungs-erwerbszuschuß	Nach Zuschuß noch zur Verfügung stehende Eigenmittel
		AW der Beteiligung	
Anschaffungsausgaben	300.-	30.-	
davon Kredit	270.-		
zunächst benötigte Eigenmittel	30.-		30.-

Der Beteiligungssparer könnte daher bei der Anschaffungswertvariante unter Inanspruchnahme eines weiteren Kredites von 270.- sofort wieder für 300.- Beteiligungen anschaffen und so in sehr viel kürzerer Zeit als mit der Eigenmittelvariante einen für die Altersversorgung ausreichenden Kapitalstock aufbauen.

Da diese Variante aber mit an Sicherheit grenzender Wahrscheinlichkeit nicht finanzierbar sein dürfte, sollte der Zuschuß mit den in Abschnitt 3.2. dieses Teiles der Studie erwähnten Sätzen berechnet werden. Es würde sich dann folgender Zuschuß ergeben:

$$30.- * 0{,}40 = 12.-,$$

was mit Hilfe eines Kredites von (12.- * 9 =) 108.- die Anschaffung von Beteiligungen mit einem Anschaffungswert von insgesamt (12.- + 108.- =) 120.- ermöglichen würde.

3.2.2.1.5. Die Entsteuerung der Dividendeneinnahme aus Kleinbeteiligungen

Wie schon in Abschnitt 7.3.3. des ersten Teils dieser Studie dargelegt wurde, ist es notwendig, für den Erwerb der Kleinbeteiligungen günstige Kreditmöglichkeiten zu schaffen. Diese Kredite sollen nach Möglichkeit vom privaten Bankenapparat vergeben werden. Dabei soll als Sicherheit die erworbene Kleinbeteiligung dienen. Die Verzinsung und die Rückzahlung des Kredites sollen aus den aus dieser Beteiligung zufließenden Dividenden erfolgen.

Da die Kredite möglichst niedrig verzinslich sein sollen, muß dem Bankenapparat als erstes ein *Anreiz* geboten werden, diese Kreditgeschäfte durchzuführen. Dieser Anreiz könnte in der Entsteuerung der der Bank aus diesen Kreditgewährungen zufließenden Zinsen bestehen. Für die Steuerbefreiung dieser Zinsen müßte eine entsprechende steuerliche Bestimmung vorgesehen werden.

3.2.2.2. Die Schaffung von Kreditmöglichkeiten

3.2.2.2.1. Die eventuelle Schaffung eines Kleinbeteiligungserwerbs-kreditfonds

Wie schon erwähnt wurde, werden die meisten Arbeitnehmer zum Erwerb der Kleinbeteiligungen *Kredite* in Anspruch nehmen müssen, für die die erworbenen Beteiligungen als Sicherheit dienen und die aus den zufließenden Dividenden verzinst und rückgezahlt werden sollen. Diese Kreditgewährung soll primär von den *privaten Banken* vorgenommen werden. Wenn der Bankenapparat diese Aufgabe jedoch nicht übernimmt, muß der Staat eine entsprechende – sich selbst erhaltende – Institution einrichten, die diese Kreditgewährungen durchführt.

3.2.2.2.2. Die Übernahme einer Ausfallhaftung

Zum zweiten müßte eine Institution geschaffen werden, die die *Ausfallhaftung* für diese Kredite übernimmt, damit für die Banken das Risiko aus diesen Kreditgewährungen gering bleibt. Dadurch sollte erreicht werden, daß *keine* – oder doch nur eine sehr geringe – *Risikoprämie* in die Kreditzinsen eingerechnet werden muß.

Zur Absicherung der die Ausfallhaftung übernehmenden Institution müßten alle Kredite, die von einem Kleinbeteiligungssparer für den Erwerb von Kleinbeteiligungen in Anspruch genommen werden, bei dieser Institution versichert werden. Da bei Einhaltung der Bedingungen, die für die massenwohlstandssichernden Betriebe gelten, nur ein kleiner Teil der Unternehmen illiquid werden wird, müßten die von den gut geführten Betrieben gezahlten Dividenden ausreichen, die ausfallhaftende Institution schadlos zu halten.

3.2.2.2.3. Die Schaffung einer Refinanzierungsmöglichkeit

Schließlich müßte drittens für die kreditgewährenden Banken eine *Refinanzierungsmögichkeit* geschaffen werden, um die Banken auch finanziell in die Lage zu versetzen, diese Kredite zu gewähren. Diese Refinanzierung könnte gegen Einräumung von *Subpfandrechten* an den mit Kredit erworbenen Kleinbeteiligungen erfolgen. Von den kreditnehmenden Beteiligungssparern sollten nach Möglichkeit keine zusätzlichen Sicherheiten – insbesondere keine Blankowechsel – verlangt werden, um die Beteiligungssparer nicht vom Erwerb von Kleinbeteiligungen abzuschrecken.

3.2.2.3. Die Schaffung von Kleinbeteiligungskaufs- und -verkaufsmöglichkeiten

3.2.2.3.1. Die Notwendigkeit

Wie schon in Abschnitt 7.4. des ersten Teils dieser Studie dargelegt wurde, muß auch dafür gesorgt werden, daß die Kleinbeteiligungen vom breiten Publikum gekauft und – in Notfällen – auch verkauft werden können. Es muß daher ein funktionsfähiger *Markt* für diese Kleinbeteiligungen geschaffen werden.

3.2.2.3.2. Die Entsteuerung von „Market-maker"-Provisionen

Dieser Markt muß zunächst keine Börse im klassischen Sinne sein. Es könnte auch genügen, wenn sich eine *Bank* verpflichtet, einen solchen Markt dadurch einzurichten, daß sie die Wertpapiere, in denen Kleinbeteiligungen verbrieft sind, gegen eine – allerdings sehr niedrige – Provision an- und verkauft. Die Bank dürfte aus diesen Geschäften außer der (festgelegten) Provision keine sonstigen Vorteile erlangen. Insbesondere müßte das Selbsteintrittsrecht der Banken ebenso ausgeschlossen sein wie ein auf Dauer angelegter Eigenerwerb dieser Beteiligungen. Die Kursermittlung könnte auf Basis täglicher Einheitskurse vorgenommen werden. Termingeschäfte sollten nicht zulässig sein.

Um private Banken zu verlassen, sich als derartige „*Market-maker*" für den Massenwohlstand sichernde Kleinbeteiligungen zu betätigen, sollten die aus dieser Tätigkeit entstehenden Gewinne *steuerfrei* sein, was entsprechende steuerliche Vorschriften notwendig macht.

3.2.2.3.3. Die Schaffung von Regionalbörsen

3.2.2.3.3.1. Die Notwendigkeit

Wenn im Laufe der Zeit immer mehr Betriebe auf breit gestreute Kleinbeteiligungsfinanzierungen übergehen, könnte die Errichtung von *Regionalbörsen* notwendig werden. Diese müßten wohl von der öffentlichen Hand errichtet werden, weil sie mit so niedrigen An- und Verkaufsgebühren arbeiten müssen, daß sie ergebnismäßig für Private nicht interessant sein dürften.

Im Statut dieser Börsen sollte vorgesehen werden, daß Termingeschäfte an diesen Börsen nach Möglichkeit nicht durchgeführt werden können. Die Transaktionen sollten über Banken oder selbständige Broker abgewickelt werden müssen, wobei sich diese vergewissern müßten, daß keine Insidergeschäfte durchgeführt werden. Diese Regionalbörsen sollten außerdem einer *strengen Aufsicht* unterliegen.

Um niedrige Gebühren zu ermöglichen, sollten diese Börsen von allen Steuern befreit sein, was entsprechende steuerliche Vorschriften erforderlich macht.

3.2.2.4. Maßnahmen zur Freizeitbewältigung

3.2.2.4.1. Der Ausbau der Orchideenfächer

Wie schon in Abschnitt 7.5. des ersten Teils dieser Studie dargelegt wurde, wird den künftigen Generationen mehr Freizeit als heute zur Verfügung stehen. Um eine sinnvolle Freizeitbewältigung zu ermöglichen, wird neben dem Ausbau von Sporteinrichtungen vor allem auch der Ausbau der sogenannten „Orchideenfächer" notwendig werden. Sie werden vor allem auf größere Studentenzahlen als heute ausgerichtet werden müssen.

Daneben wird es aber auch notwendig sein, schon in den Studienplänen der einzelnen universitären Studienrichtungen diese Fächer in den Kanon von Pflichtwahlfächern aufzunehmen und den Besuch eines solchen Faches nach Wahl des Studierenden verpflichtend vorzuschreiben. Es soll dadurch nicht nur die Erziehung zur Humanität gefördert werden, sondern der Studierende auch die Scheu vor einer intensiveren Beschäftigung mit diesen Fächern verlieren und ihn geneigt macht, sich auch im späteren Leben noch mit diesen Fächern zu beschäftigen.

3.2.2.4.2. Der Ausbau der Betriebswirtschaftslehre

Für die Betriebswirtschaftslehre ergeben sich aus der in dieser Studie angedeuteten Entwicklung zweierlei Arten von Maßnahmen.

Zum ersten wird es – wie schon im vorhergehenden Abschnitt angedeutet – notwendig, in die Studienpläne der betriebswirtschaftlichen Studienrichtungen Pflichtwahlfächer einzubauen, die die Studierenden verpflichten, neben den zur betriebswirtschaftlichen Ausbildung gehörenden Fächern auch ein Orchideenfach mit zu studieren. Um die die Studienpläne erstellenden Institutionen zu veranlassen, diese Studienplanänderungen vorzunehmen, wird eine entsprechende Vorschrift zu erlassen sein.

Zum zweiten werden die Gesetzmäßigkeiten, die die Existenz und die Entwicklung der Kulturbetriebe bestimmen, von der Betriebswirtschaftslehre intensiver zu untersuchen sein, als dies heute geschieht. Insbesondere werden auch Studienpläne für Studienrichtungen zu erstellen sein, die sich die Erforschung und die Lehr- und Erlernbarmachung der Gesetzmäßigkeiten dieser Kulturbetriebe besonders angelegen sein lassen.

3.3. Die Maßnahmen auf betrieblicher Ebene

3.3.1. Die Festlegung, Berechnung und Auszahlungsart der Prämiensätze

Auf der *betrieblichen Ebene* sind die von den zuständigen Organen des Betriebes getroffenen *Wahlrechtsausübungen* und die *Berechnungsbasis* und die *Höhe der betreffenden Prämiensätze* sowohl der Geschäftsführung und dem zuständigen Finanzamt wie auch den Betriebseigentümern bekanntzugeben. Dabei ist auch bekanntzugeben, welcher Teil der Prämien an die Geschäftsführung und welcher Teil auf welche Weise an die Betriebseigentümer auszuzahlen ist. Im einzelnen sind dies: die Weiterbildungsprämie (= y_1), die Planungs- und Kontrollprämie (= y_2), die Mehrengagementprämie (= y_3), die Investitionsprämie (= y_4), die dynamische Sparsamkeitsprämie (= y_5), die Preissenkungsprämie (= y_6), die Arbeitsplatzerhaltungsprämie (= y_7), die Eigenfinanzierungsprämie (= y_8) und die Kapitalstreuungsprämie (= y_9) bzw die Option für die erweiterte Ausschüttungsrentabilitätssteuer, die Bewertungsfreiheit und die Abschreibungsrückzahlungsprämie (= y_{10}), die Fremdkapitalvariabilisierungsprämie (= y_{11}), die Schütt-aus-hol-zurück-Prämie (= y_{12}) und die Prüferauswahlverzichtprämie (= y_{13}).

Wie schon in Abschnitt 7.2.2. des ersten Teils dieser Studie ausgeführt wurde, sollte die Prämienbasis der ausgeschüttete – bzw unter der Annahme der Ausschüttung – der im Jahresabschluß ausgewiesene Gewinn sein. Nach Möglichkeit sollten auch Matrixprämiensätze zur Anwendung kommen. Ferner muß bekanntgegeben werden, wie die Prämienbeträge ausbezahlt werden. Am einfachsten wäre die Auszahlung zusammen mit der Dividende.

3.3.2. Die Veröffentlichung des Jahresabschlusses, der Abweichungsrechnung und der Planbilanz

Die breite Bevölkerung muß ferner von den Betrieben nicht nur über den Jahresabschluß (bestehend aus Bilanz, Gewinn- und Verlustrechnung, Erläuterungs- und Lagebericht sowie Cash-Flow-Rechnung), sondern auch noch in systematischer Weise über die Abweichungen zwischen der Planbilanz und der Plan-GuV des Abschlußjahres und die Ursachen dieser Abweichungen informiert werden, damit sie sich ein Bild über die Qualität des Managements machen kann. Zusätzlich muß auch noch die Planbilanz und die Plan-GuV des kommenden Jahres zusammen mit dem Jahresabschluß des abgelaufenen Jahres bekanntgegeben werden.

3.3.3. Die Bekanntgabe eines Dividendenvorschlages und der auszubezahlenden Prämienbeträge

Die Betriebe müssen ferner einen Dividendenvorschlag unterbreiten, wobei aufgrund der Massenwohlstandssicherungsbedingungen nur eine Vollausschüttung des Gewinnes im Interesse der Betriebseigentümer gelegen ist. Gleichzeitig muß bekanntgegeben werden, welcher Prämienbetrag zusammen mit der vorgeschlagenen Dividende zur Auszahlung kommen wird.

3.3.4. Die Bekanntgabe einer eventuellen Kapitalerhöhung und der Zeichnungsbedingungen

Da die Innenfinanzierung im Hinblick auf die Massenwohlstandssicherung nachteilig ist, muß erreicht werden, daß die Betriebe benötigtes Kapital mittels Außenfinanzierung erwerben. Dazu muß eine geplante Kapitalbeschaffung nicht nur bekanntgemacht, sondern auch auf der Gesellschafterversammlung, die über die Gewinnverteilung beschließt, beschlossen werden. Gleichzeitig müssen auch die Bedingungen, die für die Zeichnung der neuen Kapitalanteile gelten sollen, veröffentlicht werden. Dabei ist zu beachten, daß die neunen Kapitalanteile für die Breite Bevölkerung erwerbbar bleiben und nicht zu „schwer" werden, um eine ausreichende Realverzinsung des überlassenenen Kapital zu ergeben.

3.3.5. Beschlußfassungen

Schließlich müssen auf betrieblicher Ebene noch die für die Gewinnverteilung und die Auszahlung der Prämien sowie die Kapitalerhöhung und ihre Bedingungen erforderlichen Beschlüsse gefaßt werden.

3.4. Die von den Kleinbeteiligungserwerbern durchzufühenden Maßnahmen

3.4.1. Die Erstellung und Einreichung der Sparpläne

Diejenigen Arbeitnehmer, die ihre Einkommen von Arbeitseinkommen auf Kapitaleinkommen umstellen und dazu Kleinbeteiligungen erwerben wollen, müssen zunächst einen Sparplan erstellen und diesen beim zuständigen Finanzamt zur Genehmigung einreichen. Sollten vom Finanzamt Verbesserungen verlangt werden, sind diese durchzuführen und der verbesserte Sparplan wieder einzureichen. Bei unbegründeter Nichtgehmigung ist ein Rechtsmittelverfahren einzuleiten.

3.4.2. Der Erwerb der Kleinbeteilungen und die Beantragung des Kleinbeteilgungserwerbszuschusses

Nach der Genehmigung des Sparplanes sind die im Sparplan vorgesehenen Kleinbeteilgungen oder Kapitalanlagefondsanteile zu erwerben. Sollen für diesen Erwerb Kredite in Anspruch genommen werden müssen, sind bei einem Bankinstitut – am besten bei der Hausbank – zuerst diese Kredite zu beantragen und die zu erwerbenden Kleinbeteilgungen als Sicherheit anzubieten.

Dann sind die Kleinbeteiligungen bzw Kapitalanlagefondsanteile zu erwerben und der Kleinbeteiligungserwerbszuschuß zu beantragen. Bei Kreditfinanzierung sind die erworbenen Kleinbeteiligungen bzw Kapitalanlagefondsanteile bei der kreditgewährende Bank zu hinterlegen und unter Sperre zu stellen sowie zu verpfänden.

Ferner sind im Laufe des Jahres die beschlossenen Gewinnausschüttungen und die Kleinbeteiligungserwerbsuschüsse zu kassieren und solange neu zu veranlagen, bis der im Sparplan festgelegte Sparbetrag erreicht ist.

3.4.3. Der Nachweis der Erfüllung des Sparplanes

Soweit die Kleinbeteiligungen selbst verwaltet werden, ist am Jahresende dem zuständigen Finanzamt eine Aufstellung der im Portefeuille gehaltenen Kleinbeteiligungen zu übermitteln und die Einhlatung des Sparplanes nachzueisen.

4. Anhang

4.1. Beispiel für die Berechnung der in dieser Studie dargelegten Steuerbegünstigungen und Prämien

4.1.1. Die Annahmen

Bei dem nachfolgenden Beispiel, das die Gesamtberechnung aller in dieser Studie dargelegten Prämien und Steuervergünstigungen zeigen soll, sollen die folgenden Annahmen getroffen werden.

Es sollen drei Betriebe I, II und III gegeben sein, die alle Aktiengesellschaften sind und von denen die Betriebe I und II für die Massenwohlstandssicherung und innerhalb dieser für die *Erweiterte Ausschüttungsrentabilitätssteuer* optiert haben. Betrieb III hingegen wird herkömmlich (= *privatkapitalistisch*) geführt und hat auch *nicht* für die Massenwohlstandssicherung optiert. Er beteiligt sich nur *indirekt* an der Massenwohlstandssicherung, will aber seine Überlebenschancen dadurch vergrößern, daß er sich durch Antrag beim zustänigen Finanzamt verpflichtet hat, in Zukunft kleinbetragsfinanziertes Eigenkapital bis 49 % des gewinn- und stimmberechtigten Eigenkapitals zur Ablöse des Fremdkapitals und Stärkung seiner Kapitalbasis aufzunehmen, wofür ihm eine 4%ige Eigenfinanzierungsprämie zuerkannt wurde.

Jeder dieser drei Betriebe möge ein Gesamtkapital (= C) von 24 Mio aufweisen. Betrieb I möge zur Gänze eigenfinanziert sein. Vom Gesamtkapital des Betriebes II mögen 60 % (= 14,4 Mio) und vom Gesamtkapital des Betriebes III ebenfalls 60 % Fremdkapital (= C_F) sein. Vom Eigenkapital mögen bei allen drei Betrieben 20 % Rücklagen (= C_{ER}) und 80 % außenfinanziert sein. Die Betriebe I und II sind kleinbetragsfinanziert und haben die Stimmrechte auf 1 % beschränkt. Das Eigenkapital von Betrieb III wird hingegen von zwei Aktionären gehalten, deren Stimmrechte nicht beschränkt sind. Auch für die Zukunft solle in diesem Betrieb keine Stimmrechtsbeschränkung eingeführt werden. Betrieb I und III mögen nach Abzug der Fremdkapitalzinsen einen Gewinn (= x_0) von 4,8 Mio und Betrieb II einen solchen von 0,6 Mio erwirtschaftet haben.

Bei der Errechnung der Prämien der drei Betriebe werden außer den im vorigen Abschnitt verwendeten noch folgende Symbole verwendet:

x_0 = erwirtschafteter Gewinn
x_1 = (Zwischen-)Gewinn nach Prämien und vor erfolgsabhängigen Steuern
x_2 = Gewinn nach Prämien und nach erfolgsabhängigen Steuern
= ausschüttbarer Reingewinn
$x_5,...,x_9$ = für die Berechnungen benötigte Zwischengewinne

y_i = i-te (i = 1,2,...,13) Prämie
Y_s = Prämiensatz-Summe
Y = betragsmäßige Prämiensumme
d_j = j-ter (j = 1,2,...,J) Gewinnausschüttungs(= Dividenden-)satz
D_l = l-ter (l = 1,2,...,L) Gewinnausschüttungs(= Dividenden-)betrag
k_h = h-ter (h = 1,2,...,H) Körperschaftsteuersatz
K = Körperschaftsteuerbetrag

Da die Betriebe I und II für die Massenwohlstandssicherung und innerhalb dieser für die Erweiterte Ausschüttungsrentabilitätssteuer optiert haben, sollen sie weder die Eigenfinanzierungsprämie (= y_8) noch die Kapitalstreuungsprämie (= y_9) in Anspruch nehmen können. Von den zuständigen Organen der drei Betriebe sollen an einzelnen möglichen Prämien die folgenden beschlossen, dem Finanzamt mitgeteilt und von diesem auch anerkannt worden sein. [Prämiensätze in Prozent des vom jeweiligen Betrieb ausgewiesenen bzw ausgeschütteten Reingewinns (= x_2)]:

Betriebe	I und II	III
die Weiterbildungsprämie	y_1 = 0,005	0,005
die Planungs- und Kontrollprämie	y_2 = 0,16	0,16
die Mehrengagementprämie	y_3 = 0,06	0,06
die Investitionsprämie	y_4 = 0,10	0,10
die dynamische Sparsamkeitsprämie	y_5 = 0,05	0,05
die Preissenkungsprämie	y_6 = 0,03	0,03
die Arbeitsplatzerhaltungsprämie	y_7 = 0,08	0,08
die Eigenfinanzierungsprämie	y_8 = 0,00	0,04
die Eigenkapitalstreuungsprämie	y_9 = 0,00	0,00
die Abschreibungsrückzahlungsprämie	y_{10} = 0,15	0,00
die Fremdkapitalvariabilisierungsprämie	y_{11} = 0,04	0,00
die Schütt-aus-hol-zurück-Prämie	y_{12} = 0,03	0,00
die Prüferauswahlverzichtsprämie	y_{13} = 0,06	0,00
Die Summe der Prämiensätze (= Y_s) beträgt daher des ausgewiesenen Reingewinns x_2.	**0,765**	**0,525**

Der (lineare) Körperschaftssteuer-Normalsatz möge 34 % betragen. Wegen der Stimmrechtsbeschränkung auf 1 % mögen bei der Erweiterten Ausschüttungsrentabilitätssteuer bei den verschiedenen Eigenfinanzierungsgraden (= c_{e1j}; j = 1,2,...,6) und Gewinnausschüttungs(= Dividenden-)sätzen (= d_j; j = 1,2,... J) folgende Steuersätze zur Anwendung kommen:

	Dividendensatz	
Eigenfinanzierungsgrad	0 % < d < 10 %	10 % < d < 15 %
90 % < c_{el} < 100 %	*0 %*	*0 %*
75 % < c_{el} < 90 %	*0 %*	*2 %*
50 % < c_{el} < 75 %	*3 %*	*4 %*
25 % < c_{el} < 50 %	*6 %*	*8 %*
10 % < c_{el} < 25 %	*9 %*	*12 %*
0 % < c_{el} < 10 %	*12 %*	*24 %*

Bei Ausschüttungssätzen über 15 % soll der Normalsteuersatz (= 34 %) zur Anwendung kommen. Ausgewiesene, aber nicht ausgeschüttete Gewinne sollen mit 60 %, nicht ausgewiesene Gewinne mit 75 % und verdeckt ausgeschüttete Gewinne mit 90 % besteuert werden.

4.1.2. Die Prämienerrechnung ohne Ausschüttungsbeschluß in Gleichungsform

4.1.2.1. Begründung der Wahl der Lösungsform

Um die *Ausschüttung* und die von dieser abhängigen *Prämien* zu errechnen, gibt es – wie schon im Abschnitt 1.4.1. dieses Teiles der Studie gezeigt wurde – *zwei* Möglichkeiten: ein *Gleichungssystem* und eine *Iterationsrechnung*. Da das Iterationsverfahren schon im Abschnitt 1.4.2.4. dieses Teiles der Studie an einem Beispiel ausführlich gezeigt wurde, soll hier das *Gleichungsverfahren* im Detail vorgestellt werden.

4.1.2.2. Das erforderliche Gleichungssystem

4.1.2.2.1. Die Erstformulierung des Gleichungssystems

Beim *Gleichungsverfahren* ist von der Zusammensetzung des erwirtschafteten Gewinns (= x_0) auszugehen. Dieser besteht in der Regel – ebeno wie in diesem Beispiel – aus ausschüttbarem Reingewinn (= x_2), Prämiensumme (= Y) und Steuerbelastung (= K). Es sind alle Beträge, die der erwirtschaftete Gewinn abzudecken hat, mit Hilfe der entsprechenden Prozentsätze in einer Gleichung festzulegen. Da zwar die Summe der Prämiensätze (= Y_s) bekannt ist (bei Betrieb I und bei Betrieb II 76,5 % und bei Betrieb III 52,5 % des ausschüttbaren Reingewinns), der bei der Erweiterten Ausschüttungsrentabilitätssteuer vom Ausschüttungssatz abhängige anzuwendende Steuersatz hingegen noch unbekannt ist, muß die Rechnung zunächst mit einem Zwischengewinn (= $x_5,..,x_7$)

begonnen werden, ehe sie durch den genauen Steuersatz vervollständigt werden kann.

Diese Vervollständigung erfolgt in mehreren Schritten. Im ersten Schritt muß bei jedem Betrieb der erwirtschaftete Gewinn (= x_0) durch die Summe aus einem Zwischengewinnsatz (= $1x_5,...,1x_7$) und den für den Betrieb geltenden Prämienbeträgen definiert werden:

Betrieb I	$x_0 = 4.800.000 = 1x_5 + 0{,}765x_5$
Betrieb II	$x_0 = 600.000 = 1x_6 + 0{,}765x_6$
Betrieb III	$x_0 = 4{,}800.000 = 1x_7 + 0{,}525x_7$

Im zweiten Schritt muß der erwirtschaftete Gewinn durch die Summe aus Zwischengewinnsatz und Prämiensätzen dividiert werden. Das Ergebnis dieser Division ist der nach Abzug der Prämien verbleibende Zwischengewinn vor Berücksichtigung der erfolgsabhängigen Steuern (= Gewinn nach Prämien und vor Steuern; = x_1):

Betrieb I	$x_1 = 4{,}800.000/1{,}765 = 2{,}719.546{,}74$
Betrieb II	$x_1 = 600.000/1{,}765 = 339.943{,}34$
Betrieb III	$x_1 = 4{,}800.000/1{,}525 = 3{,}147.541{,}00$

Da die sich direkt (= optional) an der Massenwohlstandssicherung beteiligenden Betriebe I und II für die Erweiterte Auschüttungsrentabilitätssteuer optiert haben, muß im dritten Schritt der bei ihnen mögliche *Ausschüttungssatz* errechnet werden, damit der anzuwendende Steuersatz bestimmt und die Gleichung vervollständigt werden kann. Für den Betrieb III sind diese Berechnungen nicht nötig, da bei ihm wegen der nur indirekten Beteiligung an der Masenwohlstandssicherung der normale Körperschaftssteuersatz (= 34 %) zur Anwendung kommt. Für die Betriebe I und II sehen diese Berechnungen wie folgt aus (für Betrieb III werden sie beispielhaft durchgeführt):

4.1.2.2.2. Die für die Errechnung des anzuwendenden Steuersatzes notwendigen Berechnungen

Die Errechnung der Eigenfinanzierungsgrade

Für die Errechnung des anzuwenden Steuersatzes muß zunächst der *Eigenfinanzierungsgrad* der einzelnen Betriebe errechnet werden. Diese Eigenfinanzierungsgrade errechnen sich für die Betriebe I bis III aufgrund der Kapitalstruktur wie folgt:

Betrieb		I	II	III
Gesamtkapital des Betriebes	(= C)	24,000	24,000	24,000
- Fremdkapital	(= C_F)	0,000	14,400	14,400
Eigenkapital	(= C_E)	24,000	9,600	9,600
- Rücklagen	(= C_{ER})	4,800	1,920	1,920
gewinnberecht. Eigenkapital	(= C_{EA})	19,200	7,680	7,680
Eigenfinanzierungsgrad	(C_{EA}/C)	80 %	32 %	32 %

Die Errechnung des höchstmöglichen Ausschüttungssatzes

Um die anzuwendenden Steuersätze bestimmen zu können ist nach der Errechnung des Eigenfnanzierungsgrades die höchstmögliche Ausschüttung zu errechnen. Dabei ist davon auszugehen, daß der im vorangegangenen Abschnitt errechnete Zwischengewinn nach Prämien und vor Steuern (= x_1) dann, wenn keine Steuer erhoben würde, die höchstmögliche Ausschüttung darstellen würde. Der Ausschüttungssatz (= d_h), der diese höchstmögliche Ausschüttung ergibt, läßt sich durch eine Division des Zwischengewinnes x_1 durch das gewinnberechtigte Eigenkapital (= C_{EA}) wie folgt errechnen:

Betrieb I $d_h = x_1 / C_{EA} =$ 2,719.546,74 / 19,200.000 = 14,16 %
Betrieb II $d_h = x_1 / C_{EA} =$ 339.943,34 / 13,440.000 = 2,53 %
Betrieb III $d_h = x_1 / C_{EA} =$ 3,147.541,00 / 13,440.000 = 23,42 %

Das bedeutet, daß bei Betrieb I wegen des Eigenfinanzierungsgrades von 80 % und einer Gewinnausschüttung von über 10 % der Steuerssatz bis 15 % Ausschüttung zur Anwendung kommt (laut obiger Steuersatztabelle *2 %*). Bei Betrieb II, der einen Eigenfinanzierungsgrad von 32 % aufweist und nur eine Dividende unter 10 % ausschütten kann, beträgt der anzuwendende KöSt-Satz laut der oben angeführten Steuersatztabelle *6 %*. Bei Betrieb III kommt wegen der nur indirekten Beteiligung an der Massenwohlstandssicherung der Normalsteuersatz von *34 %* zur Anwendung.

4.1.2.3. Die Endformulierung und Lösung der Gleichungen

Da nunmehr alle Variablen endgültig definiert sind, können die entscheidenden Gleichungen wie folgt fertiggestellt und formuliert werden, wobei die endgültige Zusammensetzung des erwirtschafteten Gewinns und damit der endgültige Reingewinn (= x_2) eingesetzt werden kann

Betrieb I $x_0 = x_2 + 0{,}765x_2 + 0{,}02x_2 = 1{,}785x_2$
Betrieb II $x_0 = x_2 + 0{,}765x_2 + 0{,}06x_2 = 1{,}825x_2$
Betrieb III $x_0 = x_2 + 0{,}525x_2 + 0{,}34x_2 = 1{,}865x_2$

Die Gleichungen können wie folgt nach x_2 aufgelöst werden:

Betrieb I	x_2 = 4,800.000.- / 1,785 =	2,689.075,630
Betrieb II	x_2 = 600.000.- / 1,825 =	328.767,123
Betrieb III	x_2 = 4,800.000.- / 1,865 =	2,573.726,542

Daraus lassen sich Prämiensumme und Körperschaftssteuer für die einzelnen Betriebe wie folgt errechnen:

	Betrieb I	Betrieb II	Betrieb III
Reingewinn = x_2 =	2,689.075,630	328.767,123	2,573.726,542
Y = x_2*0,765 =	2,057.142,857		
Y = x_2* 0,525 =		251.506,849	
Y = x_2* 0,525 =			1,351.206,434
K = x_2* 0,02 =	53.781,513		
K = x_2 * 0,06 =		19.726,028	
K = x_2 * 0,34 =			875.067,024
Kontrollsumme	4,800.000,000	600.000,000	4,800.000.000

4.1.2.4. Die Errechnung der Prämien

Mit Hilfe des Reingewinns und der Prämiensätze können nun die einzelnen Prämien wie folgt errechnet und die Prämiensumme kontrolliert werden:

Prämie		Satz	Betrieb I	Betrieb II	Betrieb III
Weiterbildungsprämie	y_1	0,005	13.445,378	1.643,836	12.868,633
Planungs- u. Kontrollprämie.	y_2	0,160	430.252,101	52.602,740	411.796,247
Mehrengagementprämie	y_3	0,060	161.344,538	19.726,027	154.423,593
Investitonsprämie	y_4	0,100	268.907,563	32.876,712	257.372,654
Dynamische Sparsamkeitsprämie	y_5	0,050	134.453,782	16.438,356	128.686,327
Preisenkungsprämie	y_6	0,030	80.672,269	9.863,014	77.211,796
Arbweitsplatzerhaltungsprämie	y_7	0,080	215.126,050	26.301,370	205.898,123
Eigenfinanzierungsprämie	y_8	0,040	0,000	0,000	102.949,061
Kapitalstreuungsprämie	y_9	0,000	0,000	0,000	0,000
Abschreibungsrückzahlungsprämie	y_{10}	0,150	403.361,345	49.315,068	0,000
Fremdkapitalvariabilisierungsprämie	y_{11}	0,040	107.563,025	13.150,685	0,000
Schütt-aus-hol-Zurück-Prämie	y_{12}	0,030	80.672,269	9.863,014	0,000
Prüferauswahlverzichtsprämie	y_{13}	0,060	161.344,538	19.726,027	0,000
			2.057.142,857	251.506,849	1.351.206,435

4.1.2.5. Die Vorteilhaftigkeit der Varianten

Diese Berechnungen zeigen, daß es für die Betriebseigentümer durchaus vorteilhaft ist, sich an der Massenwohlstandssicherung zu beteiligen. Denn die Vorteile sind auch dann noch beachtlich, wenn die Prämien jeweils zur Hälfte zwischen dem Management und den Betriebseigentümern aufgeteilt werden, wie die folgende Berechnung zeigt:

Einnahmen der Betriebs-eigentümer	Betrieb I	Betrieb II	Betrieb III
Ausschüttung	2,689.075,63	328.767,12	2,573.726,54
halbe Prämien	1.028.571,43	125.753,43	675.603,21
	3,717.647,06	454.520,55	3,249.329,75

Ohne Beteiligung an der Massenwohlstandssicherung würden die Einnahmen der Betriebseigentümer sich wie folgt gestalten:

Betriebe	I	II	III
erwirtschafteter Gewinn	4,800.000	600.000	4,800.000
abzüglich KöSt 34 %	1,632.000	204.000	1,632.000
Ausschüttung	3,168.000	396.000	3,168.000

Der Vorteil für die Betriebseigentümer ohne Berücksichtigung der gesteigerten Überlebenskraft der Betriebe errechnet sich wie folgt

Einnahmen mit MW-Beteiligung	3,717.647.-	454.520.-	3,252.329.-
Einnahmen ohne MW-Beteiligung	3,168.000.-	396.000.-	3,168.000.-
	549.647.-	58.520.-	84.329.-

Da im Falle der Nichtbeteiligung an der Massenwohstandssicherung nicht nur die Betriebseigentümer, sondern auch die Betriebsführung keine Prämien erhalten würde, würde auch der Anreiz, die Betriebe möglichst effizient zu führen und die erzielten Gewinne auszuschütten, wegfallen. Auch würde kein Anreiz mehr bestehen, auf breiter Basis Arbeitseinkommen durch Kapitaleinkommen zu ersetzen. Eine Beibehaltung der jetzigen Situation und damit eine Gefährdung des Massenwohlstandes wäre die Folge.

4.1.3. Die Prämienerrechnung bei vorgegebener Ausschüttung

Wenn noch vor der Prämienberechnung ein Gesellschafterbeschluß über den Gewinnausschüttungssatz vorliegt, können Prämien und Gewinnausschüttung von diesem Beschluß ausgehend (= *progressiv*) errechnet werden. Zunächst müssen wieder der Eigenfinanzierungsgrad, der auszuschüttende Gewinn und die zu berücksichtigende KöSt ermittelt werden. Dies stellt sich – wie schon bei der retrograden Berechnung gezeigt werden konnte – für die drei Betriebe wie folgt dar (in Mio):

Betrieb	I	II	III
Gesamtkapital	24,000	24,000	24,000
Fremdkapital	0,000	14,400	14,400
Eigenkapital	24,000	9,600	9,600
davon Rücklagen	4,800	1,920	1,920
gewinnb. Eigenk.	19,200	7,680	7,680
Eigenfinanzierungsgrad	80 %	32 %	32 %
KöSt-Satz auf Ausschüttung	2 %	6%	34 %
KöSt-Satz auf Nichtaussch.	60 %	60 %	60 %
10 % Dividende	1,920	768	768

Betrieb I kann nicht nur die Dividende aus dem erwirtschafteten Jahresgewinn abdecken, sondern verfügt wegen des hohen Eigenfinanzierungsgrades noch über eine relativ hohe Prämienbasis.

Betrieb II kann wegen des zu niedrigen erwirtschafteten Jahresgewinns die beschlossene Dividende nur mit Hilfe einer teilweisen *Auflösung versteuerter Rücklagen* auszahlen. Da nur der *erwirtschaftete Jahresreingewinn* als Prämienbasis hernagezogen werden kann, sind die Prämien nur vom erwirtschafteten Jahresgewinn von 600.000.- zu berechnen. Es ergibt sich daher bei diesem Betrieb bei den Prämien keine Veränderung gegenüber dem retrograden Ansatz. Bei der Errechnung der Besteuerung muß der erwirtschaftete Jahresgewinn nach Prämien entsprechend dem Eigenfinanzierungsgrad von 32 % und einem Ausschüttungssatz von unter 10 % mit 6 % versteuert werden. Es ergibt sich daher auch bei der Besteuerung keine Änderung gegenüber dem retrograden Ansatz. Die auszuschüttende Dividende (und damit der in der Bilanz ausgewiesene Reingewinn) von 768.000.- setzt sich dementsprechend aus 328.767.- Jahresreingewinn und 439.233.- Rücklagenauflösung zusammen.

Bei Betrieb III zeigt sich, daß wegen des gegenüber Betrieb I niedrigeren Eigenfinanzierungsgrades und des vorgegebenen – im Verhältnis zum erwirtschafteten Gewinn niedrigen – Ausschüttungssatzes die Prämien nur in verringertem Ausmaß ausgeschöpft werden können. Der ausgewiesene gibt bei diesem Betrieb gegenüber dem erwirtschafteten Gewinn nur eine kleinere Prämienbasis ab, weil ein erheblicher Teil des Gewinns den Rücklagen zugeführt wird, die aber aus den dargelegten Gründen nicht als Prämienbasis herangezogen werden können.

Die folgende Berechnung zeigt die Prämiensituation der einzelnen Betriebe:

Betrieb I	1,920.000 * 0,765 =	1,468.800
Betrieb II	328.767 * 0,765 =	251.507
Betrieb III	768.000 * 0,525 =	403.200

Eine Zusammenstellung ergibt folgende Rechnung:

Betrieb	I	II	III
erwirt. Gewinn (= x_0)	4,800.000.-	600.000.-	4,800.000.-
abz. Dividende (= D)	1,920.000.-	328.767.-	768.000.-
abz. KöSt auf Div.	38.400.-	19.726.-	261.120.-
Gewinn nach Div. + KöSt	2,841.600.-	251.507.-	3,770.880.-
abz. Prämiensumme	1,468.800.-	251.507.-	403.200.-
KöSt-Bemessungsgrundlage	1,372.800.-	0.-	3,367.680.-
KöSt auf Nichtaussch. (60 %)	823.680.-	0.-	2,020.608.-
Rücklagendotation(-aufl.)	549.120.-	- 439.233.-	1,347.072.-

Eine zusammenfassende Rechnung ergibt folgende Beträge, wobei die bei Betrieb II angeführten Beträge wegen der unzureichernden Deckung nicht nach den unten angegebenen Formeln, sondern retrograd berechnet werden müssen:

Dividende (= D, = x_2) =	1,920.000.-	768.000.-	768.000.-
Prämien (= D * Y_s) =	1,468.800.-	251.507.-	403.200.-
Auszahlungen (= D + Y) =	3,388.800.-	1,019.507.-	1,171.200.-
KöSt {= [x_0 – (D + Y)] * k_h} =	862.080.-	19.726.-	2,281.728.-
Rücklagendotation = (x_0-(D+Y+K)	549.120.-	- 439.233.-	1,347.072.-
erwirtschafteter. Gewinn (= x_0)	4,800.000.-	600.000.-	4,800.000.-

Die Beträge der einzelnen Prämien errechnen sich daher progressiv wie folgt (Basis ist bei Betrieb I und Betrieb III der oben angeführte Ausschüttungsbetrag, bei Betrieb II hingegen wegen der Unterdeckung der erwirtschaftete Jahresreingewinn von 328.767.-), wobei wegen der Option für die erweiterte Ausschüttungsrentabiltätssteuer durch die Betriebe I und II die Eigenfinanzierungsprämie nur bei Betrieb III und die Eigenkapitalstreuungsprämie bei keinem der drei Betriebe verrechnet werden darf und daher in der folgenden Tabelle mit 0 angesetzt ist:

Prämie	Betrieb I	Betrieb II	Betrieb III
y_1 = 0,005	9.600	1.643	3.840
y_2 = 0,16	307.200	52.603	122.880
y_3 = 0,06	115.200	19.726	46.080
y_4 = 0,10	192.000	32.877	76.800
y_5 = 0,05	96.000	16.438	38.400
y_6 = 0,03	57.600	9.863	23.040

y_7 = 0,08	153.600	26.301	61.440
y_8 = 0,04	0	0	30.720
y_9 = 0,00	0	0	0
y_{10} = 0,15	288..000	49.315	0
y_{11} = 0,04	76.800	13.151	0
y_{12} = 0,03	57.600	9.863	0
y_{13} = 0,06	115.200	19.727	0
Ys	1,468.800	251.507	403.200

4.2 Vorschläge für wichtige Gesetzesänderungen

4.2.1. Der Umfang der notwendigen Gesetzesänderungen

Um zu erreichen, daß diejenigen Anreize wirksam werden, die möglichst viele Betriebe zur Umwandlung von Arbeitseinkommen in Kapitaleinkommen sowie zu hohen Gwewinnausschüttungen und damit zu einer direkten Teilnahme an der Massenwohlstandssicherung veranlassen, muß die Besteuerung sowohl für die Betriebe als auch für die Prämienempfänger und Kleinbeteiligungssparer geändert werden. Die wichtigsten dieser Gesetzesänderungen sollen im folgenden kurz dargestellt werden, wobei wegen fachlicher Nichtzuständigkeit des Verfassers – dieser ist kein Legist - keine perfekte legistische Formulierung, sondern ur eine beispielhafte Darstellung angestrebt wird

Bei den *Prämienempfängern* muß die *Steuerfreiheit* bzw die Steuerbegünstigung des Zufließens der für die Massenwohlstandssicherung notwendigen Prämien und für die Gewinnausschüttungsempfänger die *Steuerfreiheit der Gewinnausschüttungen* steuerlich und eventuell auch die Zahlung eines Kleinbeteiligungserwerbszuschusses sichergestellt werden.

4.2.2. Die für die Betriebe wichtigsten Änderungen

Für die *Betriebe* muß erstens die Ausgabe und die Bedienung sowie die Rücklösung von Kleinbeteiligungen abgabenfrei gemacht, zweitens zusätzlich zur herkömmlichen Gewinnbesteuerung eine *Wahlmöglichkeit* für eine *erweiterte Ausschüttungsrentabilitätsbesteuerung* geschaffen und drittens die *steuerliche Abzugsfähigkeit* der notwendigen Prämien sichergestellt werden.

4.2.2.1. Die für die Betriebsausgabeneigenschaft der Prämien notwendige Regelung

Um bei den sich nicht nur indirekt, sondern *direkt* an der Massenwohlstandssicherung beteiligenden Betrieben die Abzugsfähigkeit und die steuerliche Begünstigung der für die Massenwohlstandssicherung notwendigen Prämien sicherzustellen, sollte den Bestimmungen, die bei den Erfolgssteuern die Abzugsfähigkeit von Aufwendungen (= Betriebsausgaben) regeln (insbesondere in § 11 (1) des österreichischen Körperschaftssteuergesetzes 1988 idF BGBl I 2001/114), folgende Bestimmung hinzugefügt werden:

4. Betriebsausgaben sind auch die Prämien, die bei wirtschaftlicher Betrachtung notwendig sind, Unternehmen dazu anzuhalten, direkt an der Sicherung des Massenwohlstandes dadurch mitzuwirken, daß sie Arbeitseinkommen in breit gestreute Kapitaleinkommen umwandeln und diese breit gestreuten Kapitaleinkommen mit möglichst hohen Gewinnausschüttungen bedienen. Diese Prämien sind auch dann Betriebsausgaben, wenn sie zum Teil oder zur Gänze den Eigenkapitalbeistellern (= Unternehmenseigentümern) zufließen, wenn die nachfolgenden Bedingungen erfüllt sind:
   a) das Unternehmen zur Sicherung der breiten Streuung des gewinnberechtigten Eigenkapitals in der Satzung die Stimmrechte der Gesellschafter derart geregelt hat, daß alle diejenigen Gesellschafter, die jeder für sich direkt oder indirekt über 3 % oder mehr der Stimmrechte verfügen (= Großgesellschafter), bei sonstigem Verlust des Stimmrechts den Erwerb und jede Veränderung ihres Anteilsbesitzes der Gesellschaft bekanntgeben müssen und allen Großgesellschaftern zusammen höchstens 49 % der im Unternehmen bestehenden Stimmrechte zustehen, und
   b) das Stimmrecht der übrigen Gesellschafter je Gesellschafter höchstens 1 % der im Unternehmen bestehenden Stimmrechte beträgt (= Kleingesellschafter) und
   c) sich das Unternehmen durch einen beim zuständigen Finanzamt abgegebenen Antrag verpflichtet, spätestens innerhalb der folgenden fünf Jahre das durch Kleingesellschafter gemäß lit. b) aufgebrachte gewinnberechtigte Eigenkapital auf 51 % des in der Bi-

lanz ausgewiesenen betrieblichen Gesamtkapitals zu erhöhen und diese Eigenkapitalstreuung so lange aufrecht zu halten, wie die Anerkennung der Prämien als Betriebsausgaben begehrt wird. Der Antrag muß die einzelnen Prämien und ihre Berechnungsbasis (wobei die Berechnungsbasis auch mehrdimensional sein kann) sowie den Empfängerkreis genau bezeichnen. Sollte ein Unternehmen die in lit b) festgelegte Eigenkapitalstreuung bereits im Zeitpunkt der Antragstellung aufweisen, muß es in diesem Antrag nur die Erfüllung dieser Bedingungen nachweisen. Die Prämien sind in diesem Falle – ohne daß es eines weiteren Antrages bedarf – so lange als Betriebsausgaben anzuerkennen, wie die Bedingungen, die für die Anerkennung nötig sind, erfüllt werden.

d) Der Finanzminister kann durch Verordnung festlegen, welche derartigen Prämien als Betriebsausgaben anerkannt werden. Er kann statt dessen auch alle oder einzelne Finanzämter ermächtigen, die gemäß lit c) einzureichenden Anträge auf ihre Eignung für die Sicherung des Massenwohlstandes im allgemeinen und die Erreichung eines hohen Eigenfinanzierungsgrades sowie einer breiten Eigenkapitalstreuung und einer möglichst hohen Gewinnausschüttung im besonderen zu überprüfen, die Eignung bescheidmäßig festzustellen und diesen Bescheid der Besteuerung des betreffenden Unternehmens zugrunde zu legen. Bei der Überprüfung der Prämien sind die wirtschaftlichen Umstände und der Zweck dieser Prämien angemessen zu berücksichtigen. Die Höhe einer Prämie darf jedoch 20 % (= zwanzig Prozent) des ausgewiessenen Jahresreingewinns und der Gesamtbetrag aller Prämien den im Jahresabschluß ausgewiesenen Jahresreingewinn nicht überschreiten.

4.2.3. Die für die Erweiterte Ausschüttungsrentabilitätssteuer notwendige Regelung

Um den Betrieben, die sich an der Massenwohlstandssicherung beteiligen, ein *Wahlrecht* für die Inanspruchnahme der erweiterten Ausschüttungsrentabilitätsteuer einzuräumen, muß bei der den Körperschaftsteuersatz regelnden Vorschrift eine Betimmung wie folgt angefügt werden (in Österreich an § 22 (4) KStG idF BGBl I 2001/114):

(5) a) Kapitalgesellschaften, die sich gemäß § 11 (1) Zi 4 zur Durchführung derjenigen Maßnahmen verpflichtet haben, die zur Sicherung des Massenwohlstandes notwendig sind, können jeweils nach ihrer Wahl für ein Veranlagungsjahr oder auch für einen längeren Zeitraum beantragen, nicht nach dem allgemeinen Tarif, sondern nach einem Tarif besteuert zu werden, in dem der anzuwendende Steuersatz in seiner Höhe einerseits vom Verhältnis des außenfinanzierten gewinn- und stimmberechtigten Eigenkapitals zu dem in der Bilanz ausgewiesenen Gesamtkapital (= Eigenfinanzierungsgrad) und andererseits vom Verhältnis des ausgeschütteten Gewinns zum im Jahresabshluß ausgewiesenen Gewinn (= Dividendensatz) abhängig ist. Rücklagen jeder Art – auch Kapitalrücklagen – rechnen nicht zum gewinn- und stimmberechtigen außenfinanziertem Eigenkapital. Die Sätze des Tarifs betragen:

Eigenfinanzierungsgrad	Dividendensatz		
	d < 11 %	11 %< d < 15 %	d > 15 %
90 % - 100 %	**3 %**	**6 %**	Normalsatz
75 % - 90 %	**6 %**	**9 %**	Normalsatz
50 % - 75 %	**9 %**	**12 %**	Normalsatz
25 % - 50 %	**12 %**	**18 %**	Normalsatz
10 % - 25 %	**18 %**	**24 %**	Normalsatz
0 % - 10 %	**24 %**	**30 %**	Normalsatz

b) Bei Gesellschaften, die das Stimmrecht eines jeden Gesellschafters in der in § 11 (1) Zi 4 lit b festgelegten Weise beschränkt haben, ermäßigen sich die in lit a angeführten Tarifsätze auf zwei Drittel.

c) Die in lit a angeführten Tarifsätze ermäßigen sich auf ein Drittel, wenn das Stimmrecht eines jeden Gesellschafters auf 1 % oder weniger der in der Gesellschaft vorhandenen Stimmrechte beschränkt wird. Stimmrechte, die ein Gesellschafter über einen Dritten ausüben lassen kann, sind dem Gesellschafter zuzurechnen.

d) Unabhängig vom Verhältnis des außenfinanzierten gewinn- und stimmberechtigten Eigenkapitals zum betrieblichen Gesamtkapital und unabhängig vom Ausschüttungssatz beträgt der Steuersatz α) für im Jahresabschluß ausgewiesene, aber nicht ausgeschüttete Gewinne 60 %

β) für erwirtschaftete, aber nicht im Jahresabschluß ausgewiesene Gewinne 75 %

γ) für verdeckt ausgeschüttete Gewinne 90 %

4.2.4. Die für die Prämienempfänger wichtigen Regelungen

Um die Anreizwirkung der Prämien zu erhöhen, sollte im Einkommensteuergesetz festgelegt werden, daß die für die Sicherung des Massenwohlstandes gewährten Prämien bei den Empfängern entweder zur Gänze steuerfrei sind oder doch mit einem begünstigten Satz (etwa dem Hälftesatz) besteuert werden.

Dazu müßte in Österreich § 3 (1) EStG idF BGBl I 2001/103 wie folgt ergänzt werden:

§ 3. (1) Von der Einkommensteuer sind befreit: [...]

30. Diejenigen Prämien, die der Durchführung von Maßnahmen zur Sicherung des Massenwohlstandes dienen und vom zuständigen Finanzamt bescheidmäßig als dafür geeignet anerkannt wurden. Dies gilt insbesondere für Prämien, die bei der auszahlenden Gesellschaft gemäß § 11 (1) Zi 4 des Körperschaftsteuergesetzes 1988 Betriebsausgaben sind.

4.2.5. Die für die Beteiligungssparer wichtigen Regelungen

4.2.5.1. Die für den Kleinbeteiligungserwerbszuschuß notwendige Regelung

Um beim Erwerb von Beteiligungen, die einzeln höchstens 1 % des stimmberechtigten Kapitals der Beteiligungsgesellschaft betragen (= Kleinbeteiligungen) oder das Beteiligungsausmaß auf diesen Betrag ergänzen (= Ergänzungsbeteiligungen), einen Kleinbeteiligungserwerbszuschuß auszahlen zu können, ist eine entsprechende gesetzliche Vorschrift notwendig.

Zweckmäßigerweise sollte dafür ein eigenes Gesetz geschaffen werden. Dieses könnte etwa folgenden Inhalt haben:

§ 1. (1) Unbeschränkt Steuerpflichtigen, die im Rahmen eines vom zuständigen Finanzamtes anerkannten Sparplanes eine Beteiligung im Höchstausmaß von 1 % des Nominales

(= Kleinbeteiligung) an einem in Österreich domizilierenden Unternehmen erwerben, sind über Antrag 30 % des erworbenen Nominales gutzuschreiben und auf künftige Steuerzahlungen anzurechnen oder, wenn eine Anrechnung wegen Fehlens künftiger Steuerzahlungen nicht möglich ist, bar auszuzahlen, wenn

a) der Erwerb der Kleinbeteiligung im Rahmen eines vom zuständigen Finanzamt anerkannten Sparplanes erfolgt und die erworbene Kleinbeteiligung bei einem österreichischen Kreditinstitut hinterlegt und so unter Sperre gestellt wird, daß sie nur unter den im Sparplan festgelegten Entnahmebedingungen wieder entnommen werden kann, und
b) der bar ausbezahlter Zuschuß nachweislich zur Anschaffung weiterer Kleinbeteiligungen verwendet wird.

(2) Widerrechtlich bezogene Zuschüsse sind mit einer Verzinsung von 6 % p.a. und einem Strafzuschlag von 25 % des zu Unrecht bezogenen Betrages unverzüglich zurückzuzahlen.

§ 2. Statt Beteiligungen an in Österreich domizilierenden Betrieben können auch Anteile an solchen Kpitalanlagefonds erworben werden, deren Fondsvermögen sich mindestens zu 20 % aus Beteiligungen an in Österreich domizilierenden Betrieben zusammensetzt. Der Anteil des von einem Beteiligungssparer im Rahmen des Sparplanes bei einem solchen Fonds angelegten Vermögens darf jedoch 20 % des in Kleinbeteiligungen angelegten Vermögens des Kleinbeteiligungssparers nicht übersteigen.

§ 3. Den in Österreich domizilierenden Betrieben stehen solche ausländischen Betriebe gleich, deren Eigenkapitalanteile an der Wiener Börse zum amtlichen Handel zugelassen sind. Gleiches gilt für Kapitalanlagefonds.

4.2.5.2. Die für die Steuerfreiheit der Zuschüsse und Beteiligungserträge notwendigen Regelungen

Um das Kleinbeteiligungssparen zu fördern, sollten einerseits der vom Staat gewährte Kleinbeteiligungszuschuß (= ungenau als „Kleinbeteiligungsprämie" bezeichnet) steuerfrei gewährt werden und andererseits die Beteiligungserträge dann steuerfrei sein, wenn sie im Rahmen des Sparplanes wieder veranlagt werden.

Dazu müßte § 3 (1) EstG idF BGBl I 2001/103 wie folgt ergänzt werden:

§ 3. (1) Von der Einkommensteuer sind befreit: [...]

31. diejenigen Zuschüsse und Prämien, die für den Erwerb von Beteiligungen im Rahmen eines dem zuständigen Finanzamt vorgelegten und von diesem genehmigten Sparplanes gewährt werden, wenn die an einer Gesellschaft gehaltene Beteiligung ein Prozent des außenfinanzierten gewinn- und stimmberechtigten Eigenkapitals der Beteiligungsgesellschaft nicht übersteigt. Als Beteiligungen gelten auch Anteile an im Inland zugelassenen Kapitalanlagefonds. Sollten diese Zuschüsse nicht ausgezahlt werden oder ein Kleinbeteiligungssparer die Nichtauszahlung beantragen, kann der Kleinbeteiligungssparer, der die Zuschußbedingungen erfüllt, den doppelten Betrag des nicht ausbezahlten Zuschusses von der Bemessungsgrundlage der Einkommensteuer absetzen.

32. diejenigen Beteiligungserträge, die aus Beteiligungen zufließen, die in einen vom zuständigen Finanzplan genehmigten Sparplan aufgenommen und nicht höher als ein Prozent des außenfinanzierten gewinn- und stimmberechtigten Eigenkapitals der Beteiligungsgesellschaft sind, und die im Rahmen des Sparplanes wieder in Kleinbeteilgungen gemäß Zi 31 veranlagt werden. Darüber hinaus muß dem zuständigen Finanzamt jährlich für das abgelaufene Jahr der aufrechte Bestand der Beteiligung im Sparplan nachgewiesen werden. Gleiches gilt für Erträge, die aus Kapitalanlagefonds zufließen, die in Österreich zum Geschäftsbetrieb zugelassen sind und deren Vermögen mindestens zu 20 % aus Beteiligungen an in Österreich domizilierenden Betrieben besteht.

Literaturverzeichnis

ABHEGGE H.: Gibt es ein optimales Verhältnis zwischen Umlage- und Kapitaldeckungsverfahren, in: ALTHAMMER J./SCHMÄHL W. (Hrsg): Soziale Sicherung zwischen Markt und Staat, Berlin 2000

ALTHAMMER J.: Zur optimalen Kombination umlagefinanzierter und kapitalfundierter Alterssicherungssysteme. Eine portfoliotheoretische Analyse, in: ALTHAMMER J./SCHMÄHL W. (Hrsg): Soziale Sicherung zwischen Markt und Staat, Berlin 2000

ANSOFF H. I.: Managing Surprise and Discontinuity. Strategic Disponse to weak Signals, in: ZfbF 1976

AUER K. V.: IAS versus HGB. Ein Vergleich für Einzel- und Konzernabschluß, 2. Aufl., Wien 2000

BACHINGER K.: Der Niedergang der Kleineisenindustrie in der niederösterreichischen Eisenwurzen (1850 – 1914). Fallstudie einer industriellen Regression, Wien 1972

BAUMANN E./DEMMIG CH.: Die Kartäuser, Münster i. W., o.J.

BEER M.: Allgemeine Geschichte des Sozialismus und der sozialen Kämpfe, Erlangen 1972

BENTHAM J.: An Introduction to the Principles of Morals and Legislation, London 1789

BERDROW W.: Alfred Krupp und sein Geschlecht. 150 Jahre Kruppgeschichte 1787 – 1937, Berlin 1937

BERGHOFF H.: Englische Unternehmer 1870 – 1914, Göttingen 1991

BEVERIDGE W. H.: Full employment in a free society, London 1944

BLANC L.: Organisation du travail, Paris 1845

BLÜM H.M.: Einführung in die Spiritualität der Kartäuser, in: Die Kartäuser. Orden der schweigenden Mönche, hrsg. v. M. Zadnikar u. A. Wienand, Köln 1983

BOLCKE W. A.: Liberalismus, in: HdWW, Bd 5, Stuttgart 1980

BUCHARIN N.: Ökonomik der Transformationsperiode. Übersetzung aus dem Russischen, Texte des Sozialismus und Anarchismus, hrsg v G. Hillmann, Reinbeck bei Hamburg 1970

BÜCHELE H./WOHLGENANNT L.: Grundeinkommen ohne Arbeit. Auf dem Weg zu einer kommunikativen Gesellschaft, Wien/Zürich 1985

BUCHNER R.: Das Problem der Finanzierung des Unternehmenswachstums aus Abschreibungen, in: ZfB 1968

BUCHNER R.: Abschreibung, in: GROCHLA E./WITTMANN W. (Hrsg): HWB, 4. Aufl., Stuttgart 1974

BÜSCHGEN H. E.: Investmentgesellschaften, in: HWB, 4. Aufl., Stuttgart 1974

CABETE E.: Voyage en Icarie, Paris 1893

CATTELAENS H./GOTTSTEIN S./STEGMÜLLER H./ZENTHÖFER W.: Körperschaftsteuer, 11. Aufl., Stuttgart 1995

CIPOLLA C. M. (Hrsg): Europäische Wirtschaftsgeschichte, Bd 5: Die europäischen Volkswirtschaften im zwanzigsten Jahrhundert, Stuttgart/New York 1980

CUHEL F.: Zur Lehre von den Bedürfnissen, Innsbruck 1907

DEBREU G.: Theory of Value, New York et al, 1959

DECKER R.: Eine Prinzipal-Agenten-theoretische Betrachtung von Eigner-Manager-Konflikten in der Kommanditgesellschaft auf Aktien und in der Aktiengesellschaft, Bergisch Gladbach 1994

Der Standard, 20. 6. 2001: Ein Hotel auf dem Mond. Inklusivurlaub mit Indoor-Bergsteigen und Fledermaus-Fliegen

Die Presse, 1. 8. 1997: 250 Eskimo-Jobs weg

Die Presse, 5. 2. 1998: Trübe Aussichten für Wiener Arbeitsmarkt

Die Presse, 3. 2. 1998: Österreicher rechnen mit weiteren Pensionsreformen

Die Presse, 1. 3. 1999: „Silicon Alps“ ersetzen die Wörthersee-Idylle. Kärntner Wirtschaft sucht neue Standbeine

Die Presse, 26. 3. 1999: „Zwetschkenrepublik im Wahlkampf“. Benzin erst nach Ostern billiger?

Die Presse, 8. 5. 1999: Grüne wollen 6000 Schilling Grundeinkommen für alle

Die Presse, 22. 1. 2000: Holzmann-Rettung: Sanierungsbeitrag der Beschäftigten fixiert

Die Presse, 29. 3. 2000: „Alte müssen in gewissem Maß ihr Scherflein beitragen“

Die Presse, 6. 5. 2000: Eine Milliarde für die Beschäftigung Älterer

Die Presse, 24. 2. 2001: „Kommunisten kehren zurück, weil Demokraten Bankrott machten“

Die Presse, 9. 4. 2001: Pensionssystem gleicht Pyramidenspiel: Finanzkrise, weil neue „Mitspieler“ fehlen

Die Presse, 25. 4. 2001: Eine neue Kluft

Die Presse, 7. 6. 2001: Die Zahl der Arbeitslosen steigt wieder

Die Presse, 5. 7. 2001: „Dot-Lunar“ – oder: Eine Web-Adresse für den Mond

Die Presse, 11. 8. 2001: Enttäuschung über Bush’ Stammzellen-Beschluß

Die Presse, 30. 8. 2001: Industrie will mehr Anreize für Weiterbildung

Die Presse, 28. 9. 2001: Trend zur Vollbeschäftigung ist gestoppt

Die Presse, 27. 10. 2001: AKH: Stammzellen injiziert. Patientin geht es gut

Die Presse, 31. 10. 2001: Traiskirchen von Schließung bedroht. Das Semperit-Werk in Traiskirchen könnte der Umstrukturierung im Conti-Konzern zum Opfer fallen

Die Presse, 15. 1. 2002: Unmoralisch. Zu hohe Steuern bewirken Pfusch, Steuerschonung und Wachstumsflaute

Die Presse, 11. 3. 2002: „Der Standortwettbewerb zerstört unsere Lebensgrundlagen"

DIECKHEUER G.: Internationale Wirtschaftsbeziehungen, München 1990

DORALT W./RUPPE H. G.: Grundriß des österreichischen Steuerrechts, Bd 1, 5. Aufl., Wien 1994

DORALT W./RUPPE H. G.: Grundriß des österreichischen Steuerrechts, Bd 1, 7. Aufl., Wien 2000

DÖRNER D.: Prüfungsansatz, risikoorientierter, in: HWRP, 3. Aufl., Stuttgart 2002

EDELMÜLLER W.: Wesen und Entstehung der Lohndrift. Eine Fallstudie über einige Komponenten der Bruttolohndrift; Dip.Arb. Univ. Wien, Wien 1976

EHGARTNER P.: Die Volksaktie als Instrument der Privatisierung in Österreich seit 1945, Dip.Arb. Univ. Wien, Wien 1994

EISEN R.: (Teil-)Privatisierung der sozialen Sicherheit, in: ALTHAMMER J./SCHMÄHL W. (Hrsg): Soziale Sicherung zwischen Markt und Staat, Berlin 2000

FARREL C./HOERR J.: ESOPS. Are They Good for You?, in: Business Week, 15. Mai 1989

FELDKIRCHEN W.: Werner von Siemens. Erfinder und internationaler Unternehmer, Berlin 1992

FERRARI H.: Volksaktie. Ausdruck der Zeit, Bad Godesberg 1960

FITZROY F. R./KRAFT K. (Hrsg): Mitarbeiterbeteiligung und Mitbestimmung im Unternehmen, Berlin et al 1987

FLESHER D. L.: Using Esops to solve Succession Problems, in: Journal of Accountancy, Mai 1994

FOLLES M.: Das Unsterblichkeitsenzym, München 1996

FORD H.: Mein Leben und Werk, Leipzig 1923

FORRESTRER V.: Der Terror der Ökonomie, Wien 1997

FOURIER C.: Œuvres complètes, 12 Teile, 6 Teile Paris 1841 – 1846, Rest Paris 1961 – 1968

FREY B. S.: Umweltökonomik, in: HdWW, Bd 8, Stuttgart et al 1988

FRICK W.: Bilanzierung nach der Rechnungslegungsreform, 6. Aufl., Wien 1999

FRIEDMAN M.: The social Responsibility of Business is to increase its Profits, in: The New York Times Magazine, 13. 9. 1970

FRIEDMAN M.: The social responsibility of Business is to increase its profits, in: CHRYSSIDES G. D./KALER J. H.: An Introduction to Business Ethics, London et al 1993

FRÖHLICH S.: Die soziale Sicherung bei Zünften und Gesellenverbänden. Darstellung, Analyse, Vergleich, Berlin 1976

GAUGLER E.: Mitarbeiterbeteiligung am Unternehmenserfolg, in: FITZROY F. R./KRAFT K. (Hrsg): Mitarbeiterbeteiligung und Mitbestimmung im Unternehmen, Berlin et al 1987

GEYER W.: Das 4-Säulen-Modell der Pensionsvorsorge, Diss. Univ., Wien 2001

GÖPFERT I.: Budgetierung, in: HWB 5.Aufl., Stuttgart 1993

GORZ A.: Kritik der ökonomischen Vernunft. Sinnfragen am Ende der Arbeitsgesellschaft, Berlin 1989

GRIMMER H.: Budgets als Führungsinstrument in der Unternehmung, Frankfurt/M. 1980

GRÜN O.: Lerntheorien und Betriebswirtschaftslehre, in: HWB, 5. Aufl., Stuttgart 1995

GUTENBERG E.: Grundlagen der Betriebswirtschaftslehre, Bd 1: Die Produktion, 24. Aufl., Berlin et al 1983

GUTENBERG E.: Grundlagen der Betriebswirtschaftslehre, Bd 2: Der Absatz, 17. Aufl., Berlin et al 1984

GUTENBERG E.: Grundlagen der Betriebswirtschaftslehre, Bd 3: Die Finanzen, 8. Aufl., Berlin et al 1980

HAMEL H. (Hrsg): Arbeiterselbstverwaltung in Jugoslawien, München 1974

HARTMANN H.: Wirtschaftssoziologie II: Betriebssoziologie, in: HdWW, Bd 9, Stuttgart 1982

HAX K.: Japan. Wirtschaftsmacht des fernen Ostens, Köln et al 1961

HAX K.: Finanzierungsarten, in: BÜSCHGEN H. (Hrsg): HWFinanzwirtschaft, Stuttgart 1976

HAYEK F. A. v.: Der Weg zur Knechtschaft, 2. Aufl., München 1971 und München 1991

HENNING H.: Sozialpolitik III: Geschichte, in: HdWW, Bd 7, Stuttgart 1977

HENNING H.: Sozialgeschichte, in: HdWW, Bd 6, Stuttgart et al 1981

HERKER H.; Das buddhistische Nirvana, Hamburg 1971

HILDERMEIER M.: Geschichte der Sowjet-Union 1917 – 1991. Entstehung und Niedergang des ersten sozialistischen Staates, München 1998

HIRCHE K.: Die Volksaktie. Neuland oder Irrweg?, Köln 1958

HIRCHE K.: Das Experiment der Volksaktie, Köln 1961

HOLZHAMMER R./ROTH M.: Gesellschaftsrecht, 2. Aufl., Wien/New York 1997

HORVAT B.: Die Arbeiterselbstverwaltung. Das jugoslawische Wirtschaftsmodell, München 1973

HORVATH P.: Controlling, 3. Aufl., München 1990

HOUTHAKKER H.S.: Revealed Preference and the Utility Function, in: Econometrica 1950

HUBER J.: Grenzen des Machbaren in der Medizin und der Wissenschaft, in: Conturen. Zeitschrift für Wirtschaft, Gesellschaft und Kultur, hrsg. Vom Institut für Wirtschaft und Politik, Frankfurt/Main, Heft 2/2000

JAHODA U.: Die Arbeitslosen von Marienthal. Ein soziographischer Versuch über die Wirkungen langandauernder Arbeitslosigkeit, Stuttgart 1975

JOCHIMSEN R.: Ansatzpunkte der Wohlstandsökonomik, Basel 1961

KAMPSCHULTE F.: Produktive Partnerschaft, Schaffhausen 1971

KALSS S./WESSELY K.: Die Rechte des Aktionärs, Wien/Bern 1994

KASTNER W./DORALT P./NOWOTNY C.: Grundriß des österreichischen Gesellschaftsrechts, Wien 1990

KELSO L./HETTER P.: Jeder hat ein Recht auf Kapital. Die Kelso-Theorie, Düsseldorf/Wien 1991

KILGER W.: Produktionsfaktor, in: HWB, 4. Aufl., Stuttgart 1974

KILGER W.: Flexible Plankostenrechnung und Deckungsbeittragsrechnunng, 9. Aufl., Wiesbaden 1988

KLAUS J.: Die Veränderungen der Lohnstruktur. Theoretische Ansatzpunkte für die Erklärung der Nivellierungs- und Differenzierungsvorgänge innerhalb der Entlohnung von Fach- und Hilfsarbeitern, Berlin 1959

KTIZMÜLLER E.: Soziale Alternativen, in: NATTER E./FRIEDLSBERGER A. (Hrsg): Zweidrittelgesellschaft. Spalten, splitten – oder solidarisieren, Wien 1988

KLOOCK J./SIEBEN G./SCHILDBACH T.: Kosten- und Leistungsrechnung, 7. Aufl., Düsseldorf 1993

KRUGMAN P./OBSTFELD M.: International Economics. Theory an Policy, Reading et al 1997

KUHN T. S.: Die Struktur wissenschaftlicher Revolutionen, 13. Aufl., Frankfurt/Main 1996

KÜLP B.: Soziale Sicherung bei Krankheit, in: HdWW, Bd 6, Stuttgart et al 1981

KÜLP B.: Wohlfalhrtsökonomik I,: Grundlagen, in: HdWW, Bd 9, Stuttgart et al 1982

KÜPPER H.-U.: Controlling, in : HWB 5. Aufl., Stuttgart 1993

KUSSMAUL H.: Agency-Theorie, in: Vahlens Großes Wirtschaftslexikon, Bd 1, 2. Aufl., München 1993

KUSSMAUL H.: Betriebswirtschaftliche Steuerlehre. Arbeitsbuch, München/Wien 1998

LAMPERT H.: Der Generationenvertrag in der Bewährung, Mönchengladbach 1998

LANGE J./REISS W.: Lehrbuch der Körperschaftsteuer, 8. Aufl., Herne/Berlin 1996

LASALLE F. Reden und Schriften, hrsg v. E. Bernstein, 12 Bände, Berlin 1919 – 1920

LAURINKARI J.: Genossenschaftswesen. Hand- und Lehrbuch, München/Wien 1990

LECHNER K.: Forderungen an eine moderne Bewertungstheorie und Bewertungspraxis, in: Wirtschaftlichkeit 1967

LECHNER K./EGGER A./SCHAUER R.: Einführung in die Allgemeine Betriebswirtschaftslehre, 18. Aufl., Wien 1999

LEFFSON U.: Wirtschaftsprüfung, 2. Aufl., Wiesbaden 1980

LEFFSON U.: Wirtschaftsprüfung, 4. Aufl., Wiesbaden 1991

LEITHERER E.: Dogmengeschichte der Betriebswirtschaftslehre, in: HWB, 4. Aufl., Stuttgart 1974

LEMAN G.: Das jugoslawische Modell. Wege zur Demokratisierung, Frankfurt/Main 1976

LIST F.: Das nationale System der Politischen Ökonomie, Jena 1904

LIST F.: Schriften, Reden, Briefe. Hrsg. Im Auftrag der Friedrich-List-Gesellschaft, 10 Bände, Berlin 1927 – 1935

LÖFFELHOLZ J.: Wirtschaftlichkeit und Rentabilität, in: HWB, 4. Aufl., Stuttgart 1974

LOHMANN M., RUCHTI J.: Abschreibungen, was sie sind und was sie nicht sind, in: Der Wirtschaftsprüfer 1949

LOITLSBERGER E.: Die Struktur des Gläubigerschutzes im Recht, in: Der österreichische Betriebswirt 1954

LOITLSBERGER E.: Das Wirtschaftlichkeitsprinzip. Analyse und Erscheinungsformen, Wien 1955

LOITLSBERGER E.: Faktor oder Prozeß als Grundbegriff der Betriebswirtschaftslehre, in: BRATSCHISCH R./VODRAZKA K. (Hrsg): Beiträge zur Begriffsbildung und Methode der Betriebswirtschaftslehre, Wien 1965

LOITLSBERGER E.: Treuhand- und Revisionswesen, 2. Aufl., Stuttgart 1966

LOITLSBERGER E.: Privilegierte oder gleichberechtigte Mitbestimmung?, in: JfB 1975

LOITLSBERGER E.: Die traditionellen (nicht-integrativen) Lösungen der Mehrdimensionalität des Rechnungswesens und ihre Vor- und Nachteile, in: JfB 1975

LOITLSBERGER E.: Bewertungsfreiheit als Notwendigkeit (betriebs-)überlebensermöglichender Bilanzierung, in: LOITLSBERGER E./EGGER A./LECHNER E. (Hrsg): Rechnungslegung und Gewinnermittlung. Gedenkschrift für Karl Lechner, Wien 1987

LOITLSBERGER E.: Universität und Ökonomie. Beziehungen zum Management und Volkswohlstand, in: JfB 1988

LOITLSBERGER E.: Grundriß der Betriebswirtschaftslehre, 2. Aufl., Wien 1996

LOITLSBERGER E.: Paradigmenwechsel in der Prüfungstheorie, in: FISCHER T. R./HÖMBERG R.: Jahresabschluß und Jahresabschlußprüfung. Probleme, Perspektiven, internationale Einflüsse. Festschrift zum 60. Geburtstag von Jörg Baetge, Düsseldorf 1997

LOITLSBERGER E.: Grundkonzepte der Betriebswirtschaftslehre, München/Wien 2000

LOITLSBERGER E.: § 269 – Gegenstand und Umfang der Prüfung, in: KOFLER H./NADVORNIK W./PERNSTEINER H./VODRAZKA K. (Hrsg): Handbuch Bilanz und Abschlußprüfung, Loseblattausgabe, Wien Stand 2000 (3. Teillieferung)

LOITLSBERGER E.: Diplomprüfungs- oder Credit-point-System als betriebswirtschaftliche Ausbildungsvarianten, in: JfB 2001

LOITLSBERGER E.: Geschichte der Prüfung, in: HWRP, 3. Aufl., Stuttgart 2002

LOITLSBERGER E.: Paradigmenwechsel und Notwendigkeit eines neuen Paradigmas in der Betriebswirtschaftslehre, in: JfB 2002

LUXEMBURG R.: Die Akkumulation des Kapitals. Ein Beitrag zur ökonomischen Erklärung des Imperialismus, Berlin 1913

MANDL D./BERTL R./WINTERHELLER M./FATTINGER S./FRÜHWIRT W.: Handbuch der Unternehmenspraxis. Finanzierung, Gründung, Organisation, Rechnungswesen, Investition, Wien 1986

MARKOWITZ H. M.: Portfolio Selection. Efficient Diversification of Investments, Blackwell 1998

MARTIN H.-P./SCHUMANN H.: Die Globalisierungsfalle. Der Angriff auf Demokratie und Wohlstand, Reinbek bei Hamburg 1996

MARX K.: Das Kapital. 3 Bände., in: Marx K., Engels F.: Werke, Bd 23 Berlin (Ost) 18 Aufl., unveränderter Nachdruck der Ausgabe 1962

MATSCHKE M. J.: Der Entscheidungswert der Unternehmung, Wiesbaden 1975

MAYER E. (Hrsg): Handbuch Controlling, Stuttgart 1990

MENGER K.: Grundsätze der Volkswirtschaftslehre, Wien 1871

MICHAELIS J./SPERMANN A.: Der Investivlohn, in: WiSt 1993

MORITA A.: Made in Japan. Eine Weltkarriere, Bayreuth 1986

MÜLLER-ARMACK A., Genealogie der sozialen Marktwirtschaft, 2. Aufl., Bern 1971

MÜLLER W.: Führung und Identität, Bern 1981

NASAR S.: The Fortial Rush to ESOPS, in: Fortune, September 1989

NICKLISCH H.: Betriebsgemeinschaft, in: HWB, 2. Aufl., Stuttgart 1938

OBERHAUSER A.: Investivlohn, in: HWP, 1. Aufl., Stuttgart 1975

OPIELKA M., VOTRUBA G. (Hrsg): Das garantierte Grundeinkommen. Entwicklung und Perspektiven einer Forderung, Frankfurt/M. 1986

PACK L.: Elastizität, in: HWB, 4. Aufl., Stuttgart 1974

PARETO V.: Manuale di economia politica, Mailand 1906

PERIDON L./STEINER M.: Finanzwirtschaft der Unternehmung, 9. Aufl., München 1997

PERNSTEINER H.: § 231 Abs 2 Z 29 – Bilanzgewinn/Bilanzverlust, in: KOFLER H./NADVORNIK W./PERNSTEINER H./VODRAZKA K. (Hrsg): Handbuch Bilanz und Abschlußprüfung, Loseblattausgabe, Wien Stand 2000 (3. Teillieferung)

PFEIFER W./STAUDT E.: Innovation, in: HWB, 4. Aufl., Stuttgart 1974

PLEISS U.: Wirtschaftshochschulen, Wirtschaftswissenschaftliche Fakultäten und Fachbereiche, in: HWB, 4. Aufl., Stuttgart 1974

POPPER K. R.: Logik der Forschung, 10. Aufl., Tübingen 1994

POPPER-LYNKEUS J.: Die allgemeine Nährpflicht als Lösung der sozialen Frage, Wien 1912

POSSELT S. G.: Budgetkontrolle als Instrument zur Unternehmenssteuerung, Darmstadt 1986

PRATT J./ZECKHAUSER R.: Principals and Agents: The Structure of Business, Boston 1991

PRISCHING M./WILHELMER P.: Das Verhältnis zwischen Universität und Fachhochschule, Wien 2001

RAPPAPORT A.: Shareholder Value. Wertsteigerung als Maßstab für die Unternehmensführung, Stuttgart 1995

RECHBERGER W. H./THURNER M.: Insolvenzrecht. Einführung und Grundriß, Wien 2001

REICHARD CH.: Betriebswirtschaftslehre der öffentlichen Verwaltung, 2. Aufl., Berlin 1987

RICARDO D.: On the Principles of Political Economy and Taxation, London 1817 (Faksimileausgabe Düsseldorf 1988)

RIEGER W.: Einführung in die Privatwirtschaftslehre, 3. Aufl., Erlangen 1964

RTISCHL H.: Finanzwissenschaft, in: HWB, 2. Aufl., Stuttgart 1938

ROBERTS K.: Automation, Unemployment and the Distribution of Income, Maastricht 1982

ROGGEMANN H.: Das Modell der Arbeiterselbstverwaltung in Jugoslawien, Frankfurt/Main 1970

ROTH G. H.: Grundriß des österreichischen Wertpapierrechts, 2. Aufl., Wien 1999

ROTHSCHILD K. W.: Lohntheorie, Berlin/Frankfurt 1963

SCHANZ G.: Mitarbeiterbeteiligung. Grundlagen – Befunde – Modelle, München 1985

SCHAUENBERG B.: Schnittstellen von Ökonomie und Wissenschaftstheorie, Wiesbaden 1991

SCHELSKY H.: Einsamkeit und Freiheit. Idee und Gestalt der deutschen Universität und ihrer Reformen, Hamburg 1963

SCHMÄHL W.: Soziale Sicherung im Alter, in: HdWW, Bd 6, Stuttgart et al 1981

SCHMALENBACH E.: Grundlagen dynamischer Bilanzlehre, in: ZfhF 1919

SCHMALENBACH E.: Dynamische Bilanz, 10. Aufl., Bremen-Horn 1948

SCHMIDT F.: Die organische Bilanz im Rahmen der Wirtschaft, Leipzig 1921

SCHMIDT F.: Die Industriekonjunktur – ein Rechenfehler, Berlin 1927

SCHMIDT F.: Die organische Tageswertbilanz, Leipzig 1929

SCHNEIDER H. (Hrsg): Handbuch der Mitarbeiter-Kapitalbeteiligung, Köln 1977

SCHOENFELD H. M.: Betriebswirtschaftslehre im angelsächsischen Raum, in: HWB, 4. Aufl., Stuttgart 1974

SCHÖNFUSS D.: Industriestruktur, Standortfaktoren und industrielle Veränderungen im Gebiet der niederösterreichischen Eisenwurzen, Dip.Arb. WU, Wien 1991

SCHRÖDER E.: Krupp. Geschichte einer Unternehmerfamilie, 3. Aufl., Göttingen 1984

SCHULZ-NIESWANDT F.: Zum soziodemographischen und sozioepidemologischen notwendigen „Umbau“ des bundesdeutschen Sozialstaates unter Beachtung internationaler Befunde, in: HAUSER R. (Hrsg): Reform des Sozialstaates II, Berlin 1998

SCHUMPETER J. A.: Theorie der wirtschaftlichen Entwicklung. Eine Untersuchung über Unternehmergewinn, Kapital, Kredit, Zins und den Konjunkturzyklus, 8. Aufl., unveränd. Nachdruck der 4. Aufl. 1934, Berlin 1993

SCHWEIZER NATIONALRAT: Beratungsprotokolle des schweizerischen Parlaments der Aprilsession 1997 zum Thema der Reforn der Unternehmensbesteuerung, www.parlament.ch/Poly/Suchen_amtl_Bulletin/cn97/sonde/UD7.HTM, 21. 5. 2002

SCHWÖDT A.: Probleme und Wirkungen unterschiedlicher Körperschaftsbesteuerungsansätze. Gängige Besteuerungsansätze vs. alternative Besteuerungssysteme, Diss. Univ., Wien 2001

SEICHT G.: Moderne Kosten- und Leistungsrechnung. Grundlagen und praktische Gestaltung, 10. Aufl., Wien 1999

SIEMENS W. v.: Lebenserinnerungen, 16. Aufl., München 1956

SIK O.: Humane Wirtschaftsdemokratie. Ein dritter Weg, Hamburg 1979

SMITH A.: Der Wohlstand der Nationen. Eine Untersuchung seiner Natur und seiner Ursachen, London 1789

SOMMERFELD H.: Bilanz (eudynamische), in: HWB 2. Aufl., Stuttgart 1938

SPINDLER G. P.: Praxis der Partnerschaft, Düsseldorf/Wien 1970

SPREMANN K.: Wirtschaft, Investition und Finanzierung, 5. Aufl., München/Wien 1996

SPRINGER W.: Factbook Beteiligungskapital in Österreich. Gründungsberatung, Business Angels, Inkubatoren, Venture Capital, M & A, Börsegang, Mitarbeiterbeteiligung, Stock Options (Daten, Fakten und Namen), Wien 2000

STACKELBERG H.: Marktform und Gleichgewicht, Wien 1934

STATISTIK AUSTRIA: Statistisches Jahrbuch 2001, Wien 2001

STATISTIK SCHWEIZ. BUNDESAMT FÜR STATISTIK: Betriebszählung 1998, Informationsmail vom 15. 5. 2002

STATISTISCHES BUNDESAMT: www.statistik-bund.de/download/fist/fistdow3.htm, 6. 11. 2001

STREIM H.: Humanvermögensrechnung, in: HWB, 5. Aufl., Stuttgart 1993

STREISSLER E./STREISSLER M.: Grundzüge der Volkswirtschaftslehre für Juristen, 3. Auflage, Wien 1994

STUDIENKOMMISSION BETRIEBSWIRTSCHAFT: Studienplan vom 11. 9. 2001 für das Studium der Internationalen Betriebswirtschaftslehre an der Universität Wien

TALOS E. (Hrsg): Materielle Grundsicherung. Popper-Lynkeus' Programm „Die allgemeine Nährpflicht als Lösung der sozialen Frage", Wien 1989

THEOBALD R. F.: Free man and free market, New York 1962

TICHY G. E.: Unternehmensbewertung. Grundlagen – Methoden – Praxis, Wien 1990

TINBERGEN J.: Income Distribution. Analysis and Policies, Amsterdam/Oxford 1975

TIROLE J.: Industrieökonomik, München/Wien 1995

TREUE W.: Wirtschaftsgeschichte der Neuzeit, Bd 1, 3. Aufl., Stuttgart 1973

TREUE W.: Wirtschaftsgeschichte der Neuzeit, Bd 2, Stuttgart 1973

TUCHFELDT E.: Gewerbefreiheit, in: HdWW, Bd 3, Stuttgart 1981

UNILEVER: Unilever Annual Report & Accounts 2001, www.unilever.com/Images/3_3971.pdf, 3. 6. 2002

VARIAN H.: Intermediate Microeconomics. A modern approach, 4. Aufl., New York/London 1996

WAGENFÜHR H.: Kartelle in Deutschland, Nürnberg 1931

WEYERMANN M. R./SCHÖNITZ H.: Grundlegung und Systematik einer wissenschaftlichen Privatwirtschaftslehre und ihre Pflege an den Universitäten und Fach-Hochschulen, Karlsruhe 1912

WILLIAM H. A.: Carl Zeiss (1816 – 1888), München 1967

WINKEL H.: Wirtschaftswissenschaft I: Geschichte, in: HdWW, Bd 9, Stuttgart 1982

WITTMANN W.: Betriebswirtschaftslehre, in: HdWW, Bd 1, Stuttgart et al 1977

WOHLGENANNT L./BÜCHELE H.: Den ökosozialen Umbau beginnen: Grundeinkommen. Wien 1990

WUNDERER R., MITTMANN J.: Identifikation, in: HWFÜ, Stuttgart 1987

WYSOCKI K. v.: Grundlagen des betriebswirtschaftlichen Prüfungswesens. Prüfungsordnungen, Prüfungsorgane, Prüfungsverfahren, Prüfungsplanung und Prüfungsbericht, 3. Aufl., München 1988

ZETZSCHE A. G.: ESOP – Ein steuerbegünstigtes Finanzierungs- und Mitarbeiter-Beteiligungsmodell aus den USA, in: ZfB 1991

ZORN W.: Einführung in die Wirtschafts- und Sozialgeschichte des Mittelalters und der Neuzeit, 2. Aufl., München 1974

ZORN W.: Wirtschaftsgeschichte, in: HdWW, Bd 9, Stuttgart 1982

Kolibri 360 GmbH
Ferdinand-Jühlke-Straße 7
99095 Erfurt, Deutschland
produktsicherheit@kolibri360.de

Druck:
CPI Druckdienstleistungen GmbH
im Auftrag der
Kolibri 360 GmbH
Ferdinand-Jühlke-Str. 7
99095 Erfurt